汽车车轮轻量化技术
——理论与应用

徐 佐 刘献栋 等著

Lightweight
Technology of
Automotive Wheel

北京

内容简介

本书以车轮轻量化技术研发为主线，在讨论车轮共性评价与测试技术、共性设计与分析技术的基础上，详细阐述了轻量化铸造铝合金车轮、锻造铝合金车轮、高强度钢车轮、热成形钢车轮、镁合金车轮、新兴轻量化车轮等的最新设计、工艺技术，并对未来车轮轻量化技术的发展及应用路线图进行了探讨。

本书由长期从事车轮研发的高校教师、车轮材料/制造企业或研发机构的专业技术人员、汽车整车企业的工程师以及行业资深专家联合编写，汇集了目前我国在汽车车轮轻量化领域最新的技术和进展，并在车轮轻量化的理论方法、前沿技术和工程应用方面均有较深入的分析，具有较强的实用性。

本书主要面向汽车工业及汽车车轮产业相关的设计开发人员、工艺技术人员和管理人员，以及高等院校及科研机构相关专业的研发人员和学生。

图书在版编目（CIP）数据

汽车车轮轻量化技术：理论与应用/徐佐等著．—北京：化学工业出版社，2022.9
ISBN 978-7-122-41835-7

Ⅰ.①汽⋯ Ⅱ.①徐⋯ Ⅲ.①车轮-汽车轻量化-研究 Ⅳ.①U463.34

中国版本图书馆CIP数据核字（2022）第123887号

责任编辑：张海丽　　　　　　　　　　　　装帧设计：刘丽华
责任校对：边　涛

出版发行：化学工业出版社（北京市东城区青年湖南街13号　邮政编码100011）
印　　装：河北京平诚乾印刷有限公司
787mm×1092mm　1/16　印张21½　字数511千字　2023年1月北京第1版第1次印刷

购书咨询：010-64518888　　　　　　　　　　售后服务：010-64518899
网　　址：http://www.cip.com.cn
凡购买本书，如有缺损质量问题，本社销售中心负责调换。

定　　价：158.00元　　　　　　　　　　　　　　　　　　　　版权所有　违者必究

《汽车车轮轻量化技术——理论与应用》编委会

专家委员会主任：顾　钢

专家委员会副主任：郭爱民　武汉琦　陈伟军　邵云凯

专家委员会委员（按姓氏笔画排序）：
马鸣图　王登峰　田　炜　付于武　付俊岩　刘彦戎
刘清友　李晓擎　张新颖　侯经纵　夏越璋　雷　娜

主　编：徐　佐　刘献栋

副主编：路洪洲　单颖春　朱志华　董瑞平

编　委（按姓氏笔画排序）：
万国喜　马鸣图　王　震　王文军　王孝东　王秀山
王杰功　王智文　王登峰　方　刚　尹志高　孔德才
冯　毅　朱　霖　朱志华　刘　强　刘志璞　刘春海
刘彦戎　刘清友　刘献栋　许飞鹏　孙大千　李　军
李　波　李世德　李亚强　肖　令　肖宝亮　时晓光
宋国山　张大伟　阿拉腾　陈伟军　邵云凯　武汉琦
单颖春　郎玉玲　姜　二　宣兆志　袁海州　顾　正
徐　佐　徐世文　郭爱民　黄礼新　曹　伟　谌铁强
董　毅　董瑞平　韩　星　韩怀卿　童胜坤　游柏新
雷　娜　路洪洲　翟述基

主　审：刘春海　单颖春

审　稿（按姓氏笔画排序）：
马鸣图　王　亮　王孝东　王智文　尹志高　朱志华
任　鹏　刘　强　刘彦戎　刘清友　刘献栋　李　军
李世德　李晓擎　张新颖　阿拉腾　郎玉玲　顾　钢
徐世文　童胜坤　雷　娜

主编简介

徐佐

1987年毕业于昆明理工大学金属学及热处理专业，2009年获中国人民大学EMBA学位，研究员。现任中国中信集团有限公司副总经理兼总工程师，兼任中信戴卡股份有限公司和中信金属集团有限公司董事长，第十三届全国人大代表。金属材料专家，三十余年专注汽车铝合金零部件的新材料、新工艺及产业化基础与应用研究，先后获国家科技进步二等奖1项、省部级科技进步一等奖2项，获"全国五一劳动奖章""全国优秀企业家"等荣誉。

刘献栋

工学博士，北京航空航天大学教授，博士生导师。先后毕业于吉林工业大学和北京航空航天大学。长期从事汽车结构强度分析及轻量化、汽车系统动力学、汽车振动与噪声控制等领域的研究和开发。主持国家级、省部级以及企业科研项目50余项，发表论文180余篇，合作出版英文专著2部、中文专著1部，获发明专利近20项，获国家科技进步二等奖及省部级科技进步奖4项。兼任中国汽车工程学会振动噪声分会专家委员会委员、北京汽车工程学会常务理事等。

序一

高质量、绿色发展已成为汽车产业新的核心价值观。面向未来的变革与竞争，汽车产业进入负重爬坡的攻坚期、战略叠加的机遇期、蓄势跃升的突破期，我国必须锚定汽车强国战略目标，紧扣高质量发展主题，以"碳达峰、碳中和"为战略方向，践行汽车产业未来发展新的核心价值观。低碳排放和轻量化零部件是践行新价值观的重要一环。

2007年，在国家六部委的支持下，我国成立了跨界的、跨学科的、产学研一体的汽车轻量化技术创新联盟，联盟通过跨界融合、协同创新，聚焦汽车轻量化的设计、材料、工艺技术，取得了一系列重大科技成果，跟国际的先进水平相比，我们缩短了10年的差距，在某些领域已经达到了国际先进水平。目前，汽车轻量化已经进入了"深水区"，需要原始创新，在前瞻性和基础技术上起到更好的协同和引领作用。汽车车轮是簧下质量底盘构件，载荷路径复杂，车轮轻量化带来的节能减排效果和性能提升更显著，是当前和未来汽车轻量化发展的重要路径。

徐佐研究员和刘献栋教授主持撰写的本书，以汽车车轮轻量化创新技术为载体，聚焦车轮轻量化的共性技术、专有技术和轻量化案例，通过上下游协同联合，将成果以著作的形式在行业共享，体现了"创新""聚焦""协同"和"共享"的理念，值得鼓励和推广。本书既有对传统车轮轻量化技术的总结，又把具有前瞻性的热成形车轮、镁合金车轮、复合材料车轮等原创技术产品进行了详细的阐述；既有车轮轻量化的设计优化及评价等共性技术的系统论述，又将典型轻量化产品案例进行了详尽的讨论。值得称赞的是，本书作者群策群力，根据高质量和绿色发展的汽车产业新核心价值观及汽车产业对高性能车轮的潜在需求，结合"双碳"、轻量化、安全、新能源、智能化和国际化等，对未来15年的汽车车轮发展路线图进行了探讨。

相信本书的出版可对我国汽车轻量化发展和轻量化车轮的发展起到重要作用，对我国底盘零部件产业产生深远的影响。

2022年6月

序二

中国已成为世界汽车车轮产业大国，且涌现出了一批像中信戴卡、浙江万丰奥特、山东兴民智通、浙江金固等铝合金车轮和钢制车轮的知名企业，以及北京航空航天大学和中信微合金化技术中心这样的聚焦车轮技术的研究机构，以及首钢、本钢等聚焦车轮钢的原材料企业。在中国汽车工业协会车轮委员会的带领下，我国车轮企业、科研机构、工艺设备开发企业、原材料企业等经过多年努力，共同促进了我国高性能车轮产品和车轮技术的快速发展。在新形势下，随着节能减排、"碳达峰、碳中和"、新能源汽车、安全以及出口和提升国际竞争力的需要，车轮轻量化已成为汽车车轮的重要发展方向，但我国车轮轻量化的理论方法和技术还不够系统和充分，并且目前为止行业内尚无一本系统阐述车轮轻量化方法与技术的专著。

《汽车车轮轻量化技术——理论与应用》由中信戴卡股份有限公司董事长徐佐研究员和北京航空航天大学刘献栋教授牵头，联合中信戴卡、浙江万丰奥特、山东兴民智通、浙江金固、一汽富维车轮、东风车轮等车轮生产制造龙头企业的设计开发工艺人员（包括结构及工艺设计人员），以及北京航空航天大学、中信微合金化技术中心、吉林大学、北京钢铁研究总院、中国汽车工程研究院和中国汽车技术研究中心等研究机构专家学者，北汽和蔚来汽车等整车企业的研发人员，首钢、鞍钢、本钢、安阳钢铁等原材料企业的材料开发人员，进行了本书的编写，并在编写过程中向一汽、北汽福田、陕汽等整车企业和中国汽车工业协会车轮分会相关会员单位专家广泛征求了意见建议。我作为该书专家委员会主任，也参与了部分章节的审稿工作，深感这是一本系统阐述轻量化车轮研发和应用的技术著作，代表了目前我国车轮轻量化技术领域的最高水平。

该书系统分析了车轮轻量化对汽车节能减排和性能提升的意义，论述了汽车车轮共性轻量化设计技术、制造工艺技术和测试评价技术，分章节着重阐述了铸造铝合金车轮、锻造铝合金车轮、高强度钢车轮、热成形钢车轮、镁合金车轮、新兴车轮的轻量化最新技术和进展，并对未来车轮轻量化发展路线图进行了探讨。该书内容既有广度，又有深度，适合本领域研发人员阅读、参考。

最后，感谢本书所有作者对车轮行业技术发展做出的贡献，希望行业同仁共同促进我国车轮行业的发展，让我国车轮产品在大量走出国门的同时，实现车轮技术的全球引领。

顾 钢

2022年6月

前言

轻量化已成为汽车的发展趋势。对传统汽车而言，轻量化可降低燃油消耗、减少排放并提高运输效率；对电动汽车而言，轻量化可减少耗电量、增加续航里程。汽车车轮属旋转的簧下质量，其轻量化效果显著高于簧上质量和不旋转簧下质量，因此车轮轻量化是汽车轻量化的重要组成部分。

汽车上唯一接地的是车轮-轮胎总成，该总成承受着垂向力、纵向力、侧向力及由这些力产生的力矩，这些载荷通过车轮传至轮毂、悬架系统，最终传至车身。作为汽车关键安全件的车轮，支撑轮胎、连接轮毂，承受巨大且复杂的载荷作用，同时运行中还处于高速旋转状态。因此，既要保证车轮足够的可靠性，又要实现最大程度的轻量化，是一项艰巨的挑战。

汽车车轮轻量化的主要途径是采用满足要求的轻量化材料、进行车轮结构的优化设计和应用可保证制造质量的工艺技术。本书在对车轮共性评价与测试技术、共性设计与分析技术进行研讨的基础上，分别阐述了轻量化铸造铝合金车轮、锻造铝合金车轮、高强度钢车轮、热成形钢车轮、镁合金车轮、新兴轻量化车轮等最新的材料、结构设计和制造工艺技术，并对未来车轮轻量化的发展方向进行了探讨。

本书共分为10章。

第1章由中信戴卡股份有限公司（简称"中信戴卡"）徐佐、北京航空航天大学（简称"北航"）刘献栋和中信金属股份有限公司（简称"中信金属"）路洪洲联合撰写，李军、郭爱民等参与编写，顾钢、刘彦戎、李军和王智文等进行审稿。该章介绍了车轮轻量化与汽车轻量化的关系、对汽车性能的影响，并讨论了车轮轻量化技术发展历程、现状和最新进展。

第2章由北航单颖春牵头撰写，中信戴卡刘强和天津久荣车轮技术有限公司顾正等参与编写，东风汽车底盘系统有限公司雷娜，中信戴卡刘春海、李世德、刘强等进行审稿。该章结合车轮测试、评价标准，对轻量化车轮的各类试验测试技术及评价方法进行了分析，并讨论了现有标准的待改进之处。

第3章由北航单颖春牵头撰写，中信戴卡刘强和孔德才等参与编写，中信戴卡徐世文和郎玉玲等进行审稿。该章总结了车轮设计中进行各类强度预测的仿真方法及需注意的问题，并结合具体工程实践阐述了车轮概念设计阶段的拓扑优化方法以及结构详细设计阶段的参数优化方法。

第4章由中信戴卡徐佐和李世德牵头撰写，中信戴卡刘强、朱霖和朱志华等参与编写，童胜坤和刘献栋等进行审稿。该章围绕铸造铝合金车轮成形过程的轻量化技术，分析了技术要点和相关工艺措施，并以某款车轮为案例介绍了一类铸造铝合金车轮的轻量化技术手段。

第5章由中信戴卡徐佐和谌铁强牵头撰写，中信戴卡王震和尹志高等参与编写，朱志华、刘献栋等进行审稿。该章介绍了锻造铝合金车轮对材料性能的要求、成形工艺流程与特点、成形中存在的问题及应对措施等，并结合具体案例讨论了轻量化工艺过程。

第6章由北航单颖春和刘献栋牵头撰写，首钢研究院张大伟、兴民智通（集团）股份有限公司姜二和吉林大学宣兆志等参与编写，中信金属路洪洲提供了部分素材和资料，东风汽车底盘系统有限公司雷娜和钢铁研究总院刘清友等进行审稿。该章介绍了高强度车轮钢的研发状况及其性能特点，讨论了钢制车轮轮辐和轮辋对钢材性能的不同要求，总结了轮辐和轮辋的各成形工艺及其仿真方法，还给出了3款轻量化钢制车轮的工程实例。

第7章由中国汽车工程研究院马鸣图、鞍钢集团有限公司时晓光、浙江金固股份有限公司袁海州和中信金属路洪洲联合撰写，董毅等参与编写，马鸣图进行审稿。该章总结了车轮用热冲压成形钢的技术要求和制造工艺流程，讨论了高性能热成形钢的开发、强韧性匹配、疲劳性能、抗氢脆性能以及商用车轻量化车轮专用热成形钢的开发，阐述了热成形钢车轮的结构优化、工艺选择、焊接影响因素，并介绍了热冲压成形商用车轻量化车轮典型案例。

第8章由中信戴卡黄礼新牵头撰写，中信戴卡刘春海等参与编写，北京汽车股份有限公司曹伟提供了部分素材和资料，刘献栋、尹志高等进行审稿。该章介绍了车轮用镁合金的性能需求、实现方法、腐蚀机理和防护措施，并讨论了镁合金车轮的安全生产要求。

第9章由北航单颖春和刘献栋牵头撰写，中信戴卡韩星和肖令、吉林大学王登峰等参与编写，中信戴卡徐世文和阿拉腾等进行审稿。该章针对连续碳纤维增强复合材料车轮、长纤维增强热塑性复合材料车轮、采用机械连接的镁/铝合金组装式车轮等3种新兴的轻量化车轮，着重讨论了其性能预测方法、结构优化设计方法以及加工工艺等，并对目前存在的问题及解决思路进行了分析。

第10章由中信金属路洪洲和中信戴卡徐佐牵头撰写，刘献栋等参与编写，顾钢、刘彦戎、王孝东和李军等进行审稿，同时邀请北汽福田汽车股份有限公司任鹏、陕西汽车控股集团有限公司王亮等，以及李晓擎和张新颖等对路线图部分进行审稿，并征求了一汽解放汽车有限公司等其他主机厂以及中国汽车工业协会车轮分会会员单位相关专家的意见和建议。该章讨论国家战略及汽车行业发展趋势对车轮及其产业的影响，并在总结本书前序章节以及广泛征求业内专家意见的基础上，初步提出了未来15年的车轮发展及应用路线图。

徐佐、刘献栋、路洪洲对本书进行了规划、组织，并对全书内容进行了统稿和完善。

在本书的编写过程中，除依据作者团队的研发成果外，还参考了国内外同行的相关文献，在此表示感谢。同时，本书的部分内容受到了国家自然科学基金项目（51875025、U1664250、51405011、51475201）、国家重点研发计划新能源汽车重点专项项目（2016YFB0101604）、中信铌钢发展奖励基金资助项目（2013FWJS3014、2015FWNB3017、2018FWNB30044、2020FWNB30029）的支持，在此一并感谢。

感谢本书的专家委员会以及审稿专家和全体编写人员，没有他们的无私付出，就没有本书的顺利出版。诚挚感谢付于武先生、顾钢先生在百忙中抽出宝贵时间为本书作序。最后，特别感谢化学工业出版社对本书出版的大力支持。

由于作者水平有限，书中难免有不妥之处，敬请读者批评指正，以便日后完善和修改。

徐佐　刘献栋
2022年5月

目录

第1章 车轮轻量化技术发展

1.1 汽车轻量化 / 002
1.1.1 乘用车轻量化 / 003
1.1.2 商用车轻量化 / 004
1.2 车轮轻量化与整车性能的关系 / 004
1.2.1 底盘轻量化对整车性能的影响 / 004
1.2.2 车轮轻量化对整车性能的影响 / 006
1.3 汽车车轮的分类及特征 / 007
1.4 汽车车轮及其轻量化发展历程 / 008
1.4.1 汽车车轮发展历史 / 008
1.4.2 中国车轮轻量化的发展及行业推动 / 009
1.5 汽车轻量化车轮的最新进展 / 010
1.5.1 铝合金车轮 / 010
1.5.2 高强度钢车轮 / 011
1.5.3 镁合金车轮 / 013
1.5.4 复合材料车轮 / 013
1.6 我国车轮企业的轻量化技术状况 / 014
本章小结 / 016
参考文献 / 016

第2章 轻量化车轮的共性评价及测试技术

2.1 车轮弯曲疲劳试验要求及测试评价 / 018
2.1.1 乘用车车轮弯曲疲劳试验要求及试验方法 / 019
2.1.2 商用车车轮弯曲疲劳试验要求及试验方法 / 020
2.2 车轮径向疲劳试验要求及测试评价 / 021
2.2.1 乘用车车轮径向疲劳试验要求及试验方法 / 022
2.2.2 商用车车轮径向疲劳试验要求及试验方法 / 023
2.3 车轮冲击性能要求及测试评价 / 023
2.3.1 乘用车轻合金车轮13°冲击试验 / 024
2.3.2 乘用车轻合金车轮90°冲击试验 / 025
2.3.3 商用车轻合金车轮30°冲击试验 / 028
2.4 车轮双轴疲劳试验及测试评价 / 029
2.4.1 车轮双轴疲劳试验机 / 030
2.4.2 乘用车车轮双轴疲劳试验及测试评价 / 031

2.4.3 商用车车轮双轴疲劳试验及测试
　　　评价 / 033
2.5 车轮刚度测试及评价方法 / 038
2.5.1 车轮静态弯曲刚度试验方法 / 038
2.5.2 商用车15°深槽钢制车轮静态刚度
　　　试验方法 / 041

2.6 车轮其他要求及测试评价 / 042
2.6.1 汽车车轮螺母座强度试验 / 043
2.6.2 汽车车轮固有频率试验方法 / 044
2.7 车轮测试方法展望 / 046
本章小结 / 047
参考文献 / 048

第3章
轻量化车轮的
共性设计及
分析技术

3.1 车轮结构的模态分析 / 050
3.1.1 车轮模态的试验测试 / 050
3.1.2 车轮模态的仿真 / 054
3.2 不同载荷工况下车轮性能仿真的
　　 共性问题 / 055
3.2.1 车轮材料的非线性 / 055
3.2.2 螺栓预紧力的计算 / 056
3.2.3 车轮应力状态的分析 / 057
3.2.4 车轮疲劳寿命预测方法 / 058
3.3 车轮弯曲载荷的施加方式 / 061
3.4 径向载荷作用下车轮结构强度
　　 仿真分析 / 062
3.4.1 余弦函数模型 / 063
3.4.2 弹性圆环模型 / 063
3.4.3 胎-轮间载荷分布的测试与分析 / 065
3.4.4 简化的均质轮胎模型 / 069
3.4.5 复合结构轮胎模型 / 069
3.4.6 车轮在径向载荷作用下的强度仿真
　　　模型 / 071
3.5 冲击载荷工况下车轮强度分析 / 072

3.5.1 乘用车车轮在13°冲击载荷下的强度
　　　分析 / 073
3.5.2 乘用车车轮在90°冲击载荷下的强度
　　　分析 / 075
3.6 双轴载荷工况下车轮强度分析 / 077
3.6.1 采用内转鼓的商用车车轮双轴疲劳试验
　　　仿真方法 / 078
3.6.2 采用外转鼓的乘用车车轮双轴疲劳试验
　　　仿真方法 / 080
3.7 车轮结构的拓扑优化设计 / 082
3.7.1 车轮结构拓扑优化的特点 / 083
3.7.2 连续体多目标拓扑优化理论 / 083
3.7.3 车轮结构拓扑优化的实例 / 085
3.8 车轮结构的参数优化设计 / 088
3.8.1 车轮参数优化的特点 / 089
3.8.2 车轮参数优化的常用方法及基本
　　　流程 / 090
3.8.3 车轮参数优化实例 / 092
本章小结 / 094
参考文献 / 094

第4章 轻量化铸造铝合金车轮

4.1 铸造铝合金车轮常用材料及其技术要求 / 099
4.1.1 A356铸造铝合金 / 099
4.1.2 铸造铝合金熔炼工艺及铝液质量控制 / 108
4.1.3 铸造铝合金前景与展望 / 108
4.2 铸造铝合金车轮成型工艺 / 109
4.2.1 低压铸造工艺 / 110
4.2.2 铸造铝合金车轮模具设计 / 112
4.2.3 铸造铝合金车轮的常见缺陷及其应对措施 / 120
4.2.4 铸造仿真在铝合金车轮工艺与模具开发中的应用 / 121
4.3 铸造铝合金车轮热处理 / 125
4.3.1 热处理中组织演变机理 / 125
4.3.2 热处理工艺 / 127
4.3.3 热处理质量检查及常见缺陷的控制 / 128
4.4 铸造轻量化铝合金车轮典型案例 / 130
4.4.1 轻量化车轮结构设计 / 130
4.4.2 轻量化车轮工艺开发 / 131
4.4.3 台架试验及仿真验证 / 133
本章小结 / 135
参考文献 / 135

第5章 轻量化锻造铝合金车轮

5.1 锻造铝合金车轮的材料、组织及性能 / 138
5.1.1 原材料生产工艺、组织及性能 / 138
5.1.2 锻造铝合金车轮的组织与性能 / 142
5.1.3 锻造铝合金车轮疲劳性能 / 145
5.2 锻造铝合金车轮制造工艺 / 148
5.2.1 锻造铝合金车轮的生产工艺流程 / 148
5.2.2 锻造铝合金车轮生产准备 / 148
5.2.3 锻造铝合金车轮成型工艺 / 150
5.2.4 锻造铝合金车轮热处理工艺 / 150
5.2.5 锻造铝合金车轮的质量检验 / 154
5.3 锻造铝合金车轮轻量化技术 / 155
5.3.1 锻造铝合金车轮的材料轻量化 / 155
5.3.2 锻造铝合金车轮的制造轻量化 / 156
5.3.3 锻造铝合金车轮的结构轻量化 / 157
5.3.4 锻造铝合金车轮的表面强化技术 / 158
5.4 案例分析 / 160
5.4.1 商用车锻造铝合金车轮轻量化的典型案例 / 160
5.4.2 乘用车锻造铝合金车轮轻量化的典型案例 / 162
本章小结 / 165
参考文献 / 166

第6章 轻量化钢制车轮

6.1 高强度车轮钢的开发及性能 / 168
  6.1.1 车轮钢的分类 / 169
  6.1.2 高强度轮辐专用钢 / 170
  6.1.3 高强度轮辋专用钢 / 171
6.2 钢制车轮的轮辐成形工艺及其仿真 / 171
  6.2.1 轮辐成形工艺 / 172
  6.2.2 乘用车轮辐冲压工艺仿真 / 174
  6.2.3 商用车轮辐旋压工艺仿真 / 178
6.3 钢制车轮的轮辋成形工艺及其仿真 / 180
  6.3.1 轮辋成形工艺 / 180
  6.3.2 轮辋关键成形工艺的仿真 / 182
6.4 轻量化钢制车轮的焊接工艺 / 188
  6.4.1 高强钢轮辋闪光对焊接头的组织结构特点 / 188
  6.4.2 闪光对焊工艺参数对接头质量的影响 / 191
  6.4.3 提高高强钢焊接接头质量的措施 / 195
  6.4.4 轮辋与轮辐的合成焊接 / 198
  6.4.5 轮辋与轮辐合成焊接的仿真及验证 / 200
6.5 商用车钢制轻量化车轮案例 / 205
  6.5.1 某款商用车钢制轻量化车轮 / 205
  6.5.2 某款非公路用商用车钢制轻量化车轮 / 210
6.6 乘用车钢制轻量化车轮案例 / 215
  6.6.1 大通风孔钢制车轮的研发背景及目标 / 215
  6.6.2 轮辐的材料组分 / 216
  6.6.3 大通风孔钢制车轮的结构选型及性能预测 / 217
  6.6.4 大通风孔钢制车轮的工艺及试制 / 218
  6.6.5 大通风孔钢制车轮的台架试验及路试情况 / 222
本章小结 / 224
参考文献 / 224

第7章 热冲压成形超高强钢轻量化车轮

7.1 热冲压成形车轮用钢的开发和性能要求 / 227
  7.1.1 高淬透性、高抗氧化性的热成形用钢 / 228
  7.1.2 铌微合金化高强韧性细晶粒热成形钢 / 228
  7.1.3 铌-钒复合高氢脆抗力热成形钢 / 229
  7.1.4 超高强微合金化热成形钢 / 232
  7.1.5 微合金高强韧性中锰热成形钢 / 236
  7.1.6 1500MPa级热轧态热成形车轮钢 / 236
7.2 热成形钢的组织细化与强韧性匹配 / 239
7.3 热成形钢的疲劳 / 242
  7.3.1 不同状态下22MnB5热成形钢的疲劳特性 / 242

7.3.2 损伤容限和显微组织对疲劳抗力的影响 / 243
7.4 抗氢脆热成形车轮专用钢的开发 / 246
7.4.1 钢中氢的来源、扩散和氢引起的断裂 / 246
7.4.2 氢脆机理及提高超高强度钢延迟抗力的方法 / 248
7.5 超高强度钢热成形轻量化车轮优化设计案例 / 252
7.5.1 超高强钢热成形车轮的受力分析和优化设计 / 252
7.5.2 热成形轻量化车轮的刚度分析和优化设计 / 257
7.6 热成形轻量化车轮的制造工艺 / 259
7.6.1 车轮的热成形工艺 / 259
7.6.2 热冲压成形车轮的连接工艺 / 260
7.7 热冲压成形轻量化钢制车轮典型案例 / 261
7.7.1 热冲压成形轻量化钢制车轮 / 261
7.7.2 热冲压成形轻量化钢制车轮道路验证 / 263
本章小结 / 264
参考文献 / 264

第8章 轻量化镁合金车轮

8.1 轻量化镁合金车轮概述 / 270
8.2 轻量化镁合金车轮用材料的开发 / 270
8.3 轻量化镁合金车轮的制造工艺 / 273
8.4 轻量化镁合金车轮的防护处理及评价 / 275
8.4.1 镁及镁合金腐蚀原理 / 275
8.4.2 镁合金车轮的防护措施 / 276
8.5 轻量化镁合金车轮的安全生产与防护 / 278
8.5.1 镁及镁合金发生燃烧的化学反应机理 / 278
8.5.2 镁合金车轮安全生产要求 / 278
本章小结 / 279
参考文献 / 279

第9章 新兴轻量化车轮

9.1 连续碳纤维增强热固性复合材料车轮 / 282
9.1.1 连续碳纤维增强热固性复合材料车轮的结构优化 / 284

9.1.2 连续碳纤维增强热固性复合材料车轮的制造工艺 / 284

9.1.3 连续碳纤维增强热固性复合材料车轮的发展趋势 / 286

9.2 长纤维增强热塑性复合材料车轮 / 286

9.2.1 长纤维增强热塑性复合材料的相本构模型反演 / 287

9.2.2 长纤维增强热塑性复合材料车轮性能联合仿真方法 / 289

9.2.3 长纤维增强热塑性复合材料车轮的试制及测试结果 / 293

9.2.4 长纤维增强热塑性复合材料车轮的研发展望 / 294

9.3 机械连接镁/铝合金组装式轻量化车轮 / 296

9.3.1 轮辐结构拓扑优化设计 / 296

9.3.2 组装式车轮多目标优化设计 / 298

9.3.3 胶栓复合连接镁/铝合金组装式车轮疲劳性能分析 / 304

9.3.4 压铆连接镁/铝合金组装式车轮疲劳和冲击性能分析 / 308

本章小结 / 314

参考文献 / 315

第 10 章 车轮及其行业展望

10.1 国家战略及汽车行业发展趋势对车轮及其产业的影响 / 319

10.1.1 "双碳"目标对车轮及其行业的影响 / 319

10.1.2 新能源汽车的需求对车轮及其行业的影响 / 320

10.1.3 安全及智能化对车轮及其行业的影响 / 322

10.1.4 国际化对车轮及其行业的影响 / 323

10.2 汽车车轮未来发展及应用路线图 / 323

本章小结 / 326

参考文献 / 327

CHAPTER 1

第1章
车轮轻量化技术发展

作为汽车簧下旋转构件的车轮,因其轻量化带来的节能减排效果远高于簧上构件,受到特别关注,并成为汽车整车轻量化的重要组成部分。因此,本书内容以汽车整车轻量化和底盘轻量化的需求作为开篇。

1.1 汽车轻量化

汽车轻量化工程[1]是在保证汽车的被动安全性能、刚度、NVH（Noise，Vibration and Harshness，即噪声、振动和声振粗糙度）性能等提高或者不降低的前提下，通过结构优化设计、轻量化材料的应用、合理的制造工艺等手段实现汽车的整备质量降低，从而达到节能减排的工程化过程。汽车轻量化可以通过构件的结构变更、低密度材料应用或材料厚度减薄等手段来实现，但同时不能影响整车或者构件及总成的其他关键功能。轻量化的英文为lightweight，即"轻的重量（质量）"，简称轻量。轻量化并非简单的减薄，而是如前述定义的通过设计、结构、材料和工艺等的优化，达成更轻的、全新产品的结果，是一种解决方案[2]。

汽车轻量化的主要目的是节能减排、提高运输效率。在汽车节能的诸多途径中，轻量化被认为是最为有效的方式之一。行业研究表明[3]，汽车每减重10%，燃油效率提高6%～8%，排放减少4%～6%。可见，汽车轻量化可减少燃油消耗、减少排放、缓解空气污染。随着消费者对汽车品质、安全及功能等要求的提高，电器系统、智能系统、汽车配置等的愈加丰富，汽车整备质量也应显著增加。但事实上，从过去十年汽车整备质量变化的趋势来看，典型级别的乘用车整备质量变化趋势保持相对平稳，部分年份整备质量仅略有增加[4]，这主要得益于各类轻量化技术的发展与应用。汽车整备质量降低的根本动力是各国政府有计划实施且日趋严苛的环保要求。例如，中国政府规定汽车排放目标——2015年CO_2排放155g/km，2020年CO_2排放95g/km；中国政府规定的乘用车油耗法规——2015年平均油耗6.9L/100km，2020年平均油耗5.0L/100km，2025年平均油耗4.0L/100km[5]。在传统燃油车的燃烧效率不会有实质性突破和新能源汽车还不能成为主导的条件下，汽车轻量化技术成为了整车企业当前优先发展的技术，进而成为了汽车技术发展的重要趋势之一。

另外，汽车轻量化对节能及国家能源安全具有重要意义。中国的车用燃油已占到石油总消耗量的近50%，高速增长的原油消耗量必将给国家的石油安全和环境保护带来巨大的挑战。根据中国石油和化学工业联合会数据，2020年原油对外依存度达到73.5%。整备质量与油耗降低率的关系如图1-1所示。显然，降低整备质量实现汽车轻量化，有助于节能和国家能源安全。

近年来，我国新能源汽车产销量得到持续快速增长。因提高动力电池的功率密度困难较大，为保证续航里程，电池的质量就较大，这导致新能源汽车的整备质量普遍比传统燃油汽车高10%左右。研究表明，电动车减重10%，续航能力可增加5%～8%。显然，汽车轻量化可有效提高新能源汽车续航里程以及电池能量的利用效率。

汽车轻量化的实现路径如图1-2所示。

汽车轻量化主要包括车身（乘用车车身、商用车驾驶室及上装）的轻量化、底盘系统轻量化、动力系统轻量化等。自20世纪90年代开始，世界汽车轻量化技术得到了快速发展，集中表现为轻量化相关技术申请专利数量的剧增。图1-3显示，截至2017年，中国、美国、日本等6个国家的汽车轻量化技术专利超30000项。

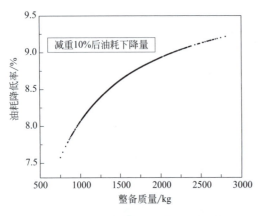

图1-1 整备质量与油耗降低率的关系图[6]

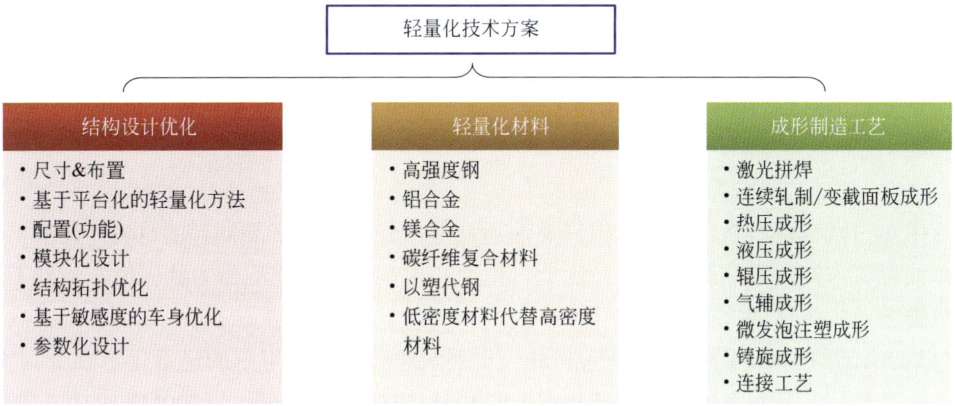

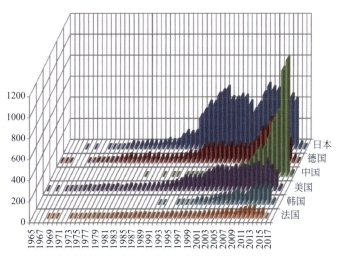

图1-2 汽车轻量化技术路径示意图

图1-3 部分国家汽车轻量化技术年专利量[2]

1.1.1 乘用车轻量化

进入21世纪后，汽车轻量化技术发展迅猛。全球各主流车企均加大投入开始轻量化技术研究，并取得了系列成果。无论是宝马汽车提出的"结构-材料-工艺"轻量化思路，还是奥迪和捷豹、路虎致力的车身铝化技术，以及目前备受关注的多材料混合车身设计概念，都是车身轻量化的典型技术探索。文献[2]对过去十五年国内外乘用车车身的轻量化技术做了深入梳理。截至目前，我国自主品牌乘用车的车身用高强度钢平均占比已经超过50%，部分车型甚至达到70%，热成形钢、铝合金、镁合金和工程塑料在车身结构件上的应用比例也越来越大。车身结构轻量化技术发展迅速，白车身结构重量明显降低，车身轻量化系数显著减小，我国车身轻量化水平已经达到欧美等汽车工业发达国家的同等水平。

但是，在悬架、转向等底盘关键零部件轻量化技术研发方面，我国的相关技术相对滞后，进展较慢。主要表现在底盘零部件轻量化研发中的一些共性关键技术尚需突破：一方面，底盘关键零部件在汽车服役和用户使用过程中的疲劳载荷谱数据缺乏，零部件工作中的疲劳载荷不能有效、准确地确定；另一方面，基于疲劳寿命的底盘关键零部件轻量化设计方法的研究还不够深入和成熟，底盘总成的六分力测试及数据、零部件道路疲劳寿命的预测精度尚有待进一步提高。此外，与用户使用寿命等效的零部件疲劳强度试验方法和技术规范缺乏；研究中通常只有不同材料的疲劳极限数据，没有准确的零部件疲劳极限数据可供参考和使用。

1.1.2 商用车轻量化

商用车占汽车保有量的20%，但其燃油消耗却占到了汽车产品油耗的60%；同时，重型商用车油耗又占商用车油耗的70%。因此，重型商用车的轻量化应作为我国汽车产业节能的重点措施之一。

自从2016年国家更新GB 1589标准进一步限制超载后，商用车的轻量化更加受到重视。在过去的几年间，商用车的上装（货箱等）材料从Q235提升至600～700MPa的热轧钢板或铝合金材料，减重达10%～30%；悬架从多片簧变为少片簧，甚至部分长途客车等采用空气悬架，可实现减重10%～30%；商用车车架的材料从510L逐步改为610L、700L等高强度钢材料，初步解决了材料的成形、冲孔缺陷、疲劳的问题，减重效果显著。但是，驾驶室的用材方面目前仍以软钢和烘烤硬化钢为主，高强度钢的应用比例较低，600MPa及以上钢材很少应用；热成形、辊压成形、激光拼焊、激光焊接等轻量化工艺应用也很少。

近年来，商用车的车轮材料从Q235、Q345、330CL、380CL和420CL等逐渐变更为490MPa以上的轮辐专用钢和轮辋专用钢，解决了等强度设计、闪光对焊、疲劳等一系列问题，同时更轻的锻造铝合金车轮也在商用车上得到应用，甚至最新的热成形车轮也完成了开发，在商用车车轮轻量化方面取得了一系列的突破。针对上述内容，本书后续章节将详细阐述。

1.2 车轮轻量化与整车性能的关系

1.2.1 底盘轻量化对整车性能的影响

汽车底盘是指支持汽车行驶、控制汽车行驶状态的一系列零部件的总称。其作用是支撑、安装汽车发动机及其各部件、总成，形成汽车的整体造型，并接收发动机的动力，使汽车产生运动，支撑车身、操纵和控制车身姿态与行驶状态，保证正常行驶。汽车的底盘由传动系、行驶系、转向系和制动系四部分组成。

从汽车质量分布的角度，可把汽车分成簧下质量和簧上质量两个部分。底盘轻量化对整车性能的影响，其核心问题是簧下质量问题。簧下质量指不由悬架系统中弹性元件所支撑的质量，一般包括车桥、车轮、轮胎以及弹簧和减振器的一部分。簧下质量的界定非常复杂，严格意义上讲，精确计算簧下质量不仅需要考虑悬架形式，还需考虑各悬架零件的质心位置、各摆臂运动的矢量方向等。因汽车是一个复杂的动力学系统，不做简化的精确分析难度较大。因此，常假设车身为刚体，于是得出简化模型如图1-4所示。

在图1-4中，m_1为簧下质量，包含车轮、车桥及悬架部分质量等；m_2为簧上质量，包含车身、车架质量及悬架部分质量等。在仅研究汽车的垂向振动时，还常使用图1-5所示的两个自由度的四分之一汽车模型。图1-5中，K为悬架刚度，C为阻尼系数，K_t为轮胎刚度；q为输入的路面不平度函数，z_1、z_2分别为车轮、车身垂直坐标，坐标原点选在各自的平衡位置。正是由于簧下质量构件设计和工程分析的难度要高于车身，因而它的轻量化进程比车身要慢一些。

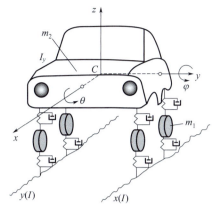 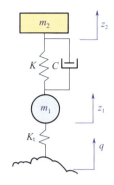

图 1-4　汽车的简化 7 自由度模型[7]　　　　图 1-5　两个自由度的四分之一汽车模型[7]

在不考虑具体悬架类型的情况下，底盘轻量化对整车性能的影响主要体现在以下几个方面。

（1）对舒适性的影响

汽车在路面上行驶时，悬架系统不断接收来自路面不平度的激励，并把激励的能量传递至车身、人体，于是引起车内乘员不舒适。研究表明，通过降低簧下质量，即增大簧上与簧下质量之比，可改进乘坐舒适性。

简单来讲，簧下质量越小，其惯性越小，在汽车经过不平路面激起簧下质量振动后，其传递到悬架的动态力就越小，进而通过悬架传至车身的动态力也小，因此车身的动态响应就小，乘坐舒适性就得到改善。具有独立悬架系统的汽车，其簧下质量一般小于非独立悬架，因此其车身有更小的动态响应，这也是独立悬架可提高舒适性的原因之一。

（2）对操控性能的影响

当汽车在起伏不平的路面上行驶时，较轻的簧下质量其惯性较小，在同样的簧上质量和悬架的作用下，其振动就小，因此车轮轮胎总成的动载荷较小。较小的动载荷可使轮胎与路面间保持良好的接触、具有较平稳的法向载荷，于是轮胎与路面之间产生的用于驱动/制动的纵向力、用于转弯的侧向力也较为稳定，这样就可获得良好的操控性能。

（3）对加速性能的影响

簧下质量中，车轮的轻量化对加速性能提升最为显著。车轮作为旋转件，在汽车加速过程中所获得的能量为其平动动能与转动动能之和。车轮越轻，其转动惯量越小，在汽车加速过程中车轮获得的平动动能与转动动能就越小，因而在发动机输出功率确定的情况下，汽车整车速度就越大。因此，车轮质量减小，汽车的加速性能将得以提升。

（4）对制动性能的影响

汽车的制动能力由轮胎的附着力、制动系统所能提供的最大制动力矩等因素共同决定。车轮从旋转到静止，需要通过制动衬块/片和制动盘/鼓的摩擦将整车的动能转换为热能。较轻的车轮，其转动惯量较小，在确定的车速下所对应的整车动能也相对较小，因此在制动中需要消耗的动能小，这必然会减轻制动系统的负荷，进而缩短制动距离，提升制动性能。

（5）对经济性的影响

簧下质量的轻量化，除了具有簧上质量的轻量化效果外，还可明显减小轮胎的动载荷,这有助于改善轮胎磨损和使用寿命,同时还可减小悬架的动行程,进而降低减振器对能量的损耗,而该能量的根源也是发动机。北京汽车股份有限公司(以下简称"北汽")的实车测试表明,从轻量化效果等效考虑,单位簧下质量与单位簧上质量的节能比一般为(8~10):1(市区工况),(3~5):1(NEDC工况),(4~6):1(WLTC工况)。这些数据表明,簧下质量的轻量化对汽车经济性的提升明显优于簧上质量。

图1-6显示,底盘的轻量化与车身、内外饰、动力总成的轻量化同等重要,并在美国早已被提上日程。由于包括簧下质量,底盘轻量化的节能减排效果优于其他三者。

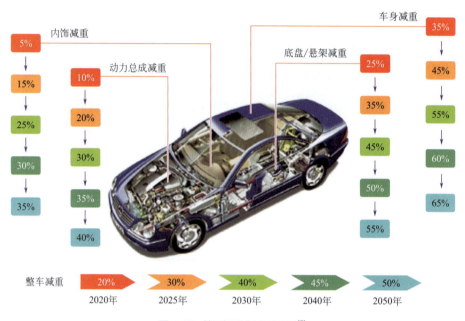

图1-6 美国轻型车减重目标[6]

1.2.2 车轮轻量化对整车性能的影响

尽管属于行驶系统,车轮也与传动系、转向系和制动系密切相关。传动系的主要作用是将发动机产生的动力传递到驱动车轮,从而实现汽车行驶,车轮是最终载体。转向系是在汽车行驶过程中,改变或恢复汽车行驶方向,以保证汽车按照驾驶员选定的方向行驶。转向传动机构最终也是将转向器输出的力和运动通过转向节传至车轮,并使左右车轮按一定关系进行偏转,实现转向。制动系是利用与车身(或车架)相连的非旋转元件和与车轮(或传动轴)相连的旋转元件间的摩擦来阻止车轮的转动或转动的趋势。因此,车轮结构和重量的变化影响面较广泛。

前面已提及簧下质量构件轻量化的效果更为明显,北汽采用实车对原始车轮和轻量化车轮的各种性能进行了定量对比评价,结果如下。

(1)轿车对比测试——市区工况测试

北汽某型轿车(2.0T,5AT),按照市区实际工况进行试验。更换轻量化车轮后,整车减重17.6kg,市区累计行驶里程3600km,实现节油为4.24%,详细记录结果见表1-1。若按照汽车每减重100kg,每百公里可节省汽油0.3L计算,车轮减重17.6kg相当于簧上质量减重140kg,即车轮的轻量化节油效果是簧上质量的8倍。

表1-1 北汽某轿车车型更换轻量化车轮前后的油耗对比

序号	时间	轮毂材料	油耗（L/100km）	计算取值
1	2017/3/2	轻量化合金	9.60	9.48
2	2017/3/7		9.24	
3	2017/3/13		8.62	
4	2017/3/19		9.56	
5	2017/3/24		9.50	
6	2017/3/31		9.60	
原始值		原始车轮	9.90	9.90
百公里油耗降低比例				4.24%

注：油耗计算取值是在去除最高值和最低值后取平均值获得。

（2）SUV型乘用车对比测试——市区工况测试

北汽某SUV车型（2.0T，6AT），按照市区实际工况进行试验。更换轻量化车轮后，减重21.2kg，市区累计行驶里程1600km，实现节油为7.21%。若按照汽车每减重100kg，每百公里可节省汽油0.3L计算，车轮减重21.2kg相当于簧上质量减重220kg，即车轮的轻量化节油效果是簧上质量的10倍。

通过轻量化车轮的试验测试及分析，验证了作为簧下质量的车轮，其轻量化对整车性能的影响效果明显。这不仅体现在降低油耗，而且对整车排放、制动距离、转向力、加速、轮胎寿命等性能具有积极影响，还可提升整车乘坐舒适性与安全性。车轮减重10%带来的性能提升及节能减排效果如图1-7所示。

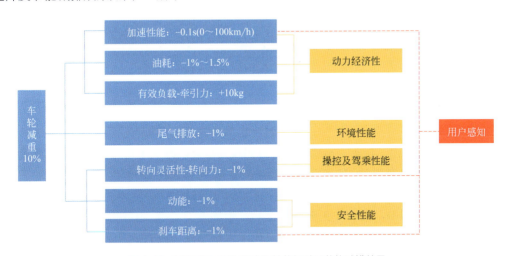

图1-7 车轮减重10%带来的性能提升及节能减排效果

1.3 汽车车轮的分类及特征

车轮主要由轮辋和轮辐组成，如图1-8所示。按照轮辐结构形式的不同，车轮可分为辐板式和辐条式。根据轮辋形式不同，又可分为组装轮辋式、可调式、对开式、可反装式车

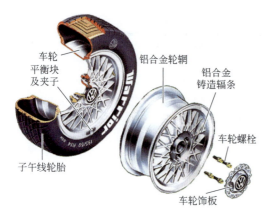

图1-8 车轮结构图

轮。按照轮辋断面结构形式,也分为深槽式轮辋、平底轮辋和对开式轮辋。深槽式轮辋,代号DC,在各类车辆中得到广泛应用;平底轮辋,代号FB,主要用于重型工程车辆对开式轮辋,代号DT,由左右可分的两半轮辋组成,可以是等宽度或者不等宽度,它们之间用螺栓固紧在一起形成可安装轮胎的车轮。

按照车型,车轮可分为商用车车轮和乘用车车轮;按照材料,车轮可分为钢制车轮、铝合金车轮、镁合金车轮、非金属复合材料车轮等。钢制车轮还可进一步分为型钢车轮和滚型车轮,铝合金车轮可分为铸造铝合金车轮、锻造铝合金车轮、铸旋铝合金车轮、锻旋铝合金车轮等。按照通风孔,车轮还可分为普通通风孔车轮及大通风孔车轮(也称高通风孔车轮)。

1.4 汽车车轮及其轻量化发展历程

1.4.1 汽车车轮发展历史

世界上第一个车轮大约出现在公元前3500年。人们把厚木板钉在一起,制成一个坚固的圆盘,用在手推车或战车上。例如,公元前3300年左右,两河流域的古苏美尔人造出了有4个大木轮的战车;公元前3000年,在古巴比伦也出现了战车、运输车、狩猎车和祭祀用车;同时,埃及、印度等国家也都出现了马拉战车和牛车;约在公元前2000年,中国出现了第一辆车,当时的车子由车厢、车辕和两个轮子构成,到了商朝,带轮子的车已是比较成熟的交通工具。

公元前1450年,西亚地区和埃及已经广泛使用轻型马拉战车和赛车。公元前1400年,车上装有顶棚的两轮狩猎车和战车出现。为防止磨损,公元前1350年前后,埃及法老图坦哈门的战车轮子上包上了皮革。从此,人类开始摸索与尝试减少车轮磨损以及车辆颠簸的方法。公元前1300年,有辐条的车轮首先出现在欧洲,到公元前1250年,中国也出现了带辐条的车轮。

车轮早期是木制的,第一次工业革命之后,钢铁业得到突飞猛进的发展,钢制车轮因其承载能力大、寿命长等系列优点,逐步取代了木制车轮。在19世纪初,出现了用钢丝辐条制造的车轮,这种车轮轻便、坚固,之后被广泛用于自行车。最早的汽车车轮源自于马车,密密麻麻的辐条是20世纪初汽车车轮的主要特点。随着工业发展,汽车上钢制轮辐的车轮逐步被辐板式钢制车轮取代,铸钢车轮和辐条式车轮也逐渐变为使用钢板冲压、辊压工艺来制造。在我国,汽车车轮的制造开始于20世纪50年代。一汽富维汽车零部件股份有限公司、山东济宁车轮厂和山东淄博车轮厂等中华人民共和国成立以来最早一批生产钢制车轮的企业,分别始建于1953年、1954年和1959年。随着我国汽车工业的发展,第二汽车制造厂车轮厂等相继建立。目前,我国钢制车轮企业百余家,主要为商用车及部分乘用车供应钢制车轮。

直到20世纪80年代初期，钢制车轮一直占有绝对的主导地位。之后，铝合金车轮由于其轻量、美观以及传热性能好的优点，在乘用车领域逐步成为主导。早在1920年，赛车设计师哈利米勒就萌生了制作铝合金车轮的想法，并为此申请了概念专利，但是因种种原因未制作出任何铝合金车轮。布加迪汽车的创始人埃托雷布·加迪十分中意这一创意，并于1924年在莫尔塞姆的铸造厂成功地用自己设计的模具铸造出铝合金车轮、辐条以及刹车鼓，并将这一原型车轮安装在布加迪Type 35上。20世纪30年代，戴姆勒-奔驰和汽车联盟赛车使用了第一批铝合金车轮，他们将钢制辐条与铝合金轧制轮辋相结合的车轮用于汽车，这为铝合金车轮的发展奠定了良好基础。20世纪40年代，铝合金车轮开始在普通汽车上得到应用。1958年，出现了整体铸造的铝合金车轮，此后不久又有了锻造铝合金车轮。但也有资料称，美国铝业公司于1948年率先成为第一个锻造出铝制卡车车轮的公司。20世纪60年代，保时捷开始批量使用由铝合金薄板制作的车轮。随着汽车工业的蓬勃发展，铝合金车轮得到普及。1988年，中国中信集团有限公司在秦皇岛市建立了中国第一家铝合金车轮企业——中信戴卡股份有限公司。随后，随着我国汽车工业的发展，我国的铝合金车轮企业逐渐增多。

近年来，人们在不遗余力地探索车轮的新材料以及制造新工艺，如镁合金及碳纤维复合材料车轮、一体化无焊缝钢轮旋压新工艺等。相信随着技术的发展，将会有更加轻量、更加安全可靠的新型车轮被发明创造。

1.4.2 中国车轮轻量化的发展及行业推动

2000年初，汽车轻量化理念被引入中国，车身的轻量化首先被重视起来。2007年，中国汽车轻量化技术创新联盟成立，标志着我国汽车轻量化成为了行业共识。2007年后，车轮的轻量化也被提上日程，美国铝业公司率先向中国推广轻量化的锻造铝合金商用车车轮，其轻量化带来的节能减排等效果引起了行业关注，但当时商用车超载尚未能够被完全限制，加之价格昂贵，因而未得到广泛应用。

随着更高强度的车轮钢，如540CL等，被钢铁企业开发出来，一些乘用车钢制车轮用的高强度DP钢等也相继被开发，车轮的轻量化逐步被汽车上下游企业接受。2012年，中信金属有限公司（下简称"中信金属"）与山东兴民钢圈［现兴民智通（集团）股份有限公司，下简称"兴民智通"］、本钢集团有限公司（下简称"本钢"）、北京航空航天大学、钢铁研究总院等单位合作启动了商用车轻量化车轮的开发，引领了我国商用车车轮轻量化的发展。

同时，为了让上下游企业进一步达成车轮轻量化的共识，相关行业机构相继召开了一系列研讨会，以促进车轮行业的轻量化技术开发。2014年11月，中国汽车工业协会车轮分会和中信金属在重庆联合举办了"2014中国汽车车轮用钢技术研讨会暨第一届汽车车轮轻量化高峰论坛"。会议聚焦钢制车轮的轻量化，发布了我国首个超轻、22.5×8.25in❶的商用车车轮，质量仅为30.4kg。2016年7月，中信金属与中国汽车工业协会车轮分会、兴民智通、吉利汽车等在杭州联合举办了"汽车轻量化车轮创新开发技术论坛暨第二届汽车车轮轻量化高峰论坛"，来自吉利汽车、东风汽车、华晨汽车等整车企业，以及正兴车轮集团有限公司、一汽富维汽车零部件股份有限公司、中信戴卡、浙江金固股份有限公司（下简称"浙江金固"）

---

❶ in，英寸，1in = 2.54cm。

等车轮企业，和宝钢、首钢等钢铁企业的100余位专家参会。与会专家介绍了钢制轻量化车轮、铝合金车轮、碳纤维轻量化车轮、一体化无焊缝钢制车轮等，会上发布了由兴民智通、中信金属及北京航空航天大学等联合开发的我国首个轻量化钢制大通风孔车轮——6.5J×16型大通风孔乘用车车轮，承载力为600kg，自重为9.8kg。2018年7月，中信金属与中国汽车工业协会车轮分会、易贸信息科技有限公司等在青岛联合举办了"第三届汽车车轮轻量化高峰论坛"，100余位业内专家参会。与会专家介绍了镁合金轻量化车轮、锻旋铝合金轻量化车轮、液态模锻铝合金车轮以及钢制轻量化车轮等相关技术。兴民智通发布了与中信金属、北京航空航天大学等联合开发的22.5×9.0in钢制轻量化商用车车轮，车轮重37kg，达到了国际同等产品的水平。2019年11月，由易贸信息科技（烟台）有限公司主办、中国汽车工业协会和中信金属支持的"第四届汽车车轮轻量化高峰论坛"在杭州召开，100余位业内专家参会。与会专家介绍了碳纤维轻量化车轮、新型细晶强化的铸造铝合金车轮、锻造镁合金车轮、锻造铝合金车轮、热成形车轮以及轻量化材料的相关技术，同时邀请东风汽车专家介绍了商用车轻量化对车轮的最新要求等。2020年10月，由中国汽车工业协会车轮分会主办的"车轮行业年会暨装备和轻量化技术交流会"在厦门召开，100余位业内专家参会。与会专家交流了热成形钢超轻车轮、高强车轮钢等相关技术的最近进展。

随着中国汽车工业协会车轮分会和上下游企业的推动，轻量化已成为车轮行业发展和车轮产品设计的主要方向。未来几年，随着热成形车轮、镁合金车轮等相继完成装车路试、量产，我国的车轮轻量化水平将得到进一步提升。

1.5 汽车轻量化车轮的最新进展

1.5.1 铝合金车轮

铝合金乘用车车轮与同规格的钢制车轮相比，一般每只可减重2kg左右，且耐腐蚀性好、美观、散热性好，尤其是较大的热导率可使铝合金车轮更快地传导汽车制动所产生的热量，降低轮胎的工作温度，提高轮胎的使用寿命。铝合金车轮经过机械加工后，几何尺寸精确，端径跳小，平衡性好，但价格要高于钢制车轮。目前，大直径铸造铝合金车轮尚不能完全满足中重型商用车的使用要求，因此商用车的大尺寸铝合金车轮常需采用锻造技术制成。当然大尺寸的旋铸铝合金车轮也已经被开发，但其能否满足中重型商用车的使用要求尚存争议。

铝合金车轮的制造工艺主要包括：低压铸造、锻造、挤压铸造、旋压等。低压铸造铝合金车轮是将铝液在压力作用下充入模具，在有压力的情况下进行凝固结晶，产品内部组织更为密实，强度更高，如图1-9所示。利用压力充型和补充，极大简化浇冒系统结构，使金属液收得率可达90%，是目前使用较多的工艺。但这种工艺也存在铸造时间较长，加料、换模具耗时长，设备投资多等问题。

锻造铝合金车轮是通过拍、压、锻等工艺来形成车轮样式，过程中不发生液相变

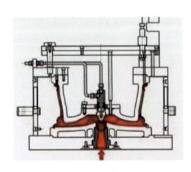

图1-9 低压铸造铝合金车轮工艺示意图

化，都是固体变化，如图1-10所示。产品力学性能优于铸造，具有强度高，韧性、疲劳强度和抗蚀性好，以及尺寸精确等系列优点。其最大缺点是生产工序较多、生产成本较高。因此，目前只有小部分高档轿车或部分商用车使用锻造铝合金车轮。

图 1-10　锻造铝合金车轮工艺过程

旋压铝合金车轮是在轮圈整体铸造出型后，再利用专用设备进行旋压处理。这可使被处理位置内部金属分子排列发生改变，相比一般铸造产品，呈现密度更高的纤维状，从而提升金属的力学性能。目前的旋压技术主要是配合铸造或者锻造共同使用。

铝合金车轮的材料牌号及制造方法见表1-2。

表 1-2　铝合金车轮材料牌号及制造方法

汽车类型	制造方法			铝合金牌号
轿车	整体铸造			A356、AC4CH、AC7A
	2片型	轮辋	条或卷材	5154、5454
			圆板	5154、5454
			挤压管	5454
		轮辐	铸造	A356、AC4CH、AC7A
			锻造	6061
			板	5154、5454
	3片型	轮辋	圆板	5052、5154、5454
		轮辐	铸造	A356、AC4CH、AC7A
			锻造	6061
载货车	整体铸造			A356、AC4CH
客车	整体锻			6061

铝合金车轮的轻量化主要通过结构设计、合金材料和制造工艺的优化来实现，详见本书第4章和第5章。

1.5.2　高强度钢车轮

出于减轻车轮重量和开发外形美观车轮（如大通风孔车轮，如图1-11所示）的需要，高强度钢材逐步走进车轮行业。

图 1-11　美国钢铁协会开发的大通风孔钢制车轮

随着高强低合金钢、双相钢和高扩孔钢等先进高强度钢种的成功开发并逐步应用于车轮，进一步减轻车轮重量和更大胆款式设计的条件日趋成熟。以16英寸轿车车轮为例，轮辋使用厚度为2mm、强度为550～650MPa的高强钢板材，其承载的负荷率为76kg/kg；而使用普通钢材，其承载的负荷率仅为67kg/kg。单件车轮质量可减轻1.09kg，整车质量减轻5.45kg，且其可靠性及抗超载的能力均有提高。

（1）新型钢材用于车轮[8]

微合金钢（HSLA）、双相钢（DP）和贝氏体钢（Bainitic Steel）等先进高强度钢种逐步应用到制造车轮，为车轮减轻重量和更加大胆的款式设计创造了必要的条件。

微合金钢（HSLA）：据统计，HSLA车轮一般可比碳素钢车轮减重约15%。铌元素的添加可有效提升钢材的强度、韧性、疲劳性等综合性能，其效果明显高于一般的合金元素（碳、锰），其综合成本较低。目前，490MPa以上的车轮钢，如490CL、540CL、590CL以及RS590、RS650等，均采用铌微合金化。

双相钢（DP）：与北美和日本的钢制车轮厂率先使用的HSLA钢不同，欧洲的钢制车轮厂则尝试了双相钢（DP钢）。于是，逐渐形成了2个不同的流派，即以HSLA钢为轻量化车轮标准轮辐材料的北美派，和以DP钢为轻量化车轮标准轮辐材料的欧洲派。DP钢的抗疲劳性能和加工性能均超过HSLA钢，这种材料引起欧洲、美国和日本等国家和地区车轮厂商的极大热情。目前在欧洲，抗拉强度为600MPa的DP钢已被广泛应用于轮辐生产。

（2）制造工艺

近年来，国际车轮行业与国际车轮设备制造商紧密合作研究发展了旋压生产工艺，并应到商用车的轮辐生产和乘用车的轮辋生产。无内胎商用车车轮的轮辐生产使用旋压工艺已经非常普遍。

在乘用车领域，使用冲压和焊接工艺制造的钢制车轮，其外观造型等与铸造铝合金车轮相比处于劣势，但在一些中端和低端乘用车领域，其成本仍具有吸引力。为摆脱竞争劣势，钢制车轮领域技术人员在不断努力，力求设计、开发技术有明显进步。2018年，蒂森克虏伯、鞍钢、浙江金固三家单位签约轻量化热成形车轮项目，开展乘用车和商用车热成形车轮的开发，详见本书的第7章。

（3）外观轻量化创新

除了材料和工艺创新外，车轮行业在钢制车轮的外观方面也进行了一系列的开拓，开发了包括半表面车轮、全表面车轮等新型钢制车轮。在款式和轻量化方面的突破是大通风孔等款式的车轮，其外观看上去与铝合金车轮相差无几，但可有灵活的组合。图1-12所示为近几年车轮行业所开发的造型美观的钢制车轮，左侧为我国试制的大通风孔车轮[9]。

图1-12 造型设计美观的钢制车轮

1.5.3 镁合金车轮

镁合金车轮（图1-13）具有以下特点[10]：

① 安全性方面：强度高，抗冲击性好；重量轻，转动惯量小，汽车提速、制动迅速；散热性能好，可延长轮胎使用寿命。

② 节能性方面：锻造镁合金车轮可比铸造铝合金车轮大幅减重，从而降低能耗，节约燃料。对于燃油车而言，节油率在8%～15%；对于电动车而言，续航里程可提高6%～10%。

③ 驾驶性方面：镁合金材料阻尼性能好，镁合金车轮减振降噪性能优异，提升了汽车的舒适性和驾驶性；超轻的镁合金车轮还可使悬挂系统拥有更好的动态响应能力，从而改善操控性能。

图1-13　镁合金车轮

目前，压铸镁合金产品用量大于变形产品，但经过锻造、挤压或轧制等工艺生产出的变形镁合金产品具有更高的强度、更好的延展性。目前为止，锻造镁合金车轮厂家主要以铸造圆锭坯或挤压锭坯为坯料，经二道次的热挤压、一道次的旋压成型，并经过热处理、机械加工、表面处理后包装入库。由于所采用工艺较为复杂，生产工序较多，导致生产成本过高，市场占有率很低。

而镁合金车轮锻造技术难度较大，且表面处理工艺问题未得到彻底解决，致使车轮表面易被腐蚀，尤其镁合金车轮与轮毂连接存在电化学腐蚀问题，同时成品价格较高，这些制约了镁合金在车轮中的应用。目前，锻造镁合金车轮主要应用于赛车上，在乘用车上大批量应用，还有很长的路要走。

1.5.4 复合材料车轮

在汽车节能减排和汽车轻量化发展的大背景下，车轮用材也不仅仅局限于金属材料，树脂基纤维增强复合材料也开始用来制作车轮[11]。

长纤维增强热塑性复合材料具有重量轻、性能高、生产效率高、易回收、可循环重复使用等突出特点，与热固性复合材料相比，其可回收性优势明显，同时可采用高效率的注塑、模压等工艺制造产品，生产节拍能够满足汽车行业产量的要求，其制造成本较低。目前，该材料已经在汽车保险杠、发动机罩盖等非承力件上被大量使用，但在承力结构上还鲜有研究应用报道。

汽车行业最大的化学产品供应商之一——巴斯夫与戴姆勒合作研发了一款前瞻性电动概念车的长纤维增强热塑性复合材料车轮（图1-14）[12]。该车轮改变了汽车车轮一直用钢材或铝合金材质的传统，具有可大幅降低自身重量、提高设计自由度的潜力。但是，因为车轮结构强度、刚度等问题，目前该车轮尚未投放市场。

国内的兴民智通联合北京航空航天大学等单位针对新能源纯电动汽车的轻量化需求，研究开发了长纤维增强热塑性复合材料车轮[12]，如图1-15所示，相比汽车铝合金车轮，可

图1-14　巴斯夫全球首次采用适于量产的塑料车轮

减重30%，且具有环保、可回收与循环使用的潜力，有望对新能源电动汽车的发展起到推动作用。该团队还对长纤维增强热塑性复合材料商用车车轮进行了研究[13]。

在2014美国JEC复合材料及新材料展上，奥地利Mubea Carbo Tech公司展示了其最新研究成果——碳纤维增强复合材料车轮。该新型车轮由碳纤维增强复合材料轮辋及铝合金轮辐组合而成。李丽颖[14]也进行了类似碳纤维复合材料/铝合金组合车轮的开发，所试制的车轮为分体式结构，轮辐采用铝合金材料，轮辋采用碳纤维增强复合材料，由近百层预浸料层层铺覆，经模压高温固化成型。

福特新一代野马Shelby GT350R配备了连续碳纤维增强复合材料车轮。其质量仅为8.6kg，而一般铝合金车轮质量要达到15kg。瑞典柯尼赛格的Agera R车型搭载了世界上第一种中空、一片式、超级轻量化的连续碳纤维增强复合材料车轮，如图1-16所示，整个车轮上除了轮胎气门嘴，其余部件均为碳纤维增强的复合材料，降低约25kg的簧下质量。

图1-15　长碳纤维注塑复合材料车轮

图1-16　瑞典柯尼赛格的Agera R车型碳纤维车轮

1.6　我国车轮企业的轻量化技术状况

随着整车企业对车轮轻量化的迫切需求，我国涌现出一批在车轮轻量化领域取得进展和突破的车轮企业，这些创新型企业通过自身的技术创新以及与科研院所和原材料企业的产学研合作，先后开发了一系列轻量化材料、新工艺技术以及结构优化设计的手段，开发了性能优越、重量更轻的轻量化车轮，在提高自身产品竞争力的同时，支撑了汽车行业节能减排的发展。

（1）中信戴卡轻量化车轮技术

中信戴卡主要生产高强度轻量化汽车零部件，产品科研团队开发了高强韧铸造铝合金、变形铝合金技术，再生铝合金净化技术，镁合金、复合材料应用技术。该公司的工艺技术全面，具备铸造、锻造和铸旋等铝合金车轮先进成型技术，形成了覆盖设计、工艺、工程仿真、试验、制造和智能装备等轻量化关键技术，并推广应用到其全球制造基地。并且，该公司还开发了铝合金车轮全流程绿色智能制造技术，建成行业第一家"灯塔工厂"，生产率和产品质量大幅提升。

2021年，该公司生产铝合金车轮6000万余件，为奔驰、宝马、奥迪、大众、标致-雪铁龙、雷诺-日产、通用、福特、菲亚特-克莱斯勒、丰田、本田、马自达、现代-起亚以及一汽、上汽、东风、广汽、北汽、长安等国外、国内主要整车制造商配套供货。

（2）浙江万丰奥威轻量化车轮技术

浙江万丰奥威汽轮股份有限公司（简称"浙江万丰奥威"）高度重视轻量化、低能耗、高可靠性的产品开发，开展了重大技术、关键技术、共性技术和核心技术等科技攻关，并研发了具有自主知识产权、具有广阔市场前景和竞争力的新技术、新工艺、新产品。通过技术积累，公司已具备3D打印模具、全水冷模具、锻造模具、模温控制等模具设计制造及工艺技术，低压铸造、铸旋、锻造、重力倾斜铸造、铣加工、激光雕刻等行业中完备的产品成型工艺技术，全涂装、车亮、镜面车亮、特种涂装、抛光、电镀、双色涂装、移印、涂装+抛光、镶件等行业中全面的表面制成工艺技术，具有较好的模具和低压铸造技术。

该公司拥有强度、刚性、模态、模流、双轴等丰富的设计分析经验及试验检测能力，所开发产品中，高端产品占比45%左右，被广泛应用于梅赛德斯奔驰、宝马汽车、奥迪汽车、通用汽车、大众汽车、福特汽车、丰田汽车、本田日свое、日产汽车、奇瑞汽车、比亚迪汽车、吉利汽车、长城汽车等各大主机厂，近百项产品和技术被评定为国内领先水平。

（3）兴民智通轻量化车轮技术

兴民智通（集团）股份有限公司与相关单位联合建立了"兴民-北航交通车轮先进技术研发中心""首钢-兴民钢圈"联合实验室，以开展轻量化车轮技术的开发。兴民智通联合中信金属、北京航空航天大学、吉林大学、本钢等单位共同进行了车轮专用钢材、轻量化设计和制造工艺等研发工作，通过各单位的技术攻关和紧密合作，形成了含铌高强钢的开发（SW、RS系列车轮专用钢）、车轮轻量化优化设计和制造工艺等成套技术，推出了一系列轻量化车轮产品，并得到了整车企业的广泛应用。

（4）浙江金固轻量化车轮技术

浙江金固股份有限公司（简称"浙江金固"）多年来一直致力于车轮轻量化技术研究，不断探索新技术及新材料的应用，企业每年投入不少于3%的销售额用于研发创新。

一方面，浙江金固坚持走高强度材料轻量化路线，积极与中国宝武钢铁集团有限公司（简称"中国宝武"）、鞍钢集团有限公司（简称"鞍钢"）等国内知名钢厂开展深入合作，致力于新型车轮用钢的开发，企业车轮用钢产品从最初的400MPa级别提升到600MPa级别左右，车轮轻量化效果十分显著。另一方面，浙江金固从新产品和新工艺方面入手，研发出大通风孔产品、轮辋旋压和阿凡达工艺，不仅极大地提升了产品的强度，还能实现轮辐复杂型面的成形，从而达到轻量化、美观化。作为全球首个采用热成形钢及热成形工艺制造商用车轮辋及轮辐的厂家，目前浙江金固的全热成形车轮已实现量产，并实现小批量装车应用。

（5）东风车轮轻量化车轮技术

东风汽车车轮有限公司（简称"东风车轮"）在产品轻量化技术上不断突破与创新。一方面，该公司自主进行有限元分析优化设计，实现了产品设计、CAE仿真及结构优化三大模块集成自动化，将多种学科的技术融入其中，系统性地进行分析，快速得到最优结构曲线。另一方面，该公司与中国宝武、攀钢集团有限公司（简称"攀钢"）等钢厂成立联合实验室，和清华大学、华中科技大学等高校进行产学研合作，围绕"材料性能测试""高强度钢开发""材料焊接性能""制造工艺仿真"等方面展开研究，实现协同创新，联合开发应用各种高强度钢材、热成形钢材、铝合金材料等。钢材等级从380MPa到1500MPa逐步提升，实现商用车车轮减重约30%，乘用车车轮产品减重约20%。其产品在东风日产、东风商用车、上汽通用、庆铃汽车等多家车企批量应用，市场表现良好。

（6）江苏珀然轻量化车轮技术

江苏珀然股份有限公司（简称"江苏珀然"）专注锻造铝合金轻量化车轮，与高校及科研机构紧密合作，为新材料、新工艺研究等技术创新提供技术保障。公司通过了包括ISO9001、IATF16949、ISO14001、ISO45001、德国TUV、德国LBF、美国史密斯、美国DOT-T、日本VIA以及巴西INMETRO等各类产品质量体系和企业认证，是一汽解放、东风、中国重汽、北汽、陕重汽、上汽红岩、宇通、比亚迪等国内外30多家大中型汽车厂的供应商。

本章小结

通过汽车轻量化实现汽车产品的节能减排已经成为上下游企业的共识，尤其是"碳达峰""碳中和"成为国家战略后，汽车产业链上下游对节能减排的追求更为迫切。在汽车车身的轻量化技术日趋成熟的同时，底盘的轻量化被提上了日程，尤其是作为簧下构件的车轮，其轻量化的节能减排效果已被证实远高于车身构件，车轮轻量化对降低燃油消耗、整车排放、制动距离，增加轮胎寿命、乘坐舒适性、行车安全性等产生积极影响。

本章简述了过去十余年中，车轮轻量化技术和轻量化车轮的发展，在过去几年间，我国车轮企业通过自主创新和产学研合作，相继开发了铸旋铝合金车轮、镁合金车轮、高强度钢制车轮、热成形钢制车轮、非金属复合材料车轮等轻量化车轮产品，为我国汽车工业和汽车车轮产业的高质量发展奠定了基础。

参考文献

[1] 路洪洲，王智文，陈一龙，等.汽车轻量化评价[J].汽车工程学报，2015，5（1）：1-8.

[2] 世界汽车车身技术及轻量化技术发展研究编委会.世界汽车车身技术及轻量化技术发展研究[M].北京：北京理工大学出版社，2018.

[3] DeCicco J, An F, Ross M. Technical Options for Improving the Fuel Economy of U. S. Cars and Light Trucks by 2010-2015[R]. Washington，DC：ACEEE，2001.

[4] 李军，周佳，王利刚，等.中国乘用车轻量化水平发展趋势研究[J].汽车工程学报，2021，11（5）：313-319.

[5] 中国汽车工程学会.节能与新能源汽车技术路线图2.0[M].北京：机械工业出版社，2020.

[6] 中国汽车工程学会.节能与新能源汽车技术路线图[M].北京：机械工业出版社，2016.

[7] 蒋荣超.轿车悬架零部件性能匹配与轻量化多目标优化方法研究[D].长春：吉林大学，2016.

[8] 李军，路洪洲，易红亮.乘用车轻量化及微合金化钢板的应用[M].北京：北京理工大学出版社，2015.

[9] 路洪洲，李军，王杰功，等.乘用车轻量化钢制车轮的发展[C]//2014中国汽车工程学会年会文集：862-866.

[10] 余奇平，贾海庆，马忠民，等.基于越野车采用镁合金车轮的工程应用研究[J].小型内燃机与摩托车，2019，48（6）：28-32.

[11] 刘国军.复合材料汽车车轮的强度分析及优化设计[D].哈尔滨：哈尔滨工业大学，2006.

[12] 潘越，刘献栋，单颖春，等.长玻纤增强热塑性复合材料车轮径向载荷下的强度仿真[J].计算机辅助工程，2015，24（5）：22-27.

[13] 许多，刘献栋，单颖春，等.连续纤维增强复合材料商用车车轮的抗冲击性能仿真[J].计算机辅助工程，2020，29（4）：1-6.

[14] 李丽颖，张跃，江国华.碳纤维复合材料车轮试制方法[J].汽车工业研究，2018（7）：22-25.

CHAPTER 2

第 2 章
轻量化车轮的共性评价及测试技术

在汽车行驶中，车轮承受和传递着轮胎与地面作用产生的驱动力、制动力、侧向力、支撑车身的径向力及这些力产生的力矩，其性能直接影响着汽车的行驶安全性和可靠性。车轮轻量化虽然对汽车的节能减排以及改善汽车的动力性、经济性、操控及驾乘性能、安全性能均可产生良好效果，但往往会改变车轮的强度、刚度性能。因此，对车轮进行轻量化的同时，必须保证车轮疲劳耐久性、强度及刚度等性能满足安全要求。而车轮结构性能是否满足安全要求，需通过一系列标准试验进行考核、评价。

目前，关于车轮疲劳耐久性的评价试验主要包括：动态弯曲疲劳试验、动态径向疲劳试验（简称弯曲疲劳试验、径向疲劳试验）和双轴疲劳试验。对于轻合金车轮，除需进行上述疲劳强度试验，还需进行车轮冲击试验以评价其抗冲击性能，其冲击试验又分为13°、30°和90°冲击试验。

汽车车轮不但需保证具有足够强度和耐疲劳特性，还需具有足够的刚度以保证其抗变形能力。此外，为保证安装的可靠性、高速旋转情况下的平顺性，汽车行业还对车轮的静不平衡量、安装面的平面度、车轮跳动等制定了标准。

本章将基于国家标准以及行业标准介绍汽车车轮的各种测试及评价方法。

2.1 车轮弯曲疲劳试验要求及测试评价

弯曲疲劳试验用于模拟汽车在一定载重条件下转弯行驶时车轮的受力状态，主要是对轮辐性能进行考核。针对车轮弯曲疲劳试验，配套车轮所采用的现行标准包括用于乘用车车轮的推荐性标准GB/T 5334—2021[1]以及用于商用车车轮的推荐性标准GB/T 5909—2021[2]；而零售车轮，其弯曲疲劳试验性能则需满足GB 36581—2018。本节主要介绍整车企业对车轮产品性能要求所依据的上述两个国家推荐性标准。

根据GB/T 5334—2021和GB/T 5909—2021可知，无论是乘用车车轮还是商用车车轮，对其进行动态弯曲疲劳试验时，加载弯矩均采用式（2-1）进行确定：

$$M = (\mu R + d) F_v S \tag{2-1}$$

式中，M为试验弯矩，M = 加载力F × 力臂L，N·m；μ为轮胎与路面之间的设定摩擦系数，分别见表2-1、表2-2；R为轮胎静负荷半径，是车辆或车轮制造商规定的用于该车轮的最大轮胎静半径，m；d为车轮的内偏距或外偏距（内偏距是正值，外偏距是负值），m，对于商用车车轮，如果车轮既使用内偏距又使用外偏距，则应采用内偏距；F_v为车辆或车轮制造商规定的车轮最大垂直静负荷或车轮额定负荷，N；S为强化系数，分别见表2-1、表2-2。

表2-1 乘用车车轮弯曲疲劳试验摩擦系数、强化系数及最低循环次数要求

材料	摩擦系数 μ	强化系数 S	最低循环次数
钢	0.7	1.60	30000
		1.33	150000
			30000[②]
		1.10	150000[②]
铝合金	0.7	1.60[①]	120000
			25000[②]
		1.33	300000
			60000[②]

① 优先选用的试验系数；② 最低循环次数只适用于备用车轮。

表2-2 商用车车轮弯曲疲劳试验摩擦系数、强化系数和最低循环次数要求

材料	车轮直径	摩擦系数 μ	强化系数 S	最低循环次数
钢	17.5及17.5以下规格车轮	0.7	1.10	300000
			1.60	60000
	17.5以上规格车轮	0.7	1.10	1000000
			1.60	200000
铝合金	所有规格	0.7	1.35	1500000
			1.60	600000
			2.00	200000

注：可选取一种强化系数进行试验。

针对乘用车车轮或商用车车轮进行试验时，需根据车轮类型、规格以及车轮材料选择弯曲疲劳试验的载荷强化系数，并确定车轮应达到的最低循环次数。

2.1.1 乘用车车轮弯曲疲劳试验要求及试验方法

依据 GB/T 5334—2021《乘用车 车轮 弯曲和径向疲劳性能要求及试验方法》，乘用车车轮弯曲疲劳试验的试验台及其原理图如图 2-1 所示，不论采用图 2-1 中哪一种加载方式，试验台均有一个被驱动的旋转装置。图 2-1（a）中车轮在固定不动的弯矩下旋转，而图 2-1（b）中车轮不动，承受一个旋转的弯矩。图 2-1（b）的加载方式较为常用，轮缘通过试验夹具固定在试验台上，轮辐通过螺栓与连接盘及加载力臂连接，加载力臂上连有转盘和偏心块，下方连有电机，中间有活动铰链。试验过程中，电机带动加载力臂旋转，偏心块跟随旋转，从而产生偏心力，使得加载力臂偏离竖直轴线，产生弯矩施加在轮辐上，故轮辐在试验中受到周期性循环弯矩作用。

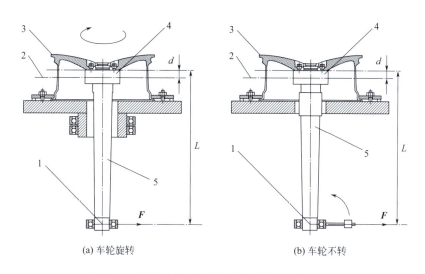

(a) 车轮旋转　　　(b) 车轮不转

图 2-1　乘用车车轮弯曲疲劳试验的试验台及其原理图

1—加载点；2—轮辋中心面；3—车轮；4—车轮连接件；5—加载臂；
F—加载力；L—力臂长度；d—车轮偏距

车轮弯曲疲劳试验前，按图 2-1 将可用于车辆的新车轮牢固地夹紧在试验设备上，将车轮螺栓（或螺母）拧紧至车辆或车轮制造商规定的力矩值。如果无规定，宜设定拧紧力矩为 $120N·m±10N·m$。根据式（2-1）确定弯曲疲劳试验的弯矩，且在试验过程中加载系统应保持规定的载荷，误差不超过 ±2.5%。

确定弯曲疲劳试验的弯矩时，摩擦系数 μ 和强化系数 S 的取值参照表 2-1 进行选择。对于钢制车轮，试验时两种强化系数都要选用；对于铝合金车轮，只需选择一种强化系数进行试验即可。

试验中若螺栓断裂，则更换全部螺栓后继续试验。待完成规定试验循环次数后，用渗透法检测或用其他可接受的方法检查车轮裂纹情况。在试验过程中，出现以下任何一种情况时，需终止试验，判定试验车轮失效：

① 试验车轮不能继续承受试验载荷；
② 原始裂纹产生扩展或出现应力导致侵入车轮断面的新裂纹；
③ 加载点的偏移量超过试验初始偏移量的 10%。

2.1.2 商用车车轮弯曲疲劳试验要求及试验方法

依据 GB/T 5909—2021《商用车 车轮 弯曲和径向疲劳性能要求和试验方法》中规定的内容，对商用车车轮进行弯曲疲劳试验的设备中具有一个被驱动的旋转装置，试验时按照图 2-2 将车轮牢固地安装到试验设备上，车轮连接件的连接面应光滑平整，且与车辆上通常采用的连接件具有相同的装配尺寸特征。如图 2-2 所示，可采用两种施加动态弯曲载荷的方式：车轮在固定的弯矩作用下旋转，或车轮静止不动，承受一个旋转的弯矩。车轮的固定方式也分为车轮底部夹紧或顶部夹紧。故商用车车轮弯曲疲劳试验共包含 4 种约束、加载方式。确定所施加的弯矩载荷时，摩擦系数 μ 和强化系数 S 的取值可参照表 2-2 进行选择。在规定距离处（力臂）施加一平行于车轮安装面的力，试验过程中加载系统应保持规定的载荷，误差不超过 ±2.5%。

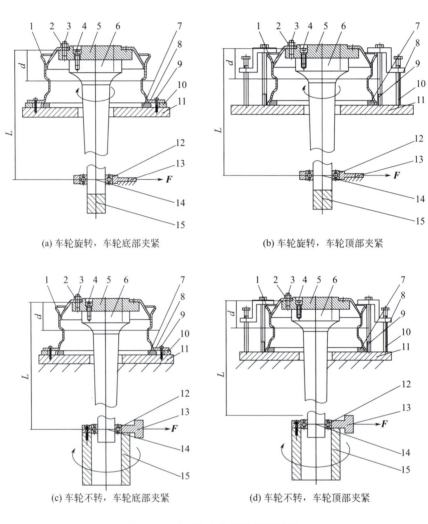

图 2-2 商用车弯曲疲劳试验示意图

1—试验车轮；2—螺母；3—螺栓；4—夹具紧固螺钉；5—车轮连接件；6—力臂；7—垫圈；
8—压板；9—压板紧固螺钉；10—垫块；11—车轮安装台；12—轴承；
13—横拉杆；14—支点；15—电机；F—载荷；L—力臂长度；d—内偏距

采用图2-2中的顶部或底部安装方式将试验车轮安装到试验设备上，将螺栓（或螺母）拧紧至车辆或车轮制造商规定的扭矩值，如果无有规定，则按照标准中推荐的螺栓拧紧力矩值进行拧紧，见表2-3。试验过程中，如果紧固螺栓断裂，更换全部螺栓后继续试验。待完成规定试验循环次数后，用渗透法检测或用其他方法检查车轮裂纹情况。

表2-3 螺栓拧紧力矩

螺栓规格	推荐螺栓拧紧力矩/（N·m）	螺栓规格	推荐螺栓拧紧力矩/（N·m）
M14×1.5	150～165	M20×1.5	380～418
M16×1.5	170～187	M22×1.5	610～671
M18×1.5	260～286	M24×1.5	880～968

商用车车轮在试验过程中若出现以下情形，应判定试验车轮失效：
① 试验车轮不能继续承受试验载荷；
② 原始裂纹产生扩展或出现应力导致侵入车轮断面的新裂纹；
③ 加载点的偏移量超过试验初始偏移量的15%。

2.2 车轮径向疲劳试验要求及测试评价

车轮的径向疲劳试验用于模拟汽车在一定载重条件下直线行驶时车轮的受力状态，主要对轮辋性能进行考核。所参考的径向疲劳试验标准包括用于乘用车车轮的推荐性标准GB/T 5334—2021，以及用于商用车车轮的推荐性标准GB/T 5909—2021；零售车轮其径向疲劳试验性能则需满足GB 36581—2018。本节主要介绍整车企业对车轮产品性能要求时所依据的上述两个国家推荐性标准。

乘用车车轮与商用车车轮采用的径向疲劳试验装置相同。图2-3为车轮径向疲劳试验的试验示意图。该试验台具有在车轮转动时向其传递恒定径向负荷的能力。装置中包含一个可被驱动旋转的转鼓和车轮固定座，转鼓转动时带动与其接触的车轮反向旋转，同时可通过改变转鼓和车轮轴线的间距，调整所施加在车轮上的径向载荷的大小。转鼓具有比车轮轮胎总成断面宽的光滑表面，推荐的最小转鼓外径为1700mm。径向载荷的加载方向垂直于转鼓表面，并且与车轮固定座中心和转鼓中心的连线方向一致，转鼓轴线与车轮固定座轴线平行。

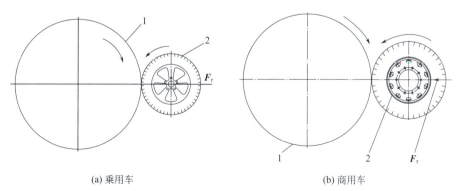

(a) 乘用车　　　　　　　　(b) 商用车

图2-3 车轮径向疲劳试验示意图
1—转鼓；2—车轮轮胎总成；F_r—径向载荷

根据国家标准 GB/T 5334—2021 和 GB/T 5909—2021，乘用车或商用车车轮在径向疲劳试验时，作用在车轮上的径向载荷均采用式（2-2）进行确定：

$$F_r = F_v K \tag{2-2}$$

式中，F_r 为试验中施加在车轮上的载荷，N；F_v 为车轮所承受的额定载荷，N；K 是强化系数。

2.2.1 乘用车车轮径向疲劳试验要求及试验方法

依据国家标准 GB/T 5334—2021，需对试验车轮合理选装轮胎，试验首选车辆或车轮制造商选定型号的轮胎，如果未指定，参考 GB/T 2978—2014 选择试验车轮可配用的轮胎中具有最大负荷的轮胎。根据表 2-4 确定试验时的轮胎气压。

表 2-4 乘用车车轮径向疲劳试验时的轮胎充气气压

在使用载荷下的充气压力 /kPa	试验充气压力 /kPa
≤160	280
161～280	450
281～450	550
≥450	≥使用气压的 1.2 倍

注：允许误差 ±20kPa。

采用图 2-3 所示的试验装置，通过式（2-2）获得车轮进行径向疲劳试验时所需径向载荷，强化系数 K 依据表 2-5 进行选择。表 2-5 同时给出了不同强化系数下，钢制车轮或铝合金车轮应达到的最低循环次数。

表 2-5 乘用车车轮径向疲劳试验强化系数及最低循环次数要求

材料	强化系数 K	最低循环次数
钢	2.25①	600000
	2.00	1100000
	1.65①	600000
铝合金	2.50	900000
	2.25	1150000
	2.00	1500000
	1.80①	400000

① 强化系数只适用于备用车轮。

注：推荐以获得满足试验要求的轮胎寿命为基础选择强化系数。

对乘用车车轮进行径向疲劳试验时，首先将车轮轮胎总成安装至试验设备上，将车轮螺栓（或螺母）拧紧至车辆或车轮制造商所规定的力矩值，如果没有规定，则设定拧紧力矩为 120N·m±10N·m。试验过程中，如果螺栓断裂，则更换全部螺栓后继续试验；如果轮胎失效，则更换轮胎后继续试验。

在完成规定试验循环次数后，用渗透法检测或用其他方法检查车轮裂纹情况。试验中，若车轮不能继续承受载荷或轮胎压力，或原始裂纹产生扩展，或出现侵入车轮断面的可见裂纹，则停止试验，判定试验车轮失效。

2.2.2 商用车车轮径向疲劳试验要求及试验方法

依据GB/T 5909—2021中的规定，商用车车轮在进行径向疲劳试验时，与乘用车车轮类似，也应首选车辆或车轮制造商选定型号的轮胎，若未指定，参考GB/T 2977—2016选择试验车轮可配用的轮胎中具有最大负荷的轮胎。根据表2-6确定试验时的轮胎气压。

表2-6 商用车车轮径向疲劳试验时的轮胎充气压力

在使用载荷下的充气压力 /kPa	试验充气压力 /kPa
≤310	450
320～450	550
460～580	690
590～720	900
≥730	1000

采用图2-3所示的试验装置进行商用车车轮轮胎总成的安装，其中安装、试验方法与乘用车车轮所用方法类似，但在车辆或车轮制造商未给出螺栓拧紧力矩时，需按照表2-3中的拧紧力矩进行螺栓的紧固。通过式（2-2）获得商用车车轮进行径向疲劳试验时所需径向载荷。其中，强化系数K依据表2-7进行选择。表2-7中给出了不同规格、不同材料下，车轮动态径向载荷的强化系数，同时给出了选用不同强化系数时车轮应达到的最低循环次数。试验过程中，如果螺栓断裂，则更换全部螺栓后继续试验；如果轮胎失效，则更换轮胎后继续试验。商用车车轮的失效判定方法与乘用车车轮的失效判定方法相同，在完成规定试验循环次数后，用渗透法检测或用其他方法检查车轮裂纹情况。试验过程中，若车轮不能继续承受载荷或轮胎压力，或原始裂纹产生扩展，或出现侵入车轮断面的可见裂纹，则停止试验，判定试验车轮失效。

表2-7 商用车车轮动态径向疲劳试验强化系数及最低循环次数要求

材料	车轮直径	强化系数K	最低循环次数
钢	17.5及17.5英寸以下规格车轮	1.6	1000000
		2.0	500000
	17.5英寸以上规格车轮	1.6	1500000
		2.0	750000
铝合金	所有规格	2.0	1500000
		2.8	150000

注：可选取一种强化系数进行试验。

2.3 车轮冲击性能要求及测试评价

为评价车轮撞击路缘、通过路障或者过沟过坎时的抗冲击性能，针对乘用车轻合金车轮，我国制定了车轮13°冲击试验的国家标准GB/T 15704—2012《道路车辆 轻合金车轮 冲击试验方法》以及90°冲击试验的行业标准QC/T 991—2015《乘用车 轻合金车轮90°冲击试验方法》。针对商用车轻合金车轮,我国制定了车轮30°冲击试验的行业标准QC/T 1111—2019《商用车 轻合金车轮 30°冲击试验方法》。因钢制车轮的材料具有较高的延展性,在冲击载荷作用下不易发生断裂破坏,故针对乘用车钢制车轮,尚未提出需通过13°、90°冲击试验的要求;针对商用车钢制车轮,也未提出满足30°冲击试验的要求。然而,近年来某些车轮厂商为提高产品质量,已开始对钢制车轮进行台架冲击试验,但尚无统一标准。

2.3.1 乘用车轻合金车轮13°冲击试验

根据国家标准GB/T 15704—2012《道路车辆 轻合金车轮 冲击试验方法》[3],乘用车车轮13°台架冲击试验可用来在试验室模拟轻合金车轮轴向(横向)撞击路缘的性能,图2-4为轻合金车轮13°冲击试验机示意图。

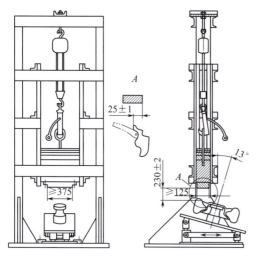

图2-4 轻合金车轮13°冲击试验机示意图

试验用车轮为经全部工序加工,装配轮胎,可用于车辆并具有代表性的新车轮,试验使用过的轮胎和车轮均不可再用于车辆上。进行13°台架冲击试验时,将车轮轮胎总成通过螺栓安装在冲击台架上,车轮轮胎总成在试验机上的固定装置在尺寸上应与在车辆上使用时的固定装置相当,手动拧紧螺母或螺栓到规定的扭矩值。车轮轮胎总成安装后需使冲击载荷可以施加到车轮轮缘,轮缘的最高点应正对冲锤。车轮轮胎总成安装轴线方向与垂直方向成13°±1°倾角,冲击载荷由冲锤自由落体施加到车轮轮胎总成上,冲锤距离车轮轮缘最高点的高度为230mm±2mm,冲锤与轮缘的重叠宽度为25mm±1mm,冲锤质量计算如下:

$$M_\mathrm{h} = 0.6\overline{M} + 180 \tag{2-3}$$

式中,M_h为冲锤质量,kg;$\overline{M}$为车轮或车辆制造厂规定的车轮最大静载荷,kg。冲锤质量的偏差应在±2%以内。

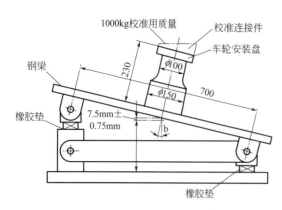

图2-5 车轮冲击试验车轮安装台架校准示意图

国家标准GB/T 15704—2012指出,冲击试验中选用的轮胎应为车辆制造厂规定的轮胎,若无规定轮胎,则应采用车轮适用的最小名义断面宽度的无内胎子午线轮胎;轮胎充气压力应为车辆制造厂规定的数值,若无规定,则应为200kPa±10kPa;整个试验过程中,环境温度应保持在10～30℃范围内。

试验前,需要对车轮轮胎总成安装台架进行静态校准,如图2-5所示,在车轮安装中心位置沿铅直方向施加1000kg校准载荷时，钢梁中心沿铅直方向的变形应在7.5mm±0.75mm范围内。

由于车轮中心部分设计的多样性，因此在车轮圆周方向应选择足够的位置进行冲击试验，以确保中心部分评价的完整性。每次试验都应使用新车轮。冲击试验结束后，若出现下述任何一种情况，则认为试验车轮失效：

① 可见裂纹穿透车轮中心部分的截面；
② 车轮中心部分与轮辋分离；
③ 在1min内，轮胎气压全部泄漏。

如果车轮变形或者被冲锤直接冲击的轮辋断面出现断裂，则不能判定车轮试验失效。

2.3.2 乘用车轻合金车轮90°冲击试验

汽车行业标准QC/T 991—2015《乘用车 轻合金车轮90°冲击试验方法》[4]中给出了对乘用车轻合金车轮进行90°冲击试验的两种方法，可用于检验车轮在受到垂直力冲击时的强度和安全性能，试验时选择其中一种方法即可。

（1）试验方法 I

图2-6给出了基于试验方法 I 的一种试验设备图，主要由可沿铅直方向移动的冲锤及车轮轮胎总成的安装支架组成。该方法中使用150°的V形冲锤冲击整个轮辋断面，且轮胎不接地，台架与车轮轮胎总成之间采用铰链连接。冲击台架及车轮轮胎总成安装的具体要求如下：

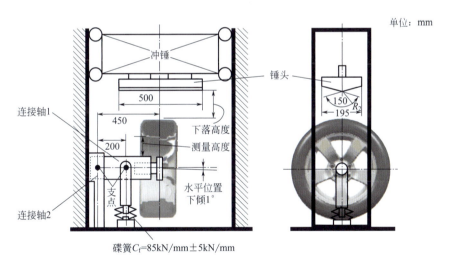

图 2-6　行业标准试验方法 I 设备示意图

① 锤头：冲击面夹角为150°，圆角半径为R_2，宽度为195mm，长度为500mm。
② 冲锤基本质量为150kg，最大质量为315kg，最小可调质量为5kg。
③ 冲锤作为一个整体，下落时间不应超出理论自由下落时间的2%。
④ 应有防止冲锤回弹后引起二次冲击的装置。
⑤ 安装支架中两可转动支点的间距为200mm，支架的水平位置下倾1°。
⑥ 安装支架中两碟状弹簧的组合刚度为85kN/mm±5kN/mm，碟簧的预压量为0.2mm。
⑦ 根据车轮偏距调节车轮安装后的位置，保证车轮断面中心到安装支架左侧支点的距离

为450mm，同时对准锤头中心线。

试验选用的轮胎应为车轮或车辆制造厂规定的轮胎，若无规定，推荐采用车轮使用的断面高度最小的无内胎子午线轮胎。充气压力应采用车辆制造厂规定的气压，若无规定，推荐使用200kPa，可上下浮动10kPa。试验环境温度应保持在10～30℃范围内。

该方法的冲击能量计算如下：

$$E = K \times F_r \tag{2-4}$$

式中，E为冲击能量，J；F_r为车轮或车辆制造厂规定的车轮所承受的最大静载荷，kg；K为系数，J/kg，其取值通常为$K_1=1.15$或$K_2=4.3$，相应获得的冲击能量为E_1、E_2。

将车轮轮胎总成安装至试验台上，拧紧螺母或螺栓到规定的扭矩值，若无扭矩要求，推荐采用110N·m±10N·m的扭矩进行紧固。调整车轮轮胎总成轴向位置，使轮胎断面中心线对准锤头中心线（如图2-6所示），锁定车轮轮胎总成轴向调整机构。调整车轮轮胎总成圆周方向的位置，使冲击部位处在锤头的正下方。针对同一个车轮轮胎总成可对其分别采用E_1、E_2两种能量进行冲击，每次冲击对应车轮不同的周向位置，推荐采用E_2能量冲击气门嘴窗口位置，并使两次冲击位置的间隔尽量大，减少相互的影响。

根据式（2-4）计算的冲击能量，参照标准中所提供的试验参数调整表，选择并调整冲锤的质量，计算冲锤的下落高度（重力加速度取值9.81m/s²）。当冲锤能量小于2000J时，冲锤质量为150kg；当冲击能量大于2000J时，按照5kg的幅度递增冲锤的质量，使冲锤的冲击速度在5m/s±0.2m/s的范围内。选择确定好冲锤的质量、高度后，释放冲锤对车轮轮胎总成进行冲击。

受冲击后，测量轮辋变形并观察其裂纹情况。采用如下标准判断其是否合格：当冲击能量为E_1时，车轮经过冲击后，要求车轮不能出现裂纹，且内轮缘变形量不大于2.5mm；当冲击能量为E_2时，在轮缘被冲击部位允许有裂纹或开裂，在轮辋槽位置允许的最大开裂范围为圆周的25%（对应的圆心角为90°）。

（2）试验方法Ⅱ

图2-7给出了基于试验方法Ⅱ的试验设备图，主要由可沿着铅直方向移动的冲锤及车轮轮胎总成的安装支架组成。该测试方法使用主、副两个矩形冲锤冲击轮辋内轮缘部分，两冲锤之间采用弹簧连接，且轮胎不接地。设备具体参数如下：

① 主锤质量（包含弹簧质量）为918kg±18kg，辅助锤质量为100kg±4.5kg。

② 冲锤组合体的下落时间不应超出自由下落时间的2%。

③ 冲锤冲击面尺寸为152mm×380mm。

④ 主、副锤之间至少两个弹簧，组合刚度为0.98～1.3kN/mm，弹簧预压量为6mm。

⑤ 安装支座采用钢制焊接结构，具有足够刚性。安装后，车轮轴线与铅直方向垂直：90°±1°。

试验选用的轮胎型号、轮胎充气压力等与试验方法Ⅰ要求一致。冲锤下落高度计算如下：

$$H = K \times F_r \tag{2-5}$$

式中，H为冲锤下落高度，mm；F_r为车轮或车辆制造厂规定的车轮承受的最大静载荷，kg；K为系数，mm/kg，其取值通常为$K_1=0.05$或$K_2=0.28$，对应的重锤冲击高度为H_1和H_2。

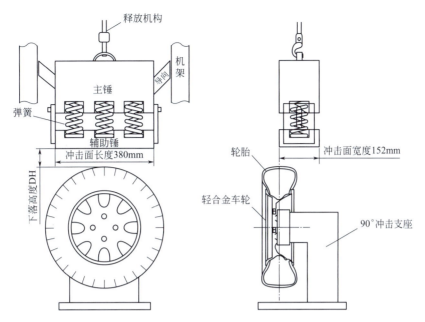

图 2-7　行业标准试验方法 II 设备示意图

将车轮轮胎总成安装在试验台上,其拧紧力矩的选择方法同试验方法 I。调整车轮轮胎总成轴向位置,使得轮胎断面中心线对准锤头冲击面的边缘,如图2-7所示。调整车轮轮胎总成圆周方向的位置,使冲击部位处在冲锤的正下方。

针对同一个车轮可分别采用 H_1、H_2 两种冲锤高度进行冲击,每次冲击对应车轮不同的周向位置,推荐采用 H_2 高度冲击气门嘴窗口位置,并使两次冲击位置的间隔尽量大,减少相互的影响。调整冲击面到轮胎最高点的距离等于冲锤下落的高度 H,释放冲锤对车轮轮胎总成进行冲击。

冲击后,测量轮辋变形并观察其裂纹情况。采用如下标准判断其是否合格:当冲击高度为 H_1 时,要求车轮不出现裂纹,且内轮缘的变形量不大于2.5mm;当冲击高度为 H_2 时,在轮缘被冲击部位允许有裂纹或开裂,在轮辋槽位置允许的最大开裂范围为圆周的25%(对应的圆心角为90°)。

(3) 企业自定的车轮90°冲击标准

为进一步提高车轮性能,一些企业制定了有关车轮90°冲击试验方法的企业标准。以下为某企业的测试方法及评价标准。

采用如图2-8所示装置进行试验,冲锤具有90°V形冲头,其顶端圆角半径 R 为15mm,冲击位置为轮胎纵向中心平面靠近内轮缘一侧,轮胎气压按车型推荐气压的最低值,冲击位置为在车轮圆周方向与气门嘴成0°的位置。

根据测试车轮的最大静载荷设置冲

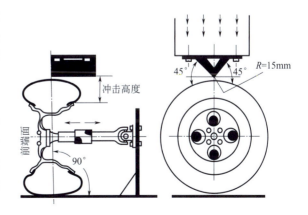

图 2-8　某企业标准测试设备示意图

头质量和冲击高度。冲头质量和冲击高度计算如下：

$$D = 0.8 \times W + 180 \tag{2-6}$$

$$L = 0.125 \times (W + 857) \tag{2-7}$$

式中，D 为冲锤的质量，kg；W 为由制造商规定的最大车轮静载荷，kg；L 为内轮缘顶端至冲头顶端垂直高度，mm。

确保试验在室温（10～38℃）范围内进行，轮辋的中心面应与冲锤的前缘共面且车轮轮胎总成应处于垂直位置，试验位置为车轮圆周方向正对气门嘴的位置。

车轮受冲击后，出现下列情况之一，即判定为不合格：

① 轮辋冲击部位变形量超过6mm；

② 车轮任何部位出现可见裂纹；

③ 轮胎气压在1min内漏尽。

2.3.3　商用车轻合金车轮30°冲击试验

2019年，我国制定了商用车轻合金车轮30°冲击试验的汽车行业标准QC/T 1111—2019《商用车 轻合金车轮 30°冲击试验方法》[5]。此前，企业常参考日本标准JIS D 4103—1998《汽车零件车轮性能要求和标准》中30°冲击试验方法对商用车轻合金车轮的冲击强度进行检验。目前，商用车钢制车轮尚无需满足30°冲击试验的要求。行业标准QC/T 1111—2019中规定的冲击试验装置如图2-9所示。

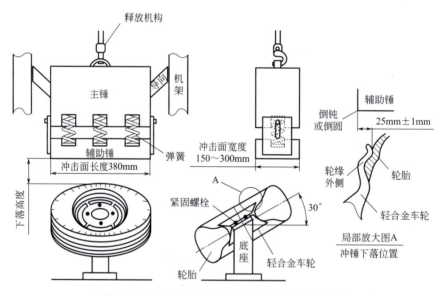

图2-9　商用车轻合金车轮30°冲击试验设备示意图

该冲击试验装置主要由可沿铅直方向移动的冲锤及车轮轮胎总成安装支座组成。其中，冲锤由主锤和辅助锤组成，辅助锤位于主锤下方，两者间放置有螺旋弹簧。主锤的质量为910kg±18kg，辅助锤的质量是100kg±4.5kg，辅助锤的冲击面尺寸是152mm×380mm，弹簧个数为2个以上，合成弹簧刚度为0.98～1.3kN/mm，弹簧预压量为6mm。安装支座应具有足够刚度，推荐采用钢制焊接结构。锤体自由下落，冲锤组合体的下落时间不应超出自由下落时间的2%。30°冲击试验的冲锤下落高度计算如下：

$$H = KW \tag{2-8}$$

式中，H 为冲击面到轮胎最高点的距离，mm；K 为冲击高度调整系数，mm/kg，通常取0.4；W 是车轮或车辆制造厂规定的车轮额定载荷，kg。

试验应选用车辆制造厂规定的轮胎，若无规定，则应符合GB/T 2977—2016，使用断面宽度中最小的无内胎轮胎。对于有内胎的车轮，仍使用断面宽度中最小的有内胎轮胎。轮胎充气压力应为车辆制造厂规定的数值，若无规定，则应符合GB/T 2977—2016，且允许气压误差范围为±10kPa。试验环境温度应保持在10～30℃范围内。

试验时，采用与实际应用中相同的安装方式，将车轮轮胎总成安装到试验机上。调整车轮安装面角度，安装后车轮应与水平方向的角度呈30°±1°。调整车轮圆周方向的位置，使冲击部位处于冲锤的正下方，并与轮缘重叠25mm±1mm。如果是一侧具有可拆式轮缘的车轮，要将另一侧固定轮缘面面向冲头。手动拧紧螺母或螺栓到规定的扭矩值，或者采用车辆或车轮制造厂推荐的方法拧紧。由式（2-8）确定车轮在进行30°冲击试验时需用的冲锤高度，调整好冲锤冲击面到轮胎最高点的距离 H，释放冲锤。冲击结束后，升起冲锤，检查轮胎气压及车轮裂纹情况。若出现下述任何一种情况，则认为所试验的车轮失效：

① 车轮产生裂纹（采用着色渗透剂检查）；
② 30s内轮胎气压降低小于初始值的50%，即轮胎空气急剧泄露。

如果车轮变形，或者被冲锤直接冲击的轮辋断面出现断裂，则不判定试验车轮失效。

2.4 车轮双轴疲劳试验及测试评价

车轮工作在随机载荷下，其疲劳寿命是工程师在开发过程中最关心的问题。目前，世界各国主要采用弯曲疲劳试验、径向疲劳试验来评价车轮的疲劳安全性。对于轻合金车轮，还需增加冲击性能试验。本章前三节中介绍了我国发布的车轮试验方法相关标准，这些标准的特点是将车轮在地面上所受的力，分解为径向力 F_z 和侧向力 F_y，并针对各向作用力单独进行试验。但实际上，车轮在行驶过程中受到的力十分复杂，因此众多技术人员、汽车企业已对这种只进行单项弯曲和径向疲劳试验的方法提出质疑，提出需要将这两个力合成在一起进行试验，以反映车轮在行驶中的实际受力情况，即进行双轴疲劳试验。目前，车轮需要进行双轴疲劳试验已基本达成行业共识。

2005年11月，美国发布标准SAE J2562"双轴车轮疲劳试验"；2006年5月，欧洲发布标准EUWA ES 3.23"卡车车轮双轴疲劳试验"。这两项标准的发布，推动了车轮工业的进步，表明了采用双轴疲劳试验方法对汽车车轮进行性能评价的重要性。车轮双轴试验，实际上是将径向疲劳试验和弯曲疲劳试验结合在一起，按设计的一套加载程序对车轮施加两个垂直方向的力，以模拟汽车在道路上的运行工况，评价车轮的可靠性。

针对乘用车车轮，我国制定了汽车行业标准QC/T 1112—2019《乘用车车轮 双轴疲劳试验方法》[6]。本节首先介绍车轮双轴疲劳试验设备，然后介绍行业标准QC/T 1112—2019中规定的针对乘用车车轮的双轴疲劳试验测试方法及评价标准，最后介绍针对商用车车轮双轴疲劳试验的欧洲标准。

2.4.1 车轮双轴疲劳试验机

车轮双轴疲劳试验机分为两大类：外转鼓试验机和内转鼓试验机。商用车车轮的双轴疲劳试验因需提供较大的侧向力，通常只采用带止推环的内转鼓试验机；乘用车车轮则可采用内转鼓试验机，也可采用外转鼓试验机。因外转鼓试验机具有诸多优点，故目前乘用车车轮的试验更多采用外转鼓试验机。根据车轮侧倾角的可调整范围和加载机构的位置，美国SAE J2562标准将乘用车车轮双轴疲劳试验机分为三种类型。

A型：径向加载器垂直于鼓面，并垂直于地面，车轮位于转鼓顶部，其侧倾角由载荷大小和各连杆的运动方式自动确定，其示意图如图2-10所示。最早的车轮双轴疲劳试验机是由德国弗劳恩霍夫协会结构耐久性与系统可靠性研究所（LBF）研发，其设计机型即为A型。

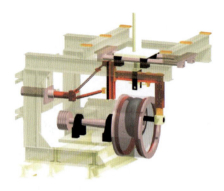

图 2-10　A型乘用车车轮双轴疲劳试验机

B型：径向加载器垂直于鼓面，并与地面平行，车轮位于转鼓的侧部，这就降低了试验机的整体高度。车轮侧倾角由相应的机构控制，无限可调，如图2-11（a）所示。英斯特朗（IST）公司生产的双轴疲劳试验机是这种类型，如图2-11（b）所示，通过对外倾角单元的控制，可人为调整车轮的侧倾角，从而测试车轮在不同侧倾角下的承载性能。

C型：径向加载器与地面平行，垂直于车轮，侧倾角无限可调，如图2-12（a）所示。美特斯工业系统（MTS）公司生产的双轴疲劳试验机是这种类型，在图2-12（b）中，通过液压机将轮胎与转鼓内侧压紧，对车轮施加径向载荷；通过另一液压机（左侧

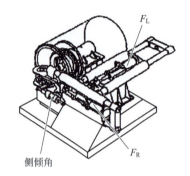

(a) B型试验机原理图

(b) IST公司生产的B型试验机

图 2-11　B型乘用车车轮双轴疲劳试验机

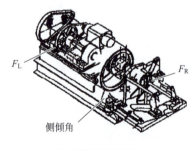

(a) C型试验机原理图

(b) MTS公司生产的C型试验机

图 2-12　C型乘用车车轮双轴疲劳试验机

与转鼓接触的机构）控制转鼓侧向移动迫使车轮与转鼓内突肩压紧产生侧向力，该种试验机也有相应的机构调整车轮的侧倾角。

SAE J2562标准中介绍的A、B、C三种车轮双轴疲劳试验机均为内转鼓形式。相比之下，外转鼓试验机具有较多优点，如：运行更平稳，所装配轮胎类型的影响较小；车轮的受力更接近实际工况；载荷谱可转移性好，在一台外转鼓双轴试验机上开发的载荷谱，可在不做修改的情况下适用于类似的外转鼓试验机。因此，目前国内对乘用车车轮进行双轴疲劳试验时多采用外转鼓试验机。图2-13所示为某外转鼓双轴疲劳试验机。

商用车车轮的双轴疲劳试验因需较大侧向力，故需采用内转鼓试验机，其结构与图2-10中的A型双轴疲劳试验机相同，加载器垂直于鼓面并位于铅垂方向，车轮位于转鼓顶部，车轮侧倾角由载荷大小和各连杆的运动方式自动确定。目前，国内仅有一台商用车车轮双轴疲劳试验机，其结构属于A型，如图2-14所示。

图 2-13　乘用车车轮外转鼓双轴疲劳试验机

图 2-14　商用车车轮双轴疲劳试验机

2.4.2　乘用车车轮双轴疲劳试验及测试评价

2019年，我国制定了汽车行业标准QC/T 1112—2019《乘用车车轮 双轴疲劳试验方法》，给出了车轮内轮缘预损伤的试验方法以及车轮双轴疲劳试验的测试方法和评判标准。

（1）内轮缘预损伤处理方法

若是对钢制车轮进行双轴疲劳试验，不需对其内轮缘进行预损伤处理，可直接按照标准进行双轴疲劳测试。但若是对铝合金车轮进行双轴疲劳试验，则需先对其进行内轮缘的预损伤处理，通过后才能继续进行双轴疲劳试验。

将完成平衡校正的铝合金车轮轮胎总成安装于设备底座，如图2-15所示。安装扭矩推荐采用120N·m±10N·m，调整轮胎气压为0.6倍的使用胎压，若未获得使用胎压的信息，可将胎压调整至150kPa±5kPa。

参照图2-15调整车轮位置，使气门孔在压头的正下方，同

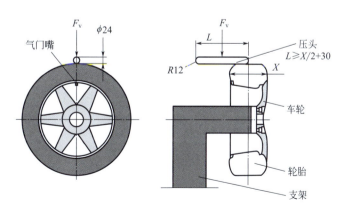

图 2-15　内轮缘预损伤试验方法

时压头对准内侧轮胎胎面,施力点在压头中间位置,压头的各关键尺寸参见图2-15。压头以7mm/s±2mm/s的速度下降,使最大压载荷达到车轮额定载荷的2.5倍,载荷偏差不超过2.5%。当载荷达到设定值后,保持压力2s±1s后,使压头反向运动离开轮胎,卸掉载荷。检查车轮内轮缘的变形情况,如轮缘变形不大于1mm,且无裂纹,则可进行后续的双轴疲劳试验,否则该试验车轮视为失效。

（2）乘用车车轮双轴疲劳试验的设备要求

车轮双轴疲劳试验机应对车轮轮胎总成同时施加径向、侧向载荷,加载系统应使所施加载荷与设定载荷间的误差不超过1%,且载荷对的切换应在2s内达到目标载荷要求。乘用车车轮双轴疲劳试验可采用外转鼓试验机或者内转鼓试验机,如图2-16所示。

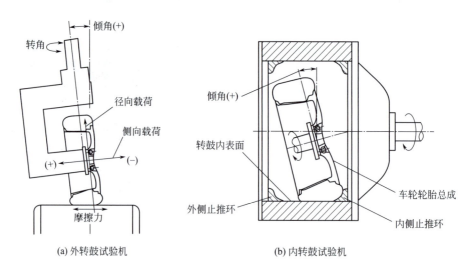

图2-16　乘用车双轴试验机示意图

采用外转鼓试验机进行车轮双轴疲劳试验时,转鼓直径最小为1700mm。加载机构将车轮轮胎总成压在转鼓外表面上,向车轮施加径向载荷。转鼓外表面带动车轮轮胎总成旋转,并在转鼓接触面产生摩擦力,由摩擦力提供车轮侧向载荷。加载机构也可驱动车轮轮胎总成产生倾角,优化轮缘的受力状态。

采用内转鼓试验机进行车轮双轴疲劳试验时,按照轮胎外径尺寸为转鼓内径尺寸60%~80%的原则选择转鼓。转鼓内表面带动车轮轮胎总成旋转,转鼓内壁、止推环对车轮轮胎总成产生反作用力,从而同时施加了径向载荷和平行转鼓轴线的侧向载荷。

（3）乘用车双轴疲劳试验测试及评价方法

基于车轮额定载荷以及标准中所提供的载荷系数,生成车轮双轴疲劳试验的载荷对序列：

径向载荷： $F_r = aF_R \times 9.81$ （2-9）

侧向载荷： $F_a = bF_R \times 9.81$ （2-10）

式中,F_r 为径向基本载荷,N；a 为径向载荷系数,取值见表2-8；F_a 为侧向基本载荷,N；b 为侧向载荷系数,取值见表2-8；F_R 为车轮额定载荷,kg。

表2-8 乘用车车轮双轴载荷谱计算表

循环步骤	径向载荷系数 a	侧向载荷系数 b	试验距离/m	循环步骤	径向载荷系数 a	侧向载荷系数 b	试验距离/m
1	0.90	0.04	1544.5	17	1.08	0.00	1379
2	2.64	1.92	246	18	1.44	0.74	420
3	0.90	0.04	1544.5	19	1.08	0.00	1379
4	2.39	1.28	291	20	1.25	0.80	420
5	2.28	0.00	670	21	1.08	0.00	1379
6	2.00	1.27	523	22	1.27	0.60	721
7	1.08	0.00	1379	23	0.60	−0.24	1271.5
8	1.80	1.20	433	24	1.75	0.61	433
9	1.08	0.00	1379	25	0.60	−0.24	1271.5
10	2.16	1.01	477	26	1.00	0.40	1214
11	1.08	0.00	1379	27	0.82	−0.20	1406.5
12	1.88	1.01	399	28	1.44	0.24	670
13	1.08	0.00	1379	29	0.82	−0.20	1406.5
14	2.28	0.72	670	30	0.92	0.24	1233
15	2.28	−0.72	670	31	1.44	−0.24	670
16	1.52	1.00	510	32	0.92	0.24	1233

进行双轴疲劳试验时，需选用指定的轮胎，推荐充气压力为450kPa±10kPa。将车轮轮胎总成安装到车轮双轴疲劳试验机上，拧紧螺栓或螺母到使用时规定的扭矩值，若无规定，推荐紧固扭矩为120N·m±10N·m。

在双轴疲劳试验机上循环运行双轴疲劳试验载荷谱，推荐转鼓表面线速度为105km/h。建议在试验初期，当转鼓表面线速度上升至100km/h时暂停，然后检查、调整螺栓扭矩，之后继续试验。试验中，如轮胎破损或螺栓断裂，可更换后继续试验。

试验过程中，若出现下列任何一种情况，试验终止，被试车轮被认定为失效：
① 试验车轮无法继续维持试验载荷；
② 由于疲劳裂纹造成轮胎压力损失超过10%；
③ 任何部位出现长度大于25mm的裂纹。

乘用车车轮双轴疲劳试验的规定里程由车轮或车辆制造厂根据车轮服役需求设定，完成规定试验里程后，使用染色渗透方法检查车轮裂纹情况。

2.4.3 商用车车轮双轴疲劳试验及测试评价

目前，我国针对商用车车轮双轴疲劳试验方法的相关标准正在制定中。在此介绍欧洲标准EUWA ES 3.23"卡车车轮双轴疲劳试验"[7]。该标准针对钢制车轮或铝合金车轮，施加一套规定的载荷谱以再现不同行驶工况下车轮的受力情况，从而获得其疲劳性能。该标准适用车轮的尺寸下限是17.5英寸。

LBF根据汽车在位于德国与比利时边界的"Nuerburging"赛道行驶时车轮的受力情

图2-17 "Nuerburging"赛道示意图

况,推导出了一种适合于车轮双轴疲劳试验的载荷谱。"Nuerburging"赛道如图2-17所示,全长22.83km,既包含较长的直道,也包含各种难度不一、要求行驶速度不等的弯道,全程路面高度差在300m左右。多年来,德国乃至全球的汽车厂家一直利用该赛道测试车轮的使用寿命。因该赛道具有较长直道和复杂弯道,故可综合测试轮辐和轮辋的性能。

商用车车轮在进行双轴疲劳试验时,需根据EUWA ES 3.23标准,采用双轴疲劳试验机施加标准中规定的疲劳载荷谱,以模拟汽车在该线路上行驶时的载荷。对每个车轮进行10km的疲劳测试,可获取正常行驶300km后的结果,强化系数约为30。10000km行程的试验在试验机上需花费15天。

(1) 试验设备

欧洲标准EUWA ES 3.23中给出的商用车双轴疲劳试验设备是LBF设计加工的双轴疲劳试验台,如图2-18所示。安装到主机架10上的侧向加载器2、径向加载器3均与加载架4相连;在加载架上安装有模拟车轴8,与车轮安装法兰9固定连接。两个加载器作用方向相互垂直,分别为水平方向和径向方向。径向加载器能自由水平滑动,并铰接于加载架;侧向(水平)加载器固定到主机架,通过连接杆5连接到加载架4。车轮在转鼓内转动,同时承受加载机构施加的径向载荷和侧向载荷。在转鼓内的两个挡环7可提供侧向力的反作用力,车轮在加载机构所施加的作用力以及转鼓产生的反作用力下达到平衡,因连接杆5与加载架之间为铰接,故车轮在不同径向、侧向载荷作用下,在转鼓内产生不同的倾角。

试验机含以下工作模式:调试工作模式、手动工作模式和自动工作模式。调试工作模式下,试验机可运行到任意所需位置;手动工作模式下,可预设载荷工况并进行测试;自动工作模式下,根据待测车轮的设计载荷对标准疲劳载荷谱进行修正,试验机可自动控制疲劳载荷序列重复运行,直到试验结束。

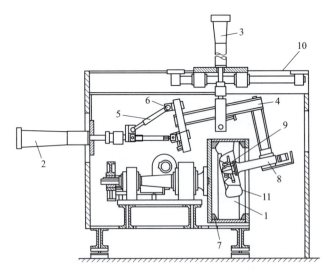

图2-18 商用车车轮双轴疲劳试验设备

1—转鼓;2—侧向加载器;3—径向加载器;4—加载架;5—水平加载器与加载架连接杆;6—加载架上连接杆铰接轴;7—转鼓边环;8—模拟车轴;9—车轮安装法兰;10—主机架;11—轮胎

(2)车轮双轴疲劳载荷谱

EUWA ES 3.23标准中的车轮双轴疲劳载荷谱由LBF开发。表2-9给出了载荷谱的加载序列,该载荷谱是针对直径为1.3m转鼓所开发。该载荷序列对应车轮的负荷为:额定载荷$F_{vstat}=30kN$、径向加载$F_{v,E}=60kN$、侧向加载$F_{l,E}=29kN$。

表2-9 车轮双轴疲劳试验载荷谱的加载序列(前轮)

加载序列 SQ	转数 N	径向载荷 F_v/kN	侧向载荷 F_l/kN	加载序列 SQ	转数 N	径向载荷 F_v/kN	侧向载荷 F_l/kN
1	100	37.50	0.00	32	65	65.00	12.00
2	40	50.00	27.50	33	65	65.00	−12.00
3	85	25.00	7.50	34	65	45.00	6.00
4	230	37.50	0.00	35	65	45.00	−6.00
5	40	62.50	29.00	36	65	65.00	0.00
6	40	37.50	0.00	37	65	42.50	0.00
7	30	58.00	32.00	38	4325	35.00	0.00
8	95	32.50	−7.50	39	35	55.00	25.00
9	80	52.50	24.00	40	115	35.00	−10.00
10	95	25.00	−7.50	41	130	40.00	7.50
11	85	50.00	27.50	42	20	40.00	18.00
12	300	37.50	0.00	43	65	32.50	0.00
13	195	38.75	15.00	44	30	40.00	22.50
14	75	31.00	0.00	45	250	32.50	0.00
15	75	46.00	21.00	46	45	50.00	27.00
16	55	25.00	−10.00	47	75	37.50	5.00
17	205	37.50	10.00	48	35	30.00	−10.00
18	60	70.00	20.00	49	60	37.50	5.00
19	80	50.00	23.00	50	35	25.00	−10.00
20	55	22.50	−7.50	51	70	37.50	0.00
21	170	37.50	2.50	52	30	85.00	39.00
22	70	55.00	25.00	53	105	34.00	−7.50
23	20	55.00	25.00	54	30	55.00	25.00
24	110	35.00	−3.70	55	40	42.50	10.00
25	30	35.00	10.00	56	25	50.00	28.00
26	25	50.00	30.00	57	15	25.00	−10.00
27	150	35.00	−6.20	58	35	35.00	0.00
28	20	70.00	32.00	59	25	25.00	−10.00
29	150	35.00	0.00	60	15	40.00	18.00
30	50	65.00	30.00	61	55	30.00	−10.00
31	130	42.50	0.00	62	30	55.00	27.50

续表

加载序列 SQ	转数 N	径向载荷 F_v/kN	侧向载荷 F_l/kN	加载序列 SQ	转数 N	径向载荷 F_v/kN	侧向载荷 F_l/kN
63	15	30.00	−10.00	81	65	40.00	0.00
64	80	40.00	0.00	82	45	25.00	−10.00
65	55	30.00	−10.00	83	70	50.00	23.00
66	45	55.00	27.50	84	240	35.00	10.00
67	25	25.00	−10.00	85	40	55.00	25.00
68	60	40.00	0.00	86	4300	54.00	0.00
69	30	25.00	−10.00	87	15	70.00	32.00
70	50	40.00	0.00	88	75	40.00	10.00
71	20	55.00	27.50	89	105	25.00	−10.00
72	45	30.00	0.00	90	600	35.00	0.00
73	50	60.00	27.50	91	40	40.00	15.00
74	130	42.50	0.00	92	50	40.00	0.00
75	65	65.00	12.00	93	30	50.00	15.00
76	65	65.00	−12.00	94	40	35.00	−10.00
77	65	45.00	6.00	95	20	40.00	20.00
78	65	45.00	−6.00	96	15	25.00	−10.00
79	65	65.00	0.00	97	15	45.00	21.00
80	65	42.50	0.00	98	170	37.50	0.00

进行试验前，需根据车轮的规格以及额定载荷对表2-9给出的基本载荷谱进行修正，修正时需要确定的参数包括径向力系数C_v、侧向力系数C_l以及预倾角调整参数γ。

径向力系数C_v、侧向力系数C_l可根据待测车轮的规格及额定载荷，由表2-10确定。例如，规格为17.5″×6.00的车轮，其额定载荷F_{stat} = 16.5kN（根据表2-10），则其径向与侧向载荷分别为

$$F_v = F_{v,E} \times C_v = 60\text{kN} \times 0.55 = 33\text{kN} \quad (2-11)$$

$$F_l = F_{l,E} \times C_l = 29\text{kN} \times 0.47 = 13.63\text{kN} \quad (2-12)$$

如果整车企业提供了最大设计载荷，则C_v和C_l根据所提供最大设计载荷确定。例如，整车企业提供最大设计载荷（$F_{v,D}$、$F_{l,D}$），此时C_v和C_l值计算如下：

$$F_v = F_{v,D}/F_{v,E} \quad (2-13)$$

$$F_l = F_{l,D}/F_{l,E} \quad (2-14)$$

表2-10 车轮试验参数

载荷程序	车轮规格	额定载荷 F_{stat}/kN	径向力系数 C_v	侧向力系数 C_l	轮胎规格
LBF 1	17.5″×6.00	16.5	0.55	0.47	225/75 R 17.5
LBF 1	17.5″×6.75	17	0.57	0.49	225/75 R 17.5

续表

载荷程序	车轮规格	额定载荷 F_{stat}/kN	径向力系数 C_v	侧向力系数 C_l	轮胎规格
LBF 1	17.5″×6.75	18.5	0.61	0.52	225/75 R 17.5
LBF 1	17.5″×6.75	21.2	0.7	0.6	235/75 R 17.5
LBF 1	17.5″×6.75	23.6	0.75	0.65	235/75 R 17.5
LBF 1	19.5″×6.75	25	0.75	0.65	265/70 R 19.5
LBF 1	19.5″×7.5	28	0.8	0.75	285/70 R 19.5
LBF 1	19.5″×7.5	29	0.83	0.78	285/70 R 19.5
LBF 1	19.5″×8.25	30	0.85	0.8	305/70 R 19.5
LBF 1	19.5″×8.25	31.5	0.89	0.84	305/70 R 19.5
LBF 1	19.5″×8.25	30.75	0.87	0.82	305/70 R 19.5
LBF 1	22.5″×7.5	35.5	1.2	1.2	275/70 R 22.5
LBF 1	22.5″×7.5	32.5	1.1	1.1	275/70 R 22.5
LBF 1	22.5″×8.25	35.5	1.2	1.2	295/80 R 22.5
LBF 1	22.5″×9.00	40	1.3	1.25	315/80 R 22.5
LBF 1	22.5″×9.00	41	1.33	1.28	315/80 R 22.5
LBF 1	22.5″×11.75	45	1.46	1.41	385/65 R 22.5

预倾角调整参数 γ 用于补偿轮胎滚动半径的差别，该参数取决于试验机的几何尺寸。基准轮胎是 315/80 R 22.5，滚动半径为 R_0。假设轮胎滚动半径为 R，预倾角调整参数采用式（2-15）计算。如果调整车轮轴在安装法兰盘上的位置，导致车轮轴与模拟车轴不同轴，则应考虑车轮轴和模拟车轴间的距离 L，即预倾角调整参数采用式（2-16）计算。

$$\gamma = 350 - R_0 + R \tag{2-15}$$

$$\gamma = 350 - R_0 + R + L \tag{2-16}$$

（3）试验方法

车轮装配合适的轮胎，充气压力为 900kPa。采用与实际应用时相同的紧固件将车轮轮胎总成安装在试验机上，根据整车企业规定的螺母扭矩将车轮轮胎总成紧固。注意：必须使用原装的或典型的轮毂，否则试验结果可能无效。调整车轮的位置，使其中心与径向加载器共线；调整转鼓挡环位置，使轮胎胎面两侧分别与挡环的边距为 10～20mm。连接到加载架的减振器不应限制试验执行过程中可能的运动，合理调整参数 C_v、C_l 和 γ，将预定的加载程序输入控制系统中。

重复执行加载程序，直到试验终止。当运行加载程序至 1000km 后，重新拧紧螺母扭矩至规定值。如果怀疑车轮失效或邻近结构失效，记录螺母残余扭矩，拆下车轮详细检查，采用着色法检测车轮是否有裂纹；如未失效，重新采用上述安装方法，继续重复执行加载程序直到试验终止。

在出现下列情况时，终止试验：①车轮/轮辋不能维持负荷；②车轮/轮辋不能维持轮胎压力；③车轮邻近部件失效（轮毂、紧固件、轮胎等）；④试验成功结束。

（4）评定方法

标准中规定了商用车车轮在双轴载荷作用下应达到的疲劳寿命，见表 2-11，试验结束时，螺母扭矩损失应少于初始值的30%。如果试验结束前未达到所规定的疲劳寿命，需视为试验未通过，有必要对车轮的设计进行相关修改，直到重新试验后，能满足各项试验要求方可通过。

表2-11 车轮双轴疲劳寿命评价方法

材料	尺寸	设计寿命/km	试验数目	试验寿命/km	结果判定[①]
钢	$D=17.5''$	600000	2	12000	A
			1	18000	A
	$D>17.5''$	1000000	2	16000	A
			1	24000	A
铝合金	$D=17.5''$	600000	2	15000	B
			1	22500	A
	$D>17.5''$	1000000	2	20000	B
			1	30000	A

① A：车轮功能完好，允许工艺性短裂纹；B：车轮功能完好，只允许在车轮安装面直径内出现工艺性短裂纹。

2.5 车轮刚度测试及评价方法

以往的车轮标准体系中，强度方面的试验标准相对完善，但影响汽车的噪声、振动、行驶平稳性等乘坐舒适性方面的标准相对欠缺。随着我国汽车工业的快速发展，对车辆的安全性、舒适行驶等方面都提出了更高的要求。而车轮的刚度不仅影响车轮强度，也影响整车的乘坐舒适性，还影响轮胎的使用寿命。如车轮刚度不足，可能会出现车轮不足以支撑车辆，或使车辆产生振动，影响乘坐舒适性，并加剧疲劳损伤，降低使用寿命。相反，车轮的刚度过剩，则又会导致车轮重量增加。调研发现，丰田、通用、日产、克莱斯勒、路虎等汽车厂商都有对车轮刚度的测试和模拟分析的要求，现代/起亚、一汽马自达、北汽、猎豹等汽车厂商也对车轮刚度开展了许多研究。

近年来，我国车轮行业在对国内外相关标准进行调研、分析的基础上，制定了关于车轮刚度的两个行业标准：QC/T 1092—2018《商用车15°深槽钢制车轮静态刚度试验方法》[8]以及QC/T 1143—2021《汽车车轮静态弯曲刚度试验方法》[9]。其中，商用车钢制车轮静态刚度试验用来测试轮缘和胎圈座在加压后静止条件下抵抗变形的能力，车轮静态弯曲刚度试验用来测试车轮在静态弯曲力矩作用下抵抗变形的能力。

2.5.1 车轮静态弯曲刚度试验方法

车轮的刚度反映了车轮在外载荷作用下的抗变形能力，刚度越大，抗变形能力越好。QC/T 1143—2021《汽车车轮静态弯曲刚度试验方法》主要是通过测试，获得车轮在弯曲力矩作用下的变形情况。此前，国内外均缺乏车轮静态弯曲刚度试验的国家或行业标准，故该标准在制定过程中主要参考了国外主要汽车厂商（丰田、克莱斯勒等）关于车轮静态弯曲刚度的试验方法。车轮刚度试验标准的制定，对于提升车轮的安全性和车辆的舒适性、提高我国车轮试验能力等方面均有推进作用。

(1) 车轮静态弯曲刚度试验机

车轮静态弯曲刚度试验机的示意图如图2-19所示,主要由试验台、力臂、加载系统和测量系统构成。可采用车轮弯曲疲劳试验机作为试验台,加载系统为可对力臂施加一定力的加力装置,且施力方向垂直于力臂的中心轴线,测量系统可测量加载力方向总的位移量。

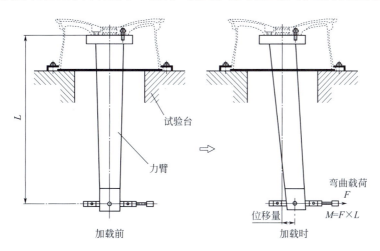

图 2-19 车轮静态弯曲刚度试验机示意图

(2) 力臂挠度的测定

采用图2-19所示的试验机对车轮静态弯曲刚度进行测试时,测试装置所测得的位移不仅包含车轮变形,还包含力臂的变形。为获得车轮在所加载弯矩下的变形,首先需获得力臂挠度。不需要每次试验都测试获得力臂挠度,若不更换力臂,可以测定一次,多次使用。

在对力臂挠度进行测定时,需采用两种高刚度的工装,如图2-20所示。其中,图2-20(a)是乘用车车轮用工装,图2-20(b)为商用车车轮用工装。

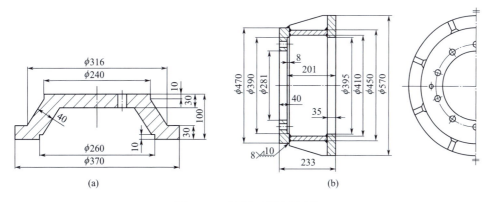

图 2-20 力臂挠度测定用工装

将力臂工装固定到试验台上,并将力臂固定到力臂的工装上。在力臂上施加弯矩载荷并测量变形,因工装的刚度大,变形很小,故将所测变形定义为力臂挠度δ_A。按照标准中推荐的方法,若规定施加的弯矩载荷为M,则加载的总次数分为8次,每次以$M/8$的力矩递增,直至达到规定的弯矩值,测量并记录各载荷作用下力臂的位移量,第一次加载时力臂挠度记为δ_{A1},第n次加载时力臂挠度记为δ_{An}。拟合所施加力臂弯矩与力臂挠度之间的关系，获得一条线性拟合曲线。根据拟合曲线，计算力臂在规定的 M 弯矩下的拟合挠度 δ_{AM}。

$$\delta_{AM} = aM + b \tag{2-17}$$

式中，a、b 为线性拟合曲线的系数，单位分别为 mm/（N·m）、mm；M 为弯曲疲劳试验规定的弯矩，N·m；δ_{AM} 为 M 弯矩下的力臂拟合挠度，mm。

（3）车轮静态弯曲刚度的测定

将车轮安装到试验机上，并按照规定的扭矩值锁紧车轮；将加载系统连接到力臂的末端，确保初始施加力的方向垂直于力臂的中心轴线；将测量系统连接到力臂末端，测量点为作用力方向上的某一点。

测试前，需进行残余位移量的校准。采用的校准方法为：先从 0 开始加载，直至载荷达到弯曲疲劳试验所规定弯矩值 M 的 50%，测得位移量；移除载荷，测量并检查残余位移量；重复上述加载、测量工作，直至残余位移量不大于 0.03mm 方可正式测量各载荷下的位移。如果经 3 次校准后位移量仍超过 0.03mm，则需要重新安装车轮，调整初始偏移量。

完成残余位移的校准后，通过加载轴对车轮施加载荷，测量各载荷下车轮与力臂的总位移量，即总挠度 δ。按照标准中推荐的方法，若规定施加的弯矩载荷为 M，则加载的总次数分为 8 次，每次以 $M/8$ 的力矩递增，直至达到规定的弯矩值，测量并记录各载荷作用下的位移量，第一次加载时的总挠度记为 δ_1，第 n 次加载时的总挠度记为 δ_n，M 弯矩下的总挠度为 δ_M，从而获得如图 2-21 所示的弯矩 - 挠度曲线。

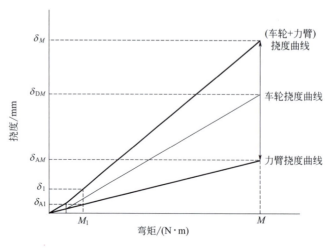

图 2-21 弯矩 - 挠度曲线

车轮在 M 弯矩下的挠度计算如下：

$$\delta_{DM} = \frac{[(\delta_M - \delta_{AM}) - (\delta_1 - \delta_{A1})] \times M}{M - M_1} \tag{2-18}$$

式中，δ_{DM} 为 M 弯矩下的车轮挠度，mm；δ_M 为 M 弯矩下的总挠度，mm；δ_1 为第一次加载力矩下的总挠度，mm；δ_{A1} 为 M_1 弯矩下的力臂拟合挠度，mm；δ_{AM} 为 M 弯矩下的力臂拟合挠度，mm；M 为弯曲刚度试验规定的弯矩，N·m；M_1 为第一次加载的力矩，N·m。

获得车轮在 M 弯矩下的挠度 δ_{DM} 后，当 δ 远小于加载力臂的长度 L 时，车轮在 M 弯矩下的

静态弯曲刚度 K 为

$$K = \frac{ML}{\delta_{DM}} \tag{2-19}$$

式中，K 为车轮的静态弯曲刚度，N·m/rad；M 为弯曲疲劳试验规定的弯矩，N·m；L 为力臂长度，从车轮安装面到测量点的总长度，mm；δ_{DM} 为 M 弯矩下的车轮挠度，mm。

行业标准 QC/T 1143—2021《汽车车轮静态弯曲刚度试验方法》中只给出了车轮静态刚度的测量方法，未规定车轮刚度应达到的具体要求。

2.5.2　商用车 15°深槽钢制车轮静态刚度试验方法

钢制车轮与铝合金车轮相比，虽有质量偏大、造型不够丰富、散热偏差等劣势，但也有承载能力强、抗冲击性能好、成本低等优势，因此在重型商用车、越野汽车以及低成本汽车上仍得到广泛应用。近年来，随着新型高强钢的开发，结合先进设计技术，钢制车轮在轻量化、造型等方面取得很大改善。但商用车钢制车轮在使用过程中，会由于承受压力载荷过大而导致结构刚度不足，出现失稳现象，故应用高强钢通过减薄轮辐、轮辋板厚来获得车轮轻量化效果的同时，必须要考虑车轮刚度是否满足使用要求。

为检验使用过程中车辋的抗压性，测量轮缘抵抗变形的极限压力，需对车轮进行静态刚度测试。目前，国外普遍采用的轮缘刚度试验方法有两种：一种是欧洲采用的水压加载法，即先往轮胎中注满水，再往轮胎内充气，记录轮胎与轮辋分离时的气压，把该气压值作为评价轮缘刚度的数值；另一种是美国采用的方法，即通过压力机对车轮不断施加载荷，输出轮缘变形量与载荷之间的关系曲线，并把该曲线作为评价轮缘刚度的标准。我国参考欧洲车轮制造商协会发布的 ES3.22:2003《卡车 15°深槽钢制车轮的静态刚度》标准，制定了相应的商用车车轮静态刚度试验及测试标准：QC/T 1092—2018《商用车 15°深槽钢制车轮静态刚度试验方法》，该标准已于 2018 年 9 月 1 日起实施。

（1）试验装置

对商用车车轮进行静态刚度试验的装置如图 2-22 所示。

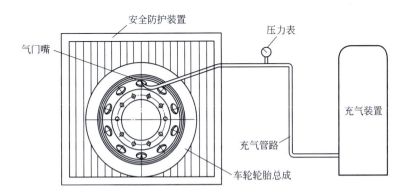

图 2-22　商用车 15°深槽车轮静态刚度试验装置示意图

商用车 15°深槽钢制车轮静态刚度试验装置主要由充气装置、压力表、充气管路和安全防护装置组成。充气装置的充气能力应达 3000kPa；压力表的量程为 1～10000kPa，精度等

(a) 充水

(b) 车轮轮胎总成装入护栏

(c) 加压、轮胎脱落

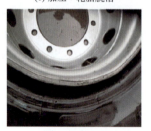

(d) 测量轮缘变形

图 2-23 钢制车轮静态刚度试验过程

级为0.5；充气管路为耐压管，耐压5000kPa以上级别；安全防护装置应确保爆胎时，车轮轮胎总成不会脱出伤及周围的人和物。

（2）试验的方法及要求

试验车轮应加工有2个气门嘴孔，且2个气门嘴孔的位置相差180°。要求试验车轮的轮缘宽度应为产品图要求的最小值，或GB/T 31961—2015《载货汽车和客车轮辋规格系列》中规定的最小值，从而获得同规格车轮中静态刚度最小时的情况。

将气门嘴安装到试验车轮上，按照国家标准GB/T 1796.4—2017规定的拧紧力矩拧紧气门嘴。根据GB/T 2977—2016的规定选用轮胎，将轮胎安装到试验车轮上，给轮胎适量充气，使轮胎胎圈部位与轮辋胎圈座充分贴合。

将车轮轮胎总成平放在地面上，气门嘴朝上，卸掉车轮中2只气门嘴的气门芯，将其中一个气门嘴接上水管给轮胎充水，当未接水管的气门嘴有水溢出的时候，重新装上气门芯。

将车轮轮胎总成放入安全防护装置中，给车轮轮胎总成充气，并使用压力表检测充气压力，升压速度不超过300kPa/min，当轮胎气压达到整车企业指定或GB/T 2977—2016规定的与试验车轮载荷相匹配轮胎气压的2.4倍时，停止充气，保持3min。

当轮胎气压达到2.4倍充气压力时，轮胎脱落或者在3min内轮胎气压降低200kPa，则判定该试验车轮失效，未能通过静态刚度试验。图2-23为某款商用车钢制车轮进行静态刚度试验的基本过程。

2.6 车轮其他要求及测试评价

本节主要介绍车轮局部结构——螺母座的强度以及车轮固有频率的试验方法。涉及的标准包括QC/T 258—2013《汽车车轮螺母座强度试验》[10]、QC/T 1142—2021《汽车车轮固有频率试验方法》[11]。

关于汽车车轮的其他现行标准还包括QC/T 242—2014《汽车车轮静不平衡量要求及检测方法》[12]、QC/T 717—2015《汽车车轮跳动要求和检测方法》[13]、QC/T 243—2018《汽车车轮安装面平面度要求及检测方法》[14]。由于这3个标准主要涉及车轮的尺寸、形状以及整体的制造精度，与车轮轻量化设计的关系不大，故在本章中不做详细介绍，相关试验的检测方法及评价标准参见相关行业标准。

2.6.1 汽车车轮螺母座强度试验

车轮螺母座是车轮与其他部位相连接的关键部位。车轮通过螺栓、螺母在螺母座处施加装配扭矩、固定于轮毂，螺母座承受螺栓的紧固力以及车轮的各种工作载荷，是车轮上受力较复杂的部位。若螺母座刚度不足，则当车轮承受较大载荷时，螺母座会发生屈服和塑性变形，造成装配力矩衰减，车轮螺栓和螺母在试验过程中需再次紧固即是这个原因。此外，螺母座也是强度容易不足的部位，在车轮动态疲劳试验时会产生裂纹，造成失效。因此，我国汽车行业制定了行业标准 QC/T 258—2013《汽车车轮螺母座强度试验》[10]，该标准针对螺母座呈凸起形状的车轮，规定了螺母座变形及强度的试验方法。

（1）试验装置简介

试验采用的加载装置如图2-24所示。图中，1为设计形状与螺母座外形相匹配且硬度较高（HRC最小值为45）的压头，其接触面积不小于规定的螺母座接触面积（参见 QC/T 258—2013 中的附录，确定螺母座最小承压面积）；2为螺母座；3为一个刚性的支撑面，该平面能够支撑整个车轮的安装区，尺寸与车辆轮毂尺寸相当；F 为施加在压头上且垂直于支撑面的轴向载荷；H 为螺母座的测量高度。

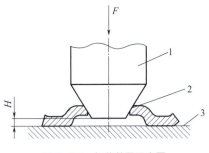

图 2-24　加载装置示意图

（2）螺母座变形试验

试验所用车轮必须是经过完整加工工序（包括所有涂层工序），且未使用的新车轮。将其放在图2-24所示的加载装置上，确保压头的轴线与螺母座轴线重合。根据表2-12确定载荷 F_0（$0.6F$）并将其施加在压头上，测得螺母座的测量高度为 H_0。将所施加的轴向力加大至载荷 F 并保持15s，再将其降低至 F_0，再次测量螺母座的测量高度 H_1。反复将轴向载荷加大至 F 再降低至 F_0，共5次。每次当载荷降低至 F_0 时，测量螺母座的测量高度 H_n。

螺母座变形测试过程中，螺母座不应出现新的裂纹；高度差（H_1–H_0）不应超过0.6mm，高度差（H_5–H_0）不应超过0.8mm。对车轮的每个螺母座均采用上述方法测量其变形量，每个螺母座均应满足标准规定。

表 2-12　推荐的螺母座变形试验载荷

紧固件尺寸	F_0/kN	F/kN
M10×1.25	9.8	16.4
M12×1.25 M12×1.5 1/2-20	18.7	31.1
M14×1.5 9/16-18	18.7	31.1

（3）螺母座屈服强度试验

螺母座屈服强度试验也是针对经过完整加工工序且未使用的新车轮进行。将其放在加载设备上，同样确保加载设备轴线与螺母座轴线重合，将垂直于安装面的轴向载荷施加到单个螺母座上，直至螺母座产生屈服破坏或开裂，螺母座破坏或开裂前的最大载荷不应小于表

2-13中规定的数值。

每个螺母座均需进行该强度试验。为了避免前期试验的影响，不要在两个相邻的螺母座上进行试验，故车轮螺母座强度试验往往需要2个或更多的车轮才能完成。

表2-13 屈服载荷

紧固件尺寸	屈服载荷/kN
M12×1.25 M12×1.5 1/2-20	35
M14×1.5 9/16-18	44

2.6.2 汽车车轮固有频率试验方法

车轮固有频率与路面载荷的关联作用是产生路面噪声和振动的重要影响因素。车轮发生共振时，不但影响乘坐的舒适性，还会影响车轮的安全性能。因此，控制车轮的固有频率，特别是固有频率的合理取值区间是汽车企业和配套商需要共同关注的问题。为促进车轮的安全性和车辆的乘坐舒适性，我国制定了行业标准QC/T 1142—2021《汽车车轮固有频率试验方法》[11]。该标准给出了车轮在刚性约束条件下固有频率的试验方法。采用的试验台如图2-25所示，该试验台固定在水泥台上，主要由埋入定盘、固定盘和连接盘组成，其中埋入定盘应水平埋入水泥台面。

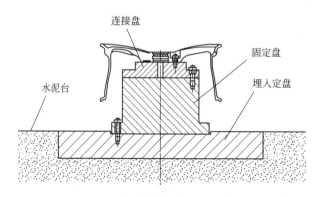

图2-25 固有频率试验台示意图

试验测试设备包括数据采集系统、单向加速度传感器、激励装置（如力锤）及振动测试软件。数据采集系统应至少包含3个通道，测量频率范围建议为10Hz～5kHz，采样频率应不小于10kHz，以避免信号的混淆。单向加速度传感器频响范围建议为1Hz～10kHz。

试验时，将车轮安装到试验台的连接盘上，根据汽车企业规定的锁紧扭矩值紧固车轮。将加速度传感器固定到车轮的测试点上，传感器应平行于轮轴方向。测试点A与测试点B应以轮心为中心成180°对称分布在车轮的轮缘或轮辋上，如图2-26所示。将激振装置中的力传感器、测点A和测点B的加速度传感器与数据采集仪相连，数据采集仪与安装有振动测试分析软件系统的电脑连接。

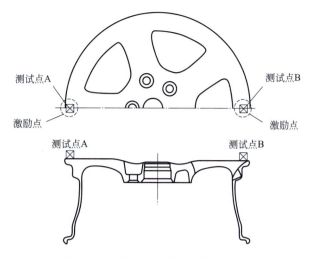

图 2-26 测试点以及激励点位置示意图

激励位置应在布置加速度传感器的测点附近（距离传感器中心不大于2cm），脉冲激励沿车轮轴线方向，其波形应为一个明显的脉冲。若出现多个峰值，则锤击时出现连击现象；若峰值不明显，则说明脉冲时间过长。这些均表示该脉冲激励无效，需重新激励并采集响应信号。有效激励的次数至少为3次，采集激励信号以及两个振动加速度响应信号，计算激励与响应信号间的传递函数，对3次测试所得结果进行平均得到各测点的传递函数。图2-27所示为两个响应点传递函数的幅值谱与相位谱。

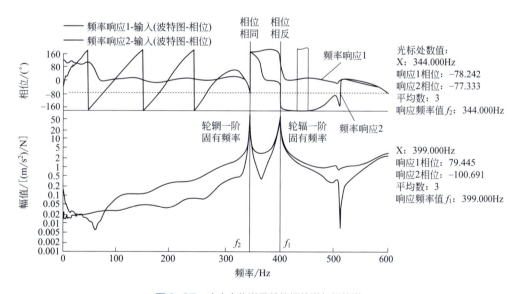

图 2-27 响应点传递函数的幅值谱与相位谱

可在幅值谱上找出两个最大的峰值，获得两个峰值对应的频率值，即可确定出车轮的两个最低阶固有频率。根据每个峰值频率下两测试点的相位值判断车轮的模态：

① 若两个测点相位相反（两相位差值约为180°），则此峰值频率对应的是轮辐的一阶固有频率，用f_1表示，相应轮辐的模态为面外的一阶偏转模态。图2-28为某车轮轮辐的一阶面外偏转模态。

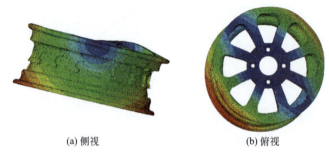

(a) 侧视　　　　　　　　　　(b) 俯视

图 2-28　轮辐一阶偏转振型

② 若两个测点相位相同（两相位差值约为0°），则此峰值频率对应的是轮辋的一阶固有频率，用f_2表示，相应车轮模态为以轮辋变形为主的模态，轮辋模态为一阶椭圆形模态。由图2-29可知，当轮辋产生一阶椭圆模态时，轮辐中两测点的相位相同。

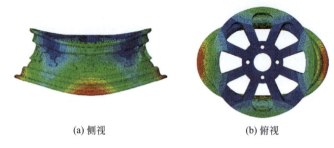

(a) 侧视　　　　　　　　　　(b) 俯视

图 2-29　轮辋一阶椭圆振型

图2-27中，当频率为344Hz时，两测点相位基本相同，表示该频率对应的是轮辋的一阶固有频率，即$f_2=344$Hz；当频率为399Hz时，两测点相位基本相反，表示该频率对应的是轮辐的一阶固有频率，即$f_1=399$Hz。

2.7　车轮测试方法展望

我国已针对钢制车轮和铝合金车轮的强度、刚度、加工及安装精度等方面制定了多项国家标准以及行业标准，为车轮的性能测试及评价提供了相关依据。针对现行标准，根据应用中发现的问题，认为部分标准中的内容还需进一步明确：

① QC/T 991—2015《乘用车 轻合金车轮90°冲击试验方法》中提供了两种试验方法，标准中指出可选择一种进行试验，研究发现采用这两种测试方法所得测试结论可能不同，即采用一种试验方法车轮能通过试验，满足抗冲击性能要求，而采用另一种试验方法车轮有可能不能通过试验，不满足抗冲击性能要求。由此会带来车轮性能评价上的不统一。建议进一步研究两种试验方法的相关性，并在标准中明确该如何选用试验方法。

② GB/T 15704—2012《道路车辆 轻合金车轮 冲击试验方法》、QC/T 991—2015《乘用车 轻合金车轮 90°冲击试验方法》、QC/T 1111—2019《商用车 轻合金车轮 30°冲击试验方法》中对车轮进行不同冲击试验时所配装的轮胎进行了相关规定，上述标准中均指出首先应选用整车企业指定的轮胎，如果没有规定，则90°冲击试验中采用车轮适用的断面高度最小的无

内胎子午线轮胎,13°、30°冲击试验中采用车轮适用的断面宽度最小的无内胎子午线轮胎。通过实际试验发现,相同规格、不同轮胎企业生产的产品,即轮胎结构及材料的差异,均会直接影响车轮冲击试验的结果。建议标准中对轮胎的选择进行更明确的规定。

在车轮强度评价方面,相关部门正在开展两个试验标准的研究:一是用于商用车车轮的双轴疲劳试验方法,因车轮双轴试验方法能够更真实模拟车轮在行驶中的受力情况,更好反映车轮在行驶中的损伤,但现行车轮双轴试验标准只适用于乘用车车轮,故有必要进一步研究适用于商用车车轮的双轴试验方法;二是改进螺母座强度的试验方法,采用现行标准QC/T 258—2013《汽车车轮螺母座强度试验》对车轮螺母座强度进行的测试分析,只能反映车轮对车轮拧紧力矩衰减的影响,而拧紧力矩衰减程度还与螺栓相关,故相关部门正在研究车轮螺母座系统性能的要求及试验方法。此外,目前冲击试验的系列标准均是针对轻合金车轮制定的,而不少钢制车轮企业为了提高产品的性能,陆续开展钢制车轮的冲击试验,但尚无统一标准可采用,建议制定适用于钢制车轮的相关冲击试验标准。

另外,现行车轮标准主要是针对钢制车轮以及铝合金车轮制定的,随着科学技术的进步,车轮领域也在不断地开发、使用新材料、新工艺,如镁合金车轮、复合材料车轮。这些车轮不仅在材料和生产工艺上与钢制车轮和铝合金车轮不同,甚至在整车上的安装方式也有区别。因此,后续可对这些新型轻质材料车轮的安全性能试验方法及其要求进行研究,并对镁合金车轮的防腐性能检测方法及要求进行研究。

最后,随着电动汽车技术的快速发展,轮毂电机驱动方式引起了人们的关注,并被公认为是电动汽车的终极驱动方式,具有很好应用前景。但因轮毂电机驱动的车轮所受工作载荷与传统车轮相比发生了明显变化,故需对轮毂电机驱动车轮的工作载荷进行深入分析,研究因轮毂电机而产生簧下质量变化、路面激励与轮毂电机不平衡电磁力耦合带来的振动负效应等对车轮强度的影响,确定现有车轮双轴疲劳试验载荷谱的修订方案以及现有车轮冲击试验载荷的修订方案。

本章小结

本章介绍了用于汽车车轮的部分现行国家标准、行业标准以及相关国际标准,可为车轮结构设计、试验及评价提供参考。本章介绍的标准包括:GB/T 5334—2021《乘用车 车轮 弯曲和径向疲劳性能要求及试验方法》,该标准规定了乘用车车轮的动态弯曲疲劳试验、动态径向疲劳试验的方法和评价标准;GB/T 5909—2021《商用车 车轮 弯曲和径向疲劳性能要求及试验方法》,该标准规定了商用车车轮的动态弯曲疲劳试验、动态径向疲劳试验的方法和评价标准;GB/T 15704—2012《道路车辆 轻合金车轮 冲击试验方法》,该标准规定了车辆轻合金车轮13°冲击试验的测试及评价方法;QC/T 991—2015《乘用车 轻合金车轮 90°冲击试验方法》,该标准规定了乘用车轻合金车轮90°冲击试验的测试方法及评价方法;QC/T 1111—2019《商用车 轻合金车轮 30°冲击试验方法》,该标准规定了用于商用车轻合金车轮的30°冲击试验的测试及评价方法;QC/T 1112—2019《乘用车车轮 双轴疲劳试验方法》,该标准规定了乘用车车轮双轴疲劳试验的测试方法及评价标准;EUWA ES 3.23《卡车车轮双轴疲劳试验》,该标准规定了商用车车轮双轴疲劳试验的测试方法及评价标准;QC/T 1143—2021《汽车车轮静态弯曲刚度试验方法》,该标准规定了车轮在弯矩作用下变形及静态刚度的测量方法;QC/T 1092—2018《商用车15°深槽钢制车轮静态刚度试验方法》，该标准规定了商用车车轮在大压力载荷下抗变形能力的测试及评价方法；QC/T 258—2013《汽车车轮螺母座强度试验》，该标准针对螺母座呈凸起形状的汽车车轮，规定了螺母座变形及强度的试验方法；QC/T 1142—2021《汽车车轮固有频率试验方法》，该标准介绍了汽车车轮在刚性约束条件下，轮辐一阶面外偏转模态对应的固有频率以及轮辋一阶椭圆模态对应的固有频率的测试方法。

参考文献

[1] GB/T 5334—2021. 乘用车 车轮 弯曲和径向疲劳性能要求及试验方法[S]. 北京：中国标准出版社，2021.

[2] GB/T 5909—2021. 商用车 车轮 弯曲和径向疲劳性能要求及试验方法[S]. 北京：中国标准出版社，2021.

[3] GB/T 15704—2012. 道路车辆 轻合金车轮 冲击试验方法[S]. 北京：中国标准出版社，2012.

[4] QC/T 991—2015. 乘用车 轻合金车轮90°冲击试验方法[S]. 北京：中国计划出版社，2015.

[5] QC/T 1111—2019. 商用车 轻合金车轮30°冲击试验方法[S]. 北京：北京科学技术出版社，2019.

[6] QC/T 1112—2019. 乘用车车轮 双轴疲劳试验方法[S]. 北京：北京科学技术出版社，2019.

[7] EUWA ES 3.23. Biaxial Fatigue Test for Truck Wheels[S]. Association of European Wheel Manufactures，2006.

[8] QC/T 1092—2018. 商用车15°深槽钢制车轮静态刚度试验方法[S]. 北京：科学技术文献出版社，2018.

[9] QC/T 1143—2021. 汽车车轮静态弯曲刚度试验方法[S]. 北京：北京科学技术出版社，2021.

[10] QC/T 258—2013. 汽车车轮螺母座强度试验[S]. 北京：中国计划出版社，2013.

[11] QC/T 1142—2021. 汽车车轮固有频率试验方法[S]. 北京：北京科学技术出版社，2021.

[12] QC/T 242—2014. 汽车车轮静不平衡量要求及检测方法[S]. 北京：中国计划出版社，2014.

[13] QC/T 717—2015. 汽车车轮跳动要求和检测方法[S]. 北京：中国计划出版社，2015.

[14] QC/T 243—2018. 汽车车轮安装面平面度要求及检测方法[S]. 北京：科学技术文献出版社，2014.

CHAPTER 3

第3章
轻量化车轮的共性设计及分析技术

作为汽车旋转簧下构件的车轮，其轻量化的节能效果远高于簧上构件，研究表明，其节能效果约为簧上构件的8～10倍，因此车轮的轻量化具有重要意义。在新车轮的开发过程中，采用传统的"设计-试验-改进"模式时，需首先制作样件，再进行台架试验，此过程所需的周期长且成本高。这种开发模式难以对其性能进行快速评价，增加了车轮研发的难度[1]。车轮性能虚拟评价技术是指在车轮设计阶段应用计算机仿真方法对车轮疲劳寿命和抗冲击性能进行预估和评价的技术，是现代车轮设计的重要环节。建立车轮性能仿真评价体系可以快速获得所设计产品的性能参数，及时有效地发现结构设计的不合理之处，指导设计方案的改进，从而缩短车轮研发周期，节约开发成本，为车轮轻量化设计提供准确有效的依据[2]。

本章主要针对各种车轮台架试验，介绍车轮在弯曲疲劳载荷、径向疲劳载荷、双轴疲劳载荷以及冲击载荷作用下刚度、强度的仿真方法；同时，还对车轮的拓扑优化以及参数优化方法进行介绍，为车轮的性能仿真与新车轮研发提供方案。

3.1 车轮结构的模态分析

车轮作为汽车的关键安全件,是整车企业的重点管控部件之一。车轮结构模态反映了车轮的刚度特性,合理设计车轮的模态频率,不仅可避免由于部件之间的共振所导致的车轮疲劳破坏,而且可降低对输入载荷的动态放大效应,改善汽车的振动噪声性能。因此,在车轮结构设计以及结构优化过程中,需对其进行模态的仿真与试验分析。

3.1.1 车轮模态的试验测试

(1) 车轮自由模态的试验测试

车轮自由模态测试方法分为锤击法和激振器激励法。因锤击法相对简单,因此采用较多。模态测试可采用单点激励单点输出、多点激励单点输出以及多点激励多点输出等测试方法[3]。车轮自由模态测试台架如图3-1所示[4],试验时需利用弹性软绳将车轮悬挂或者将车轮放置在软支撑上(如海绵垫),以保证车轮处于近似自由状态。

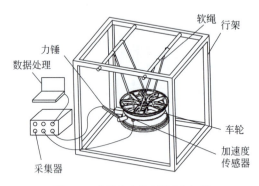

图3-1 车轮自由模态测试台架[4]

图3-2为针对某款14英寸乘用车钢制车轮采用单点激励单点输出的测试方法进行自由模态测试,采用海绵支撑以获得车轮近似自由状态。车轮振动响应的测点如图3-2(b)所示,在轮辋上沿轴向取7个锤击点,沿周向每20°取1个点,共18个锤击点。锤击方向沿车轮径向,加速度传感器安装在某测点处(本试验选取55号点)。该模态试验可测得轮辋结构的部分模态振型。图3-3分别为测得轮辋的二周波、三周波以及四周波振型,各振型相对应的固有频率分别为275.3Hz、747.5Hz、1180.9Hz。

若希望测得车轮更多阶次的模态,则需在车轮轮辐、轮辋均设置响应测点,且对车轮施加各个方向的激振力。文献[4]中针对某乘用车轮,采用多点激励多点输出的测试方法,进行自由模态的测试。同时,在车轮轮辋、轮辐上布置多个测点,将加速度传感器均匀布置在轮辋圆周上,并在轮辐上布置了测点。激励点布置示意图如图3-4所示。图中,径向激励和轴向激励可直接沿着车轮径

(a) 测试系统

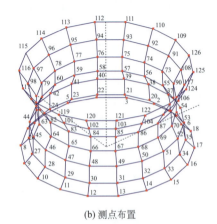

(b) 测点布置

图3-2 车轮自由模态测试(海绵支撑)

向或轴向直接敲击产生。为了激发车轮切向力,可在车轮上布置辅助点,在轮辋上粘贴刚性质量块,敲击质量块侧面以实现对车轮的切向激励。采用图3-4中的测点布置方式以及激励方式,可更加细致地测量车轮的模态,获得包含轮辐、轮辋以及车轮各个振动方向的更多阶次的模态测量结果。

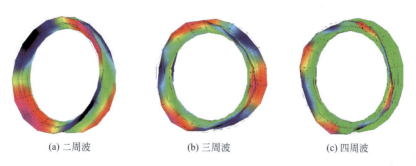

(a) 二周波　　　　　(b) 三周波　　　　　(c) 四周波

图3-3　某乘用车模态试验测试部分结果

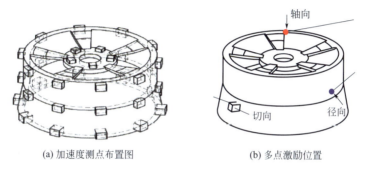

(a) 加速度测点布置图　　　　(b) 多点激励位置

图3-4　多点激励多点输出车轮模态测试[4]

在车轮实际运行时,因其在安装位置处受到约束,且承受轮胎充气载荷以及车辆的重力作用,故自由状态下车轮的模态测试结果与实际车轮的振动特性有较大差异。但通过上述方法测量车轮自由模态,所得结果可用于验证车轮有限元模型的有效性,验证模型中材料属性、网格的划分以及单元类型的选择是否合理。此外,还可通过自由模态的测试,计算得出车轮的侧向刚度。

（2）基于车轮自由模态测试获得车轮的侧向刚度

路面激励引起的轮胎振动能量以及胎腔共振噪声的能量,可激起轮辋、轮辐振动,再通过轮毂传至悬架,最后在车内产生噪声。不同的车轮,其刚度特性、振动模态,向车内传递的能量、在车内产生的噪声也会有明显差别。通过对车轮自由模态的测试获得车轮的侧向刚度,有助于分析、评价车轮结构对振动噪声能量的传递特性。

目前,汽车企业采用的车轮侧向刚度测试方法如下:用橡胶条悬挂车轮或将车轮支撑于软垫;在安装面位置用力锤激励,如图3-5（a）所示,测出安装面若干位置的加速度频响函数;取平均后,画出频响函数图,如图3-5（b）所示,找出共振点和反共振点对应的频率;测出车轮质量,然后由所得车轮质量和车轮自由状态下安装面处频响曲线的反共振频率与共振频率的数值计算得到车轮的侧向刚度。

车轮侧向刚度计算的推导过程如下:首先将车轮简化为轮辋、安装盘,并且二者用与轮辐侧向刚度对应的弹簧连接,如图3-5(c)所示。图中,m_1包括支撑于软垫的轮辋及部分轮辐的质量,m_2包括车轮的安装盘及部分轮辐的质量,k_1是支撑软垫的刚度,k_2是由轮辐所产生的车轮侧向刚度,显然,$k_2 \gg k_1$。

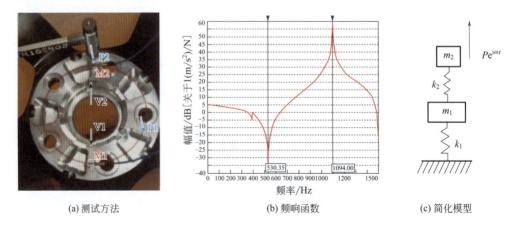

(a) 测试方法　　　　　　(b) 频响函数　　　　　　(c) 简化模型

图 3-5　车轮侧向刚度测试及数据处理方法

针对图3-5(c)所示动力学模型,根据牛顿第二定律,可得如下动力学方程:

$$\begin{cases} m_1\ddot{x}_1 + (k_1+k_2)x_1 - k_2x_2 = 0 \\ m_2\ddot{x}_2 + k_2x_2 - k_2x_1 = Pe^{i\omega t} \end{cases} \tag{3-1}$$

设式(3-1)的特解为

$$\begin{cases} x_1 = B_1 e^{i\omega t} \\ x_2 = B_2 e^{i\omega t} \end{cases} \tag{3-2}$$

将式(3-2)及其二阶导数代入式(3-1)得

$$\begin{cases} (-m_1\omega^2 + k_1 + k_2)B_1 - k_2B_2 = 0 \\ -k_2B_1 + (-m_2\omega^2 + k_2)B_2 = P \end{cases} \tag{3-3}$$

解方程,可求出B_2为

$$B_2 = \frac{P(k_1+k_2-m_1\omega^2)}{(k_1+k_2-m_1\omega^2)(k_2-m_2\omega^2)-k_2^2} \tag{3-4}$$

当$k_1+k_2-m_1\omega^2=0$,即$\omega_1^2 = \dfrac{k_1+k_2}{m_1}$时,$B_2=0$,对应测试时的反共振点。

当$(k_1+k_2-m_1\omega^2)(k_2-m_2\omega^2)-k_2^2=0$时,$B_2$取极大值,对应测试时的共振点。进一步得到:$m_1m_2\omega^4-[(k_1+k_2)m_2+k_2m_1]\omega^2+k_1k_2=0$,于是有

$$\omega^2 = \frac{(k_1+k_2)m_2+k_2m_1 \pm \sqrt{[(k_1+k_2)m_2+k_2m_1]^2-4m_1m_2k_1k_2}}{2m_1m_2} \tag{3-5}$$

考虑到 $k_2 \gg k_1$，近似得到：$\omega_2^2 = \dfrac{(m_1+m_2)k_2}{m_1 m_2}$。因实际中 m_1、m_2 无法单独测量，令 $M = m_1 + m_2$，有

$$\frac{\omega_1^2}{\omega_2^2} = \frac{m_2}{M} \Rightarrow m_2 = \frac{\omega_1^2}{\omega_2^2} M$$

$$m_1 = M - m_2 = M - \frac{\omega_1^2}{\omega_2^2} M = M\left(1 - \frac{\omega_1^2}{\omega_2^2}\right)$$

于是

$$\begin{aligned} k_2 \approx k_1 + k_2 &= m_1 \omega_1^2 = M\left(1 - \frac{\omega_1^2}{\omega_2^2}\right)\omega_1^2 \\ &= M(2\pi f_1)^2 \left[1 - \frac{(2\pi f_1)^2}{(2\pi f_2)^2}\right] \end{aligned} \tag{3-6}$$

因 k_2 是由轮辐所产生的车轮侧向刚度，故

$$K_{\text{wheel}} = M(2\pi f_1)^2 \left[1 - \left(\frac{f_1}{f_2}\right)^2\right] \tag{3-7}$$

式中，K_{wheel} 为车轮的侧向刚度；M 为车轮的质量；f_1 为测点响应反共振频率；f_2 为测点响应共振频率。

因此，在车轮的自由状态下，对其安装面进行激励以及响应测试，测得响应点频响曲线中的反共振频率与共振频率，即可根据式（3-7）获得车轮的侧向刚度。侧向刚度将影响车轮对胎-轮结构某些形式的振动噪声的传递特性，如胎腔共振噪声向车内的传播与该车轮侧向刚度密切相关。

（3）车轮约束模态的试验测试

分析车轮模态是否满足汽车NVH要求，常需获得在约束条件下的模态结果。我国于2021年颁布了汽车行业标准 QC/T 1142—2021《汽车车轮固有频率试验方法》[5]，参见相关标准或第2章中的2.6节，该标准规定车轮在不装配轮胎情况下安装于固定台架，测得车轮上相对车轮中心对称分布的轮缘上两测点的振动响应，根据两响应的相位特征识别出对应轮辐偏转振型的轮辐第一阶固有频率，对应轮辋椭圆振型的轮辋第一阶固有频率。因此，根据该行业标准中给出的测试方法可获得车轮在安装面固定约束下，分别对应轮辐第一阶振型和轮辋第一阶振型的前两阶固有频率。

该行业标准所给出的汽车车轮固有频率测试方法中，未安装轮胎，故车轮不受胎压作用；另外，车轮在正常使用时都要承受车辆重力的作用，因此根据该标准提供的方法所得车轮约束状态下固有特性与实际运行工况下车轮固有特性存在一定偏差。

为更准确地模拟车轮实际运行工况下的约束模态，可参考文献[4]中的测试方法，对车轮安装面进行固定约束，如图3-6所示。车轮通过螺栓与试验台进行刚性连接，B为刚性面，按

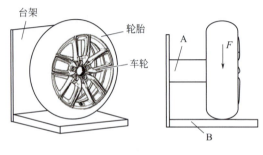

图 3-6 用于车轮约束模态测试的试验台[4]

照正常使用要求对轮胎充气,如乘用车轮胎气压约为250kPa。试验时,试验台的A部分向下移动,实现对车轮加载垂向载荷F,调节连接轴A向下移动的距离以实现在车轮上施加不同载荷的效果,从而可进行不同载荷作用下车轮模态的测试。加速度传感器分别布置在轮辋内侧和轮辐上。测试时,选择合适的激励点,以尽量激发出车轮各方向模态[4]。

当验证车轮有限元模型的材料属性、网格划分方法、单元类型选取是否合理时,只需对车轮进行自由模态的测试,将所测车轮固有频率及模态振型与仿真结果进行对比验证;若需获得车轮侧向刚度,可通过对车轮在自由状态下的频响特性进行测试并分析,测试时激励与响应点均需布置在车轮安装面处;若需获得车轮在约束状态下的固有频率,可根据行业标准提供的方法,在不考虑轮胎气压以及车轮承受载荷的影响下,测得反映车轮轮辐第一阶振动、轮辋第一阶振动的固有频率;若需获得与实际工况一致的车轮约束固有特性,则需采用特定试验台,参考图3-6中的测试方法进行测试。

3.1.2 车轮模态的仿真

建立车轮结构的三维模型,输入车轮的材料属性,进行合理的车轮结构网格划分、选择单元类型及模态仿真分析算法,即可通过有限元仿真获得车轮结构的自由模态。通过对比车轮自由模态的仿真结果与测试结果,则可验证车轮仿真结果的有效性和准确性,即验证车轮结构的材料属性、网格尺寸以及单元类型的选择是否合理,为进一步车轮强度的分析和优化设计奠定基础。

图3-7为针对图3-2中的某款乘用车钢制车轮进行仿真获得的部分车轮模态,其中轮辐与轮辋过盈装配区域设置为绑定约束。图中所给出的模态结果分别与车轮试验测试的模态相对应,各模态相应的固有频率为279.4Hz、761.5Hz、1199.5Hz。与测试结果的误差分别为1.49%、1.87%、1.55%,仿真结果与试验结果吻合很好,说明所建车轮有限元仿真模型中的材料属性、网格尺寸、单元类型等均已设置合理。

(a) 二周波　　　(b) 三周波　　　(c) 四周波

图 3-7 某乘用车钢制车轮模态部分仿真结果

车轮自由模态特性,除了通过与试验测试结果对比,验证仿真模型的有效性之外,在进行车轮结构优化时,也常被作为一个子目标,用于分析不同车轮结构形式及参数对其固有特性的影响,在考虑轻量化效果的同时也保证车轮的刚度特性。

除了车轮自由模态的仿真,也可在其有限元模型中对车轮安装面施加固定约束,从而获得约束状态下其各阶固有特性。同样，约束车轮安装面后，也可以通过对车轮装配轮胎结构、在模型中施加胎压以及外载荷，实现车轮在真实工况下的约束模态仿真。

3.2 不同载荷工况下车轮性能仿真的共性问题

在弯曲载荷、径向载荷、冲击载荷以及双轴载荷作用下的车轮强度仿真分析中，面临的共性问题是车轮材料属性的合理设置、车轮紧固方式的准确模拟以及仿真结果中车轮应力状态的正确判断分析。而在车轮弯曲疲劳、径向疲劳以及双轴疲劳等的仿真分析中，还需根据强度仿真结果对车轮结构的寿命进行预测。

本节将对上述不同载荷工况下所涉及的共性问题进行介绍。

3.2.1 车轮材料的非线性

车轮在规定疲劳载荷作用下，局部材料可能发生屈服，如轮辐通风孔、螺栓孔周围、轮辋深槽圆角，冲击工况下冲锤与车轮接触部位、轮辐根部等区域的材料不但会发生屈服，甚至会发生断裂，因此需引入材料非线性对车轮应力状态的影响，即仿真模型中设置材料特性时，除了设置其弹性特性（包括弹性模量、泊松比），同时还需设置材料的塑性特性，即材料发生屈服后的硬化特性。

为便于比较试验结果，通常按国家标准 GB/T 228—2010《金属材料 拉伸试验 室温试验方法》的规定制作比例拉伸样件，即矩形截面试件。图 3-8 为厚度为 5.2mm 钢板的拉伸试样[6]。试样的参数应满足以下关系：

图 3-8 材料拉伸试件

$$l_0 = 5.65\sqrt{A_0} \tag{3-8}$$

式中，l_0 是试件的初始计算长度，即试件的标距；A_0 为试件的初始截面面积。

通过材料拉伸试验可直接获得材料的名义应力与名义应变，如下：

$$\varepsilon_{\text{nom}} = \frac{l - l_0}{l_0} \tag{3-9}$$

$$\sigma_{\text{nom}} = \frac{F}{A} \tag{3-10}$$

然而，有限元仿真分析时，需采用材料的真实应力-应变关系，因此需将名义应力、名义应变转换为真实应力、真实应变。计算如下：

$$\sigma_{\text{true}} = \frac{F}{A} = \frac{Fl}{A_0 l_0} = \sigma_{\text{nom}}(1 + \varepsilon_{\text{nom}}) \tag{3-11}$$

$$\varepsilon_{\text{true}} = \int_{l_0}^{l} \frac{\mathrm{d}l}{l} = \ln(1 + \frac{l - l_0}{l}) = \ln(1 + \varepsilon_{\text{nom}}) \tag{3-12}$$

式中，$\varepsilon_{\text{true}}$ 为真实应变；ε_{nom} 为名义应变；σ_{true} 为真实应力；σ_{nom} 为名义应力。

获得材料的真实应力 σ_{true}、真实应变 $\varepsilon_{\text{true}}$ 之后，即可采用式（3-13）计算材料屈服后

的塑性变形，从而得到材料真实应力与其塑性变形之间的关系，即材料的硬化特性曲线。图3-9为某车轮材料的硬化特性曲线。

$$\varepsilon_{\mathrm{pl}} = \varepsilon_{\mathrm{true}} - \frac{\sigma_{\mathrm{true}}}{E} \tag{3-13}$$

式中，E 为弹性模量。

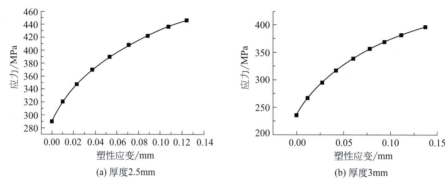

图 3-9　某车轮材料硬化特性曲线

需要注意的是，钢制车轮的轮辐或轮辋通常是由不同厚度的钢板经冲压、旋压、滚型等工艺加工而成，不同厚度的钢板即便是同一种材料，其材料的硬化特性参数也会有所不同，建议针对不同厚度的钢板加工材料样件进行拉伸试验获得各板厚的材料属性。对于轻合金车轮，由于加工工艺的原因，车轮不同厚度区域的材料属性也存在差异，建议在车轮典型区域取样进行材料试验，以获得轻合金车轮不同区域的材料特性。这些工作可为车轮强度性能仿真提供更为细致、准确的材料性能。

3.2.2　螺栓预紧力的计算

进行车轮台架试验时，无论是弯曲疲劳、径向疲劳、双轴疲劳试验还是冲击试验，首先均需要将车轮紧固在试验台上，并把车轮螺母（或螺栓）拧紧至规定的扭矩值。

对于多数车轮，在进行疲劳试验时，螺栓孔附近的应力状态比较危险，容易出现裂纹，所以在进行弯曲疲劳、径向疲劳、双轴疲劳试验的仿真时，建议对车轮安装部位进行仔细建模，并考虑螺栓预紧力的影响。根据文献[7]，可采用式（3-14）～式（3-16），由螺栓扭转力矩换算得出螺栓预紧力。

$$T = T_1 + T_2 = \frac{F}{2} d_2 \tan(\lambda + \rho_v) + \frac{F}{2} f d_m \tag{3-14}$$

式中，T 为螺栓的拧紧力矩；T_1 为螺纹拧紧力矩；T_2 为螺母支撑面产生力矩；F 为螺栓预紧力；d_2 为螺纹中径；λ 为螺纹升角；ρ_v 为螺纹当量摩擦角；f 为接触面摩擦系数；d_m 为螺母支撑面的平均直径。

式（3-14）中的螺纹升角可计算如下：

$$\lambda = \arctan \frac{np}{\pi d_2} \tag{3-15}$$

式中，n 为螺纹头数，取1；p 为螺距；d_2 为螺纹中径。

式（3-14）中的螺纹当量摩擦角可计算如下：

$$\rho_v = \arctan \frac{f}{\cos\beta} \qquad (3\text{-}16)$$

式中，普通螺纹的牙型斜角 $\beta = 30°$。

根据式（3-14）～式（3-16）获得螺栓预紧力后，即可将其施加到车轮性能仿真的有限元模型当中，并且轮辐与连接盘、轮辐与螺栓、轮辐与螺母等的接触面通常被设置为面面接触，并给定接触面的摩擦系数。接触非线性将导致仿真计算时间增加，并会影响计算的收敛性，为此应合理设置网格类型、尺寸及分析步长。

螺栓预紧力主要影响螺栓附近局部区域的应力状态，对远离螺栓处车轮结构应力的影响很小。因此，若车轮螺栓孔附近很少破坏，属于非危险区域，仿真模型中可对螺栓结构进行简化，用梁单元建立车轮螺栓孔与连接盘螺栓孔之间的约束，或者直接将车轮安装面与连接装置进行绑定约束。在车轮冲击性能仿真中，螺栓孔处出现损伤的情况很少，故通常忽略螺栓预紧力，而采用简化方法进行车轮轮辐与连接盘间的约束设置。

3.2.3 车轮应力状态的分析

通过有限元仿真可获得车轮在弯曲疲劳、径向疲劳、双轴疲劳载荷作用下的应力结果，因 Von Mises 应力为等效平均应力，能够考虑各轴应力的综合作用效果，将复杂的多轴应力问题转变为单轴应力，故常基于仿真所得的 Von Mises 应力结果进行车轮应力状态分析与疲劳寿命预测。

在进行车轮静力分析时，可直接将 Von Mises 应力的计算结果作为受力状态是否恶劣的判断依据。但是当采用结构 Von Mises 应力进行车轮疲劳寿命预测时，因 Von Mises 应力是等效平均应力，其数值始终为正，而实际中，车轮在弯曲疲劳、径向疲劳或双轴疲劳循环载荷作用下，应力危险区域的应力在载荷作用一周的过程中，其受力状态可能出现拉伸状态或压缩状态的转换，若只基于车轮在循环载荷下 Von Mises 应力数值大小的变化规律去预测结构疲劳寿命，则无法考虑结构拉压状态的变化。因此，对车轮进行疲劳寿命预测时，不但需要考虑其等效平均应力的数值大小，还需判断危险点的拉压状态，才能获得结构危险区域在循环载荷作用下正确的平均载荷以及载荷的变化幅值。因此，进行疲劳寿命预测时应采用带符号的 Von Mises 应力，其应力数值的绝对值为 Von Mises 应力，而应力的符号即结构的拉压状态，需根据其偏应力张量第三不变量进行确定。

结构发生塑性变形时，物体内一点的应力张量的分量随坐标变化而改变，但其应力张量不变量却固定不变，因此应力张量不变量可以反映物体变形状态的实质。偏应力张量第三不变量的正负，可以定性地分析物体内一点的变形类型。当第三不变量为负值时，物体内该点属于"压缩类变形"；为零时，物体内该点属于"平面变形"类型；为正时，物体内该点属于"拉伸类变形"。图3-10给出了第三不变量J_3与结构拉压类型的关系。图中，$d\varepsilon_1$，$d\varepsilon_2$，$d\varepsilon_3$ 分别为与偏应力所对应的应变增量，总有$d\varepsilon_1 > 0$，$d\varepsilon_3 < 0$。当$d\varepsilon_2 < 0$时，变形类型为"拉伸类"；$d\varepsilon_2 = 0$时，变形类型为"平面变形类"；$d\varepsilon_2 > 0$时，变形类型为"压缩类"[8]。

图3-11为某钢制车轮在弯曲载荷作用一周时，轮辐上缓冲环位置的应力变化规律，缓冲环的位置参见图3-12。由图3-11可知，当弯曲载荷作用一个周期时，该危险区域的应力变化恰好也为一个周期，其平均应力约为零，结构所受的最大拉应力（曲线中的峰值）与最大压应力（曲线中的谷值）数值相当，即应力幅值约为300MPa。

J_3	$J_3<0$	$J_3=0$	$J_3>0$
变形类型	$d\varepsilon_1>0, d\varepsilon_2>0, d\varepsilon_3<0$ 压缩类 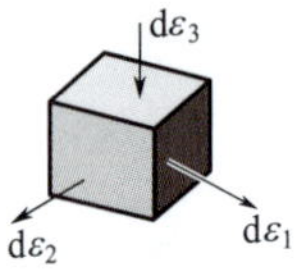	$d\varepsilon_2=0$ 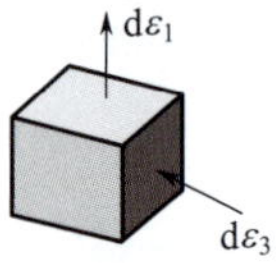 平面变形类	$d\varepsilon_1>0, d\varepsilon_2<0, d\varepsilon_3<0$ 拉伸类 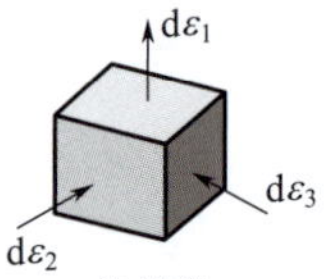
特征应变增量	$\|d\varepsilon_3\|=d\varepsilon_{max}$ $d\varepsilon_2>0$	$d\varepsilon_1=\|d\varepsilon_3\|=d\varepsilon_{max}$ $d\varepsilon_2=0$	$d\varepsilon_1=d\varepsilon_{max}$ $d\varepsilon_2<0$

图 3-10 第三不变量与结构拉压类型的关系 [8]

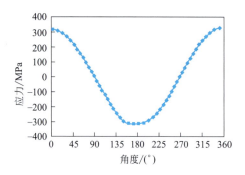

图 3-11 弯曲载荷下缓冲环应力变化规律

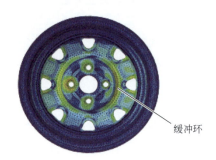

图 3-12 某钢制车轮缓冲环的位置

如果不考虑结构受力状态的变化，只考虑该区域 Von Mises 应力大小，则该区域在弯曲载荷作用一个周期时，其 Von Mises 应力变化规律将如图 3-13 所示，即包含两个周期，最小应力为零，平均应力和应力幅值均约为 150MPa。由此所得应力循环状态与实际情况相差甚远，从而难以正确预测结构的疲劳寿命。

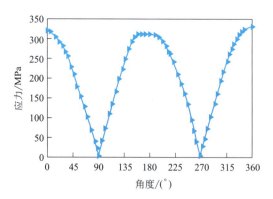

图 3-13 缓冲环应力变化规律（未考虑拉压状态变化）

3.2.4 车轮疲劳寿命预测方法

（1）应力循环及材料的应力-寿命（S-N）曲线

疲劳是指材料在交变载荷作用下，结构局部产生渐进永久性变化，并在一定循环次数后形成裂纹或发生断裂的过程。车轮通常受到弯曲疲劳、径向疲劳或双轴疲劳载荷的作用，通过有限元仿真可获得车轮在循环载荷作用下的应力循环。应力循环中主要有最大应力σ_{max}、最小应力σ_{min}、应力幅σ_a和平均应力σ_m 4个参数，如图3-14所示。最大应力和最小应力分别为应力循环中具有最大和最小代数值的应力，拉应力为正，压应力为负；应力幅为应力的动载分量，是影响材料疲劳强度的决定因素；平均应力为应力的静载分量，是影响材料疲劳强度的次要因素。它们之间的关系表示如下[9]：

$$\begin{cases} \sigma_m = (\sigma_{max} + \sigma_{min})/2 \\ \sigma_a = (\sigma_{max} - \sigma_{min})/2 = \Delta\sigma/2 \end{cases} \quad (3\text{-}17)$$

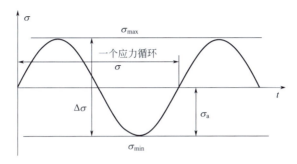

图 3-14 等幅循环应力示意图

应力循环中采用应力比R来表示应力循环的特性，其表达式如下：

$$R = \frac{\sigma_{min}}{\sigma_{max}} \quad (3\text{-}18)$$

当$R=1$时，为静载荷，$\sigma_{min}=\sigma_{max}$；当$R=-1$时，为对称循环载荷，$\sigma_{min}=-\sigma_{max}$；当$R$为其他数值时，为非对称循环。非对称循环中，最小应力等于零的循环称为脉动循环。

根据国家标准规定，对车轮疲劳寿命的要求多超过10^4循环次数，故一般可采用应力疲劳方法预测车轮寿命。材料应力-寿命关系多用经验公式进行描述，常见的经验公式包含指数函数公式、幂函数公式、Basquin公式、Weibull公式及三参数公式等。工程上多用幂函数形式的S-N曲线来描述车轮高周疲劳的应力-寿命关系，具体形式如下[10]：

$$S^m N = C \quad (3\text{-}19)$$

式中，S为对称循环下的交变应力幅值；N为循环次数；m、C为疲劳特性参数。

在缺乏材料疲劳试验数据的情况下，可用经验公式确定幂函数形式中的疲劳特性参数m、C。确定式（3-19）中的参数m、C，需要材料在两种交变应力下的疲劳寿命。

按照经验公式，当结构寿命$N=1000$时，对应的应力约为车轮材料强度极限的0.9倍。此外，结构的疲劳极限$S_f(10^7)$，即疲劳寿命为10^7时所对应的交变应力，可采用经验公式获得。对于钢材，其疲劳极限可计算如下：

$$S_f = k(\sigma_b + \sigma_s) = (0.23 \sim 0.27)(\sigma_b + \sigma_s) \text{ 或 } S_f = (0.3 \sim 0.6)\sigma_b \quad (3\text{-}20)$$

式中，$S_f(10^7)$为疲劳极限；σ_b为材料的抗拉强度；σ_s为材料的屈服强度。通过经验公式获得循环次数分别为$N=10^3$、$N=10^7$时的交变应力后，代入式（3-19），即可得到材料疲劳特性参数m、C，获得材料的S-N曲线。

(2) 影响结构疲劳寿命的因素

材料的 S-N 曲线和疲劳极限代表标准光滑试样的疲劳性能，而实际零件的尺寸、形状及表面情况与标准试样差别较大，其疲劳强度和寿命与标准试样也有着较大差别。影响零件疲劳寿命的因素很多，其中主要有应力集中效应、尺寸效应、表面状况、平均应力等因素[11-13]。

① 应力集中效应。

结构件中常含有截面突变、拐角或孔等几何特征。在上述形状、尺寸突变处易产生应力集中，而应力集中则导致零件局部应力的增大。当零件承受静载荷时，由于零件材料的塑性特性，在零件被破坏之前有宏观塑性变形的过程，使得零件的应力得以重新分配并自动趋于均匀化。因此，零件承受静态载荷作用时，应力集中对其强度影响不大。但当零件承受动态疲劳载荷时，在低于材料屈服极限的交变应力的作用下，难以依靠材料的宏观塑性变形来均匀应力集中处的应力，导致应力集中处的疲劳寿命较光滑部分低。因此，在疲劳失效时须考虑应力集中效应。

② 尺寸效应。

疲劳试验表明，随着试样尺寸增加，疲劳极限下降，强度高的钢材其疲劳极限比强度低的钢材下降得更快。这种疲劳强度随尺寸增大而降低的现象称为尺寸效应。这是由于大型零件的铸造质量一般都比小零件的质量差，大型零件热处理的冷却速度比小零件更慢，淬透深度比小零件浅，机械加工时的切削力及切削时的发热情况也都与小零件不同。此外，由于金属是多晶体，由许多强弱不等、位向不同的小晶粒组成，且金属内必然存在大小不同的缺陷，零件尺寸越大，出现薄弱晶粒与大缺陷的概率越大，故大型零件的疲劳强度比小零件的疲劳强度低。

③ 表面状况。

零件在弯曲或扭转循环应力的作用下，表层应力最高。对于几何形状复杂的零件，即使承受拉压载荷，也易在形状突变处的表层出现峰值应力。此外，表层还存在着各种缺陷，如机械加工中的切削刀痕和打印标记等表面损伤，这些地方易产生应力集中，使零件疲劳强度降低。在标准试样疲劳试验中，试样表面是磨光表面，而实际零件的表面加工方法则是多种多样，因此，在零件疲劳寿命设计中，需要考虑表面加工情况对疲劳强度的影响。

④ 平均应力。

零件的疲劳损伤不仅与外加应力幅相关，还受到平均应力的影响。一般来说，在相同应力作用下，平均应力为"正"的时候，材料寿命变短、对应疲劳寿命降低；平均应力为"负"的时候，材料寿命变长、对应疲劳寿命提高。常用的平均应力修正方法有 Gerber 抛物线法、Goodman 直线法等，其对应方程分别为[14,15]

Gerber 抛物线法：

$$\sigma_a/\sigma_{R(-1)} + (\sigma_m/\sigma_b)^2 = 1 \qquad (3-21)$$

Goodman 直线法：

$$\sigma_a/\sigma_{R(-1)} + \sigma_m/\sigma_b = 1 \qquad (3-22)$$

式中，σ_a 为应力幅；$\sigma_{R(-1)}$ 为转换之后的对称循环应力幅；σ_m 为平均应力；σ_b 为抗拉强度。两种 S-N 曲线的修正方法各有优缺点，Goodman 直线法适用于脆性材料，对延性材料偏于保守；Gerber 抛物线法更适用于塑性材料。

车轮在弯曲疲劳、径向疲劳、双轴疲劳等循环载荷的作用下，应力通常并非为对称循环状态，故在应用S-N曲线对车轮结构进行疲劳寿命预测之前，多数情况下需要考虑平均应力的影响。采用式（3-21）或式（3-22）对车轮危险点应力循环进行平均应力等效后，即可获得对称循环下的等效应力幅值，进而可通过式（3-19）对车轮危险点的寿命进行预测。

（3）车轮疲劳寿命预测需注意的问题

对车轮在弯曲载荷、径向载荷、双轴载荷下的应力循环进行仿真，将所得结果输入疲劳寿命仿真软件（如FE-safe、MSC.Fatigue等）中，输入材料的疲劳特性参数并考虑结构尺寸、加工方法、表面状态等因素的影响，获得结构的疲劳特性参数，输入车轮所受的载荷谱并选择相应的疲劳寿命预测算法，即可仿真获得车轮疲劳寿命的分布。

对车轮进行双轴疲劳寿命预测时，车轮双轴疲劳试验中所施加的载荷工况有多种，如商用车车轮双轴疲劳试验包含98种载荷工况，乘用车车轮双轴疲劳试验包含32种载荷工况，各载荷循环中每种载荷工况加载的时间也不相同。由于不同载荷工况下车轮的应力危险区域会变化，故按照相应标准规定对车轮顺序施加多种载荷工况时难以直接判断出车轮的危险区域，即车轮双轴疲劳寿命的预测必须采用疲劳寿命预测软件，输入各载荷工况作用一周时车轮的应力仿真结果，综合考虑全部载荷工况下车轮的受力状态，应用相应的疲劳寿命预测算法仿真获得整个双轴载荷作用循环下车轮的损伤，进一步获得其疲劳寿命。

针对车轮的弯曲疲劳及径向疲劳试验，由于车轮承受稳定载荷作用，每个载荷作用周期下车轮的受力不变，其应力状态相对双轴疲劳试验简单一些，可不利用疲劳分析软件对结构中各危险点的疲劳寿命进行预测，而根据车轮在弯曲载荷或径向载荷作用下的车轮应力分析。首先，选取结构中若干应力危险位置，针对每个危险区域获得载荷作用一周下的应力变化，并根据第三不变量的正负来确定结构的拉压状态，将正负号赋给相应的Von Mises应力，从而获得所选各危险位置在弯曲载荷、径向载荷作用下的应力循环，进而进行平均应力等效。接着，根据车轮结构的疲劳特性参数，选择相应的疲劳寿命预测方法进行各危险位置的疲劳寿命预测，最终确定出在弯曲载荷、径向载荷作用下，车轮中疲劳寿命最危险的部位及其寿命。若疲劳寿命危险点的预测寿命未达到车轮寿命要求，则需对其结构进行加强以提高其安全性；若疲劳寿命危险点的预测寿命远超过车轮寿命要求，则车轮仍有继续进行轻量化的裕度。显然，预测结果可对车轮结构的改进提供一定的依据。

需要注意的是，车轮应力达到最大值的位置与车轮寿命最小的位置不一定是同一位置。这是由于车轮各危险位置的应力循环的特征不同。例如图3-11中，在弯曲载荷作用下，某钢制车轮缓冲环位置处的应力基本为对称循环；而车轮螺栓孔附近，虽然也会达到较高的应力值，但螺栓孔附近的应力循环中包含较高的由螺栓预紧力产生的平均应力，交变应力较低。因此，在基于车轮应力结果进行结构寿命预测时，需选择若干个危险区域，根据其应力循环规律采用相应的疲劳寿命预测方法分别获得其疲劳寿命，以正确识别出车轮结构在不同疲劳载荷作用下寿命危险点的位置。

3.3 车轮弯曲载荷的施加方式

对车轮动态弯曲疲劳试验进行仿真时，为了真实地模拟试验情况，通常在建立仿真模型

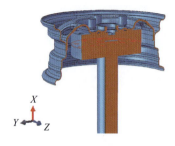

图3-15 某乘用车钢制车轮弯曲疲劳试验仿真模型

时，除车轮外，还构建加载轴、连接盘、螺栓、螺母等结构，如图3-15所示[16]。

根据GB/T 5334—2021《乘用车 车轮 弯曲和径向疲劳性能要求及试验方法》和GB/T 5909—2021《商用车 车轮 弯曲和径向疲劳性能要求及试验方法》，采用式（2-1）确定试验时车轮所受的弯矩M，根据具体试验台加载轴的长度L即可获得加载力的大小为$F=M/L$，该力垂直于加载轴。

进行车轮弯曲疲劳试验时，或者是车轮在固定不变的弯矩下旋转，或者是车轮不动，承受旋转的弯矩。上述两种加载方式中，弯矩载荷对车轮的作用相同，仅有的差别是当采用弯矩不变、车轮旋转的方式进行试验时，车轮的旋转导致其除了承受弯曲载荷，还承受一个离心载荷。由于疲劳试验过程中车轮转速较低，车轮离心载荷对车轮受力的影响通常可忽略不计，因此可认为两种试验方式等效。

仿真模型中，车轮弯曲载荷的施加可以采用两种不同方式。

第一种方式是采用静态加载，即将旋转弯曲载荷的作用转换为作用于加载轴端部的一系列静态载荷作用，作用力与作用力之间保持一定的角度间隔，如作用力间隔为45°，则将动态弯曲载荷分解为8个等间隔的静态载荷，依次施加各静态载荷，完成一个完整作用力周期下车轮受力状态的计算。动态弯曲载荷之所以可以简化为一系列的静态载荷来仿真车轮在弯曲工况下受力，其主要原因是车轮的固有频率往往远高于试验时载荷的加载频率。例如，图3-2中的乘用车车轮，其第一阶固有频率为275.3Hz（试验值），而弯曲疲劳试验采用的加载方式为车轮固定，载荷旋转，旋转载荷的转速为1000r/min，转频约为16.7Hz，远低于该乘用车轮的第一阶固有频率；某规格为22.5×8.25J的商用车车轮的固有频率为187Hz，其弯曲疲劳试验载荷作用方向不变，车轮旋转，车轮的旋转速度为150r/min，转频为2.5Hz，远低于其第一阶固有频率。故通常情况下进行车轮弯曲疲劳试验时，载荷施加频率均远低于车轮的第一阶固有频率，可将动态弯曲载荷转换为静态载荷进行施加。

施加载荷的第二种方式是将其作为动态载荷直接施加。在加载轴端部垂直加载轴的平面内施加旋转载荷，在该加载平面内X方向施加载荷$F_x=F\sin(\omega t)$，在垂直该方向的Y方向上施加载荷$F_y=F\cos(\omega t)$。F_x与F_y的共同作用即为大小为F、圆频率为ω的旋转载荷。根据具体车轮弯曲疲劳试验时旋转载荷的转速（r/min）获得其圆频率ω（rad/s），进而获得车轮的旋转周期$T=\omega/2\pi$，再根据旋转周期确定仿真时的增量步，以保证相邻载荷施加的角度间隔。图3-2所示的某乘用车钢制车轮，在进行弯曲疲劳试验时的载荷旋转速度为1000r/min，相应圆频率为104.72rad/s，其周期为0.06s，仿真分析时若最大增量步设为0.001s，即相邻载荷施加的角度间隔为6°。将弯曲载荷作为动态载荷直接施加，对车轮进行弯曲强度的仿真，其仿真过程所需要的时间比静态加载方式偏长。

3.4 径向载荷作用下车轮结构强度仿真分析

进行车轮径向疲劳试验时，将轮胎安装于车轮并充气，通过螺栓连接在试验台架上；之后，通过转鼓挤压轮胎，并将径向载荷传递到车轮上。轮胎是由橡胶、帘线等多种材料经过多道工艺制备而成的复合材料结构，包含材料种类多，材料性能较难获得，而且建模过程比较复杂。对车轮径向疲劳试验进行仿真，主要有两类方法：一类是当难以获得轮胎结构以及其材料特性时，采用简化方法，去除轮胎结构，将轮胎对车轮所施加的载荷简化为某种载荷模式；另一类是在仿真模型中直接建立轮胎、转鼓的结构，按照所建轮胎结构简化程度的不同，又分为简化均质轮胎模型和复合材料结构轮胎模型。本节将分别介绍对轮胎采用不同处理方式时，对车轮施加径向载荷的方式。

3.4.1 余弦函数模型

为避免对复杂轮胎结构进行建模，工程中采用最多的径向载荷简化模型为美国阿克伦大学（University of Akron）Stearns 提出的余弦函数模型[17-19]，如图3-16所示。该模型认为在不考虑轮胎充气作用时，通过轮胎传递到轮辋胎圈座上的径向载荷在距加载中心两侧一定范围内呈余弦函数形式分布，在其他角度范围内的载荷可忽略。该模型是在乘用车车轮的研究基础上建立的，因其形式简单、使用方便且某些结果与试验结果相吻合，得以在工程中普遍应用。其具体表达如下：

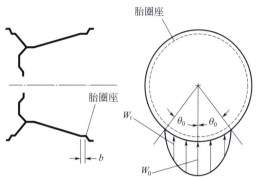

图3-16 胎-轮间载荷余弦函数模型示意图[17]

$$\begin{cases} W_r = W_0 \cos\left(\dfrac{\pi}{2} \times \dfrac{\theta}{\theta_0}\right) \\ W_0 = \dfrac{W\pi}{4br_b\theta_0} \end{cases} \quad (3\text{-}23)$$

式中，W 为施加的径向载荷；W_r 为当偏转角为 θ 时该位置上的等效车轮径向分布力；W_0 为等效的最大径向分布力；b 为胎圈座受力宽度；r_b 为胎圈座半径；θ_0 为径向载荷作用的最大偏转角，多数情况下，θ_0 选择约40°。

3.4.2 弹性圆环模型

余弦函数模型只考虑了圆周方向上某一角度范围内，轮胎对车轮的载荷作用。而实际中，径向载荷作用下，轮胎对车轮的作用在整周范围内都会发生变化，故有学者建立了一种弹性圆环模型，可以考虑轮胎对车轮在整周范围内的压力变化情况[20]。

弹性圆环模型是将轮胎简化为弹性圆环，如图3-17（a）所示。其中，轮胎的整个胎面由弹性环表示，该部分是由高强度钢丝帘线嵌入轮胎橡胶材料并经过硫化工艺制成，其切向刚度大，认为其在与地面接触的部分产生变形，而环的其他部分保持原状。试验中，车轮主要受充气载荷及径向载荷作用，因此忽略胎体的切向弹性和阻尼，采用周向平均分布于环与刚性轮辋之间沿径向布置的等刚度线性弹簧表示轮胎的弹性。弹簧刚度由轮胎充气压力及胎侧部分弹性共同决定，弹簧的数量决定了轮胎模型精度，弹簧数量越多，轮胎模型精度越高。

如图3-17（b）所示，当径向载荷 W 作用于车轮时，轮胎下侧由于与转鼓表面接触会产生下沉量 h[21]，忽略轮胎与转鼓非接触区域的微小弹性变形。由于径向载荷通过轮辋与转鼓同时作用于轮胎，轮辋中心相对轮胎中心产生偏移量 d，该数值可通过测试获得。因此，在简化模型中表现为位于轮辋下侧的弹簧被压缩，位于轮辋上侧的弹簧被拉伸，而弹簧的拉力或压力作用于轮辋上便形成胎-轮等效载荷传递模型。

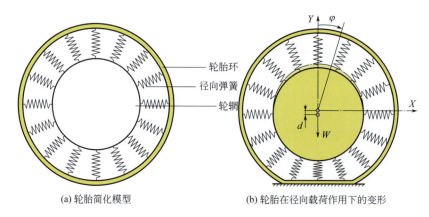

(a) 轮胎简化模型　　　　　　　(b) 轮胎在径向载荷作用下的变形

图 3-17　简化轮胎模型及其变形示意图

基于各弹簧力在垂直方向上的合力与施加在车轮中心上的径向载荷相平衡，可得轮胎的等效弹簧刚度。根据轮胎和转鼓的接触变形量 h 和轮辋中心与轮胎中心的相对偏移量 d，可得车轮承受径向载荷后各个弹簧的变形量，进而得到轮辋在与 Y 轴正向夹角为 φ 的单侧胎圈座处受到的压强。例如，针对某型乘用车车轮（型号 15×5.5J）和某型重载商用车车轮（型号 22.5×8.25J），采用弹性环模型对径向载荷进行简化，所获得的分布于胎-轮之间的接触压力如图 3-18 所示。

弹性圆环模型表明当车轮轮胎总成受到径向载荷后，车轮与轮胎间的接触压力在部分角度范围内增加，而在此之外其他角度范围内会减小。即相比于 Sterns 提出的模型，可以描述当径向载荷加载后，载荷施加位置的对侧，车轮胎圈座上压力减少的现象。

除了对车轮所受径向载荷采用 Sterns 模型或者弹性圆环模型等方式进行简化，模拟车轮径向疲劳试验时必须考虑轮胎充气压力。轮胎充气载荷是维持轮胎正常工作的重要载荷，其对车轮的作用一部分通过轮胎传递到轮辋上的胎圈座及轮缘上，另外一部分则以分布压力形式直接作用到轮辋上，如图 3-19 所示。由轮胎传递到轮缘上的载荷，其载荷形式以及大小由轮胎的类型、轮胎的高宽比以及轮胎内部的增强结构共同决定。

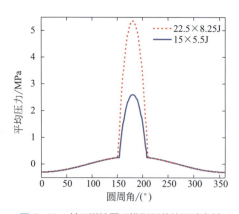

图 3-18　基于弹性圆环模型所获的两种车轮的胎-轮接触压力分布

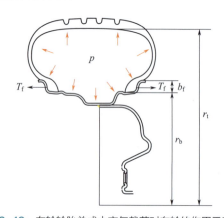

图 3-19　车轮轮胎总成中充气载荷对车轮的作用示意图

充气压力作用于轮胎并间接作用到车轮轮缘上,在车轮的轮缘位置产生的接触压力可表示为

$$T_\mathrm{f} = \frac{\pi(r_\mathrm{t}^2 - r_\mathrm{b}^2)p}{4\pi r_\mathrm{b} b_\mathrm{f}} \qquad (3\text{-}24)$$

式中,r_t为轮胎半径;r_b为轮辋半径;p为轮胎充气压力;b_f为车轮的轮缘高度。

通过仿真与试验测试结果对比分析发现,对车轮径向疲劳试验的模拟,不论采用余弦函数模型还是弹性圆环模型,仿真所得车轮的应力值均比实际测试值偏高。这是由于采用不同载荷施加模式进行径向载荷施加时,主要是将径向载荷等效作用于胎圈座,而实际中,胎-轮间的载荷较为复杂,除分布在胎圈座上,还作用于轮缘,且大小还随作用位置的不同而不同,这些致使所建载荷分布模型未能反映真实的胎-轮间载荷,因此产生偏差。

3.4.3 胎-轮间载荷分布的测试与分析

在充气载荷及径向载荷施加过程中,胎-轮接触压力在轴向和周向方向均呈非线性变化。现有的各种胎-轮接触压力分布模型在建立时均有明显简化,不能准确描述实际的胎-轮间接触状态,而对胎-轮接触压力的准确描述是保证仿真精度的基础。针对商用车车轮和乘用车车轮,对充气及径向载荷作用下的胎-轮接触压力进行试验测试,可更细致地分析胎-轮接触压力的规律[20]。

胎-轮接触压力可通过紧贴于胎-轮间的柔性薄膜压力传感器采集获得(在轮辋的两胎圈座上各安装一个)。该传感器是由美国的Tekscan公司研制,具体结构如图3-20所示。传感器中包含分布在两片极薄的聚酯薄膜材料中的624个点阵感知单元,由于其厚度仅有0.2mm,且柔性很好,可以保证在不影响胎压的情况下有效获得胎-轮间压力分布数据。

(1)某商用车车轮接触压力测试

对某款商用车车轮的胎-轮接触压力进行测试,如图3-21所示,试验时保持所施加的载荷不变,控制车轮的转动,每隔10°进行一次压力测试。在车轮近端、远端位置均布置有压力传感器,即同一载荷作用下,可获沿车轮圆周36个测试位置共72组压力分布数据。

在径向加载之前,可先对充气后的胎-轮间压力分布进行测试,获得胎-轮过盈装配和轮胎充气载荷共同作用下胎-轮间的压力分布。图3-22为通过试验获得的商用车车轮上未施加径向载荷、施加70kN径向载荷时车轮近端和远端在部分测试位置的胎-轮压力分布图。图中,接触压力的大小按照红-橙-黄-绿-蓝的颜色变化逐

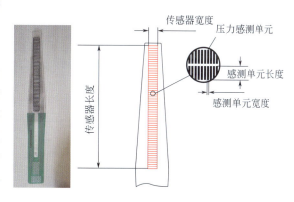

图3-20 柔性薄膜压力传感器

图3-21 商用车车轮的胎-轮接触压力测试[20]

渐降低,即红色代表该区域压力值大,蓝色代表该区域压力值小。从图3-22可知,车轮在装配轮胎并充气后,轮缘处的胎-轮接触压力明显高于胎圈座上的压力;对车轮施加70kN的径向载荷后,胎圈座处的接触压力增加且大于轮缘处的接触压力。

此外对比发现,该商用车轮在充气或受径向载荷作用后,轮辋远端接触压力明显大于近端接触压力。这是由于轮辋近端、远端关于轮辐支撑位置不对称以及车轮轮辋深槽分布位置的影响,使得车轮两端刚度存在差异,进而导致车轮在载荷作用下两端的胎-轮接触压力不一致。

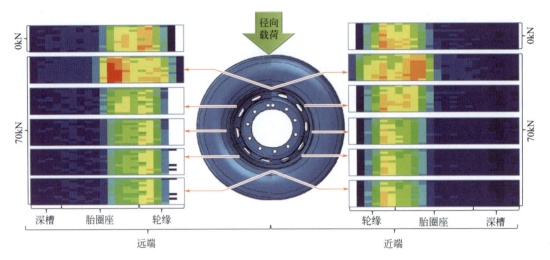

图3-22 径向载荷为0kN和70kN时胎-轮间压力分布(商用车车轮)[20]

为分析胎圈座与轮缘处压力分布随所施加径向载荷大小的变化规律,对不同径向载荷作用下轮胎与轮辋间接触压力分布进行了测试。篇幅原因,此外只给出轮辋远端两个测点的测试结果,如图3-23所示。图中,接触压力的大小也是按照红-橙-黄-绿-蓝的颜色变化逐渐降低,即红色代表该区域压力值大,蓝色代表该区域压力值小。不同位置接触压力数值变化规律如图3-24所示。

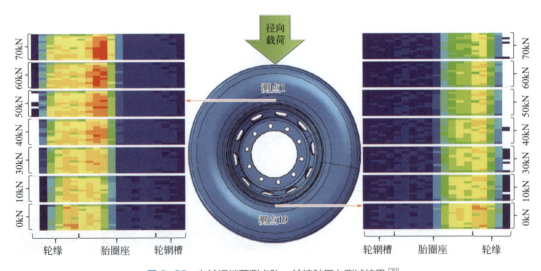

图3-23 车轮远端两测点胎-轮接触压力测试结果[20]

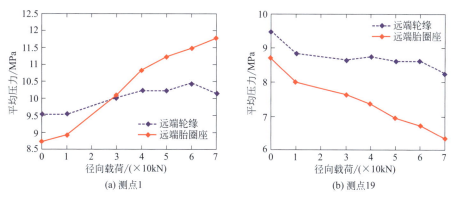

(a) 测点1　　　　　　　　　　　(b) 测点19

图 3-24　车轮远端两测点胎-轮接触压力随载荷的变化

由图3-23和图3-24可知，在载荷不断增加的过程中，载荷直接作用位置（测点1）轮缘处和胎圈座处的压力均随着载荷的增加而增加，轮缘处压力增加得较缓慢，而胎圈座处压力增加得较快，充气载荷作用下轮缘接触压力大于胎圈座压力，随着载荷的不断加大，胎圈座的压力超过轮缘的压力；随着载荷的增加，在载荷作用位置正对的位置（测点19），轮缘压力和胎圈座的接触压力都不断降低，胎圈座处接触压力降低得更快些，且轮缘压力始终大于胎圈座处的压力。

（2）某乘用车车轮接触压力测试

对某款乘用车车轮（型号为15×5.5J）采用同样的测试方法获得其胎-轮接触压力，如图3-25所示。车轮沿周向每转动15°进行一次测试，同时获得位于轮辋近端和远端的压力分布，24个测量位置共测取了48组数据。充气载荷作用下以及车轮在12kN径向载荷下部分测点的测试结果如图3-26所示。径向载荷为12kN时，车轮远端、近端胎圈座和轮缘在周向范围内胎-轮间的平均压力变化曲线如图3-27所示。

图 3-25　乘用车车轮的胎-轮接触压力测试[20]

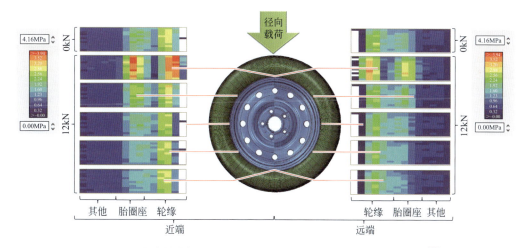

图 3-26　径向载荷为0kN和12kN时胎-轮间压力分布（乘用车车轮）[20]

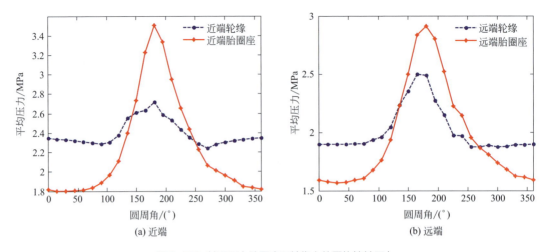

图 3-27　某乘用车胎圈座和轮缘上的平均接触压力

由图 3-26 和图 3-27 可知，在载荷作用下，不论是轮缘位置还是胎圈座位置，该轮辋近端的接触压力明显高于轮辋远端的接触压力。这一特征与所测商用车轮辋远端、近端接触压力的特征正好相反。这主要是由于不同款式的车轮，其轮辋近端、远端关于轮辐支撑的相对位置、车轮轮辋深槽分布位置不同导致的。

将径向载荷为 12kN 时测得的胎-轮接触压力减去仅有充气载荷作用时的胎-轮接触压力，得到仅由径向载荷作用产生的胎-轮周向方向的平均接触压力曲线，如图 3-28 所示。由图 3-27 和图 3-28 可知，在车轮周向方向，径向载荷对车轮的作用使位于载荷中心附近约 ±40° 区域内轮缘和胎圈座位置的胎-轮接触压力明显增加，而在该区域外，胎-轮接触压力较仅有充气载荷作用时的胎-轮接触压力有所减小。

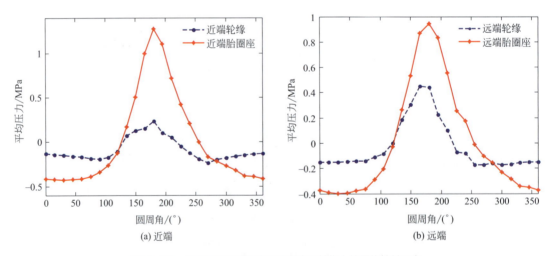

图 3-28　仅由径向载荷产生的胎圈座和轮缘上的平均接触压力

这一规律在一定程度上验证了 Sterns 模型中径向载荷主要分布于载荷作用点附近约 ±40° 范围内这一假设的合理性，也表明其未考虑其他角度范围内接触压力有所降低这一特征。相比之下，弹性圆环模型虽可在圆周范围内引入径向载荷产生的车轮接触压力的增加或降低，但该模型对载荷作用下接触压力角度范围的估算有一定偏差。

对某商用车钢制车轮、乘用车钢制车轮在径向载荷作用下胎-轮间接触压力的测试表明，载荷变化导致胎圈座和轮缘处的接触压力发生非线性变化，随着载荷的增加，接触压力在轴向表现出从轮缘向胎圈座转移的现象。同时，轮辋远端与近端的接触压力存在差异，对于所测商用车车轮，远端的接触压力大于近端接触压力；而对于所测乘用车车轮，近端的接触压力大于远端的接触压力。即轮辐与轮辋的连接位置、轮辋深槽位置等会影响车轮两侧的刚度，导致载荷分布的变化。

胎-轮间的接触压力分布随着车轮结构形式、载荷大小等发生变化，采用载荷分布函数进行径向载荷简化，难以获得良好的等效效果。因此，针对车轮的径向疲劳试验，为准确模拟车轮的受力状态，建议在仿真模型中构建轮胎结构模型。

3.4.4 简化的均质轮胎模型

3.4.3小节中的胎-轮间接触压力实测结果表明，要准确模拟轮胎与车轮间的载荷传递，就需要在仿真模型中直接建立轮胎模型。但建立帘线-橡胶复合材料结构的轮胎模型，需要对轮胎各部位橡胶分别进行制件、拉伸试验，以获取其材料参数，这对于大多数车轮企业而言，具有种种限制，困难较大。因此，实际中车轮企业常采用等效均质轮胎以简化轮胎结构的建模。

这种轮胎模型简化方法是建立在试验基础之上的一种半经验方法。按照轮胎实际几何尺寸建立仅包含胎圈和橡胶部分的轮胎有限元模型，如图3-29所示。对胎圈部分赋予钢的材料属性；假设橡胶部分为各向同性的超弹性材料，其材料参数通过试验测试和仿真相结合的方法进行识别。首先，测量不同径向载荷作用下的轮胎径向下沉位移，获得轮胎载荷-位移试验曲线；然后，有规律地对所建轮胎模型中橡胶部分赋予多组材料参数，应用各组橡胶材料参数分别进行仿真计算并获得轮胎载荷-位移曲线；将仿真获得的各组曲线与试验曲线进行对比，与试验曲线相近的一组仿真曲线对应的橡胶材料参数即选定为最终材料参数。

图3-29 简化轮胎的有限元模型[20]

该方法在一定程度上考虑了轮胎的宏观特性，尽管需要首先通过试验方法或经验公式获得轮胎下沉量与径向载荷关系曲线，但相比构建复合材料结构轮胎各部位材料模型，可明显节省时间及成本。

3.4.5 复合结构轮胎模型

轮胎结构中，胎面、胎侧、胎肩、三角胶等部位使用硬度各不相同的橡胶材料，胎体、带束层使用帘线-橡胶复合材料。在简化均质轮胎模型不能满足分析需求且条件允许的情况下，建立复合结构的轮胎模型是一个较好的选择。

（1）橡胶材料模型

橡胶是一种典型的近似不可压缩的超弹性材料，产生变形时往往伴随着大位移及大应变。目前针对轮胎橡胶的研究中，基于唯象理论的多项式模型应用较为广泛，其中包括Mooney-Rivlin模型[22,23]、Neo-Hookean模型[24]和Yeoh模型[25]。

Mooney-Rivlin 模型中应变能密度公式为

$$U = C_{10}(\overline{I}_1 - 3) + C_{01}(\overline{I}_2 - 3) \quad (3\text{-}25)$$

式中，U 为应变能；$\overline{I}_1$ 和 $\overline{I}_2$ 分别为变形张量的第一和第二不变量；C_{10}、C_{01} 描述材料的剪切特性，可通过试验拟合获取。

式（3-25）的减缩多项式为 Neo-Hookean 形式，是最常用的橡胶材料分子统计学本构模型：

$$U = C_{10}(\overline{I}_1 - 3) \quad (3\text{-}26)$$

Mooney-Rivlin 模型被看作是 Neo-Hookean 模型的扩展，在很多情况下，Neo-Hookean 形式相比于 Mooney-Rivlin 形式能得到更接近于试验数据的结果。两种模型的精确程度相当，其应变能都是不变量的线性函数，不能反映应力-应变曲线在大应变部分的"陡升"行为，但是可以很好地模拟小应变和中等应变时材料的特性。

Yeoh 模型的基本假设是应变能由第一应变不变量 $\overline{I}_1$ 的三项式表达，其应变能密度为

$$U = C_{10}(\overline{I}_1 - 3) + C_{20}(\overline{I}_1 - 3)^2 + C_{30}(\overline{I}_1 - 3)^3 \quad (3\text{-}27)$$

Yeoh 模型可以产生典型的 S 型橡胶应力-应变曲线。在小变形的情况下，C_{10} 代表初始的剪切模量，第二个系数 C_{20} 一般为负，在中等变形时出现软化，第三个系数 C_{30} 为正，在大变形情况下材料又变硬，其对橡胶大变形行为的描述更加接近实际情况。

图 3-30 为某轮胎胎面橡胶材料单轴拉伸的试验曲线及采用三种多项式模型拟合得到的曲线图。从图中可以看出，采用 Yeoh 多项式模型拟合得到的橡胶材料应力-应变曲线与实际试验曲线更加相近。

图 3-31 为某企业轮胎（185/60 R15）中各部分橡胶材料的单轴拉伸试验数据，对数据进行参数拟合，即可获得轮胎对应材料的 Yeoh 多项式模型参数 C_{10}、C_{20}、C_{30}。

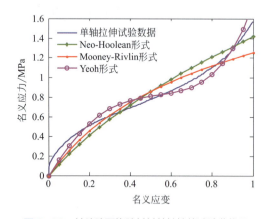

图 3-30 轮胎胎面橡胶材料单轴拉伸试验曲线及三种多项式模型拟合曲线[20]

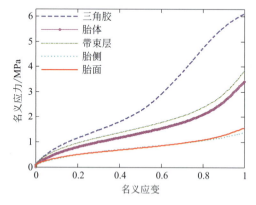

图 3-31 轮胎各部分橡胶材料的单轴拉伸试验曲线[20]

（2）帘线-橡胶复合结构轮胎模型

轮胎结构中的带束层和胎体帘布层是由帘线材料和橡胶材料复合而成。目前，常采用加强筋单元和实体单元对帘线-橡胶复合材料中的帘线材料和橡胶材料分别建模，并将帘线加强筋单元嵌入到相应的橡胶实体单元中。橡胶和帘线的材料特性采用其各自的本构关系进行

描述。

在有限元软件中通常有两种方法定义加强筋单元：一种是在橡胶实体单元中直接定义加强筋单元层，另一种则是将加强筋单元定义在面单元、膜单元或壳单元上，然后再将面单元、膜单元或壳单元嵌入到相应的橡胶实体单元中。其中，第二种方法可直接、准确地定义轮胎帘线层，且能降低橡胶单元网格划分难度。图3-32为轮胎帘线和橡胶基体模型。

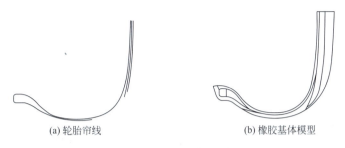

图 3-32　轮胎帘线和橡胶基体模型

（3）轮胎有限元模型

复合结构轮胎的三维有限元模型，通常是由轮胎二维有限元模型旋转获得。首先对二维常规设计的轮胎截面形状进行几何清理，忽略对轮胎力学性能影响较小的花纹及气密层，建立如图3-33所示的轮胎帘线部分和橡胶基体部分的二维模型图。之后对其旋转，即得到三维轮胎模型。二维轮胎中的帘线旋转以面单元形式嵌入相应橡胶基体单元中。图3-34为建立的完整的三维轮胎有限元模型[20]。

图 3-33　二维轮胎有限元模型　　　　图 3-34　三维轮胎有限元模型

3.4.6　车轮在径向载荷作用下的强度仿真模型

按照车轮径向疲劳试验台架的实际结构及载荷作用情况，建立包含车轮、轮胎以及转鼓的有限元模型，如图3-35所示。轮胎可采用3.4.4小节中介绍的简化均质轮胎模型，有条件的情况下也可采用3.4.5小节介绍的复合结构轮胎模型。由于不关注转鼓的受力情况，可将转鼓设置为刚体。采用考虑轮胎复合结构的仿真模型，可获得比在车轮上直接施加Sterns载荷模型或弹性圆环模型更为准确的受力结果。

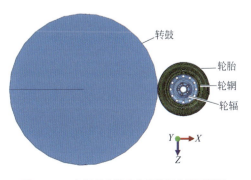

图 3-35　车轮径向强度仿真分析有限元模型

考虑轮胎结构后,在车轮受径向载荷作用的仿真计算中,载荷的施加通常需要分为装胎、充气、施加径向载荷3个步骤依次进行[20]。

(1) 装胎

轮胎模型与轮辋模型存在过盈"干涉",在仿真分析的第一步需将轮胎安装到轮辋上。约束轮辐安装面、转鼓以及轮胎胎面最外层中心处所有节点6个方向的自由度,对轮胎近端和远端胎圈位置节点分别施加相应的位移载荷,对轮胎进行安装,如图3-36所示。

(2) 充气

释放装胎分析步中施加的对轮胎胎面最外层中心位置所有节点各自由度的约束,对由轮胎和轮辋形成的内部封闭面施加均布压力,同时建立轮胎与轮辋间的面接触,如图3-37所示。

图 3-36　车轮两端施加装胎载荷　　　　图 3-37　施加充气载荷

(3) 施加径向加载

轮胎充气完成后,建立轮胎外侧与转鼓之间的面接触,并沿着车轮径向方向对转鼓施加相应的径向载荷。

3.5　冲击载荷工况下车轮强度分析

GB/T 15704—2012《道路车辆 轻合金车轮 冲击试验方法》规定,轻合金乘用车车轮需进行13°台架冲击试验以模拟其轴向(横向)撞击路缘的性能。此外,QC/T 991—2015《乘用车 轻合金车轮90°冲击试验方法》规定乘用车轻合金车轮需进行90°冲击试验,并给出了两种测试方法,以检验车轮在受到垂直力冲击时车轮的强度和安全性能,两种方法在试验时选择一种即可。

针对商用车轻合金车轮,我国已制定汽车行业标准QC/T 1111—2019《商用车 轻合金车轮30°冲击试验方法》,试验时将车轮轮胎总成安装到试验机上。调整车轮安装面角度,安装后车轮应与水平方向呈30°±1°。

无论是针对乘用车轻合金车轮进行的13°冲击试验或是90°冲击试验,还是针对商用车轻合金车轮进行的30°冲击试验,均是车轮装配轮胎后进行试验。因此,进行车轮冲击试验仿真时,建议在仿真模型中直接包括轮胎结构,以提高仿真精度。

在车轮的90°冲击试验中,载荷沿径向施加,而简化均质轮胎模型是基于试验所测车轮-轮胎结构在不同径向载荷下的变形构建的,可较好地从宏观上反映车轮-轮胎结构的径向刚度,因此简化均质轮胎模型虽简单,但也可得到较准确的结果。

对车轮进行13°、30°冲击试验,车轮安装后与水平方向分别呈13°、30°,冲击载荷沿重力方向,冲击块主要冲击轮胎-车轮的侧面,故采用3.4.4小节中所得简化均质轮胎难以准确模拟车轮的侧向刚度。建议进行车轮13°、30°冲击试验仿真时采用复合结构轮胎模型,或对车轮轮胎系统进行侧向载荷作用下的刚度测试,以使轮胎模型能准确模拟其在侧向载荷作用下的力学性能。

本节以乘用车车轮为例,介绍车轮13°冲击试验、90°冲击试验的建模方法、建模中需注意的问题及相关试验测试结果。由于针对商用车车轮30°冲击试验的仿真,在建模方法上与乘用车车轮90°冲击试验方法Ⅱ的建模方法有许多类似之处,本节不再赘述。

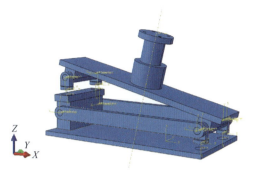

图3-38 车轮13°冲击试验台架装配模型

3.5.1 乘用车车轮在13°冲击载荷下的强度分析

(1) 13°冲击试验的台架模型

按照GB/T 15704—2012《道路车辆 轻合金车轮 冲击试验方法》,建立车轮13°冲击试验台架的三维模型[20],如图3-38所示。台架中结构间的转动在仿真模型中采用铰链连接副模拟,橡胶块采用移动副模拟,移动副的非线性弹性特性参考文献[26]中橡胶块的拉伸载荷-位移曲线获得,如图3-39所示,阻尼参数则参考文献[26]中提供的数据(1N·s/mm)。按照GB/T 15704—2012规定,首先对台架进行静态校准,施加1000kg校准载荷之后,钢梁中心在铅直方向的变形需在7.5mm±0.75mm的范围之内。

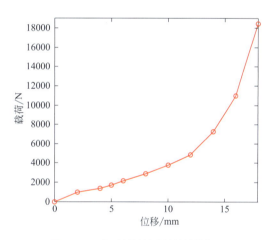

图3-39 橡胶材料的弹性特性曲线图

(2) 车轮13°冲击试验的仿真模型

建立如图3-40所示的车轮13°冲击试验仿真模型。首先建立3.4.5小节介绍的轮胎模型,并将其与车轮结构进行装配,将装配成一体的轮胎-车轮模型固定连接到台架的安装盘上;约束冲锤除竖直Z方向外的其他5个方向的自由度,保证整个冲击过程中冲锤垂直下落不发生任何偏转;将冲锤与车轮间的接触设置为通用接触,以实现冲击过程中对不断变化的接触面的准确识别;台架试验

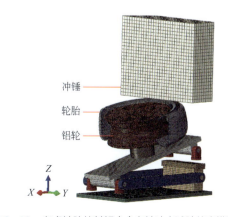

图3-40 考虑轮胎的某铝合金车轮冲击试验仿真模型[20]

中，冲锤从距离轮缘最高点上方230mm处自由下落，仿真模型中将冲锤设定为即将接触轮胎的位置，并对其赋予相应的下落初始速度，该初始速度恰好为冲锤由静止下落230mm时的速度，如此可省去对冲锤下落过程的仿真，从而缩短仿真时间。通常选择有限元软件中的显示算法进行仿真，以获得车轮中各部位在冲击过程中的受力、变形情况。

（3）轮胎对车轮13°冲击响应的影响

文献[27]针对某款铝合金车轮进行了13°冲击仿真，通过试验结果与仿真结果的对比分析，提出轮胎在整个冲击过程中所承担的冲击能量约占总冲击能量的20%。因此，可通过对冲击能量的折减，在仿真模型中去除轮胎结构，从而省去了轮胎建模以及与车轮过盈装配的模拟。

虽然这种去除轮胎的思路可简化建模过程，但通过试验发现，车轮装配不同规格或者相同规格、不同企业生产的轮胎，车轮的响应有较大的区别，即在冲击过程中轮胎承担的冲击能量存在较大差异。图3-41为车轮13°冲击试验使用的不同轮胎，图3-42为相应的试验测试[20]。

图3-41 车轮冲击试验用的部分轮胎[20]

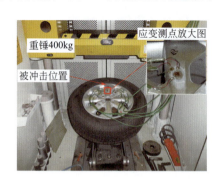

图3-42 车轮13°台架冲击试验及测点布置[20]

图3-43为未装轮胎的铝合金车轮及装配某企业不同型号轮胎的车轮受冲击时测点应变曲线，可见装配不同规格轮胎所得车轮应变，有的大于无轮胎时的测试结果，有的小于无轮胎时的测试结果。将铝合金车轮与相同规格但是不同企业生产的轮胎进行装配，其13°冲击响应的应变测试结果如图3-44所示。显然，轮胎对车轮13°冲击响应的影响显著[20]。

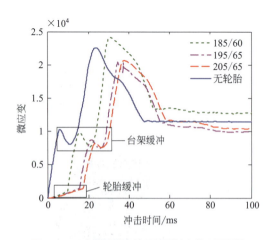

图3-43 未装轮胎车轮及装配某企业不同型号轮胎的铝合金车轮受冲击时测点应变曲线

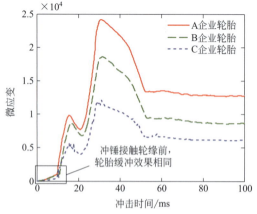

图3-44 装配三家企业同型号轮胎的铝合金车轮受冲击时测点应变曲线

因为轮胎的规格、加工工艺等直接影响车轮13°冲击试验中轮胎对冲击能量的承担，即其在车轮冲击过程中所承担冲击能量的比例并不确定，故通过对冲击能量进行一定比例的折减以取消仿真模型中的轮胎结构，这种方法易产生仿真结果的偏差。因此，建议对车轮进行13°冲击仿真时，应建立与试验时所用的结构、尺寸、材料属性相同的轮胎模型，以保证仿真结果的有效性。同时，对车轮进行13°冲击响应评价时，需对所装配的轮胎进行更加明确的规定。

3.5.2 乘用车车轮在90°冲击载荷下的强度分析

QC/T 991—2015《乘用车 轻合金车轮90°冲击试验方法》中提出了对乘用车轻合金车轮进行90°冲击试验的两种方法，可检验车轮在受到垂直力冲击时车轮的强度和安全性能，并且两种方法中选择一种即可。具体试验测试设备及方法参见第2.3.2小节。

（1）使用车轮90°冲击试验方法 I 的仿真模型

按照QC/T 991—2015《乘用车 轻合金车轮90°冲击试验方法》所述试验方法 I，建立某型车轮的90°冲击试验仿真模型[28]。轮胎可采用等效均质轮胎或帘线-橡胶复合结构轮胎，如图3-45（a）所示。按照台架中各结构间的实际安装、连接情况，建立两段连接轴之间的十字铰接，如图3-45（b）所示。对连接轴2的端面进行固定约束；在距离轴2固定端面200mm处建立两个支撑架，支撑架与连接轴1之间采用铰链连接，支撑架与地面之间采用弹簧连接，如图3-45（c）所示。根据标准要求设置每个弹簧的刚度为43000N/mm，组合刚度为86000N/mm。对地面进行固定约束，并约束支撑架下表面除竖直方向外的其余5个自由度。

按照标准要求，冲锤为150°V形冲头，并设置为刚体，其宽度为195mm，长度为500mm，高度取126mm。根据车轮的最大静载荷、强化系数计算得到冲击能量，查标准可得冲锤质量，从而根据冲锤的体积计算得到模型的密度。

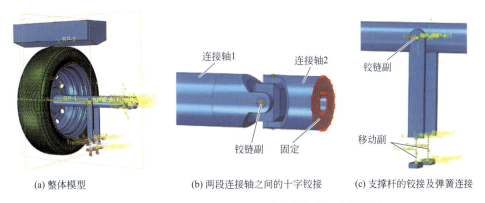

(a) 整体模型　　　(b) 两段连接轴之间的十字铰接　　　(c) 支撑杆的铰接及弹簧连接

图3-45 使用QC/T 991—2015试验方法 I 的仿真模型[28]

根据冲击能量和冲锤质量，确定冲锤的冲击高度。采用与车轮13°冲击类似的处理方法，将冲锤冲击高度换算为其与轮胎接触时的初始速度，将该初始速度作为仿真的初始条件，使冲击仿真过程从冲锤接触轮胎的瞬间开始，从而减少仿真时间。冲锤冲击整个轮胎断面，仿真过程中，约束冲锤除竖直方向外的其余5个自由度，以保证整个冲击过程中冲锤垂直下落。

（2）使用车轮90°冲击试验方法 II 的仿真模型

按照QC/T 991—2015《乘用车 轻合金车轮90°冲击试验方法》所述的试验方法 II 建立车轮的90°冲击试验仿真模型，如图3-46（a）所示[28]。仿真模型中包括车轮、轮胎、主锤和副锤。按照标准要求，主锤质量为910kg，副锤质量为100kg，锤头冲击面宽度为152mm、长度为380mm。建立主、副锤模型，使其满足冲锤质量、尺寸的要求。两冲锤之间采用弹簧连接，在仿真模型中，主、副锤之间设置3个弹簧单元，组合刚度为1000N/mm，如图3-46（b）所示。

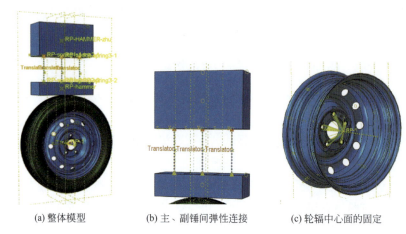

(a) 整体模型　　　(b) 主、副锤间弹性连接　　　(c) 轮辐中心面的固定

图 3-46　使用 QC/T 991—2015 试验方法 Ⅱ 的仿真模型[28]

在试验方法Ⅱ的仿真模型中，仍约束冲锤除竖直Z方向外的其余5个自由度，冲击位置为轮辋中心面至轮辋远端。约束轮辐中心面各自由度的运动。根据式（2-6）计算得到冲锤的下落高度，仍将其换算为冲锤与轮胎刚接触时的初始速度，并作为仿真初始条件以降低计算量。

（3）两种试验方法所得仿真结果的对比

QC/T 991—2015《乘用车 轻合金车轮90°冲击试验方法》规定，车轮进行90°冲击试验后，轮辋内轮缘变形量不超过2.5mm可认为合格。采用本节前述方法建立仿真模型，使用QC/T 991—2015的试验方法Ⅰ以及试验方法Ⅱ分别对某款车轮进行90°冲击试验仿真。采用试验方法Ⅰ时，轮辋内轮缘最终变形量为1.64mm，小于标准要求的2.5mm，车轮判定为合格；但采用试验方法Ⅱ时，其轮辋内轮缘最终变形量为7.03mm，大于标准要求的2.5mm，车轮判定为不合格。此外，文献[28]还基于某企业标准（试验方法见2.3.2小节）建立仿真模型，对同款车轮进行90°冲击试验仿真，其轮辋受冲击位置最终变形量为19.34mm，大于该企业标准要求的6mm，车轮判定为不合格。具体的仿真变形量和判定结果如表3-1所示。

表 3-1　不同试验方法下车轮90°冲击的仿真结果对比

标准	装置	冲击位置	变形量/mm	判定结果
QC/T 991—2015试验方法Ⅰ		整个轮辋断面	1.64	合格

续表

标准	装置	冲击位置	变形量/mm	判定结果
QC/T 991—2015 试验方法Ⅱ	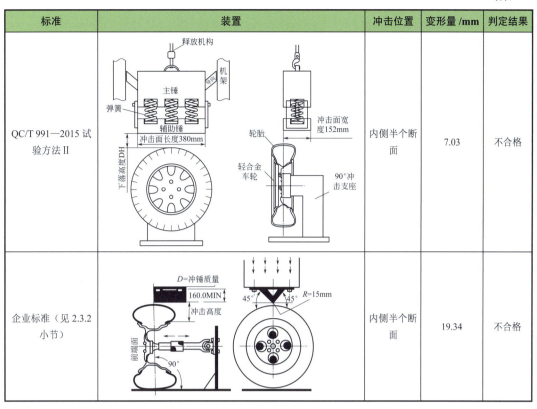	内侧半个断面	7.03	不合格
企业标准（见2.3.2小节）		内侧半个断面	19.34	不合格

表3-1的结果表明：采用不同试验标准对车轮90°台架试验进行仿真，所得结果差异明显，直接影响车轮是否满足要求的判定。其中，行业标准中所给出的两种试验方法的检测效果并不等价，而某企业标准比我国行业标准更为严格。试验方法选择不同，可导致对车轮90°抗冲击性能得出不同评价，因此有必要针对车轮进一步制定90°冲击试验的统一试验方法与评价标准。

此外，与车轮13°冲击试验类似，还通过试验研究了轮胎对车轮90°冲击响应的影响。结果表明，当装配不同型号轮胎或者同型号、不同企业生产的轮胎时，车轮90°冲击响应的结果差别明显。因此，对车轮90°冲击响应性能进行评估时，也需要对其所装配的轮胎进行更加明确的规定，以提高车轮抗冲击性能评估的合理性以及可对比性。

虽然，目前车轮90°冲击试验的行业标准是针对轻合金车轮制定的，为了保证车轮的安全性，也有必要增加对钢制车轮的90°冲击性能的检测。

3.6 双轴载荷工况下车轮强度分析

常用于考核汽车车轮疲劳强度的弯曲疲劳试验、径向疲劳试验难以反映行驶中车轮的真实受力情况，而双轴疲劳试验将以上两种疲劳试验有机地融合在一起，可较好地模拟车辆直线及转弯行驶时车轮的受载特性。试验中，转鼓被用于对车轮施加径向载荷和侧向载荷，使车轮的应力状态接近实际工况，从而可较全面地考察车轮的疲劳性能。

目前，双轴疲劳试验是国际公认的可较好反映车轮真实受力情况的试验方法。乘用车车轮的双轴疲劳试验通常可在14日内完成，并达到车轮长期疲劳失效的再现；而商用车车轮双轴疲劳试验的载荷序列更多，再现车轮长期疲劳失效需要更长时间，一般试验周期为2～3个月。由于该试验的周期较长，成本较高，因此研究车轮双轴疲劳试验仿真技术具有重要意义。

乘用车车轮承受的载荷较小，因此可采用内转鼓或外转鼓的双轴疲劳试验机进行试验；而商用车车轮需要施加的侧向载荷较大，必须采用带有挡环的内转鼓双轴疲劳试验机进行试验。本节将分别介绍采用内转鼓的商用车车轮双轴疲劳试验仿真方法以及采用外转鼓的乘用车车轮双轴疲劳试验仿真方法。

3.6.1 采用内转鼓的商用车车轮双轴疲劳试验仿真方法

行驶中的汽车在侧向力作用下，其车轮会发生侧倾，同时地面也会对车轮作用侧向力。内转鼓车轮双轴疲劳试验设备参见第2章中的图2-18，包括侧向加载器、径向加载器、连接杆、刚性加载架和转鼓等结构。进行车轮双轴疲劳试验时，转鼓带动车轮轮胎总成在转鼓内旋转，刚性加载架与径向力、侧向力加载器相连，对车轮轮胎总成同时施加侧向力和径向力，车轮轮胎总成在侧向力和径向力的共同作用下，将相对转鼓发生侧倾，即与铅垂面形成侧倾角，如图3-47所示，从而真实地反映了车轮转弯时的情况[29]。

文献[29]对不同车轮侧倾角、相同双轴载荷作用下车轮的应力状态进行了仿真，结果表明，侧倾对车轮的应力分布影响很大。车轮外倾时，侧向力作用于轮辐的弯矩与径向力作用于轮辐的弯矩方向相反；车轮内倾时，侧向力作用于轮辐的弯矩与径向力作用于轮辐的弯矩方向相同。在结果上直接表现为，同值载荷加载情况下，车轮内倾时轮辐、轮辋最大应力明显大于车轮外倾时的结果。车轮侧倾同时会影响车轮应力集中区域，如图3-48所示。车轮外倾时，轮辋深槽和外侧胎圈座处应力较大，且两者应力数值相当；车轮内倾时，轮辋深槽和内侧胎圈座相比，深槽部分应力明显大于内侧胎圈座处的应力。因此，对车轮在双轴载荷作用下的应力分析必须考虑车轮倾角的影响。

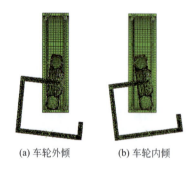

(a) 车轮外倾　　(b) 车轮内倾

图3-47　相同载荷、不同侧倾角下车轮双轴疲劳试验仿真模型

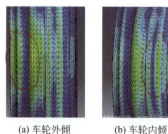

(a) 车轮外倾　　(b) 车轮内倾

图3-48　相同载荷、不同侧倾角下轮辋应力分布

对车轮进行双轴疲劳试验仿真，车轮轮胎总成在径向力及侧向力的共同作用下会发生侧倾，同时轮胎中的橡胶材料为超弹性材料，在载荷作用下会产生大的非线性变形，且仿真过程中同时伴随转鼓与轮胎、轮胎与车轮间的接触状态非线性，导致仿真计算难以收敛。因此，可将该仿真问题进行分解，先建立车轮的刚体模型，进行运动学分析，得到车轮在双轴载荷作用下的侧倾角后，部分解决结构几何大变形问题，将此侧倾角赋予轮胎车轮总成的弹性体模型，重新施加相应载荷，从而得到车轮在双轴载荷作用下的应力分布，为车轮在双轴

载荷下的疲劳寿命评估提供应力计算结果。图3-49为商用车车轮双轴疲劳试验仿真分析可采用的基本流程[29]。

（1）车轮在双轴载荷作用下的侧倾角分析

基于欧洲标准EUWA ES 3.23《卡车车轮双轴疲劳试验》中的车轮双轴疲劳试验台结构，文献[29]在有限元软件中建立了某型商用车车轮双轴疲劳试验的刚体结构模型，如图3-50所示。模型中包括转鼓、侧向加载器、加载架、加载盘、轮胎、轮辐和轮辋。转鼓内径为1800mm，内部有挡环用于施加侧向力。侧向加载轴的轴心与轮胎表面处于同一高度，保证加载过程中不施加额外的弯矩。加载架与侧向加载器采用的连接单元，需保证加载过程中，两部件端点距离不变，以模拟试验机中连杆的作用。仿真中，考虑轮胎与转鼓底面、侧面的接触。由于仅对车轮进行运动学分析，将试验机部分和车轮部分都设置为刚体。对车轮施加标准所规定的98组载荷，获得各组载荷作用下车轮组件的倾角。

（2）车轮双轴疲劳试验的强度分析

建立车轮双轴疲劳试验的应力分析模型，如图3-51所示[29]。根据不同的双轴载荷工况及侧倾角计算结果，设置车轮相应的侧倾角度。假设计算过程中侧倾角不再发生变化，故不需要考虑连杆的作用，可将侧向载荷直接施加在加载架上的A点，与转鼓下端内表面保持水平。仿真过程中要对轮胎进行充气，所以要在轮胎与转鼓和挡环之间留有一定的间隙，避免充气后轮胎与转鼓产生过大的过盈量，导致接触不收敛。车轮在双轴载荷作用下的应力仿真可分为以下几个步骤：

步骤1：充气。在轮胎内表面和轮辋表面胎圈座以内的部分施加充气压力载荷，充气过程结束后，需检查轮胎与转鼓之间的间隙，如果间隙过大，在施加载荷时，轮胎与转鼓之间会经历由不接触到突然接触的状态突变，此突变易导致计算的不收敛，因此在轮胎充气过程计算结束后，往往需要人为调整轮胎的位置，使其与转鼓内表面产生一定面积的接触，甚至允许局部有小的过盈量存在，在这种状态下加载更易收敛。

步骤2：单独施加径向载荷。通过刚性加载杆，对车轮结构单独施加径向载荷，使车轮轮胎压向转鼓的内表面。

步骤3：同时施加径向载荷、侧向载荷。径向加载后，加载架将随同车轮一起在转鼓径

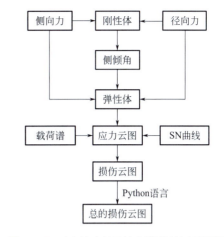

图3-49 商用车车轮双轴疲劳试验仿真流程图

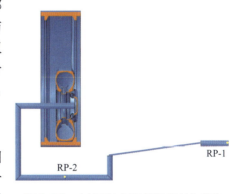

图3-50 车轮双轴疲劳试验刚体结构模型

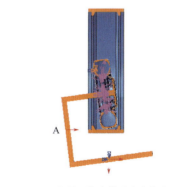

图3-51 车轮双轴疲劳试验应力分析模型

向方向产生位移,基于径向加载后的仿真结果,确定侧向加载点的位置,保证侧向载荷加载点与轮胎和转鼓接触点连线水平,避免向车轮施加额外的弯矩。

分别对车轮轮胎结构施加标准中规定的98组载荷,并进行仿真计算,获得各组载荷作用下的车轮应力分布状态,为车轮双轴疲劳寿命预测提供应力分析结果。

(3)车轮双轴疲劳试验的寿命分析

将每种载荷工况下车轮的应力结果导入疲劳分析软件FE-safe,并添加相应的载荷谱和S-N曲线,得出车轮在单步载荷作用下的损伤情况;然后对多步载荷作用下的损伤进行叠加处理,从而获得车轮在双轴疲劳试验机上经多步载荷作用后的损伤预测结果[29]。

3.6.2 采用外转鼓的乘用车车轮双轴疲劳试验仿真方法

(1)乘用车车轮双轴疲劳试验载荷谱简介

目前,世界主流汽车制造商认可的乘用车车轮双轴疲劳试验载荷谱分为两个系列:欧洲的AK循环载荷谱和北美的SAE载荷谱。AK循环载荷谱的构建主要是基于奥迪、宝马、奔驰、保时捷、大众等公司推出的技术手册AK–LH08《车轮要求和检验标准》,而北美的SAE载荷谱则是基于美国汽车工程师协会的标准SAE J2562《车轮双轴试验》。AK循环载荷谱是欧洲汽车市场的主要试验载荷谱,新车轮在进入欧洲市场之前,必须通过规定的双轴疲劳试验,所以掌握车轮的双轴疲劳性能至关重要。

乘用车车轮的双轴疲劳试验可采用内转鼓双轴试验机或外转鼓双轴试验机进行。由于车轮承受的载荷较低,目前多采用外转鼓双轴疲劳试验机。试验时需按规定配装轮胎并对轮胎充气,由转鼓带动车轮轮胎总成以一定的车速旋转,并将载荷谱中相应的径向、侧向载荷通过轮胎施加到车轮上。

(2)乘用车车轮双轴疲劳试验仿真方法

车轮双轴疲劳试验周期长、成本高,而通过有限元仿真,可在车轮设计阶段对车轮双轴疲劳试验性能进行预测,找出不合理的设计,提出改进方案,从而可缩短研发周期、节约开发成本。针对乘用车车轮,其双轴疲劳试验的仿真方法通常包含以下步骤[30]:

① 车轮、轮胎结构建模及模型导入。根据双轴疲劳试验的实际加载情况,转鼓通过与轮胎的接触面将径向、侧向载荷施加到轮胎表面并传递给车轮结构,故在有限元仿真模型中,除了车轮结构,还需包含轮胎结构。故首先需对车轮以及配装的轮胎结构进行三维建模,并将所建三维模型导入仿真分析软件。

② 网格划分。车轮整体可以采用较大尺寸的网格(图3-52中车轮整体网格尺寸为8mm),而在应力变化梯度较大部位宜采用较小的网格尺寸(如图3-52中局部网格尺寸采用3mm)进行局部控制。比较方便的网格划分方法是:采用二阶四面体单元的网格类型对结构进行自动网格划分,但应采用二阶单元以保证仿真精度。因轮胎只起到传递载荷作用,其受力状态不作为研究的重点,因此轮胎结构可采用

(a)车轮网格划分

(b)轮胎网格划分

图3-52 车轮与轮胎的网格划分

较大的单元网格（图3-52中轮胎整体网格尺寸为10mm）。为保证在计算过程中有较好的收敛性，对轮胎与车轮的接触部位应进行网格细化。此外，也可采用六面体网格划分轮胎结构，以改善仿真计算收敛性。

③ 材料属性定义。目前乘用车轮主要包括钢制车轮与铝合金车轮，根据车轮具体采用的材料，输入其材料属性。还需要考虑车轮材料的非线性特性，无论是钢制车轮还是铝合金车轮，均可参见3.2.1小节，通过材料样条试验获得其弹塑性特性。对于铸造铝合金车轮，目前使用的材料一般为A356。A356系列铝合金具有铸造流动性好、气密性好、收缩率小等诸多优点，经过热处理后具有良好的力学性能、耐腐蚀性能及机械加工性能，是铸造铝合金中应用最广泛的合金。通常可取其密度为 $2.67×10^3 kg/m^3$，弹性模量为 $7×10^4 MPa$，泊松比为0.33。由于铸造工艺会导致车轮不同部位的材料属性有所差异，为了获得更为准确的仿真结果，可在铸造车轮的典型部位获取样本，对其进行材料试验，获得车轮结构不同部位处材料更准确的属性。进行有限元仿真时，可按照材料性能的不同，将铸造铝合金结构划分为多个区域，分别赋予不同的材料属性，以提高仿真精度。

轮胎结构可采用如3.4.4小节所示的简化等效均质轮胎模型，只包含橡胶材料和钢丝两部分。如图3-52中，轮胎材料密度为 $1.6×10^3 kg/m^3$，采用的材料模型为Mooney-Rivlin超弹性材料模型。此外，也可采用3.4.5小节所介绍的复合材料结构轮胎模型，复合材料结构轮胎模型中可对轮胎中的带束层、帘布层等通过加强筋结构进行建模，更准确地描述轮胎对径向、侧向载荷的传递特性。在建立乘用车车轮双轴疲劳试验仿真模型时，可综合考虑仿真精度和计算成本选择轮胎模型。

④ 边界条件及接触的定义。在车轮安装平面上施加全约束，即同时约束车轮的6个自由度，如图3-53所示。当模型中轮胎结构采用简化均质轮胎模型时，仿真分析中共有两组接触对，分别为：车轮轮辋胎圈座与轮胎之间的接触对、轮胎内部钢丝与轮胎橡胶材料之间的接触对。

⑤ 双轴载荷谱的施加。当采用外转鼓试验机进行乘用车车轮双轴疲劳试验时，车轮所受侧向载荷并非通过挡环结构施加，而是通过摩擦力直接施加于轮胎外表面。故可将车轮所受动态的双轴载荷转化为一系列静态载荷，并直接施加在轮胎表面的相应区域。

图3-53 车轮安装面约束

一种载荷施加的简化方法如下：将轮胎沿圆周方向 n 等分，如图3-54中，将轮胎圆周划分了10等分，即每份轮胎对应的圆心角为36°；在对应的轮胎部分同时施加径向载荷与轴向载荷，则将每个动态载荷工况分解为10个静态载荷步顺序仿真。以AK–LH08《车轮要求和检验标准》为例，其双轴载荷谱共包含22组载荷工况，则共需对220个载荷步进行仿真，通过这220个载荷步的仿真实现乘用车车轮一个加载循环的模拟。在仿真模型中，除了施加作用于轮胎上的径向载荷与侧向载荷，还需在车轮与轮胎组成的胎腔内施加充气载荷，该载荷作用在轮辋外表面以及轮胎的内表面，以均布压强（Pressure）的形式加载，压强方向均垂直于作用面，数值大小按照试验情况设定，

图3-54 车轮加载区域划分

对于乘用车车轮，压强通常约为0.45MPa。

上述简化仿真方法中没有建立双轴试验机的转鼓结构，在双轴载荷作用下轮胎的变形情况是假定的，即径向载荷、侧向载荷施加在轮胎上的作用区域欠准确，对传递到车轮上的载荷会产生一定的影响。为此，也可在仿真模型中按照实际情况建立转鼓结构，按照试验载荷的施加方式在车轮轴心处施加径向载荷，获得轮胎真实变形面积，进而施加侧向载荷，实现双轴载荷作用下结构受力状态的仿真。

⑥ 车轮双轴疲劳损伤分析。基于仿真得到车轮在220组双轴载荷作用下的应力结果后，应用疲劳寿命分析软件（如FE-safe）进行损伤分析。在疲劳分析软件中输入双轴载荷谱的数据文件并定义车轮材料的S-N曲线，首先对每种载荷工况下，双轴载荷作用一周期时车轮所受的损伤进行计算，然后根据试验谱中所规定的各载荷工况所需完成的转数，对车轮的损伤进行叠加，得到车轮按双轴疲劳载荷谱加载后所产生的总损伤，从而进行车轮的疲劳寿命预测，获得车轮各部位的损伤云图或疲劳寿命云图。

以某乘用车车轮为例，图3-55为车轮按照标准规定的载荷谱加载后的疲劳寿命预测云图。仿真结果表明，车轮正面结构中危险部位处的疲劳寿命仿真结果大约为10000km，而车轮背面结构中危险部位处的寿命仿真结果大约为7500km。从而可知，该车轮的疲劳寿命危险部位位于车轮背面，对该车轮进行双轴试验时，背面结构的危险部位在试验进行至7500km左右时发生开裂，整个车轮的双轴疲劳寿命在7500km左右，如图3-55所示。

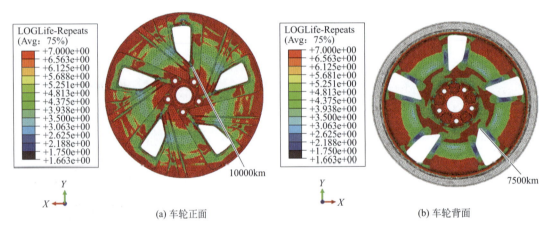

图3-55 车轮仿真寿命仿真结果图

本节以采用AK-LH08《车轮要求和检验标准》为例，介绍了乘用车车轮双轴疲劳试验的建模及仿真方法，该方法同样适用于美国的SAE J2562双轴疲劳载荷谱或者其他企业根据汽车使用工况开发的特定车轮双轴疲劳载荷谱。

3.7 车轮结构的拓扑优化设计

目前，车轮的设计方案多数是基于有限元仿真对已有结构进行形状及尺寸优化所得，难以保证最优。结构拓扑优化设计作为一种现代优化设计方法，可以获得结构最有效的载荷传递路径。该设计方法主要应用在产品开发的初始阶段，是根据给定的负载情况、约束条件和性能指标，在给定的设计空间内寻求材料的最佳分布方案。结构拓扑优化设计可用于提出概念性设计方案、修改结构布局，从而使最终的设计更加合理。因此，该方法可对产品的最终性能和成本产生决定性影响。

3.7.1 车轮结构拓扑优化的特点

轮辋的设计需要满足 GB/T 3487—2015《乘用车轮辋规格系列》的要求，故车轮结构的拓扑优化多针对轮辐结构。对于钢制车轮，轮辐的拓扑优化需同时考虑弯曲疲劳载荷工况和径向疲劳载荷工况；而对于轻合金车轮，其轮辐的拓扑优化还应同时考虑冲击载荷工况。对于其他轻质材料车轮，如纤维增强的复合材料车轮，因其材料的冲击韧性较低，该类车轮的拓扑优化也需同时考虑弯曲疲劳载荷工况、径向疲劳载荷工况和13°冲击载荷工况。综上所述，车轮的拓扑优化是典型的多载荷工况下的结构拓扑优化问题。

在冲击载荷历程下，对车轮结构进行拓扑优化相对困难，常用的方法是将车轮在冲击载荷工况中所承受的动态冲击载荷历程等效为静态载荷，然后在等效冲击载荷工况、弯曲疲劳载荷工况和径向疲劳载荷工况的作用下对车轮结构进行多载荷工况的拓扑优化。如文献[31]采用上述方法对某乘用车用的长纤维增强复合材料车轮进行了拓扑优化，文献[32]将车轮在13°冲击载荷工况中所受动态载荷历程转化为若干个静态载荷的组合，然后对车轮进行多载荷工况拓扑优化。上述方法迭代计算时间长，但可以较准确地考虑车轮冲击工况下的动态载荷作用，拓扑结果较为准确。此外，有部分学者对轻合金车轮进行结构拓扑优化时，首先基于弯曲疲劳载荷工况和径向疲劳载荷工况对车轮进行拓扑优化，以获得拓扑构型，然后对所得车轮拓扑结构进行冲击载荷工况下的参数优化，以考虑冲击载荷工况[33,34]。显然，不论采用上述何种方法对车轮动态冲击载荷工况进行简化，车轮结构的拓扑优化均为至少包含弯曲载荷和径向载荷作用的两载荷工况下的优化。

车轮在多种载荷工况下，要求具有重量轻、结构刚度大、固有频率高的特质，这是典型的多载荷工况下以静力学中的刚度最大化和动力学中的固有频率最大化为优化目标的多目标拓扑优化问题[35,36]。

此外，对于某些新型材料的车轮，如长纤维增强复合材料车轮，由于其材料模量偏低，为保证车轮结构刚度，还需要在轮辋上设计各种加强筋结构，因此对车轮进行拓扑优化时，除了轮辐结构，还需对轮辋结构进行拓扑优化。此时，车轮的拓扑优化问题为针对车轮多结构区域进行的多载荷工况下的多目标优化问题[31]。

3.7.2 连续体多目标拓扑优化理论

在传统的多目标优化问题中，通常基于线性加权法将多目标优化问题转化成单目标优化问题进行优化求解。如果不同目标函数具有不同的量纲（目标属性不同）或目标函数的数量级差别很大，采用线性加权法不能保证得到所有的Pareto最优解。为了克服该缺点，折中规划法（Compromise Programming Approach）被越来越广泛地采用。即在将多目标优化问题转化为单目标优化问题时，将各个子目标进行归一化处理，以消除不同属性目标以及相同属性目标不同数量级的影响[37]。

在结构拓扑优化设计中，常用的拓扑优化方法主要包括均匀化方法（Homogenization Method）、变密度法（Variable Density Methods）、渐进结构优化法（Evolutionary Structural

Optimization，ESO)、水平集法（Level Set Methods)、可变形孔洞/组件法（Moving Morphable Void/ Component，MMV/MMC) 等，其中，应用最广泛的是变密度法[38,39]。在变密度法中，将有限元模型中设计空间的每个单元的"单元密度"作为设计变量，其中该"单元密度"同结构的材料参数相关，并在0～1之间连续取值。优化求解后，单元密度为1（或靠近1)，表示该单元处的材料很重要，需要重点保留；单元密度为0（或靠近0)，表示该单元处的材料不重要，可以去除。通过保留或者去除材料的方式，达到材料的高效率利用，实现结构的轻量化设计[31]。

（1）多设计空间静态多工况下的刚度拓扑优化

刚度最大化拓扑优化是指以结构刚度最大为优化目标，实现设计空间内材料的合理分布。实际工程结构通常承受多种载荷工况，每种载荷工况对应不同的最优拓扑结构。提取每种工况下的刚度，采用折中规划法可以将多刚度优化问题转化成为单目标优化问题求解。通常将刚度最大化问题转换为柔度最小化问题来研究，其中，柔度用应变能来定义。因此，多设计空间静态多工况下的刚度拓扑优化数学模型为

$$\begin{cases} \min\ C(\rho) = \left\{ \sum_{k=1}^{m} w_k^q \left[\dfrac{C_k(\rho) - C_k^{\min}}{C_k^{\max} - C_k^{\min}} \right]^q \right\}^{\frac{1}{q}} \\ \text{s.t.}\ V_j(\rho)/V_{j_0} \leq f_j \end{cases} \quad (3\text{-}28)$$

式中，m 为载荷工况的总数；$C_k(\rho)$ 为第 k 个工况的柔度目标函数；$C_k^{\min}$ 和 $C_k^{\max}$ 分别为第 k 个工况柔度目标函数的最小值和最大值；w_k 为第 k 个工况的权重因子；q 为惩罚因子；$V_j(\rho)$ 和 V_{j_0} 分别为第 j 个设计空间在优化后和优化前的结构体积；f_j 为第 j 个设计空间对应的体积分数约束值。

（2）动态固有频率拓扑优化

动态固有频率拓扑优化一般是将几个低阶固有频率的最大化作为目标函数，实现设计空间内材料的合理分布。其中，第一阶固有频率往往被看作是结构整体刚度的性能指标，第一阶频率的降低将会导致结构出现薄弱环节。由于车轮的固有频率较高，且对各阶频率下的模态无特别要求，因此可将车轮前几阶固有频率的最大化作为目标，以防止拓扑结构出现薄弱环节。多设计空间动态固有频率拓扑优化数学表达式为

$$\begin{cases} \max\ \Lambda(\rho) = \sum_{i=1}^{m} w_i \lambda_i \\ \text{s.t.}\ V_j(\rho)/V_{j_0} \leq f_j \end{cases} \quad (3\text{-}29)$$

式中，λ_i 为车轮的第 i 阶固有频率；w_i 是第 i 阶固有频率的权重因子。

（3）多目标拓扑优化

车轮多目标拓扑优化常以体积为约束，同时考虑静态多工况下的刚度目标和动态固有频率目标，并由带权重的折中规划法得到车轮拓扑优化的综合目标函数。具体数学表达式如下：

$$\begin{cases} \min F(\rho) = \left\{ w^2 \left[\sum_{k=1}^{m} w_k \dfrac{C_k(\rho) - C_k^{\min}}{C_k^{\max} - C_k^{\min}} \right]^2 + (1-w)^2 \left[\dfrac{\Lambda_{\max} - \Lambda(\rho)}{\Lambda_{\max} - \Lambda_{\min}} \right]^2 \right\}^{\frac{1}{2}} \\ \text{s.t.} \ \ V_j(\rho)/V_{j0} \leqslant f_j \end{cases} \quad (3\text{-}30)$$

式中，$F(\rho)$ 为综合目标函数；w 为柔度目标函数的权重因子；$\Lambda_{\max}$ 和 $\Lambda_{\min}$ 分别为固有频率目标函数的最大值和最小值；$V_j(\rho)$ 和 V_{j0} 分别为第 j 个设计空间在优化后和优化前的结构体积；f_j 是第 j 个设计空间对应的体积分数约束值。

对结构在多载荷工况下的拓扑优化问题，每种工况对应相应的最优拓扑结果。为使车轮的拓扑结果适应多种工况，可提取各子工况下车轮的应变能，乘以权重再求和得到总的应变能，并且将总的应变能与固有频率组合起来作为目标函数，设置不同的权重值可得到不同的优化结果。该权重系数的设置可根据经验，也可通过折中规划法[40]、灰度系统理论等[34]更为合理地权衡各载荷工况的影响。

车轮拓扑优化的边界条件和载荷工况均应施加在非设计空间上，从而可避免对设计空间的干扰。一般来讲，拓扑优化结果由载荷边界条件和具体约束值决定，材料类型对其影响很小，因此，对于具有非线性材料结构件的优化，可先假定为线性材料进行优化[41]。

3.7.3 车轮结构拓扑优化的实例

本小节简要介绍近年来针对钢制车轮、轻合金车轮、复合材料车轮进行结构拓扑优化的几个实例。

（1）某钢制车轮的拓扑优化

文献[40]基于钢制车轮强度试验中的径向、弯曲两种载荷工况，对某钢制车轮的轮辐结构进行了拓扑优化。上述两种载荷工况下的车轮有限元模型如图 3-56 所示。

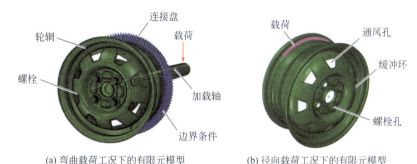

图 3-56 弯曲和径向载荷工况下的钢制车轮有限元模型

文献[40]将轮辐中除辐底、轮辐与轮辋焊接部位以外的其他部分设置为拓扑优化的区域，轮辋作为非优化区域，不参与优化过程，如图 3-57 所示。在车轮的静态柔度拓扑优化中，考虑弯曲和径向载荷两种工况，两者的权值都为1，同时也将动态拓扑优化中各阶固有频率的权重取为相同。经模态分析得知该型车轮试验过程中不易发生结构共振，故进行拓扑优化过程中，在选择柔

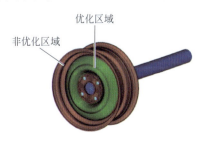

图 3-57 钢制车轮拓扑优化区域

度目标和频率目标的权值时，选取较小的频率目标权值（柔度目标和频率目标的权值分别取0.8、0.2）。

在拓扑优化设计中，把车轮刚度最大问题等效为柔度最小问题，用应变能描述柔度，同时将前三阶固有频率的最大化作为目标函数，从而得到多目标拓扑优化的综合目标函数。借助HyperWorks/OptiStruct优化设计平台，可实现车轮多目标多工况的拓扑优化，并得到同时满足静态多工况下刚度最大和动态振动前三阶频率最高的拓扑结构。以体积分数（优化结果中剩余材料的体积与初始优化区域体积之比）为60%时的车轮优化过程为例，图3-58为车轮柔度在迭代过程的收敛曲线。所得优化结果为产品的改进提供了指导。

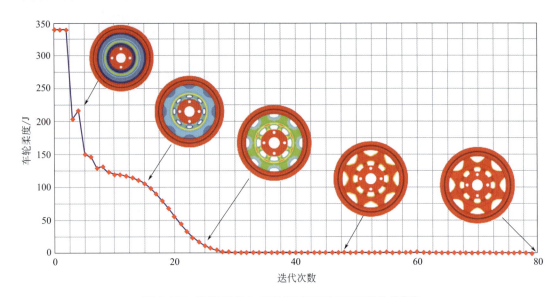

图3-58 当体积分数为60%时某钢制车轮柔度的收敛曲线

(a) 模型正面

(b) 模型反面

图3-59 某镁/铝合金组装式车轮的概念设计模型

（2）某镁/铝合金组装式车轮的拓扑优化

文献[33]以16×6.5J型车轮为研究对象，通过拓扑优化方法设计了一款机械连接镁/铝合金组装式轻量化车轮（详见第9章）。因轮辋设计需满足GB/T 3487—2015《乘用车轮辋规格系列》的要求，故在该组装式车轮概念设计阶段只对轮辐结构进行拓扑优化，如图3-59所示。

对轮辋和轮辐分别赋予ZK61M镁合金和6061铝合金的材料属性。分别针对弯曲疲劳试验载荷工况、径向疲劳试验载荷工况对车轮轮辐进行拓扑优化，其中，径向载荷采用余弦函数进行简化处理。在两种疲劳试验中，车轮均是在恒定载荷作用下旋转，而有限元模型中对车轮施加的是静态力（弯曲工况）或静态分布力（径向工况），因此添加周向对称约束以模拟载荷的动态周向循环变化。车轮强度约束采用最大Von Mises应力不超过许用应力来实现；弯曲载荷工况中，车轮刚度约束采用节点的最大偏移量不超过许用偏移量来实现；径向载荷工况中，车轮刚度采用加权柔度来约束。设计变量为车轮单元的相对密度，而目标函数为车轮的质量。

为同时考虑弯曲载荷、径向载荷的影响，文献[33]针对这两种载荷工况对车轮进行了联合拓扑优化。设置针对弯曲载荷工况、径向载荷工况的强度和刚度约束，并通过两个拓扑优化载荷步，考虑两种载荷工况的影响，获得优化的轮辐拓扑结构。图3-60为单元相对密度设为0.3时所得5辐镁/铝轻合金组装式车轮的拓扑优化结果。

（3）某长纤维增强复合材料车轮的拓扑优化

文献[31]采用OptiStruct对长纤维增强复合材料车轮进行了拓扑优化设计，将轮辋和轮辐一并作为设计空间，其中，轮辐的部分结构定义为设计空间Ⅰ，轮辋深槽部分定义为设计空间Ⅱ，远端轮辋的内侧定义为设计空间Ⅲ，如图3-61所示。

各加载工况的有限元模型如图3-62所示。在径向载荷工况下，轮辐的安装盘固定，轮辋上施加余弦载荷，空气压力施加在非设计区域轮辋基底上；在弯曲载荷工况下，车轮安装盘和加载轴采用刚性单元代替，且在轴端施加集中载荷；在冲击载荷工况下，将冲击载荷历程简化为一静态载荷，并将该静态载荷作用于车轮相应的承载面上。在车轮强度的仿真模型中，均省略了轮胎结构。

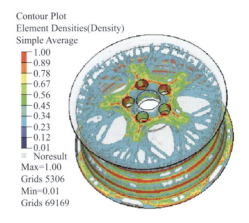

图3-60 某镁/铝轻合金组装式车轮轮辐的拓扑结果[33]

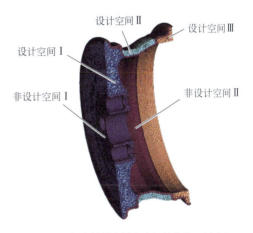

图3-61 复合材料车轮多个拓扑优化设计空间

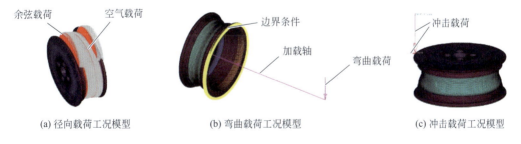

(a) 径向载荷工况模型　　(b) 弯曲载荷工况模型　　(c) 冲击载荷工况模型

图3-62 复合材料车轮三种载荷工况的有限元模型

将上述3种工况下车轮的柔度和一阶固有频率作为优化目标，对车轮结构进行多目标拓扑优化，载荷工况权重因子与目标函数权重因子的设置见表3-2。通过仿真获得不同载荷工况的权重因子以及目标权重因子下车轮的拓扑优化结果，如图3-63所示，图中红色区域代表各车轮方案中的主要承力部分或传力路径，材料的相对密度大，为后续详细结构设计中应尽量保留的部分。结果表明，不论是载荷工况的权重因子还是目标函数的权重因子，都会影响车轮的拓扑结构。

通过复合材料车轮的拓扑优化，在其3个设计区域分别获得了作为载荷传递路径的不同筋骨结构，其中轮辐中间区域、远端轮缘处的筋骨结构特征明显有别于钢制车轮和铝合金车轮。

表 3-2 归一化的载荷工况和目标函数权重值

编号	工况			目标函数	
	径向载荷工况	弯曲载荷工况	冲击载荷工况	柔度	频率
a	0.6	0.2	0.2	0.5	0.5
b	0.2	0.6	0.2	0.5	0.5
c	0.2	0.2	0.6	0.5	0.5
d	0.33	0.33	0.33	0.5	0.5
e	0.33	0.33	0.33	0.8	0.2
f	0.33	0.33	0.33	0.2	0.8

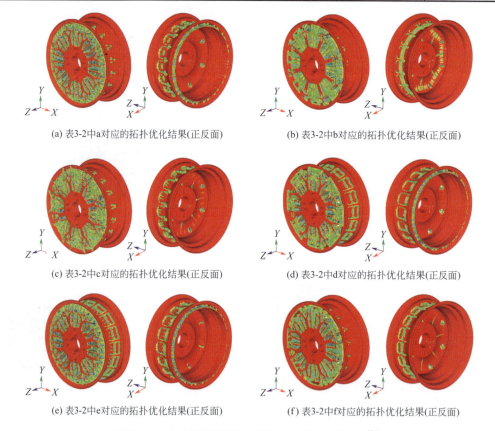

(a) 表3-2中a对应的拓扑优化结果(正反面)　　(b) 表3-2中b对应的拓扑优化结果(正反面)

(c) 表3-2中c对应的拓扑优化结果(正反面)　　(d) 表3-2中d对应的拓扑优化结果(正反面)

(e) 表3-2中e对应的拓扑优化结果(正反面)　　(f) 表3-2中f对应的拓扑优化结果(正反面)

图 3-63 复合材料车轮不同权重因子的拓扑优化结果[31]

3.8 车轮结构的参数优化设计

不论是钢制车轮、轻合金车轮还是复合材料车轮，为保证拓扑优化过程的收敛，均需对车轮的载荷工况进行或多或少的简化。例如，在车轮径向疲劳试验的仿真模型中，将轮胎施加给车轮的径向载荷简化为余弦函数，且轮辋远端、近端的载荷假设为相同；而在车轮13°冲击试验仿真模型中，将车轮所受的动态载荷历程简化为静态载荷，且仿真模型中未考虑轮胎结构，甚至有时在拓扑优化过程中根本不考虑冲击工况。此外，对于不同载荷工况的权重因子以及目标函数的权重因子，多数文献采用的方法是人为设定，缺乏依据，具有盲目性。

图 3-64 某镁/铝合金组装式车轮三维模型

上述简化使车轮的拓扑优化过程易收敛，但均会导致所得车轮结构与最优结构间存在一定偏差，而且拓扑优化结果通常只能提供车轮较佳的材料分布方式和载荷传力路径。因此，获得车轮拓扑优化结果后，仍需进一步考虑工艺以及其他因素的影响，进行结构详细设计。图3-64为文献[33]基于5辐车轮的拓扑结构，进行封闭填充和平滑处理，得到的镁/铝合金组装式车轮三维模型；图3-65为文献[31]基于复合材料车轮拓扑方案［该方案见图3-63（e）］得到的长纤维增强复合材料车轮的三维模型。获得车轮详细结构设计模型之后，即可进一步对其进行形状、参数的优化，以改善车轮的受力状态，获得最佳轻量化效果。

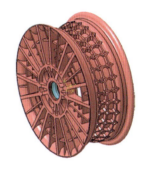

图 3-65 某长纤维增强复合材料车轮的三维模型

3.8.1 车轮参数优化的特点

钢制车轮由分别制造的轮辐和轮辋通过组合焊接而成，轮辐、轮辋的等强度设计是其轻量化设计的核心。乘用车车轮轮辐通常采用等厚度钢板冲压成形工艺制成，轮辋通常采用等厚度钢板滚型工艺制成，故其参数优化主要涉及钢板的整体厚度以及控制车轮形状的参数，如轮辐上通风孔的位置、大小、形状，轮辋深槽的位置、深度、宽度等，通常不涉及轮辐、轮辋的变厚度参数设计。

商用车钢制车轮的轮辐普遍采用准等强度的变厚度结构，变厚度旋压轮辐已在商用车车轮上得到广泛使用，具有显著的轻量化效果。而轮辋通常按照等厚度结构设计，其不足之处在于：轮辋的截面厚度按最危险载荷截面设计，应力不同的各部位采用相同厚度。这不仅浪费了钢材，也增加了车轮的重量。可合理设计轮辋的形状和厚度，在满足车轮疲劳强度的情况下，尽量实现其等强度设计，使得轮辋的重量最轻。国外已有钢制车轮使用变厚度轮辋，但国内尚未见商品化的此类钢制车轮。另外，对于不同结构参数和承载的车轮，要实现等强度设计，其轮辋的厚度分布也不同，因此，照搬已有的等强度轮辋设计是不合理的，需根据其结构、载荷特点重新进行优化设计。

对于钢制车轮，等强度轮辋是通过优化设计得到的变厚度轮辋。考虑到变厚度轮辋制造工艺难度较大，可在优化设计中规定轮辋各处板厚相同，通过优化板厚和外形设计参数，改善轮辋应力分布，进而达到结构轻量化。

轻合金车轮常采用铸造或锻造工艺制成，该工艺特点使得轻合金车轮轮辐的造型丰富，轮辐可含多种厚度，且轮辋在满足标准给定的参数范围要求下，也易改变厚度。故对于轻合金车轮，不论是乘用车车轮还是商用车车轮，也不论是轮辐结构还是轮辋结构，均可进行厚度参数优化。此外，对于采用注塑成型工艺的长纤维增强复合材料车轮，在车轮满足成型工艺要求、轮辐形状满足标准要求的情况下，各部分厚度也均可设为优化参数。由此可知，不论是针对钢制车轮、轻合金车轮，还是复合材料车轮，车轮参数优化常同时包含形状参数和厚度参数的优化，所涉及参数较多。

3.8.2 车轮参数优化的常用方法及基本流程

（1）车轮参数优化的常用方法

现代优化设计方法很丰富，车轮参数优化的常用方法包括试验设计方法、序列二次规划算法、遗传算法、模拟退火算法等，在此对不同优化方法的特点进行介绍[42]。

试验设计方法以概率论与数理统计为理论基础，经济、科学地制定试验方案，并对试验数据进行有效统计分析。试验方案的设计包括选取因素、确定因素水平、确定试验指标、建立试验指标的数学模型等。试验数据分析包括模型的拟合、模型的检验、试验统计量的分析等。试验设计方法中最常用的是正交试验设计方法，利用规格化的表格——正交表，安排试验计划，可通过较少次数的试验，找出较好的试验条件，即最优或较优的试验方案。

序列二次规划（SQP）算法是将复杂的非线性约束最优化问题转化为比较简单的二次规划（QP）问题求解的算法。所谓二次规划问题，就是以目标函数为二次函数，以约束函数为线性函数的最优化问题，此类规划问题是最简单的非线性约束最优化问题。序列二次规划算法是目前公认的求解约束非线性优化问题最有效的方法之一，此算法收敛性好、计算效率高、边界搜索能力强，应用广泛。在序列二次规划算法的迭代过程中，每一步都需要求解一个或多个二次规划（QP）子问题。随着问题规模的扩大，其计算工作量和所需存储量非常大。因此，目前的序列二次规划算法一般适用于中小规模优化问题。

遗传算法模拟生物进化过程，以统计概率结果为依据进行最优化选择，尤其适合求解多峰值目标函数以及多目标优化这类组合优化问题的全局最优解。遗传算法可归纳为：在一代代的繁衍中，每一代集团中都有些相对优秀的，即适应环境能力比较强的个体，应该优先生存下去；反之，则繁衍困难，应被淘汰。例如，在车轮截面优化中，基因就是设计变量，即截面形状或尺寸，一个染色休即一个结构，由一组设计变量组成，若干个由不同截面尺寸形成的结构形成集团。首先，随机为每个设计变量选出截面种类和尺寸，组成一个结构；然后，用同样的方法选若干个（M个）结构形成初期集团；接着，分别对每个结构进行分析计算，计算出对应的目标值、应力等进行优劣判断，经优选产生临时集团；对所得临时集团进行遗传操作，产生新的集团；反复进行分析、优选，直至收敛到最优解。

模拟退火算法通过模拟退火过程，将组合优化问题与统计力学中的热平衡问题类比，可找到全局（或近似）最优解。如果一个问题潜在地存在大量解的话，该方法能够以最小的成本获得可行解。模拟退火算法的主要优点有：能够处理任意系统和目标函数；从统计学角度看，肯定能找到最优设计点；编码相对容易；通常能够找到一个好的设计点。主要缺点有：优化过程较慢，效率低，特别是对于平滑的设计空间、局部最优点很少的情况；算法不能够指明找到的设计点是不是最优设计点。

（2）车轮参数优化设计平台简介

不同优化设计方法的特点不同，其适合的优化问题不同，或者适合于优化设计过程的不同阶段。因此，在处理一些复杂工程优化问题时，经常需要联合采用多种优化算法。Isight软件为车轮多参数的优化设计提供了一个良好的设计平台。

Isight软件是法国达索公司开发的一款工程优化技术软件，能够完成零部件参数分析、单/多目标优化设计、复杂系统多学科优化等工作。并且，用户可自由组合试验设计、近似建模、探索优化和质量设计4大模块，实现产品设计。该软件提供了便利的软件集成开发功能，与目前常用的CAD/CAE软件均可建立接口，用户也可以通过编写代码调用其他软件。

大量优化设计经验表明，复杂工程设计问题通常需采用多种优化技术才能解决。针对这种情况，用户一方面可以交互式地选用Isight中丰富的优化工具集，面向特定问题专门定制；另一方面，也可同时将多种优化算法进行有机组合，借助Isight软件在优化过程中自动选择最优算法，充分发挥该软件多学科优化操作的功能。Isight软件中含有一个Exploration组件，该组件将近似建模和数值优化方法融为一体，可以进行优化算法的自动选择。

基于Isight软件，通过一种搭积木的方式快速集成和耦合各种仿真软件，将所有设计过程组织到一个统一、有机和逻辑的框架中，可实现优化设计平台软件对结构设计软件、有限元分析软件等的自动驱动，软件间数据的自动交互、模型自动更新，获得结构参数的最优化，整个设计流程便于实现全自动化[42]。

（3）车轮参数优化流程简介

以某钢制车轮变截面轮辋参数优化为例，介绍应用优化设计软件Isight联合结构设计软件SolidWorks、有限元仿真软件Abaqus等的具体流程，如图3-66所示。Isight与常用结构设计软件、有限元仿真软件的交互也较方便。

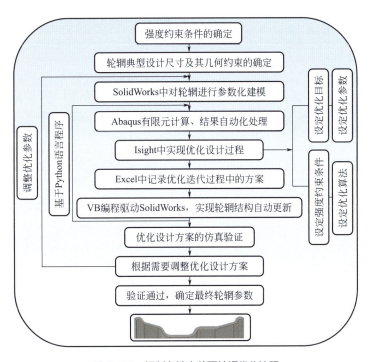

图3-66 钢制车轮变截面轮辋优化流程

首先建立某等截面轮辋的有限元模型，进行强度分析，获得轮辋的应力分布，并估算轮辋上应力危险点的疲劳寿命，以等截面轮辋在径向载荷工况下的最大应力值作为变截面轮辋优化设计的强度约束条件；根据轮辋参数的相关标准，明确轮辋尺寸的几何约束，并选择具有代表性的轮辋截面设计参数，建立轮辋参数化模型；通过软件编程实现优化设计软件Isight

对结构设计软件 SolidWorks、有限元分析软件 Abaqus 等的自动驱动、软件间数据的自动交互和模型自动更新；对模型进行迭代优化，寻找最优的设计参数。

3.8.3 车轮参数优化实例

本小节给出基于 Isight 软件进行车轮参数优化的实例，包括针对径向载荷工况对某款商用车钢制车轮轮辋的参数优化[42]、对某款商用车铝合金车轮轮辋的参数优化[43]。

（1）某商用车钢制车轮变截面轮辋参数优化

文献[42]针对规格为 22.5×9.0J 的某商用车钢制车轮，对其轮辋进行了变截面（也称变厚度）的参数优化。首先，在 SolidWorks 中，建立轮辋截面特征尺寸，如图 3-67 所示；然后，根据标准确定设计参数的范围，如表 3-3 所示。为保证变截面轮辋与轮辐的焊接尺寸及焊接质量，轮辋结构截面中指定轮辋与轮辐焊接部位保持水平且厚度不变。为保证轮辋与轮胎的安装关系，轮辋胎圈座处的外表面的角度始终保持为 15°。

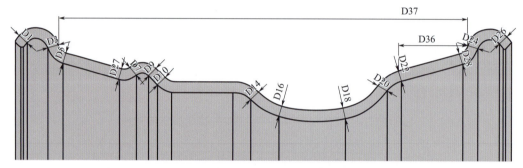

图 3-67 某商用车钢制车轮轮辋截面草图

表 3-3 钢制车轮轮辋设计参数范围和优化结果

设计变量	初始值	下限值	上限值	最优值
D1/mm	5.9	4.9	5.9	5.1
D3/mm	5.9	4.9	5.9	5.5
D5/mm	5.9	4.9	5.9	5.2
D27/mm	5.9	4.9	5.9	5.0
D7/mm	5.9	4.9	5.9	5.1
D9/mm	5.9	4.9	5.9	5.5
D10/mm	5.9	4.9	5.9	5.7
D14/mm	5.9	4.9	5.9	5.8
D16/mm	5.9	4.9	5.9	5.3
D18/mm	5.9	4.9	5.9	5.8
D20/mm	5.9	4.9	5.9	5.6
D22/mm	5.9	4.9	5.9	5.0
D28/mm	5.9	4.9	5.9	4.9
D24/mm	5.9	4.9	5.9	5.2
D26/mm	5.9	4.9	5.9	5.1
D36/mm	38.5	36	38.5	36
D37/mm	298.5	225	228.5	225
质量/kg	24.34	—	—	22.05

采用Abaqus软件对轮辋优化设计前的受力状态进行仿真,确定轮辋优化时的强度约束,即其应力不超过优化前的数值。在优化过程中,迭代执行Abaqus脚本程序,计算轮辋参数更新后的模型在径向载荷作用下的应力分布,获得轮辋在径向载荷工况下的最大应力值,并将其提供给优化设计平台。优化设计模型如图3-68所示,优化过程中的数据传递如图3-69所示。

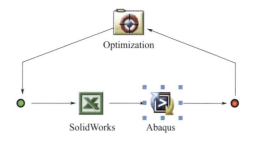

图3-68 优化设计模型

因轮辋在弯曲载荷下的应力很低,故仅针对径向载荷工况对轮辋参数进行优化。优化设计前,该轮辋质量为24.34kg,以表3-3中的轮辋截面厚度以及形状参数为设计变量,以优化设计前等截面轮辋在径向载荷作用下的最大应力值为约束,以轮辋质量和最大位移最小为优化目标进行多目标优化,直接采用多岛遗传算法进行优化,优化后在满足应力约束条件下,轮辋质量为22.05kg,各截面厚度见表3-3,减重9.4%。

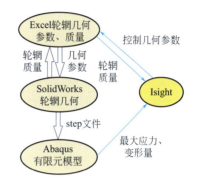

图3-69 优化过程中的数据传递

因该轮辋变截面参数的优化是在径向载荷工况下进行的,故需对所获优化方案进行弯曲载荷工况的强度校核。最后得出,该变截面轮辋优化方案在弯曲载荷工况下的应力与采用等截面轮辋的应力相当,于是确定为可行的优化方案。

(2)某商用车铝合金车轮轮辋参数优化

文献[43]针对径向载荷工况,对型号为22.5×9.0J的某铝合金车轮轮辋截面进行参数优化。在SolidWorks中建立变截面轮辋的二维草图,对主要尺寸进行标注,并添加约束关系,如图3-70所示。草图中轮辋的下表面用样条曲线代替原始的圆弧,以避免因尺寸干涉而无法自动更新模型。各样条曲线形成的轮辋中间截面厚度为其两侧厚度和的一半,以保证轮辋厚度的渐变。添加截面几何参数D1、D2、D3、D4、D5、D6、D7、D8、D9作为特征尺寸,车轮初始质量为25.130kg,轮辋截面初始尺寸参数如表3-4所示。

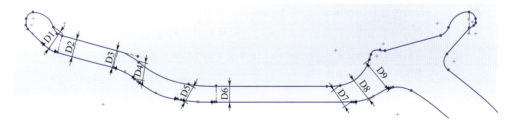

图3-70 铝合金车轮变截面轮辋草图

采用与图3-68、图3-69类似的优化模型以及数据传递方式,对该轮辋截面参数进行优化。在Isight中选用了Exploration组件,其优化策略由优化子循环构成,具体如下:在初始设计点周围抽样,建立局部近似模型;针对该局部近似模型,在设定的轮辋各个特征尺寸取值范围内寻找最优解,并对该最优解进行验证;通过验证后的最优解成为第二次寻优子循环

表 3-4 某铝合金车轮轮辋变截面参数优化结果

设计变量	初始值	优化结果	取整
D1/mm	11.2	10.1833	10.2
D2/mm	10.0	9.0787	9.1
D3/mm	9.2	9.1157	9.1
D4/mm	10.2	9.1222	9.1
D5/mm	10.0	9.0648	9.1
D6/mm	9.2	8.0000	8.0
D7/mm	11.7	11.4278	11.4
D8/mm	14.0	13.0590	13.1
D9/mm	21.0	19.0208	19.0
最大应力/MPa	313.6	314.981	315.0
质量/kg	25.130	24.0873	24.118

的初始设计点，在该点周围重新抽样，建立新的局部近似模型，重新寻找最优解并验证；直到获得满足设定目标的最优解决方案。

Exploration组件同时具有近似模型寻优耗时短和数值优化算法适用非线性的特点，两者的有机组合可减少陷入局部解的概率，提高优化算法性能。该组件要求设计变量连续变化，故利用该组件优化后，还需对最优解进行数据取整，所得设计方案与最优方案会存在一定的偏差。表3-4中给出了该轮辋变截面参数优化的结果。优化方案在车轮强度不低于初始方案的情况下，车轮质量降为24.0873kg，减重1.0427kg，约4.149%。为便于加工，对所得优化方案中的各变量进行取整，车轮质量降为24.118kg，减重1.012kg，约4.02%。需要注意的是，采用Exploration组件所得优化结果可能为局部极值，若在优化初期采用试验设计方法，根据各参数取值范围，在较宽参数范围内建立近似模型，可一定程度避免此情况。

车轮结构的设计、分析直接影响着车轮的强度、刚度、可靠性等性能及其轻量化效果。本章介绍了进行车轮设计时，在弯曲疲劳载荷、径向疲劳载荷、双轴疲劳载荷以及冲击载荷作用下的性能仿真方法以及需要注意的问题；并且，基于车轮在各种载荷工况下性能的有效仿真，介绍了车轮概念设计阶段的拓扑优化方法以及结构详细设计阶段的参数优化方法。这些工作可为车轮性能的分析、预测以及车轮的研发提供技术参考。

[1] Kocabicak U，Firat M. A simple approach for multiaxial fatigue damage prediction based on FEM post-processing[J]. Materials and Design，2004，25（1）：73-82.

[2] Gupta S K，Nau D S. A systematic approach for analyzing the manufacturability of machined parts[J]. Computcr Aided Design，1995，27（5）：343-342.

[3] 李方泽，刘馥清，王正. 工程振动测试与分析[M]. 北京：高等教育出版社，1992.

[4] 刘程，刘伟，杨东绩，等. 轿车车轮试验模态对比分析[J]. 噪声与振动控制，2020，40（2）：254-258.

[5] QC/T 1142—2021. 汽车车轮固有频率试验方法[S]. 北京：北京科学技术出版社，2021.

[6] 李珩. 汽车行驶系关键结构件轻量化方法研究[D]. 北京：北京航空航天大学，2015.

[7] 王海霞，刘献栋，单颖春，等. 考虑材料非线性及螺栓预紧力的汽车钢制车轮弯曲强度分析[J]. 汽车工程学报，2012，2（2）：134-138.

[8] 王仲仁，张琦. 偏应力张量第二及第三不变量在塑性加工中的作用[J]. 塑性工程学报，2006，13（3）：1-5.

[9] Lee Y L, Pan J, Hathaway R, et al. Fatigue testing and analysis theory and practice[M]. Amsterdam: Elsevier, 2004.

[10] Horstemeyer M F, Yang N, Gall K, et al. High cycle fatigue of a die cast AZ91E-T4 magnesium alloy[J]. Acta Materialia, 2004, 52（5）: 1327-1336.

[11] Adib H, Pluvinage G. Theoretical and numerical aspects of the volumetric approach for fatigue lefe prediction in notched components[J]. International Journal of Fatigue, 2003, 25（1）: 67-76.

[12] Bannantine J A, Comer J J, Handrock J L. Fundamentals of metal fatigue analysis[M]. New York: Prentice Hall, 1990.

[13] Collins J A. Failure of materials in mechanical design- analysis, prediction, and prevention[M]. 2nd ed. New York: Wiley, 1993.

[14] Gerber W Z. Calculation of the allowable stress in iron structures[J]. Z. Bayer ArchitIngVer, 1874, 6（6）: 101–110

[15] Goodman J. Mechanics Applied to Engineering[M]. 9th ed. London: Longmans, 1941.

[16] 毕征，单颖春，刘献栋. 车轮在动态弯曲载荷作用下的应力分析[J]. 汽车工程，2014，36（9）：1112-1116.

[17] Stearns J, Srivatsan T S, Prakash A, et al. Modeling the mechanical response of an aluminum alloy automotive rim[J]. Materials Science and Engineering: A, 2004, 366（2）: 262 268.

[18] Stearns J, Srivatsan T S, Gao X, et al. Understanding the influence of pressure and radial loads on stress and displacement response of a rotating body: The automobile wheel[J]. International Journal of Rotating Machinery, 2006（7）: 1-8.

[19] Stearns J. An Investigation of stress and displacement distribution in an aluminum alloy wheel[D]. Akron: University of Akron, 2000.

[20] 万晓飞. 胎-轮载荷传递特性及其在车轮强度试验仿真中的应用研究[D]. 北京：北京航空航天大学，2017.

[21] Kim S. A comprehensive analytical model for pneumatic tires[D]. Tucson: The University of Arizona, 2002.

[22] Mooney M J. A theory of large elastic deformation[J]. Journal of Applied Physics, 1940, 11（6）: 582-592.

[23] Rivlin R S. Large elastic deformations of isotropic materials[J]. Philosophical Transactions of the Royal Society of London-Physical Sciences and Engineer, 1948: 491-510.

[24] Treloar L R G. The elasticity of a network of long chain molecules（Ⅲ）[J]. Transactions of the Faraday Society, 1946, 42（1）: 83-93.

[25] Yeoh O H. Some forms of the strain energy for rubber[J]. Rubber Chemistry and Technology, 1993, 66（5）: 754-771.

[26] 臧孟炎，秦滔. 铝合金车轮13°冲击试验仿真分析[J]. 机械工程学报，2010（02）：83-87

[27] Shang R, Altenhof W, Li N, et al. Wheel impact performance with consideration of material inhomogeneity and a simplified approach for modeling[J]. International Journal of Crashworthiness, 2005, 10（2）: 137-150.

[28] 郜茜. 考虑汽车整车效应的车轮抗冲击性能研究[D]. 北京：北京航空航天大学，2018.

[29] 毕征. 汽车车轮双轴疲劳虚拟试验方法研究[D]. 北京：北京航空航天大学，2014.

[30] 王晓迪. 铝合金车轮双轴疲劳试验数值模拟研究[D]. 秦皇岛：燕山大学，2014.

[31] 汪小银. 长纤维增强热塑性复合材料车轮的轻量化设计[D]. 北京：北京航空航天大学，2015.

[32] Zhang Y, Shan Y, Liu X, et al. An integrated multi-objective topology optimization method for automobile wheels made of lightweight materials[J]. Structural and Multidisciplinary Optimization, 2021, 64（3）：1585-1605.

[33] 张帅. 车轮疲劳-冲击-气动性能多学科轻量化优化设计方法研究[D]. 长春：吉林大学，2018.

[34] 王登峰，张帅，汪勇，等. 基于疲劳和13°冲击性能的组装式车轮优化设计[J]. 吉林大学学报（工学版），2018，48（1）：44-56.

[35] Krog L A, Olhoff N. Optimum topology and reinforcement design of disk and plate structures with multiple stiffness and eigenfrequency objectives[J]. Computers & Structures, 1999, 72(4-5)：535-563.

[36] Ma Z D, Kikuchi N, Cheng H C. Topological design for vibrating structures[J]. Computer Methods in Applied Mechanics & Engineering, 1995, 121：259-280.

[37] Eriksson P, Friberg O. Ride comfort optimization of a city bus[J]. Structural and Multidisciplinary Optimization, 2000, 20（1）：67-75.

[38] Li C, Kim I Y, Jeswiet J. Conceptual and detailed design of an automotive engine cradle by using topology, shape, and size optimization[J]. Structural and Multidisciplinary Optimization, 2015, 51（2）：547-564.

[39] Xiao D H, Liu X D, Du W H, et al. Application of topology optimization to design an electric bicycle main frame[J]. Structural and Multidisciplinary Optimization, 2012, 46：913-929.

[40] Xiao D H, Zhang H, Liu X D, et al. Novel steel wheel design based on multi-objective topology optimization[J]. Journal of Mechanical Science and Technology, 2014, 28（3）：1007-1016.

[41] Sigmund O, Maute K. Topology optimization approaches[J]. Structural and Multidisciplinary Optimization, 2013, 48（6）：1031-1055.

[42] 王洪禹. 钢制车轮变截面轮辋几何参数的优化设计[D]. 北京：北京航空航天大学，2012.

[43] 罗锦涛. 同型号钢轮与铝轮的强度对比分析[D]. 北京：北京航空航天大学，2018.

CHAPTER 4

第4章
轻量化铸造铝合金车轮

铝合金车轮最早出现于20世纪30年代的欧洲,当时采用砂型重力铸造方法制造出世界上首批铝合金车轮,并在F1赛车上使用。自此,铝合金车轮开始进入人们的视野,并受到广泛关注。铝合金车轮的快速发展得益于低压铸造技术的引入与突破,不仅提高了车轮质量,也降低了车轮的生产难度与成本、简化了生产流程,促进了铝合金车轮在市场上的全面推广。我国于20世纪80年代末期开启了铝合金车轮产业发展篇章。我国乘用车车轮的发展大致经历了钢制车轮时期、钢铝混合时期与铝合金车轮时期。

在乘用车领域，铝合金车轮已取代钢制车轮成为了市场的主流产品。其原因是铝合金车轮具有的独特优势[1-5]：

① 铝合金车轮的安全性高。这得益于铝合金优良的热传导性能，该特性使车辆行驶时因制动产生的热量能够快速通过车轮传递到周围的空气中，降低了爆胎风险，增强了汽车的制动效能，保障了车内人员的安全。

② 装备铝合金车轮的汽车，其加速、制动性能及乘坐舒适性好。铝合金车轮作为汽车簧下零部件，其重量和转动惯量均小于钢制车轮，这有助于提升整车的加速和制动性能，改善车辆操纵稳定性和乘坐舒适性。虽然镁合金车轮重量更轻，相关优势更明显，但镁合金车轮的成型工艺复杂且表面防护工艺成本高，目前尚未得到推广应用[4,5]。

③ 铝合金车轮的外观、造型丰富。

铝合金车轮包括轮辋、轮辐和法兰（也称安装盘）3部分，如图4-1所示。汽车行驶时，车轮不但高速旋转，还要承担着车辆自重以及转向、制动和各种复杂路况下所产生的各种力与力矩[6]。车轮作为驱动轮时，还要通过安装盘连接轮毂、传动轴获取驱动力矩，并通过安装于轮辋的轮胎与地面相互作用产生驱动力。因此，为保证汽车的行驶安全性，对车轮质量提出了严格要求，这就需要车轮制造企业在设计、生产和检测等技术方面为车轮质量提供保障。

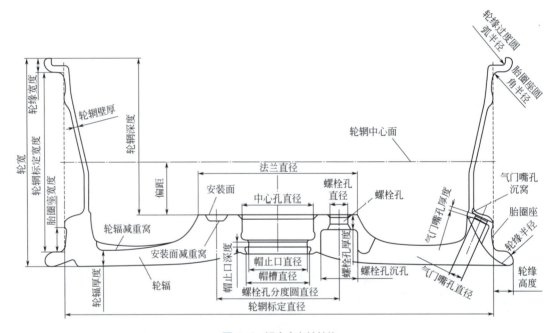

图 4-1 铝合金车轮结构

铸造铝合金车轮的生产流程主要包含熔炼、铸造、X光检查、热处理、机加工、涂装等6个环节。熔炼是将质检合格的铝锭熔化成铝液，经精炼除气后，由转运包转运至低压铸造机台下的保温炉；在铸造环节，由干燥的压缩空气加压，铝液沿升液管流入装在低压铸造机的金属模中，经冷却成型获得所需的铸件；使用X光对铸出的车轮缺陷进行全面检测，不合格品进入废品辊道，合格品沿成品辊道流转至热处理环节；在热处理环节，经过T6（固溶处理+完全人工时效）处理，获得所需性能的铸件；后经过机加工，加工出车轮的最终尺寸；最终在涂装工序制成不同外观漆面的成品。

4.1 铸造铝合金车轮常用材料及其技术要求

铸造铝合金是在纯铝中加入一定量的其他金属或非金属元素所熔制的铸造合金。这样不仅保持了纯铝的基本性能，而且由于合金化及热处理的作用，使其具有了良好的综合性能。因此，铸造铝合金在航空、汽车、仪表及一般机械行业中得到了广泛应用，如汽车发动机、车轮、悬挂件、缸盖、进气歧管、活塞、转向助力器壳体等。

铸造铝合金以熔融金属充填铸型从而获得各种形状的零件毛坯，具有密度低、比强度较高、抗蚀性和铸造工艺性好、受零件结构设计限制小等优点[7,8]。铸造铝合金可分为Al-Si和Al-Si-Mg-Cu为基的中等强度合金、Al-Cu为基的高强度合金、Al-Mg为基的耐蚀合金、Al-Re为基的热强合金，且大多数需要进行热处理以达到强化合金、消除铸件内应力、稳定组织和零件尺寸等目的。

4.1.1 A356铸造铝合金

铝硅（Al-Si）铸造合金是以硅为主要配置元素，一般含硅量控制在4%～22%。Al-Si系合金具有优良的铸造性能（如流动性、气密性、收缩率、抗热裂性等），经变质和热处理后，具有良好的力学性能、物理性能、抗腐蚀性能。

A356合金属于Al-Si系合金，是AlSi7Mg系三元合金❶。其具有优良的铸造性能（流动性好、线收缩小、无热裂倾向），经变质和热处理后，可达到较高的强度、良好的塑性和高冲击韧性的综合性能[9]，因此成为汽车铸造铝合金车轮、铸造铝转向节和控制臂等汽车底盘铝合金零部件的首选材料。A356铝合金物理性能如表4-1所示。

表4-1 A356铝合金物理性能

参数	密度/(g/cm³)	线收缩率	体收缩率	线胀系数/(1×10^{-6}/℃)			定压比热容/[J/(kg·℃)]		
				20～100℃	20～200℃	20～300℃	100℃	200℃	300℃
数值	2.70	0.9%～1.2%	3.7%～4.1%	21.5	22.5	23.5	879	921	1005

（1）合金化学成分

DIN EN 1706：2013-12[10]标准规定了A356系列合金化学成分的极限值，如表4-2所示。表4-2也标明了制作铝合金铸件所使用的铝合金金属锭的化学成分。

表4-2 A356系列合金化学成分　　　　　　　　　　单位：wt%

合金种类	化学符号标记	Si	Fe	Cu	Mn	Mg	Cr	Ni	Zn	Pb	Sn	Ti	其他杂质		Al
													单个	总量	
A356 AlSi7Mg	EN C-AlSi7Mg	6.5～7.5	0.55 (0.45)	0.20 (0.15)	≤0.35	0.20～0.65 (0.25～0.65)	—	≤0.15	≤0.15	≤0.15	≤0.05	0.25 (0.20)	≤0.05	≤0.15	余量
	EN AC-AlSi7Mg0.3	6.5～7.5	0.19 (0.15)	0.05 (0.03)	≤0.10	0.25～0.45 (0.30～0.45)	—		≤0.07				0.25 (0.18)	≤0.03	≤0.10	余量
	EN AC-AlSi7Mg0.6	6.5～7.5	0.19 (0.15)	0.05 (0.03)	≤0.10	0.45～0.70 (0.50～0.70)	—		≤0.07				0.25 (0.18)	≤0.03	≤0.10	余量

---

❶ A356是美国ASTM的牌号，相当于中国的ZL101A，因行业习惯，本书仍称之为A356。

GB/T 8733—2016[11]给出了国内对铸造356.2铝合金锭的成分要求，如表4-3所示。ASTM B108 B108M-19[12]给出了美国对铸造A356铝合金锭的成分要求，如表4-4所示。

表4-3 A356.2铝合金锭的化学成分要求　　　　　　　　　　　　　　　　单位：wt%

合金种类	Si	Fe	Cu	Mn	Mg	Cr	Ni	Zn	Ti	Sn	Pb	其他杂质		Al
												单个	合计	
356Z.2	6.5～7.5	≤0.12	≤0.10	≤0.05	0.30～0.50	—	≤0.05	≤0.05	0.08～0.20	≤0.01	≤0.05	≤0.05	≤0.15	余量
356A.2	6.5～7.5	≤0.12	≤0.10	≤0.05	0.30～0.45	—	—	≤0.05	≤0.20	≤0.01	≤0.05	≤0.05	≤0.15	余量

表4-4 A356铝合金锭的化学成分要求　　　　　　　　　　　　　　　　单位：wt%

合金种类	Si	Mg	Ti	Fe	Mn	Cu	Zn	Sn	Pb	Cr	Ni	其他杂质		Al
												单个	总量	
A356.0	6.5～7.5	0.25～0.45	≤0.20	≤0.20	≤0.10	≤0.20	≤0.10	—	—	—	—	≤0.05	≤0.15	余量

表4-2～表4-4中A356合金的主要差异是Mg含量与其他杂质元素（如Fe、Cu、Zn）的控制。DIN EN 1706：2013-12[10]为德国标准，规定的成分控制范围相对较宽，而我国的GB/T 8733—2016[11]与美国的ASTM B108 B108M-19[12]则是基于各自工业情况制定的标准。在实际的工业生产中，各企业还会根据自身的情况做出调整。

（2）铝合金中各元素的作用

根据特定的性能要求，可在铝金属中加入适当的其他金属元素。在A356铸造铝合金中，起主要作用的元素为Si、Mg、Ti、Sr，其他元素为被控制的有害元素。

硅（Si）元素：硅含量在0～12wt%时，铝合金的强度随着硅含量的增加而提高；在二元铝-硅合金相图中的共晶点处，合金的气密性最好；硅含量大于2wt%时，流动性随着硅含量的增加而增大；硅的加入可以降低热裂倾向和凝固收缩率，此外还可以改善机加工性能。

Al-Si二元相图如图4-2所示。由图可以看出，Si在Al-Si合金中的溶解度随温度的升高而增大；在室温时为0.05wt%，在577℃时为1.65wt%。超过溶解度的Si以β相存在，β相中仅能溶解极少量的铝，可以看作纯硅。Al-Si合金在577℃时发生共晶反应，生成硅含量为12.2wt%的共晶体。

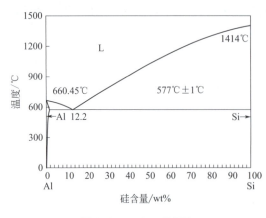

图4-2 Al-Si二元相图

Al-Si合金中，硅含量可以高达25wt%。其中，硅含量在14wt%以上的合金称为过共晶Al-Si合金，硅含量在10wt%～14wt%的称为共晶（或近共晶）Al-Si合金，硅含量小于10wt%的称为亚共晶Al-Si合金。

镁（Mg）元素：Mg主要作用是与Si形成Mg_2Si相，固溶处理时溶入基体，时效时部分析出，使晶体点阵发生畸变，达到强化合金的效果。

A356合金的屈服强度主要取决于时效后析出的Mg_2Si相。因此，在相同的热处理工艺（540℃固溶280min+150℃时效150min）条件下，合金元素Mg对A356合金屈服强度的影响如图4-3所示。由图可见，Mg含量为0.21wt%～0.26wt%时，与屈服强度的关系为下开口抛物线关系。

Al-Si二元合金中添Mg，Mg含量应不超过0.45wt%，过量的Mg与Si将形成粗大的Mg_2Si相，降低合金的塑形。根据图4-4所示，含Mg的Al-Si合金体系的平衡组织为初生α-Al+共晶组织（α-Al+Si）+Mg_2Si相。因生成的Mg_2Si数量较少，而且分散度较高，一般在组织中不易分辨。在实际结晶条件下，合金中可出现α-Si+Mg_2Si三元共晶组织及与杂质Fe等构成的多元复杂共晶组织[13,14]。

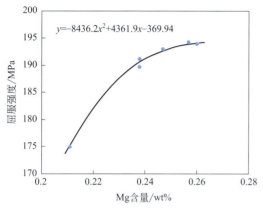

图 4-3 Mg 含量与屈服强度的关系　　图 4-4 Al-Mg-Si 三元相图

钛（Ti）元素：合金凝固过程中促进形核，实现细化铸件晶粒的作用；Al-Ti-B三元中间合金能够使Al_3Ti的热力学稳定性提高，Al_3Ti溶解速度减慢，提升细化效果。

锶（Sr）元素：变质剂，表面活性元素。合金凝固过程中，Sr能够抑制Si相各向异性生长导致的Si相形成不规则形态，使针片状的硅相球化，提高合金力学性能；在凝固结晶过程中，Sr为共晶硅相的生长提供异质核心，当变质剂晶核数量增加时，即可达到使晶体形态和尺寸发生细化的效果。

在共晶Al-Si合金中，共晶Si常以粗大的长条状或针状出现，严重影响了合金的力学性能和加工性能，因此，在熔炼中常采用Sr对合金进行变质处理，Sr能选择性地抑制Si的结晶，从而使共晶Si组织细化。经Sr变质的A356.2合金的铸态显微组织如图4.5所示，共晶Si以网络状、细小的蠕虫状分布于Al基体中。

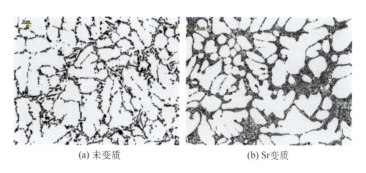

(a) 未变质　　(b) Sr变质

图 4-5 典型的 A356.2 合金的铸态显微组织

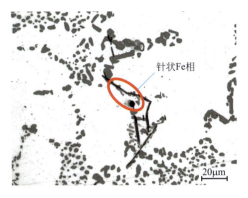

图 4-6　针状 Fe 相（500×）

铜（Cu）元素：Cu 使合金的耐腐蚀性降低，缩短零部件的腐蚀疲劳寿命，但生成的 $CuAl_2$ 可以使 α-Al 基体产生晶格畸变，提高合金的强度与硬度。

铁（Fe）元素：Fe 在 Al 中的溶解度极小，在液态凝固过程中，Fe 比初生 α-Al 先结晶，通常以针状或片状脆性 β（$Al_9Si_2Fe_2$ 或 Al_5SiFe）相等初晶化合物形式析出。针状或片状脆性 β 相随着 Fe 含量的增加而长大，割裂基体，产生应力集中源，严重降低合金的力学性能，缩减零部件的使用寿命；由于粗大针状或片状脆性 β（$Al_9Si_2Fe_2$ 或 Al_5SiFe）相是金属液凝固过程中的领先形成相，它阻碍了液体金属在补缩通道的流动，会造成热节部位疏松的增加。目前，降低铁含量的方式主要为加入中和元素。中和元素法是指向合金中添加某种元素（Mn、Cr、Co、Be、S、Mo、Re 等），通过促进汉字状或骨骼状的 α-Fe 相的形成来抑制针状或片状的 β 富铁相的形成，以此来降低铁相的危害。针状 Fe 相如图 4-6 所示。

锰（Mn）元素：锰在铝硅合金中形成 $Al_{10}Mn_2Si$ 和 Al_8Mn 相，Fe 相可以部分溶解于其中，使有害的 Fe 相减少。

锡（Sn）元素和铅（Pb）元素：与铝硅形成低熔点的固溶体，使组织容易过烧，应力腐蚀和疲劳性能明显下降，使零部件过早疲劳失效。

钙（Ca）元素：生成硬而脆的硅化钙和磷化钙，造成组织容易出现显微缩松，在一定程度上降低零部件的服役强度和疲劳寿命。

镍（Ni）元素：影响产品晶粒度，镍超标会造成晶粒粗大。

（3）显微组织

图 4-7 为 Al-7Si 二元合金的凝固过程。在凝固过程中，温度下降，当铝合金液的温度下降至 640℃ 左右时，合金液中首先析出 α-Al，当温度继续下降至 577℃ 左右时，共晶反应发生，生成（α-Al+Si）共晶。铸造生产时，由于冷却速度快，Mg_2Si 相来不及析出，最终以初生 α-Al+（α-Al+Si）共晶的微观组织组成形式保留下来。

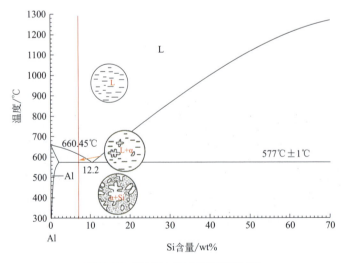

图 4-7　Al-7Si 二元合金的凝固过程

在显微镜下观察试样，试样表面应洁净、干燥、无水痕，组织清晰、真实，无过蚀孔洞；检验过程中，应首先通观整个受检面，然后按照大多数视场所显示的结果对受检试样进行评定。对整个试样做通观观察和分析，避免疏漏；显微镜的操作要严格遵守操作规程；观察过程中，要竖直方向拿起或放下试样，避免抛光面与显微镜载物台摩擦；试样放置时，要把抛光面向下，禁止用手触摸抛光面。

① 微观表征常用术语。

正常组织：共晶硅边角已圆滑，但不聚集长大。

变质完全组织：变质处理效果良好，共晶硅为小圆颗粒状或蠕虫状。

初生相：合金凝固过程中，首先从液相中析出形成的相。

共晶组织：亚共晶、共晶、过共晶合金温度到达共晶温度时，液相通过共晶反应同时结晶出两个相，这样两相的混合物成为共晶组织或共晶体。

晶粒：晶界所包围的整个区域，是二维平面原始界面内的区域，或是三维物体内的原始界面所包括的区域。对于有孪生界面的材料，孪生界面忽略不计。

变质处理：向液态有色合金中加入少量的物质，以达到细化晶粒、改善组织的目的。

一次枝晶间距：金属材料在凝固过程中，由于凝固界面前沿温度梯度的出现而使晶粒呈枝状晶体生长，最早生长的一批晶粒称为一次枝晶，一次枝晶之间的间距称为一次枝晶间距。

二次枝晶间距：在一次枝晶杆上分叉出来的晶粒称为二次枝晶，二次枝晶之间的间距称为二次枝晶间距（SDAS）。

缩孔：铝液在凝固过程中，当体积收缩得不到充分补缩时，在铸件最后凝固部位形成的不规则孔洞。

缩松：是由于体积收缩或其他原因所形成的细小而分散的孔洞，多存在于枝晶间。缩松的产生与合金特性（主要是合金结晶区间的大小）、铸件的凝固速度、补缩条件和合金液含气量等有关。

偏析：合金在凝固过程中，由于溶质再分配和凝固条件不一致等因素，造成铸件各部分成分不均的现象。

气孔：铸件在浇注过程中，由于外来气体的混入，在铸件中形成的大尺寸孔洞。气孔可出现在铸件的表面或内部，形状常为圆形、椭圆形或梨形，表面光滑、发亮、轮廓清晰。

针孔：铝合金在熔炼和浇注过程中，合金液吸收了大量氢气，当铸件凝固时，氢在铝中的溶解度下降，合金析出氢气，形成细小的孔洞。针孔多为圆点状，有时也为多角形的孔洞，在断口上呈白色圆形凹坑或片状白斑。

夹渣：铝合金铸件中常见的夹渣为氧化物夹渣和熔剂夹渣。氧化物夹渣是在浇注过程中由于金属液填充铸型时发生紊流将铝液表面氧化皮卷入，在铸件中形成氧化物夹渣，金相观察时呈黑色团絮状或弯曲的丝状物，轮廓不清晰。氧化物夹渣可分布在铸件表面及内部，有时穿透铸件的壁厚，甚至有时会引起铸件形成冷隔。熔剂夹渣是由于采用各种精炼剂、覆盖剂和变质剂对合金溶液进行处理，有可能这些熔剂清理不干净，造成熔剂夹渣。在金相试样制备过程中，部分熔剂夹渣可脱落，形成孔洞，这种孔洞一般都有残存的熔剂，以及熔剂黏附的氧化皮或金属微粒等。

变质不足和过变质：金相检查中，根据共晶硅的细化程度，将变质处理后的组织分为未变质组织、变质不足组织、变质完全组织和过变质组织4种。

未变质组织：是指未进行变质处理或是变质处理完全失效的组织，共晶硅呈粗大针状或片状，分布无规律。

变质不足组织：是指变质不充分或是变质效果部分消失的合金组织，共晶硅一部分为较粗的针状或片状。

变质完全组织：变质处理效果良好，共晶硅为小圆颗粒状或蠕虫状。

过变质组织：由于变质剂含量过高，变质后的合金组织中，共晶团边缘出现由粗大粒状硅相组成的过变质带或合金组织中出现粗大的含变质元素的化合物，而其他部位的共晶硅仍是小圆颗粒状或蠕虫状。

过烧：铸造铝合金在热处理过程中，由于加热温度超过合金的固相线温度，引起合金中低熔点相或晶界熔化的现象。其热处理后的组织可分为正常组织、过热组织、轻微过烧组织、过烧组织和严重过烧组织5种。

过热组织：共晶硅边角已圆滑，并聚集长大，但无过烧组织特征。

轻微过烧组织：共晶硅进一步长大，边角已开始出现多边化，但大部分共晶硅边角还圆滑，并出现过烧三角或晶界熔化。

过烧组织：共晶硅聚集长大，大部分边角平直，出现典型的复熔球及多元复熔共晶体。

严重过烧组织：硅相几乎全部多边化，复熔共晶体组织粗大。

② 晶粒度等级评定。

晶粒度即为晶粒大小的量度，通常使用长度、面积、体积或晶粒度等级来表示不同方法评定或测定的晶粒大小，而使用晶粒度等级表示的晶粒度与测量方法和计量单位无关。晶粒度等级分析可分为宏观晶粒度分析和显微晶粒度分析两类。对于铸造铝合金制品，通常采用比较法进行宏观晶粒度分析，即将受检样品晶粒度结果与标准晶粒度等级图进行比较，选取与受检样品最为接近的标准评级图等级。采用比较法评估晶粒度时常存在一定偏差，评估值的再现性也同样存在一定偏差。美国铸造协会（AFS）标准晶粒度分为6个等级，如图4-8所示。

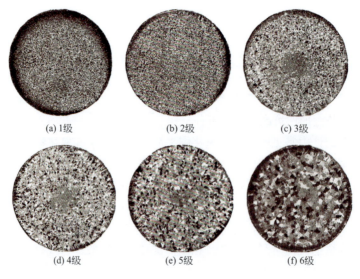

图4-8 AFS标准晶粒度等级图

③ 共晶 Si 变质等级评定。

对于铝合金铸造产品来说，变质剂的添加情况以及热处理工艺的控制过程会严重影响 Si 变质状态。AFS 将 Si 变质状态分为 6 个等级，在放大 200 倍情况下，Si 变质形貌如图 4-9 所示。

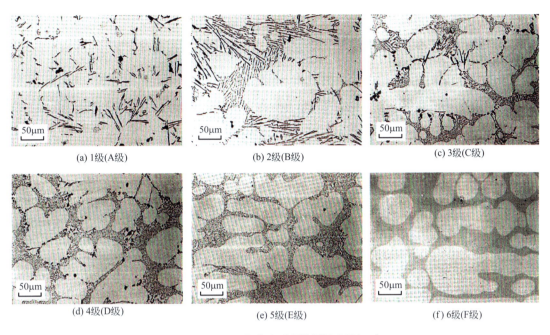

图 4-9　AFS 标准 Si 变质等级图（200×）

④ 二次枝晶间距（SDAS）。

在一次枝晶主干上分叉出来二次枝晶，二次枝晶之间的间距称为二次枝晶间距（SDAS）。枝晶间距是树枝晶组织细化程度的表征，枝晶间距越小，组织就越细密，分布于其间的元素偏析范围也就越小，故越容易通过热处理而均匀化。二次枝晶间距测量通常采用线性截距法，显微照片放大倍数为 50 倍或者 100 倍，对于较细晶粒的材料，可采用较高的放大倍数。测量时选取的枝晶应具有代表性，能反映出组织的整体性，每组枝晶数大于 3，应选择不少于 5 组枝晶进行测量。从第一个枝晶臂的外侧边缘到下一个枝晶臂的内侧边缘绘制一条直线，如图 4-10 所示，记录每组枝晶的距离 d 和枝晶臂的数量 n，将每组枝晶整体长度除以枝晶个数，得到二次枝晶间距。分别得到各二次枝晶间距数值后，求平均值，此平均值即为检测样品的二次枝晶间距。

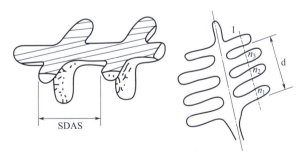

图 4-10　二次枝晶间距测量

⑤ 低压铸造车轮金相组织。

低压铸造车轮成型工艺包括低压铸造一步成型、低压铸造＋旋压两步成型。低压铸造＋旋压成型是车轮正面采用低压铸造成型，轮辋和内轮缘采用旋压成型，与低压铸造车轮相比，轮心、轮辐和外轮缘组织一致，轮辋和内轮缘组织有所差异。低压铸造车轮的组织如图 4-11 和图 4-12 所示，低压铸造＋旋压车轮组织如图 4-13 和图 4-14 所示。

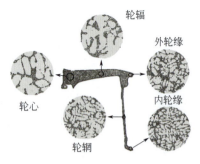 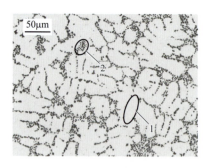

图 4-11　低压铸造车轮金相组织（一）　　　图 4-12　低压铸造车轮金相组织（二）

图 4-11、图 4-12 显示的是 A356 合金低压铸造的 T6 态组织，组织特征为白色的 α-Al 与黑色共晶 Si 颗粒相间分布，共晶 Si 变质良好，多数呈小圆颗粒状，部分呈小条块状。图 4-12 中，1 为 α-Al 基体，2 为共晶 Si 颗粒。

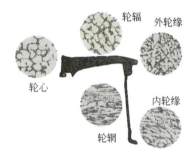 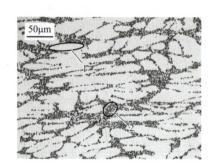

图 4-13　低压铸造+旋压车轮金相组织（一）　　　图 4-14　低压铸造+旋压车轮金相组织（二）

图 4-13、图 4-14 显示的是 A356 合金低压铸造+旋压的 T6 态组织，组织特征与图 4-11、图 4-12 类似。但由于旋压作用，内轮缘和轮辋部位 α-Al 枝晶发生严重变形，α-Al 枝晶较细长。图 4-14 中的 1、2 同图 4-12。

以上均为低压铸造车轮的正常金相组织，铸造典型缺陷金相组织如图 4-15 所示。

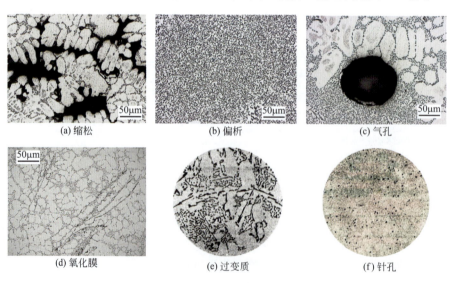

图 4-15　A356 铝合金低压、差压铸件典型缺陷金相组织

（4）力学性能特性

对于各种合金来说，所规定的力学性能，都是针对某种常用的铸造方法和材料状态而言的。DIN EN 1706：2013-12[10]标准规定了A356铝合金铸出试验棒的力学特性控制指标，如表4-5所示。需要注意的是：在压力铸造情况下，由于铸造参数不是单一的，所以压力铸件具有多种的力学性能，表4-5所列举的这些性能仅供参考；对于铸造状态的合金（未经过热处理），只有在室温下放置几天，才能获得表4-5中的值。

A356铸造、铸旋铝合金车轮的力学性能要求一般如表4-6、表4-7所示，取样部位如图4-16所示。轮缘和轮辐部位采用圆棒拉伸试样，优先选用 $\phi 6mm \times 30mm$；轮辋部位采用片状拉伸试样，优先选用宽度为10mm、厚度为轮辋原始厚度的试样。

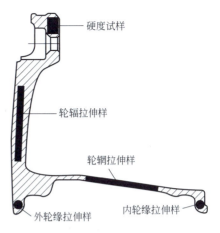

图4-16 力学性能取样部位示意图

表4-5 金属型单独浇铸的试验棒力学性能

合金种类	化学符号标记	材料状态	抗拉强度/MPa	屈服强度/MPa	延伸率/%	布氏硬度/[HBW(5/250)]
A356 AlSi7Mg	EN AC-AlSi7Mg	F	170	90	2.5	55
		T6	260	220	1～2	90
		T64	240	200	1～2	80
	EN AC-AlSi7Mg0.3	T6	290	210	4	90
		T64	250	180	8	80
	EN AC-AlSi7Mg0.6	T6	320	240	3	100
		T64	290	210	6	90

表4-6 A356铸造铝合金车轮的力学性能要求

性能参数	轮辐	轮缘	轮辋	中心区域
屈服强度/MPa	≥160	≥170	≥170	—
抗拉强度/MPa	≥210	≥240	≥205	—
延伸率/%	≥3.0	≥7.0	≥2.0	—
布氏硬度/[HBW（5/250）]	—	—	—	75～105

表4-7 A356铸旋铝合金车轮的力学性能要求

性能参数	轮辐	外轮缘	内轮缘	轮辋	中心区域
屈服强度/MPa	≥160	≥170	≥180	≥200	—
抗拉强度/MPa	≥210	≥240	≥280	≥280	—
延伸率/%	≥3.0	≥7.0	≥8.0	≥8.0	—
布氏硬度/[HBW（5/250）]	—	—	—	—	75～105

4.1.2 铸造铝合金熔炼工艺及铝液质量控制

铝液质量是生产铸造车轮产品的重要基础，决定着产品质量。因此，避免缺陷、提升铝液质量是熔炼工序的主要任务。熔炼的缺陷形式主要有非金属夹渣物缺陷和孔隙类缺陷。

（1）非金属夹渣物缺陷及其应对措施

铝合金熔体中的非金属夹杂物多种多样，是破坏金属连续性的缺陷。产生的原因主要为炉料质量和熔炼过程产生的氧化物缺陷，典型形貌如图4-17所示。炉料质量的影响因素很多，有炉料的内部纯洁度、表面质量、比表面积和被油污、泥土弄脏的程度等原因。熔炼过程的影响主要体现在：国内熔炼铝合金广泛采用燃油、燃气、燃焦炭反应炉，熔炼过程中，金属与炉气、炉衬发生一系列反应，影响熔炼合金中的夹杂物含量。

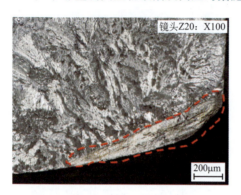

图4-17 低压铸造车轮非金属夹渣物形貌

为了降低熔体中的夹杂物含量，对熔体净化处理是不可缺少的工序，净化分为炉内净化和炉外净化两类。炉内净化有活性气体、稀有气体、活性-惰性混合气体、氯盐、熔剂和真空处理等净化方法，炉外净化有玻璃纤维织网、微孔陶瓷管、泡沫陶瓷片、氧化铝片、熔剂过滤等净化方法。

（2）孔隙类缺陷及其应对措施

孔隙类缺陷主要表现形式为气孔和针孔。

气孔的主要特征为：孔壁表面一般比较光滑，带有金属光泽，单个或成群存在于铸件皮下或内部。气孔形成的原因主要有：铝液中含气量过高、浇注时充型不平稳造成卷气、铝水与涂料反应后在铸件表皮下生成皮下气孔、合金液中夹渣上附着的气体，以及升液管漏气在车轮法兰盘上、浇口周围形成气孔。主要的应对措施为：加强铝液除气除渣、通过工艺保证铝液充型平稳，增加型腔排气通道，加强升液管质量的监控，同时规范升液管的使用。

针孔的主要特征为：小孔均匀地分布在铸件的整个断面上。先凝固部位针孔小、数量少，后凝固部位针孔大、数量多，孔内壁光滑，带有金属光泽。针孔形成的主要原因为：铝液含氢量太高、模具涂料未干或是吸液管未烘干、模具型腔面沾上油污。主要的应对措施为：优化铝液除气精炼工艺、回炉料需预热后加入、保持模具型腔的清洁、压铸过程与铝液接触的部件要彻底烘干。

4.1.3 铸造铝合金前景与展望

随着汽车轻量化技术的发展，铸造铝合金在汽车上的应用愈加成熟。占汽车总质量超过30%的底盘系统，更是减重的重点。其中，Al-Si系合金因其良好的性能、较高的成形效率，受到了广泛关注[15]。

（1）A356铝合金

A356铝合金属于Al-Si-Mg系合金，除用于车轮外，还主要应用于转向节、支座等非薄壁件的铸造生产中。铸态Al-Si-Mg合金的力学性能主要取决于合金元素含量和铸造工艺参数，T6热处理工艺能使铸件性能进一步提高。

通过添加微量元素改性共晶Si和细化组织晶粒，Al-Si合金力学性能可以得到改善。目前，常用的变质元素为Sr。经过Sr改性的A356合金，组织中共晶Si形貌由针状或板状向纤维状或粒状转变，共晶Si颗粒表现出更加细密的分布状态，且铝基枝晶间距减小。

在以往的研究中，细化剂Al-5Ti-1B在A356合金中的应用最为广泛。Ti与Al结合形成Al_3Ti相，细小的富Ti颗粒能促进基体晶粒的异质形核并阻碍晶粒长大，从而细化晶粒；随着Ti含量的增加，富Ti颗粒粗化，细化晶粒效果受限，并且粗大的脆性颗粒作为裂纹萌生点，恶化合金的力学性能[16]。

此外，Fe往往作为杂质元素存在于Al-Si合金中。Fe在Al-Si-Mg合金中会生成针状β-Fe（Al_5FeSi）相、板条状α-Fe（Al_8Fe_2Si）相和π-Fe（$Al_8Mg_3FeSi_6$）相，恶化合金组织及性能。为了抑制富Fe相的有害影响，添加一些微量元素来改善合金形貌。Tuncay[17]研究发现，将Cr和Zr添加到A356合金中，改变了富铁金属间化合物的形态：Cr的加入使板条状Al-Si-Fe金属间化合物转变为粒状Si-Fe-Cr金属间化合物；Zr的加入生成了鱼骨状和板状Si-Fe-Zr金属间化合物。Mn也常被用于中和Fe的不利影响，Mn的加入能减少针状β-Fe相的存在，形成汉字状或者球状α-Fe相。

（2）低硅铸造铝合金

在Al-Si-Mg系合金中，往往添加过量的Si以保证其良好的铸造性能。过量Si在合金中以共晶Si的形式存在，并且共晶Si表现为脆性颗粒，其硬度远远高于基体。粗大、片状的共晶Si对合金塑性有不利影响。相比A356合金，采用"降Si增Mg"的方式开发性能更加优异的铸造铝合金是可行的。

共晶Si颗粒开裂和脱黏是铸态Al-Si合金最终断裂的主要损伤机制。增加Mg含量得到强度和硬度更高的铝基体可能会增加Si颗粒破裂的可能性，导致合金延伸率的降低。李鹏飞[18]对"降Si增Mg"的比例进行了细致的研究，确定了强度和延伸率均高于A356合金的新型铸造铝合金。曾瑞祥[19]进一步研究了Sr改性低硅铝合金的最佳含量，添加0.025%的Sr充分变质后经过热处理，共晶Si呈现分布均匀的细小圆粒状，α-Al基体枝晶细密，合金抗拉强度、屈服强度和延伸率分别达到370.3MPa、307.3MPa和8.3%。

压铸工艺在汽车底盘零部件的制造中优势明显，目前的压铸铝合金已经表现出很好的压铸特性和铸态下良好的力学性能。针对不同Si含量的Al-Mg压铸合金的热处理技术也取得很好进展，但在合金元素设计及热处理工艺优化方面还存在较大的提升空间。

4.2 铸造铝合金车轮成型工艺

用于铝合金车轮成型的工艺方法较多，使用较为广泛的是重力铸造法、低压铸造法和挤压铸造法。

针对低压铸造法补缩压力（普遍在100kPa以内）偏低、铸件综合性能不高的问题，及挤压铸造法充型不稳、铸件气孔较多的问题，近年来，有不少学者或企业正在尝试开发一种结合低压和挤压铸造优点的新铸造工艺方法。这种新铸造工艺方法的设想是采用低压铸造的慢速充型，解决挤压铸造法由于充型速度太快，容易在铸件中形成气孔和夹渣的问题，如图4-18所示；同时，又结合挤压铸造法快速增压和大压力的特点，获得致密的铸件。目前，市场上较为典型的铸造技术有日本的HFC技术（Hybrid Fill Casting）与欧洲的LPF技术（Low Pressure Forging）；国内燕山大学在此方面做了大量研究，开发了强力铸造工艺[20,21]，如图4-19所示。

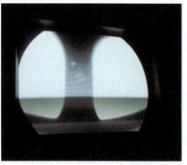

图4-18 挤压铸造车轮外观及X光照片

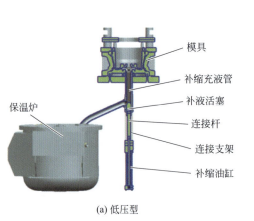
(a) 低压型

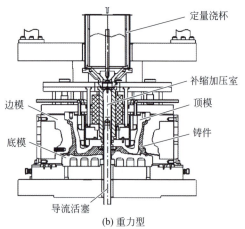
(b) 重力型

图4-19 强力铸造工艺示意图

尽管业内一直在尝试开发新的更好的工艺方法用于生产更轻的铝合金车轮，但截至目前，从技术成熟度、制品性能、生产效率、生产成本等角度综合考虑，低压铸造法仍是生产铝合金车轮的最优方法，通过低压铸造技术生产的车轮占据全球车轮总产量的80%以上[22,23]。

4.2.1 低压铸造工艺

（1）低压铸造基本原理

低压铸造是介于压力铸造和重力铸造之间的一种浇注工艺，其特点是低压反重力充型、低压凝固。其基本原理[24]如图4-20所示，在装有金属液的密封容器（如坩埚）1中，通入干燥的压缩空气，作用在保持一定温度的金属液面上，使金属液沿着升液管2自下而上地经过浇道6进入型腔7中，待金属液充满型腔后，增大气压，型腔里的金属液在一定的压力作用下凝固成型，然后解除液面上的气体压力，使升液管中未凝固的金属液回落到坩埚中，再开模取件，至此，完成一个低压铸造过程。

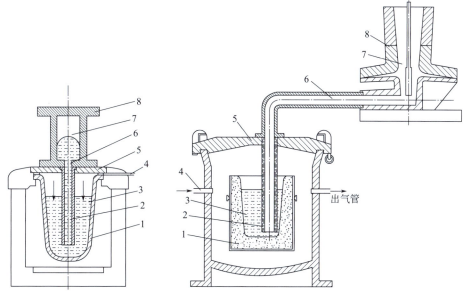

图 4-20　低压铸造基本原理

1—坩埚；2—升液管；3—金属液；4—进气管；5—密封盖；6—浇道；7—型腔；8—铸型

（2）低压铸造过程

低压铸造的浇注过程一般包括升液、充型、增压、保压与卸压冷却等几个阶段。加在密封保温炉内金属液面上的气体压力如图 4-21 所示，气体压力的大小与金属液的密度、铸件结构、铸型种类有关，是低压铸造过程中最基本的工艺参数，对浇注过程本身及铸件的最终质量有很大影响。

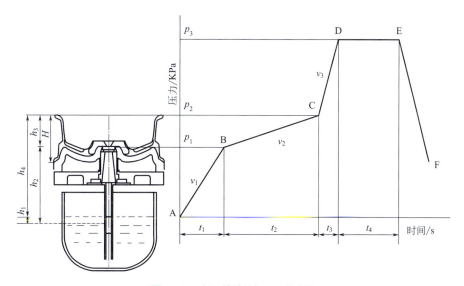

图 4-21　低压铸造的加压工艺曲线

① 升液阶段。干燥的压缩空气进入保温炉内金属液面上的空间，迫使金属液沿着升液管上升至型腔入口处，对应图 4-21 中的 B 点位置。为有利于型腔中的气体排除及不引起金属液飞溅和卷入气体，升液速度不宜过快，一般控制在 1.5～3kPa/s。在确保完成充型的基础上，

升液速度慢些有利于型腔中的气体顺利排除，同时也有利于建立顺序凝固所需的温度场[25]。

② 充型阶段。该阶段指金属液进入型腔，直至将型腔充满为止，对应图4-21中的BC段。充型速度需严加控制，力求充型平稳，既不能使铸件出现冷隔，也不能使铸件因液流冲击而形成氧化夹渣缺陷。对于铝合金车轮而言，其结构为圆柱桶形，有较大面积的薄壁轮辋、较厚的轮辐。浇注时，轮辋垂直，轮辐基本处于水平，浇口设置在中心部位，一般情况车轮都是正偏距，因此充型时车轮的大部分重量都在图4-1所示的中心线以下部分。根据雷洛定律[26]，在充型轮辋时可设置比充型轮辐时更大的充型速度，这样既可以保证平稳充型，又可以提高生产效率，即把图4-21中的BC充型曲线设置成两段或多段曲线。在生产实践中，根据车轮的结构特点，一般通过压力曲线斜率来设定充型速度，通常控制在$0.6 \sim 1$kPa/s。

③ 增压阶段。金属液充满型腔后，立即增压，使型腔中的金属液在一定的压力作用下结晶凝固，对应图4-21中的CD段。该阶段影响铸件质量的因素是增压压力和增压时间。增压压力一般设置为$80 \sim 120$kPa，增压时间一般设置为$5 \sim 10$s，如果设备能力允许，增压时间越短越好。因为金属型的冷却能力强，对于像轮辋这样的薄壁部位，在金属液充满型腔后，会在很短时间内凝固或形成完整的枝晶骨架，从而使铸件的补缩模式从液态补缩转变为枝晶间补缩，补缩难度大大增加，若此时增压不及时，将无法对薄壁部位进行良好的补缩[27]。

④ 保压结晶阶段。对应图4-21中的DE段，是指在增压压力不变的条件下，铸件完成凝固的过程，该阶段的关键参数是保压时间。保压时间取决于铸件结构、铸型结构与铸型的冷却条件。准确地设置保压时间才能保证生产出品质优良的铸件，而保压时间的确定在一定程度上依赖于经验。保压时间不够，铸件就不能在压力作用下得到充分补缩，会产生缩松、缩孔等缺陷，甚至可能出现铸件因未完全凝固而回流至保温炉，造成铸件"中空"。然而，保压时间太长，会造成浇口"冻结"现场，增加了脱模取件的困难，而且也延长了生产周期，降低了生产效率。因此，保压时间的准确设定对确保铸件的顺利生产至关重要。目前，还没有一个简单、准确的数学公式能计算出保压时间，在生产实践中，通常是技术人员在确保铸件没有缩孔、缩松的前提下，根据浇口的长度来判断给定的保压时间是否合适。

⑤ 卸压冷却阶段。该阶段对应图4-21中EF段。此时，铸件已完全凝固，排出保温炉内的压缩空气，使保温炉内压力恢复至大气压力，为开模取件做好准备。卸压冷却阶段的时间通常也是根据经验设定，同时一定程度上也与铸件结构、铸型结构、冷却条件有关。其设定原则是，在保证铸件顶出不变形和保温炉内能恢复至大气压力的前提下，时间越短越好，有利于提高生产效率。

4.2.2 铸造铝合金车轮模具设计

对于铸造成型，模具是决定铸件质量关键的因素。同时，模具还应使铸造工艺控制简单、稳定。设计模具需要考虑的主要因素有：分型、浇注与冒口系统、顶出机构、排气系统、加工余量与模具结构。

① 分型。对于分型面设计的一般原则，砂型铸造的原则同样适用于低压铸造，具体可参考《铸造工程师手册》[24]。

② 浇注与冒口系统。由于车轮结构的特殊性，轮辐即是内浇道，浇口一般都设计在中心孔位置。另外，由于低压铸造的优越性与考虑降低生产成本，铝合金车轮的低压铸造一般不会设计冒口，通常采用如图4-22所示的设计方法。

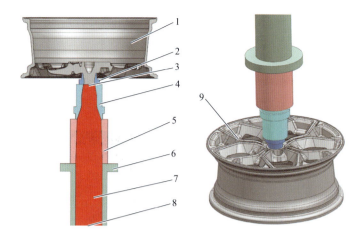

图 4-22 铝合金车轮浇注与冒口系统常用设计方法

1—铸件；2—浇口套；3—内浇口；4—浇口杯；5—吸液管；6—升液管；
7—直浇道；8—浇口；9—轮辐/内浇道

③ 顶出机构。将铸件从模具的成型零件中脱出的机构，称为顶出机构或推出机构。顶出机构的结构形式，按动作可分为直线顶出、旋转顶出、摆动顶出；按机构类型可分为顶杆顶出、推管与推叉顶出、卸料板顶出、斜滑块顶出或其他顶出机构。在铝合金车轮的低压铸造模具中，一般采用顶杆顶出机构，如图4-23所示，通常在内轮缘和法兰分别均匀布置顶杆。更多关于顶出机构的内容，可参考文献[28]。

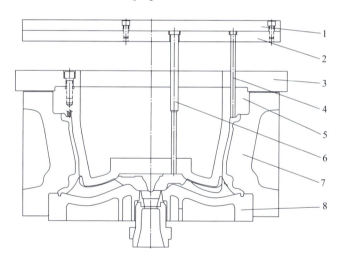

图 4-23 铝合金车轮低压铸造模具顶出机构示意图

1—顶杆上板；2—顶杆下板；3—顶模板；4，6—顶杆；5—顶模；7—边模；8—底模

④ 排气系统。由于铝合金车轮低压铸造是在密闭的金属型中完成金属液的填充，铸型本身不易排气，需要设计专门的排气系统排出型腔中的空气。如果铸型排气不好，就会在型腔中形成较大的反压，导致出现浇不足、冷隔等缺陷，也会增加铸件出现气孔废品的概率。在铝合金车轮的低压铸造中，常见的排气通道出现在顶模与边模、底模与边模、边模与边模的分型面。通常可在以上分型面处设计如图4-24所示的三角形或片状缝隙排气槽，排气槽的尺寸主要还是依靠经验确定。片状缝隙排气槽，对于铝、镁合金，厚度一般为0.5mm，宽度一

一般为10～15mm；三角形排气槽，深度h一般为0.3～1mm，夹角一般为60°～90°，间距一般取10mm[24]。但是，在实际生产中，为了便于整个生产流程的自动化，减少人工，一般不采用排气槽的结构进行排气，尤其是片状缝隙排气槽。因为采用排气槽排气，容易在上述模具的分型面处出现如图4-25所示的飞边，这些飞边需要增加人工去除，影响加工的效率。现在一般采用排气塞进行排气，图4-26所示为几种常用的排气塞，材质可选不锈钢或黄铜。

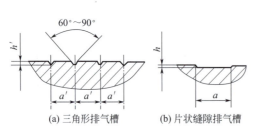

(a) 三角形排气槽　　(b) 片状缝隙排气槽

图 4-24　排气槽的机构形式

图 4-25　铝合金车轮飞边示意图

(a) 普通线切割铸钢排气塞　　(b) 缝隙式紫铜排气塞　　(c) 缝隙式不锈钢排气塞

图 4-26　几种常用的排气塞

⑤ 加工余量与模具结构设计。加工余量的设计，主要是为了满足加工的需求和顺序凝固的需求。同时，加工余量也关系到生产成本控制，故应尽量采用较小的加工余量。模具结构设计，主要是为了调节模具在生产时能顺利地建立起铸件顺序凝固所需的温度场，同时合理的结构设计还可以减少铸件的加工余量。

要做好模具结构的设计，首先要做的是清晰透彻地理解铝合金车轮的结构特征。

(1) 铝合金车轮的结构特征分析

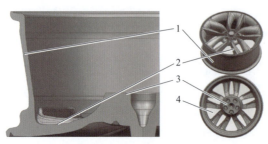

图 4-27　铝合金车轮结构示意图

1—轮辋；2—轮辐；3—法兰；4—窗口

在金属型铸造中，所有的模具设计都需要针对产品特征进行合理的设计。因此，理解铝合金车轮的结构特征是进行模具设计的第一步。铝合金车轮的结构通常如图4-27所示，主要包含轮辋、轮辐和法兰3部分。

为使模具设计更加准确，还需对车轮结构进一步剖析，如图4-28所示，将车轮解分为3个特征区：A区（轮辋）、B区（轮辐根）、C区（轮辐及法兰）。

可将A区进一步细分为A1区与A2区。基于强度考虑，通常内轮缘部位较厚大，故A1区是A区的结构热节，也是最易出现集中缩孔的地方；而A2区展开后，由于其周长远大于其厚度，故可看成半无限大平板结构，无热节特征，但因其薄且大，容易出现小且分散的缩松。

为清晰地认识B区特征，借鉴传热学中形状因子[29]和角系数[30]的概念，引入一个新的概念——几何热节。从B区的局部特征看，共有3个特征面：外侧散热角270°、底部散热角180°和内侧散热角90°，如图4-29所示。其内侧是B区的几何热节，这也是轮辐易在此处或附近出现缩孔的原因。

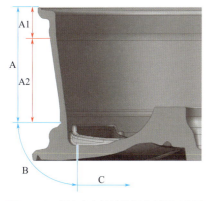

图4-28 铝合金车轮结构深度剖析示意图

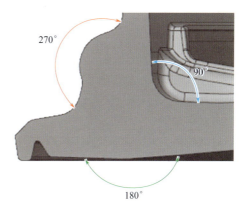

图4-29 B区结构深度剖析

将轮辐与法兰归到C区，是因为法兰部位主要是整个车轮铸件补缩的源头，其技术处理上无特别之处。该区结构相对简单，孤立存在的轮辐既是内浇道，又是铸件的重要组成部分，两侧存在厚大的窗口凸台，如图4-30所示，模数小，散热快。

图4-30 铝合金车轮底模结构示意图

以上是铝合金车轮结构的全部特征，需针对这些特征，对加工余量和模具结构做出合理设计，才能保证铸件的质量和生产过程的稳定。

（2）铝合金车轮模具设计的要点

基于对车轮结构特征的分析，可基本明确针对A区、B区、C区的模具设计思路。在进行模具方案讨论之前，还需了解铸件凝固速度的影响因素以及产生缩松、缩孔等缺陷的根本原因。

① 铸件凝固速度的影响因素及产生缩松、缩孔等缺陷的根本原因。

铸件的凝固过程，其本质是固液界面上的原子相互迁移的过程，当原子向固相界面迁移速度或数目大于原子向液相界面迁移速度，凝固即发生并发展，界面上原子迁移的速度也就是铸件的凝固速度。

将铝合金车轮铸件凝固过程简化成如图4-31所示的模型,假设温度在整个截面呈线性分布,原子迁移将发生在界面a、b处,那么界面推进的速度可计算如下[31]:

$$V = \frac{\beta D_l \Delta H_m \Delta T}{\alpha R T_m} \quad (4\text{-}1)$$

式中,β为修正系数;D_l为液相扩散系数;ΔH_m为结晶潜热;ΔT为界面处的过冷度;α为晶体点阵参数;R为玻尔兹曼常数;T_m为平衡结晶温度。根据金属结晶原理[32],$\Delta T = T_m - T_x$,T_x为凝固处的实际结晶温度。

根据传热学原理,发生在图4-31所示模型汇总的热流q可表示为

$$q = \frac{\lambda_0(T_0 - T_a)}{l_0} = \frac{\lambda_1(T_a - T_b)}{l_1} = \frac{\lambda_2(T_b - T_s)}{l_2} \quad (4\text{-}2)$$

式中,λ_0为液相区的热导率;λ_1为固液混合区的热导率;λ_2为固相区的热导率;l_0为液相区至界面a处的距离;l_1为固液混合区的宽度,或可看成是特定合金的结晶区间;l_2为固相区至界面b处的距离。此处假设λ_0、λ_1、λ_2为与温度无关的常数。

由式(4-1)可知,增大过冷度ΔT是提高凝固速度的关键。结合式(4-2)可知,由于特定物质的热导率是常数,增大过冷度ΔT的关键是提高固液混合区界面b处向固相区的传热速度。

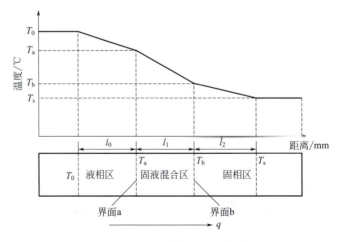

图4-31 铝合金车轮凝固过程简化模型

T_0—浇注温度;T_a—界面a处的温度;T_b—界面b处的温度;T_s—固相区远端温度;q—热流

根据《铸件形成原理》一书中的论述[33],收缩是铸件中许多缺陷,如缩孔、缩松、热裂、应力、变形和冷却产生的根本原因。下面以一个简单模型来说明缩松、缩孔的产生机理。如图4-32所示的一个简化模型,假设图示的模型中存在一个高温孤立区(蓝色块),其质量为m,初始密度和体积分别为ρ_l和V_l,完全凝固后的密度和体积分别为ρ_s和V_s。根据质量守恒定律可以计算出它在凝固过程中的体积收缩为

$$\Delta V = m\left(\frac{1}{\rho_l} - \frac{1}{\rho_s}\right) \quad (4\text{-}3)$$

对于选定的合金而言，ρ_s是固定值。于是由式（4-3）可知：高温孤立区在凝固过程中的体积收缩量主要取决于m和ρ_1。m越小，体积收缩量越小，缩松就越小；ρ_1越大，即越高温孤立区的温度越接近固相线，体积收缩量也越小，缩松就越小。因此，可推断出，解决铸件出现缩孔、缩松等缺陷的原则是，尽量降低高温孤立区出现的温度（因温度越高，ρ_1越小）和高温孤立区的体积。

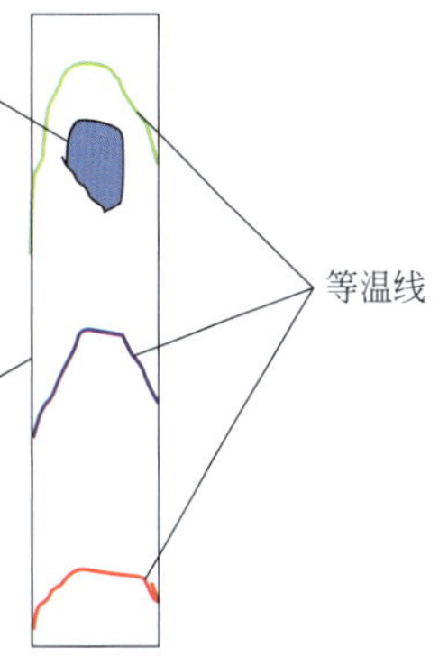

② A区的技术方案。

根据以上分析，针对A区的设计，铝合金车轮的加工余量几乎80%以上在轮辋部位，因此轮辋加工余量的大小直接决定生产成本的高低。一般来说，轮辋加工余量的设计，有图4-33所示的3种情况。

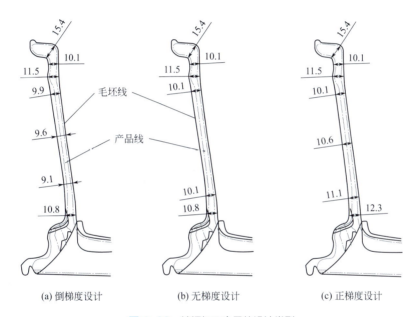

图4-32 缩松、缩孔产生的简化模型

(a) 倒梯度设计　　(b) 无梯度设计　　(c) 正梯度设计

图4-33 轮辋加工余量的设计类型

图4-33所示的轮辋加工余量设计类型，对应的模具设计难度为：倒梯度设计＞无梯度设计＞正梯度设计。无论采用哪种设计类型，都必须针对A区轮辋的结构特征进行设计，也就是说，对应A区的模具设计，包括壁厚和结构，都应基于半无限大平板的传热特征进行设计，其传热特征分析可参考文献[29]。

将这一原理应用到铝合金车轮低压铸造的模具设计中，将有助于掌握保证轮辋不出现缩松、缩孔缺陷的轮辋部位温度场应满足的条件。铸件的凝固过程，实际上是铸件与模具、冷却介质及外界环境之间的热量交换过程，凝固速度取决于单位时间内交换热量的多少。为避免缺陷出现，总希望轮辋能够自上而下顺序凝固。而铸件能否顺利实现顺序凝固，取决于模具是否提供了铸件完成顺序凝固所需的温度场。下面对图4-34所示的模型进行简要分析，实际生产时的模具温度场一般如图4-34（a）所示，图4-34（b）为理想情况。热量传递的方向与X轴成一定的夹角，将单位时间内传递的热量（矢量）分解成X和Z方向——Q_X和Q_Z。

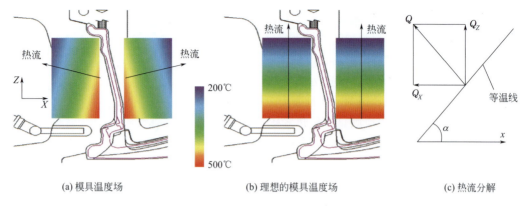

(a) 模具温度场　　　　　(b) 理想的模具温度场　　　　(c) 热流分解

图 4-34　轮辋温度场分析模型

若 $Q_X < Q_Z$，说明单位时间内在 X 轴方向传递的热量要小于 Z 轴，由式（4-1）和式（4-2）可知，铸件在 Z 轴方向的凝固速率要大于 X 轴方向，有利于轮辋实现顺序凝固；反之，则不利于实现顺序凝固。若模具温度场如图 4-34（b）所示，模具中的热量传递只在 Z 轴方向，或以 Z 轴方向为主，则理论上铸件完全可以顺利地完成顺序凝固。将图 4-34（a）中的热流按图 4-34（c）进行分解，通过以上分析可知，只要保证 $Q_X < Q_Z$，就可以确保轮辋顺利地进行顺序凝固，即只需满足 $\tan \alpha < 1$ 或 $\alpha < 45°$ 即可。关于模具壁厚的设计原则，可参考表 4-8[24]。

表 4-8　铸件同时及定向凝固的实现原则

参数名称	符号	单位量纲	同时凝固	定向凝固
液态金属的热导率	λ	W/(m·℃)	0 ∞	满足式（1）
铸型的热导率	λ_w	W/(m·℃)	0 ∞	满足式（1）
铸型的厚度	H	m	↑（增大）	↓（减少）
液态金属的最远流程	r_0	m	↑	↓
铸型的温度	t_0	℃	↑	↓
内浇道面积	F	m²	↑	↓
内角度分散程度	—	—	↑	↓
浇注温度	t_f	℃	↑	↓
液态金属的流速	W_∞	m/s	↑	↓
开始凝固的时间间隔	τ_0	s	↑	↓
毕渥准则	B_i	—	0 ∞	$2.3 \leq B_i \leq 2.5$
放热系数	a_x	W/(m²·℃)	远离式（1）	满足式（1）
熔化潜热	H	J/kg	↑	↓

注：表中式（1）为 $B_i = a_x h / \lambda_w = 2.495806993$。

③ B 区的技术方案。

根据前述的车轮结构特征分析，B 区技术方案的关键是如何有效解决内侧 90° 几何热节的冷却问题。为解决轮辐根部的热节问题，一般会在顶模设计一个如图4-35所示的冷却孔，假设冷却介质与模具的换热系数为h，并将冷却介质与模具的换热面分解成图示的3个面，则冷却与模具的热流如下：

$$q = hS(T_{模} - T_{冷}) \quad (4\text{-}4a)$$

$$q_1 = hS_1(T_{模} - T_{冷}) \quad (4\text{-}4b)$$

$$q_2 = hS_2(T_{模} - T_{冷}) \quad (4\text{-}4c)$$

$$q_3 = hS_3(T_{模} - T_{冷}) \quad (4\text{-}4d)$$

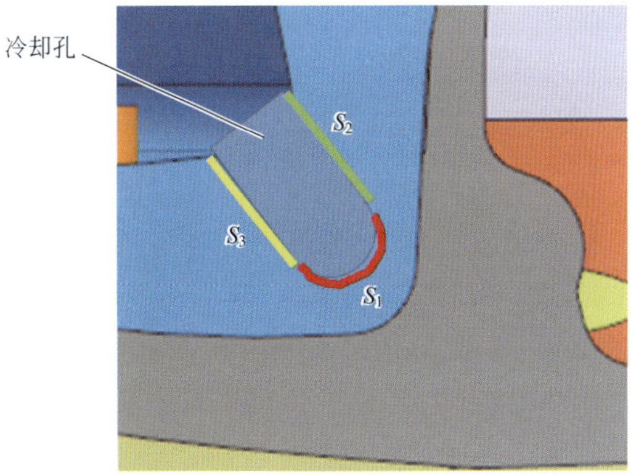

图 4-35 B区的传热分析

式中，S为冷却介质与模具换热的总面积，$S = S_1 + S_2 + S_3$；S_1为冷却介质与模具底部的换热面积；S_2为冷却介质与模具上侧面的换热面积；S_3为冷却介质与模具下侧面的换热面积；$T_{模}$为模具壁面的温度；$T_{冷}$为紧邻模具壁面冷却介质的温度。

由式（4-4）可知，冷却介质与模具壁面的换热，会作用在3个方向：q_2作用于B区与轮辋的交接处，q_3作用于B区与轮辐的交接处，而只有q_1才真正有利于解决B区的热节。故要做到冷却能够有效解决B区的热节，在S_1、S_2、S_3三个面的热流必须满足如下条件：

$$\begin{cases} q_1 \gg q_2 \\ q_1 \gg q_3 \end{cases} \quad (4\text{-}5)$$

即解决B区热节的关键在于如何提高冷却介质与模具底部的热交换量。

④ C区的技术方案。

图4-30所示的铝合金车轮模具结构，由于模具空间有限，很难通过调整模具壁厚的方式解决轮辐顺序凝固的问题，故C区技术方案的要点是如何针对轮辐结构特征设计出合理的冷却结构。轮辐凝固过程中，其凝固方向如图4-36的箭头所示，而只有红色箭头所示方向完全有利于轮辐凝固，其他箭头所示方向均有可能造成轮辐出现缩孔或缩松缺陷。由于在轮辐两侧存在厚大的窗口凸台（如图4-30所示），该凸台在轮辐凝固的过程中就相当于两个厚大的冷铁，若采用如

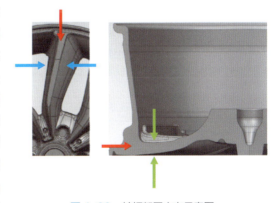

图 4-36 轮辐凝固方向示意图

图4-37（a）所示的环状冷却设计，将极易导致轮辐根部出现如图4-37（c）所示的孤立液相区，导致轮辐根部出现缩孔缺陷。因此，针对轮辐结构特征，关键是设计出合理的点状冷却结构，尤其是点状水冷结构。并且，底模窗口部位非必要不采用图4-38所示的设计，因该设计会增加模具的加工成本与周期，降低模具的热容，不利于提升生产效率，并使底模温度偏高，不利于车轮外观质量。

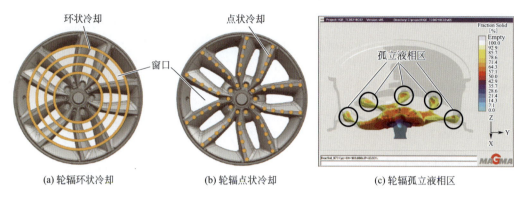

图 4-37 轮辐冷却示意图

图 4-38 底模窗口随型挖窝示意图

4.2.3 铸造铝合金车轮的常见缺陷及其应对措施

铸造铝合金车轮生产过程中的常见缺陷如图 4-39 所示，并以轮辐根部的缺陷最为常见，尤其是水冷模具。通常情况下，轮辐根部缺陷的产生多是由于图 4-36 所示的红色箭头方向的凝固速度太小、绿色和蓝色箭头方向凝固速度太大导致的，有关的应对思路与措施可参见 4.2.2 小节"B 区的技术方案"和"C 区的技术方案"中的内容，另需结合现场工艺调整。

由于模具上没有针对轮辋的冷却，轮辋缺陷无法通过调整工艺参数的方式解决。目前，基本是通过修改模具、加大轮辋的加工余量来解决，这意味着生产成本的增加。究其原因，是由于模具上没有建立起适合轮辋顺序凝固的温度场。温度场如图 4-40 所示，其等温线凌乱且两头低、中间高，这必然导致轮辋出现同时凝固的倾向，进而出现如图 4-39（b）所示的缺陷。轮辋合理的顺序温度场应如图 4-41 所示，等温线自上而下依次分布，且各等温线近似平行，分布密度越均匀越好。实现图 4-41 所示的温度场，关键在于模具壁厚及其梯度的合理设计，以及铝合金车轮毛坯轮辋梯度的合理匹配，详细设计思路，可参考 4.2.2 小节"A 区的技术方案"中的内容。

要减少铸造铝合金车轮常见缺陷，就要准确理解铝合金车轮的结构特征，并熟练掌握铝合金车轮模具设计的要点。目前，文献中给出的相关指导多数是定性的和方向性的，若可同时合理使用铸造仿真工具，将更准确地把握模具的定量设计，从而降低实际生产的出错率，减少模具修改次数，降低新产品的开发成本。

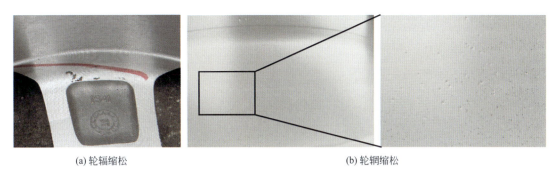

(a) 轮辐缩松　　　　　　　　　　　　(b) 轮辋缩松

图 4-39　典型铸造铝合金车轮缺陷

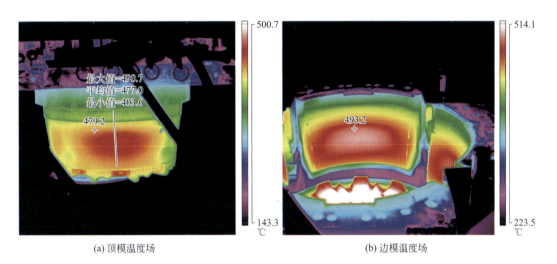

(a) 顶模温度场　　　　　　　　　　　(b) 边模温度场

图 4-40　典型轮辋缺陷对应的模具温度场

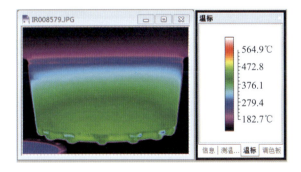

图 4-41　合理的轮辋顺序凝固温度场

4.2.4　铸造仿真在铝合金车轮工艺与模具开发中的应用

计算机技术的飞速发展，使得铸造仿真技术越来越多地被用于模具开发。铝合金车轮的铸造仿真是流场与温度场的耦合计算，涉及计算流体力学、传热学、合金的凝固理论与铸造成型工艺理论等。目前，已有多款成熟的铸造仿真商业软件，如 Magma、flow-3D casting、Anycasting 等，使用这些软件，可直观了解铝合金液在模具中的充型与凝固过程，如图 4-42

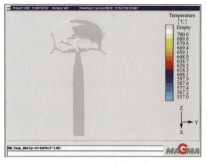
(a) 0s，充型开始

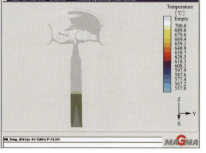
(b) 5s，充型24.32%

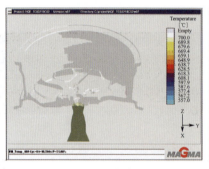
(c) 18.5s，充型51.08%

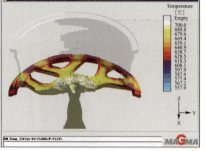
(d) 23s，充型73.31%

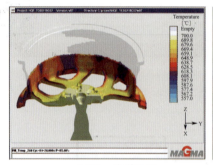
(e) 24s，充型85.4%

(f) 26.7s，充型100%

图 4-42 充型过程

和图 4-43 所示。更重要的是，在车轮新产品的模具与工艺开发过程中，使用铸造仿真软件可得到优化的模具结构，进而把问题消除在设计阶段。实际上，使用铸造仿真软件的过程就是将铝合金车轮的铸造过程在软件中虚拟再现。因此，用好仿真软件的关键在于两点：

① 构建准确的 3D 数模，完整再现铝合金车轮现场铸造过程的物理模型。

② 设置合理的界面传热系数与边界条件，不丢失关键要素，并尽可能还原铝合金车轮现场铸造的实际工况。这些问题处理不好，将会产生铸造仿真与实际铸造之间的明显偏差。

然而，界面传热系数的合理设置常有一定挑战性。根据文献[29]中对接触传热系数的分析，界面接触传热系数 h_c 可表示如下：

$$h_c = \frac{1}{L_g}\left(\frac{A_c}{A} \times \frac{2k_A k_B}{k_A + k_B} + \frac{A_v}{A} k_f\right) \tag{4-6}$$

式中，L_g 为孔隙厚度；A_c 为接触面积；A_v 为孔隙面积；A 为接触面的总面积。

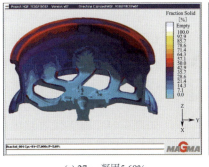
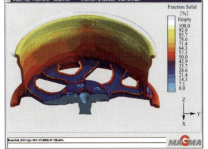

(a) 27s，凝固5.69%　　　　　　(b) 37s，凝固20.44%

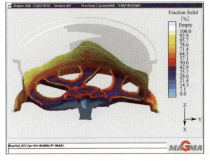
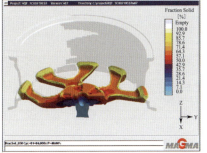

(c) 49s，凝固30.04%　　　　　　(d) 84s，凝固40%

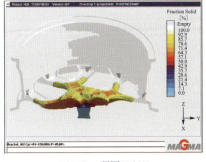
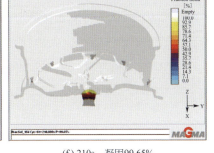

(e) 128s，凝固45.08%　　　　　　(f) 210s，凝固99.65%

图 4-43　凝固过程

式（4-6）表明接触传热系数取决于孔隙厚度、接触面积、孔隙面积。但由于接触/孔隙面积、孔隙厚度几乎是无法测定的，且影响其的因素较多，如压力、粗糙度、平面度等；尤其是金属模与铸件之间的凝固接触系数，还受到热膨胀与凝固收缩的影响，难以确定。因此，准确确定界面传热系数难度较大。

多年来，国外众多学者对界面传热系数做了大量研究[34]，但发表的结果差异较大。Ho 与 Pehlke[35]、Trovant 与 Agryropoulos[36,37]、Kim 与 Lee[38]、Griffiths[39] 等的研究结果表明，导致界面传热系数出现较大差异主要是由凝固过程铸件与金属模之间的间隙的不确定性所造成，而产品的局部结构特征、重力等因素都会对间隙的形成产生一定的影响。至今，对于铝合金车轮铸造仿真过程的传热系数和边界条件仍无准确的确定方法。国内也有学者从生产实际出发[40]，在一款现场生产使用的铝合金车轮模具的不同部位安装热电偶进行实验，并从模温与缺陷预测对比两个角度调整传热系数和边界条件，以提高仿真精度。其结果表明，调整后铸造仿真模温与实际模温的偏差在一个生产周期的大部分时间能控制在10℃以内,且轮辋与轮辐部位缺陷能实现准确对应,其实验模型和部分研究成果如图4-44(圆点代表热电偶,方块代表冷却通道)～图4-46所示。

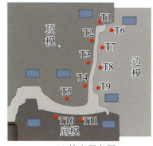

(a) 热电偶布置　　(b) 试验产品的车轮外观

图 4-44　实验模型

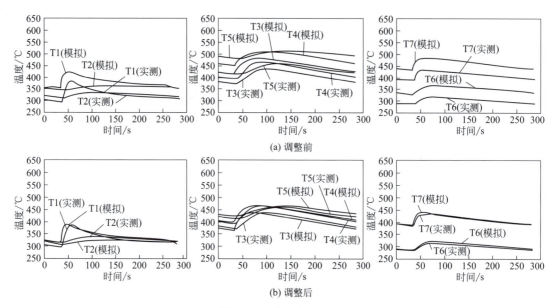

(a) 调整前

(b) 调整后

图 4-45　模温对比结果

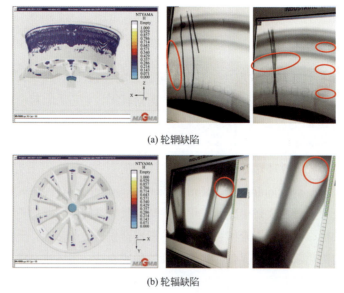

(a) 轮辋缺陷

(b) 轮辐缺陷

图 4-46　缺陷对比结果

4.3 铸造铝合金车轮热处理

铸造铝合金车轮在铸态下的力学性能往往不能满足使用要求，需通过热处理进一步提高[41]。热处理是通过对铝合金车轮在固态下加热、保温、冷却改变其内部组织，从而获得所需力学性能的一种工艺方法。铸造铝合金车轮热处理一般为T6热处理，即固溶后再进行人工时效处理。

对铸造铝合金车轮进行热处理的主要目的有：
① 提高并调节铝合金车轮的强度、硬度和塑性，以满足车轮的安全性能要求；
② 消除由于铸件壁厚不均匀、快速冷却等造成的内应力；
③ 稳定铸件的尺寸和组织，防止和消除因高温引起相变产生体积胀大现象；
④ 消除偏析和针状组织，改善合金的组织和力学性能。

4.3.1 热处理中组织演变机理

铸造铝合金车轮热处理是以合金组元或金属间化合物在α-Al基体中溶解度的变化为基础，通过淬火或淬火加人工时效实现组织强化。

而铸造铝合金在固溶温度下需要经过长时间保温，往往要几小时，甚至十几小时，才能使强化元素在α-Al基体中达到最大的溶解度，这是铸造铝合金热处理的主要特点之一。金属型铸件或采用冷速较大、压力下结晶的铸件，其组织较砂型铸件的晶粒细小，固溶体和第二相质点的接触面较大，这就为加速扩散过程创造了条件，从而提高了热处理效果，保温时间也可以大大缩短。

铸造铝合金热处理的另一特点是铸件形状复杂，壁厚不均匀。为了避免热处理变形，有时需要特制的热处理夹具和在温度较高的水（50～100℃）或油中淬火。为了缩短生产周期和提高铸件性能，通常都采用人工时效。

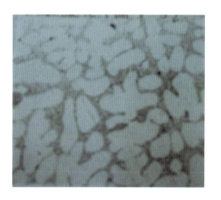

图4-47 铸态共晶Si形态（×200）

（1）固溶处理的作用机理

固溶处理是先把铝合金车轮加热到三元共晶转变温度以下，进行较长时间的保温，使内部组织发生以下演变：
① 强化元素Mg、Si以较快的速度溶入α-Al基体中；
② 共晶Si相（图4-47）逐渐聚集球化（图4-48），这是在固态下发生的原子扩散过程，温度愈高，扩散愈强烈。

固溶处理的保温温度取决于合金的成分和相图。温度愈接近三元共晶转变温度，效果愈好。但如果温度过高，超过三元共晶转变温度后，会引起共晶Si相聚集粗化，有部分溶入α-Al基体，晶界逐渐消失以及低熔点

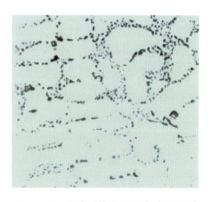

图4-48 固溶后共晶Si形态（×200）

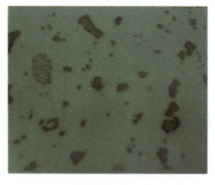

图4-49 A356合金的过烧组织（×200）

三元共晶相（α-Si+Mg_2Si）熔化，出现过烧现象（图4-49），合金的力学性能急剧下降。为了防止铝合金车轮组织过烧（低熔点相局部熔化），固溶处理的保温温度一般应比三元共晶转变温度低10～15℃。在生产中，一般还会采取分级加温：先在低于三元共晶温度5～15℃的温度下保温，使强化元素溶入α-Al基体中，然后再升温到接近三元共晶转变的温度短期保温，使剩余的强化元素尽可能地溶入α-Al基体中，这样就能获得较高的力学性能而又不致"过烧"。

固溶处理的保温时间取决于强化元素溶入α-Al基体中所需的时间。若铝合金车轮铸件晶粒粗大或壁厚较大，则保温时间要长一些，如砂型、厚壁铸件相应地要比金属型、薄壁铸件保温时间长一些。

（2）淬火处理的作用机理

从合金相图上可知：凡是合金组元或金属间化合物，在α-Al基体内的溶解度随温度的下降而减小，从而析出第二相的合金，理论上都可以进行淬火（固溶强化处理）。溶解度的变化愈大，则固溶强化的效果愈显著。其实质是将工件加热到尽可能高的温度，在该温度下，保持足够长的时间，使第二相质点充分溶入α-Al基体，随后淬火，使高温时的固溶体保留到室温，从而获得过饱和的α-Al固溶体。

铝合金车轮经固溶加热、保温后迅速浸入热水中冷却，在加热时溶解的Mg、Si组元，来不及从α-Al基体中析出，则以过饱和固溶体的形式保留在α-Al基体中。淬火后A356合金的强度无明显的变化，但塑性却大为提高，达到最高值，这与共晶Si相的球化有直接关系。当然，淬火后性能的改变与合金的成分、原始组织、固溶加热、冷却条件等因素有关。

（3）时效处理的作用机理

铸造铝合金车轮淬火后的过饱和固溶体不稳定，因为α-Al固溶体在室温下所能承受的溶解度有限，在一定温度条件下会分解出被溶物。分解过程就是铝合金发生时效的过程。铝合金发生时效过程中进行着过饱和固溶体分解的过程，使合金基体的结晶点阵恢复到较稳定的状态。过饱和程度愈大，时效温度愈高，上述过程进行得愈强烈。为了缩短生产周期和提高铸件性能，铝合金车轮通常采用人工时效。

铸造铝合金车轮的人工时效，需将车轮加热到100～200℃进行。其时效过程及作用机理为：

① 先形成富Mg、Si原子集结的GP区。即强化相原子进行迁移、聚集，在α-Al固溶体内形成若干个富Mg、Si原子集团。它弥散分布在α-Al基体内部，产生若干个晶格畸变区，阻碍了晶界滑移，提高了合金的强度、硬度。

② 随着时效温度提高，Mg、Si原子以一定比例进行偏聚，GP区迅速长大，形成θ″相。这时，合金的强度和硬度再一步提高。θ″相没有独立的晶体结构，与α-Al基体共格。

③ 如果时效温度进一步提高或延长时效时间，这时强化相原子继续富集，浓度逐渐接近Mg_2Si的化学成分，形成θ′相，与α-Al基体保持部分共格关系。此时，合金的强度、硬度达到最高值，而塑性处于最低值。铝合金车轮要求其力学性能有较好的强度、韧性配合，时效

温度一般在150℃以下，沉淀产物以θ″相为主。A356时效温度对力学性能的影响如图4-50所示。

④ 若继续提高时效温度或延长时效时间，θ′相就会脱离共格形成独立的θ相，达到完全脱溶。它以很细小的质点分布在α-Al晶粒内，较粗大的质点析出分布在晶界。这时，晶格点阵畸变很快减弱，强度、硬度显著下降，塑性回升。稳定化回火属于这一阶段。性能变化见图4-50右半部分。

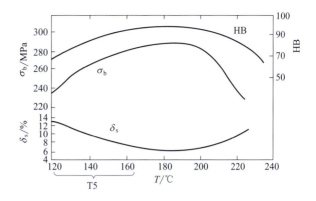

图 4-50　A356合金时效温度对性能的影响

时效温度较高时，上述几个阶段几乎同时进行。时效温度愈低，则第一阶段进行得越充分。时效温度愈高，则第二相形成和聚集的过程进行得愈强烈。合金性能也随着时效温度相应地发生改变。

时效的保温时间对合金的性能同样有较大影响。铝合金在较高温度下短期保温或在较低温度下长期保温，都可得到所需强度。

4.3.2　热处理工艺

（1）固溶热处理工艺

选择铸造铝合金车轮固溶处理温度的原则是：使强化元素尽可能地溶入固溶体中，共晶Si相最大程度地球化。试验证明，以三元共晶温度为限，随固溶温度的提高而增加，由于强化元素的溶解速度和共晶Si相球化速度提高，固溶效率提升。但较高的加热温度增加了工艺的严格性和对原材料、设备的苛刻要求。

考虑到A356铸铝合金的组织特点，为防止低熔点共晶相在加热时熔化（即出现过烧），固溶温度应低于三元共晶（α+Si+Mg_2Si）温度（558℃），通常定为535℃±5℃，最高为540℃±5℃。在接近三元共晶温度加热，由于共晶Si相的聚集长大，局部地区晶界有可能消失而发生晶粒合并的现象，但力学性能变化不明显。而在三元共晶温度以上加热，共晶Si相将明显长大，α-Al枝晶晶界逐渐消失，出现过烧三角、共晶Si相边角平直和复熔球等现象，这时合金的力学性能急剧下降，失去使用价值。

固溶保温时间与多种因素有关，如合金的成分、铸件的组织、工件的尺寸大小、装炉数量及方式、升温速度、温度的均匀性等。

对于辊底贯通式炉，铸造铝合金车轮的固溶加热升温时间一般在1h左右，保温时间通常为4～6h。

（2）淬火热处理工艺

为了得到过饱和的α-Al固溶体，淬火冷却速度必须保证溶解在α-Al固溶体中的强化元素最大限度地固溶在固溶体内，以达到最大的强化效果。为此，需在淬火转移时间、淬火冷却速度及停留时间方面进行工艺控制。

淬火转移时间是指从打开炉门后到车轮全部淬入水中的时间。淬火转移时间与固熔炉结构、料架大小、高低、装件数量有关。对于连续炉，淬火转移时间控制在20s内为宜。淬火转移时间过长，工件降温多，会出现部分Mg_2Si相的析出，固溶饱和度降低，影响时效效果。

淬火冷却速度应越快越好，但是激烈的淬火冷却会使车轮的内应力加大而产生变形，甚至出现裂纹。因此，应根据车轮大小、形状的复杂程度来选择冷却介质和温度。通常选用不同温度的水作为铸造铝合金车轮的淬火介质。铝合金车轮宜在较高水温中淬火，工艺定为70～90℃。对易变形的复杂轮型，可采用80℃以上的水淬火。车轮在热水中的停留时间，以冷透为原则，一般是2～5min。

（3）时效热处理工艺

铸造铝合金车轮的时效处理，可提高车轮本体强度、硬度，稳定组织，消除内应力。其时效温度通常为130～160℃。具体温度要根据车轮的抗拉强度、屈服强度、硬度及延伸率等性能的要求来确定。温度范围应控制在±5℃之内，避免性能波动过大。

铸造铝合金车轮的时效升温保温时间在4～5h。提高时效温度会加速时效过程的进行，时效所需的时间便缩短，应采用下限的保温时间；时效温度低，达到时效目的所需的时间就长，应采用上限的保温时间。时效完成后，出炉并在空气中放置冷却。

（4）常见热处理设备

铸造铝合金车轮的热处理质量，取决于工艺的正确性。而工艺的执行，依赖于热处理设备的可靠性、先进性。热处理设备按加热方式可分为电加热、燃油加热和燃气加热；按工作方式则可分为周期炉和连续炉。周期炉有竖式淬火炉、卧式淬火炉、井式炉、箱式炉、台车式炉等，连续炉有辊棒式连续炉、推杆式连续炉等。

4.3.3 热处理质量检查及常见缺陷的控制

（1）热处理质量检查与评价项目

外观检验：不允许有可见裂纹、明显磕碰伤；不允许有过烧特征，即表面严重氧化呈暗黑，并有低熔点组织渗出物结瘤、鼓泡，局部熔化出现粗糙皱纹、塌陷等。

变形检验：轮缘圆度不超过1mm；工艺规定的其他尺寸检验项目。

力学性能检验：屈服强度、抗拉强度、延伸率、硬度。所要求的性能指标，在产品技术条件中规定。

金相观察：观察金相组织，并按照相关技术要求对组织进行评价。通常，车轮热处理组织有以下4种情况。

① 正常变质热处理组织。如图4-51所示，可分三级，分别为：A级，共晶Si边角圆滑，呈粒状均匀分布；B级，共晶Si边角圆滑，呈粒状、短杆状分布，个别有小块初晶Si；C级，

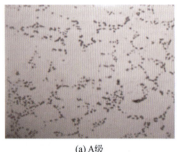 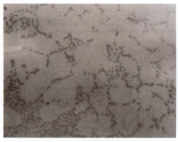 

(a) A级　　　　　　　　　(b) B级　　　　　　　　　(c) C级

图4-51　正常热处理组织（×200）

共晶Si边角圆滑，呈较大粒状、长粒状、部分粗杆状分布。

② 变质不足热处理组织。共晶体分布不均匀，共晶Si边角已圆滑，原来呈层状或条状的Si晶体大部分已破断成短杆状，但仍保留层状的位方，如图4-52所示。

③ 热处理过热组织。共晶Si圆滑并聚集长大，枝晶边界小粒状共晶Si部分已聚集成较大粒状，但无过烧组织特征，如图4-53（a）所示。

图4-52　变质不足热处理组织（×200）

④ 热处理过烧组织。铝合金中出现过烧三角或晶界熔化，复熔球及复熔共晶体等金相组织均为过烧。轻微过烧组织共晶Si进一步长大，边角已开始出现多边化，并有过烧三角或晶界消失，但大部分共晶Si边角还圆滑，如图4-53（b）所示。过烧组织共晶Si聚集长大，大部分边角平直，出现典型的复熔球、多元复熔共晶体组织，如图4-53（c）和（d）所示。

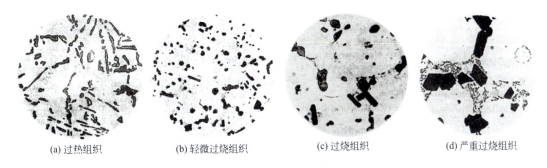

(a) 过热组织　　(b) 轻微过烧组织　　(c) 过烧组织　　(d) 严重过烧组织

图4-53　过烧组织形貌特征

（2）热处理常见缺陷及应对措施

① 力学性能不合格。

铸件经热处理后，会出现强度、硬度过高而塑性不合格，或强度、塑性指标都不合格等现象。产生的原因是热处理工艺参数不正确。例如，固溶温度偏低或保温时间不足，强化元素不能充分溶入α-Al中；水淬时冷却速度不够，如零件过多，装炉时叠在一起，影响冷却速度；铸件从出炉到淬火槽的转移时间过长，超过15s；人工时效温度过低或保温时间不够。

由上述原因造成的力学性能不合格的铸件，允许重新进行热处理，但重复处理次数至多3次，否则将使α-Al晶粒长大，降低力学性能。重复处理时，保温时间相应缩短。

② 金相组织不合格。

正常变质热处理组织，如出现共晶Si聚集粒状化不足，可重新固溶处理。变质不足热处理组织，其强度、塑性性能均较低或不合格，再进行热处理效果也不大。对热处理过热组织的车轮，要慎重对待，全面严格检测，最后以产品试验合格与否为准。过烧组织出现时，合金力学性能急剧下降，无法补救，只能报废。

③ 变形和开裂。

淬火处理过程中，由于水温过低或在铸件内部产生内应力过大，铸件发生变形。内应力超过强度极限时，便出现开裂。防止变形、开裂的措施有：适当提高淬火介质的温度；根据铸件的形状，设计、制造成形夹具，或淬火时选择正确的落水方向，尽量使铸件各部分均匀地冷却。

4.4 铸造轻量化铝合金车轮典型案例

为进入某国际品牌汽车客户认可的全球轻量化车轮供应商体系，某开发团队通过水冷低压铸造与旋压工艺结合，并在相应的仿真分析基础上，设计了轻量化车轮结构和工艺，最终通过实际生产和试验测试，满足了客户的标准要求，进入了该客户轻量化车轮供应商体系。

本案例是在传统技术上进行的轻量化升级，基于传统的铸造项目（车轮质量为11.8kg），通过结构、工艺等轻量化技术改进，开发出了全新的铸旋车轮产品（质量10.79kg），减重1.01kg，实现了轻量化目标。

4.4.1 轻量化车轮结构设计

在车轮技术质量要求、装配特征要求及正面造型要求等锁定要素不变的情况下，利用车轮拓扑优化设计技术，对车轮结构进行二次优化造型，如图4-54、图4-55所示（轮辐背腔红色减重窝造型与减重前造型不同）。

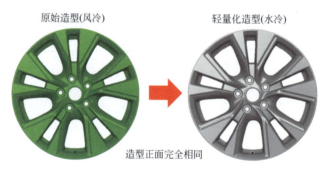

图4-54 轻量化前后正面对比

图4-55 轻量化前后背面对比

同时，使用轮辋旋压成型技术后，轮辋的力学性能得到提高。因此，在质量和强度要求不变的情况下，可以设计出更薄的轮辋壁厚，以满足轻量化需求。通过对轮辋厚度进行优化，轮辋各区域厚度得到不同程度的降低，最大减厚达到1.2mm，如图4-56所示。

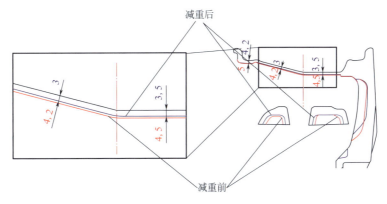

图 4-56　减重前后剖面对比

结构轻量化设计的效果为：原始车轮质量为 11.8kg，减重后车轮质量为 10.79kg，减重为 1.01kg，减重比例达到 8.6%。其中，轮辋减重为 0.58kg，轮辐减重为 0.43kg。

4.4.2　轻量化车轮工艺开发

原始车轮采用风冷低压铸造成型工艺（LPC），为提高车轮金属组织性能强度，采用水冷铸造成型车轮造型外观面+旋压成型轮辋和轮缘的技术，简称车轮铸旋成型技术（LWT），如图 4-57 所示。相对传统铸造而言，车轮铸旋成型技术既继承了传统铸造车轮多样性、个性化的造型面形状适应性，又显著提高了轮辋的力学性能。

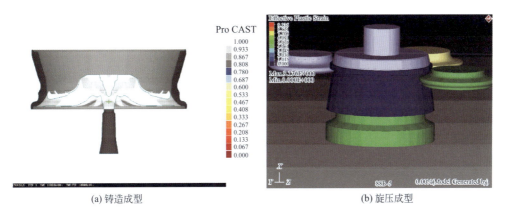

(a) 铸造成型　　(b) 旋压成型

图 4-57　成型工艺原理比对

进行轻量化前后的车轮成型过程控制差异对比如表 4-9 所示。原始车轮采用传统铸造成

表 4-9　进行轻量化前后车轮成型过程控制差异对比

轮型		轻量化车轮	原始车轮
生产节拍/(min/件)		4	6.3
主要冷却介质		水	空气
模具冷却方式		水冷	风冷
模具温度变化梯度/℃	顶模	190～481	422～471
	边模	340～430	424～465
	底模	390～512	412～526

型，生产节拍6.3min/件，车轮模具的顶、底、边模部分温度普遍较高，不易控制。进行轻量化后，车轮采用铸旋成型工艺后，节拍提高到4min/件；采用水冷技术可有效控制模具温度，较传统铸造有较大降低。

对更改为车轮铸旋成型工艺后的车轮进行力学性能和金属组织性能测试，分别从轮心、轮辐、轮缘等部位取样验证，如图4-58所示。对两种工艺的车轮试样进行力学性能测试，其轮辐的力学性能对比如图4-59所示；对试样进行金相组织观察，其各部位的组织对比如图4-60所示。

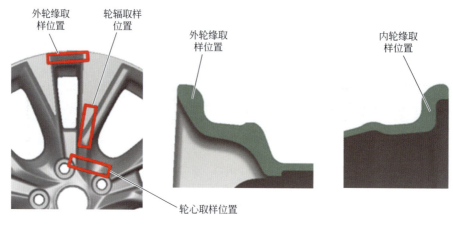

图4-58 取样进行材料性能验证

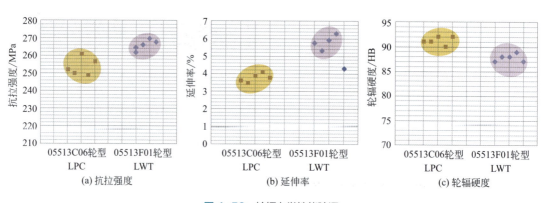

图4-59 轮辐力学性能验证

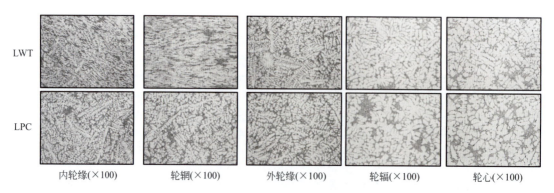

图4-60 金相组织对比

显然，由于采用水冷+铸旋技术，车轮各部位组织形态细小，且致密无缺陷，各力学性能得到明显提升。同时，采用水冷技术的 SDAS 值更小，见表 4-10。

表 4-10　轻量化前后车轮的 SDAS 值对比　　　　　　　　　　　　　　　单位：μm

车轮	内	辋	外	辐	心
轻量化后车轮	—	—	22.2	41.6	44.6
轻量化前车轮	23.4	26.5	28.3	45.2	48.8

再从晶粒度上来看，采用水冷铸造+旋压成型技术后，车轮各部位组织宏观晶粒形态更细小，材料性能更优异，如图 4-61 所示。

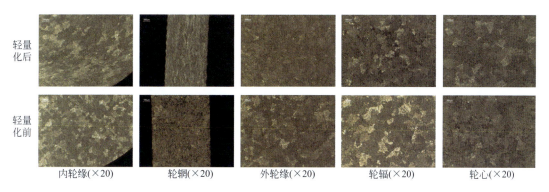

图 4-61　晶粒度对比

4.4.3　台架试验及仿真验证

采用结构、工艺等轻量化技术优化之后，对车轮成品进行弯曲疲劳和径向疲劳试验、13°和 90°抗冲击试验等质量测试，结果见表 4-11。对轻量化前后的车轮进行动刚性仿真，并提取客户指定频率对应的动刚度值，其结果见表 4-12。

表 4-11　轻量化前后车轮的台架可靠性试验对比

试验项目	标准	试验条件	试验数量	原始车轮试验结果	轻量化车轮试验结果
弯曲疲劳	NDS-A	载荷：2.79kN·m（规范中载荷）	3	1120000 转无裂纹，螺母无过度松动现象	1120000 转无裂纹，螺母无过度松动现象
	NDS-B	1.2 倍载荷：3.6kN·m	3	平均裂纹转数：2486667 转	平均裂纹转数：2486667 转
		1.5 倍载荷：4.5kN·m	3	平均裂纹转数：2 件 56 万转；1 件 84 万转	平均裂纹转数：2 件 56 万转；1 件 84 万转
径向疲劳	NDS-A	载荷：15.5kN（规范中载荷）	3	6000km 无裂纹，螺母无过度松动现象	6000km 无裂纹，螺母无过度松动现象
	NDS-B	1.5 倍载荷：23.25kN	3	6000km 无裂纹，螺母无过度松动现象	6000km 无裂纹，螺母无过度松动现象

续表

试验项目	标准	试验条件	试验数量	原始车轮试验结果	轻量化车轮试验结果
13°冲击	NDS-A	落下高度：230mm 载荷：595kg（规范中载荷） 位　置：0°、90°、180°、270°（0°为气门孔位置，其他位置按顺时针旋转确定）	5	合格	合格
13°冲击	NDS-B	落下高度：230mm 位　置：0°、90°、180°、270°	4	①基本载荷4个位置都合格。 ②冲击仿真显示危险位置为180°，增重60kg(655kg)冲击均合格，增重90kg(685kg)冲击均不合格	①基本载荷4个位置都合格。 ②冲击仿真显示危险位置为90°和180°，增重60kg(655kg)冲击均合格，增重90kg(685kg)冲击均不合格(180°方向715kg冲击2件车轮，1件合格，1件不合格)
90°冲击+弯曲疲劳	NDS-A	载荷：(910+100) kg 落下高度：28mm（规范中高度） 冲击位置：轮辐 载荷：1.51kN·m（规范中载荷） 转数：2.0×10^6	1	合格	合格

表4-12　动刚性仿真结果对比

方案	质量/kg	分析结果/（N·mm/rad）	结果图像
LPC	11.8	1.98×10^9	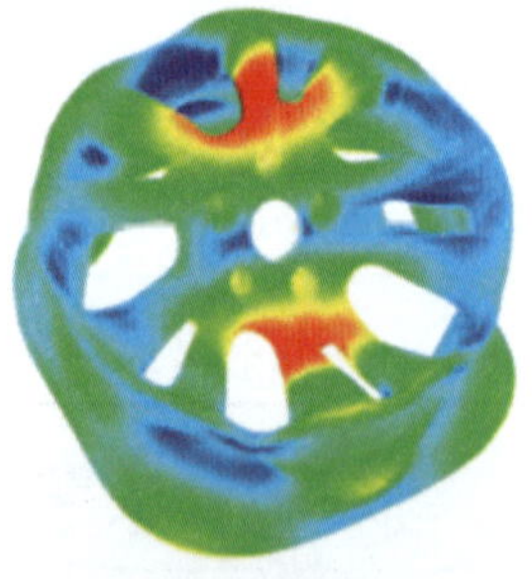
LWT	10.79	1.84×10^9	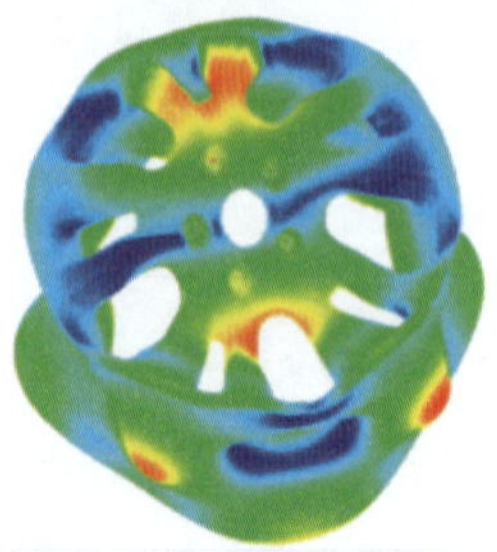

上述结果说明，水冷低压铸造与旋压相结合的生产工艺，可提高产品力学性能和微观内部铸造质量，从而在确保产品安全性基础上，实现了产品轻量化并提高了生产效率。本案例为实现低成本、轻量化的车轮生产提供了可行的解决方案。

铸造铝合金车轮以其多样化的外观优势、良好的舒适性能和安全性能,深受用户青睐。近年来,铝合金车轮的市场占有率大幅提高,已取代钢制车轮占据了汽车车轮市场主体地位。

本章主要介绍了铸造铝合金车轮轻量化的相关工艺措施。铸造成型是铝合金车轮成型的最普遍工艺,本章围绕铸造铝合金车轮成型过程的轻量化技术,从铝合金材料配方、组织特性、材料性能和铝液精炼技术,铸造成型工艺的优化、模具设计技术和缺陷控制技术,热处理组织演变强化机理、热处理过程工艺装备的控制及质量缺陷控制等方面,阐述了铸造铝合金车轮的轻量化技术要点,并以某款铸造铝合金车轮的轻量化过程为案例,提供了一种铸造铝合金车轮轻量化技术手段。

[1] 梅丽歌,张弘韬. 汽车铸铝轮毂低压铸造技术分析[J]. 铸造技术,2013,11:1597-1598.
[2] 钟强强. 简述铝合金汽车轮毂发展现状[J]. 上海有色金属,2014,3:128-133.
[3] 董虹星,蒋水秀,王喜宝,等. 铝合金轮毂抛光技术现状[J]. 现代涂料与涂装,2013,6:23-25.
[4] 关文迁. 镁合金轮毂在汽车行业的应用现状和制造工艺[J]. 汽车实用技术,2020,09:225-226.
[5] 郭俊卿,樊翠林,陈拂晓. 镁合金轮毂低压铸造工艺进展[J]. 2021,70(06):639-645.
[6] 康淑贤,郝艳华,黄致建. 汽车轮毂造型设计与结构分析[J]. 机械设计,2013,30(12):32-26.
[7] 司乃潮,傅明喜. 有色金属材料及制备[M]. 北京:化学工业出版社,2006.
[8] 柴帅. 铝铸件加工工艺[J]. 科学与财富,2019,5:266.
[9] 方勇. 铸造铝合金现状及未来发展[J]. 工程技术(文摘版),2016,05:127.
[10] DIN EN 1706:2013-12. Aluminium and aluminium alloys-Castings-Chemical composition and mechanical properties[S]. Berlin: Beuth verlag GmbH,2010.
[11] GB/T 8733—2016. 铸造铝合金锭[S]. 北京:中国标准出版社,2016.
[12] ASTM B108 B108M-19. Standard Specification for Aluminium-Alloy Permanent Mold Castings[S]. US-ASTM,2019.
[13] 刘培英. 再生铝生产与应用[M]. 北京:化学工业出版社,2007.
[14] 马亮. 铝合金轮毂台架试验失效分析[J]. 铸造工程,2015,2:47-49.
[15] 钱东伶,芦富敏,余忠土,等. 汽车底盘用铸造铝合金的研究进展[J]. 特种铸造及有色合金,2020,40(10):1077-1082.
[16] 刘栓江,牛玉强,刘忠侠. 加Ti、B方式对A356合金组织和性能的影响[J]. 特种铸造及有色合金,2011,31(08):762-767.
[17] Tuncay T. The effect of iron content on micro-structure and mechanical properties of A356 castalloy[J]. Metallurgical & Materials Transactions B,2017,48(2): 794-804.
[18] 李鹏飞. 汽车转向节的铸造铝合金性能提升研究[D]. 上海:上海大学,2019.
[19] 曾瑞祥. 新型低硅铸造铝合金组织与性能的综合改良研究[D]. 上海:上海大学,2020.
[20] 胡孟达. 铝合金轮毂强力铸造工艺研究[D]. 秦皇岛:燕山大学,2017.
[21] 王璨. 铝合金轮毂低压铸造工艺及设备研究[D]. 秦皇岛:燕山大学,2015.
[22] Suliman R,Oxtoby O F,Malan A G,et al. A matrix fee,partitioned solution of fluid-structure interaction problems using finite volume and finite element methods[J]. European Journal of Mechanics – B/fluids,2015,49(A):272-286.
[23] Mi G,Liu X,Wang K,et al. Numerical Simulation of low pressure die-casting aluminum wheel[J]. China Foundry,2009,6(1):48-52.

[24] 铸造工程师手册编写组. 铸造工程师手册[M]. 2版. 北京：机械工业出版社，2002.
[25] 董秀奇. 低压及差压铸造理论与实践[M]. 北京：兵器工业出版社，1995.
[26] White F M. Fluid Mechanics[M]. 4th ed. New Yolk：McGraw-Hill Higher Education，2010.
[27] Campbell J. Castings[M]. 2nd ed. Burlington：Butterworth-Heinemann，2003.
[28] 潘宪增，黄乃瑜. 中国模具工程大典第7卷：压力铸造与金属型铸造模具设计[M]. 北京：电子工业出版社，2007.
[29] Holman J P. Heat Transfer[M]. 北京：机械工业出版社，2011.
[30] 杨世铭，陶文铨. 传热学[M]. 4版. 北京：高等教育出版社，2006.
[31] Abbaschian R. Physical Metallurgy Principles[M]. 4th ed. Stamford: Cengage Learning，2009.
[32] 崔忠圻. 金属学与热处理[M]. 北京：机械工业出版社，2000.
[33] 安阁英. 铸件形成原理[M]. 北京：机械工业出版社，2011.
[34] Himes J A. Determination of interfacial heat-transfer boundary conditions in an aluminum low-pressure permanent mold test casting[J]. Metall. Mater. Trans. B，2004，35：299-311.
[35] Ho K，Pehlke R D. Metal-mold interfacial heat transfer[J]. Metall. Mater. Trans. B，1985，16：585-594.
[36] Trovant M，Agryropoulos S. Finding boundary conditions：A coupling strategy for the modeling of metal casting process：PartI. Experimental study and correlation development[J]. Metall. Mater. Trans. B，2000，31：75-86.
[37] Trovant M，Agryropoulos S. Finding boundary conditions：A coupling strategy for the modeling of metal casting process：Part II. Numerical study and analysis[J]. Metall. Mater. Trans. B，2000，31：87-96.
[38] Kim T G，Lee Z H. Time-varying heat transfer coefficients between tube-shaped casting and metal mold[J]. Int. J. Heat. Mass. Transfer.，1997，40：3513-3525.
[39] Griffiths W D. The heat-transfer coefficient during the unidirectional solidification of an Al-Si alloy casting[J]. Metall. Mater. Trans. B，1999，30：473-482.
[40] 徐佐. 低压铸造铝车轮金属型与铸件界面传热系数的探索[J]. 铸造技术，2016，37（09）：2039-2042.
[41] 庞午骥，曹振伟，万金华. 铝合金车轮制造技术及发展趋势[J]. 铝加工，2017（02）：4-7.

第5章
轻量化锻造铝合金车轮

锻造是一种利用锻压机对金属坯料施加压力,使其产生塑性变形以获得具有一定力学性能、形状和尺寸的产品的加工方法,可用于加工从简单到复杂的一系列形状产品。按照所用工具类型的不同,锻造可分为自由锻造、模型锻造和特种锻造。

锻造工艺可细化晶粒、焊合孔洞、压实疏松、打碎非金属夹杂并使之沿变形方向分布,因此可消除铸造枝晶、疏松和缩孔等缺陷,形成新的纤维组织和结构,从而优化材料内部组织,使其结构致密,提高其综合力学性能。同铸造铝合金车轮相比,锻造铝合金车轮有以下优点:

① 具有更致密的金属组织、更高的力学性能,其强度一般比铸造车轮高30%~50%,甚至更高。

② 具有更轻薄的轮辐和轮辋结构,可减重15%~25%(表5-1),更能满足汽车轻量化、节能减排的要求。

③ 抗冲击力强,疲劳寿命长,可靠性高。

表 5-1 锻造与铸造铝合金车轮质量对比

尺寸 /inch	车轮质量 /kg	
	铸造	锻造
16	8.5~9.5	6.5~8.0
17	9.5~11	8.0~9.5
18	11~13	9.5~11
19	13~15	11~12
20	15~17	12~14

与其他机械加工方法相比，锻造工艺是一种体积成形工艺，即在整体性保持不变的情况下，依靠塑性变形产生物质转移以实现工件形状和尺寸的变化，不产生切屑，材料利用率高。此外，通过锻造还可获得合理的流线分布，避免因机械加工而导致金属内部流线被切断，易造成应力腐蚀，承载拉压交变应力的能力较差等缺陷，充分发挥金属材料性能[1]。

尽管锻造铝合金车轮的生产成本比铸造铝合金车轮高，生产技术难度也较大，但随着社会对轻量化、安全、环保等需求的提高，锻造铝合金车轮的应用得到了快速发展。

锻造铝合金车轮在国内外的生产现状如下。

（1）国外生产现状

1948年，美国铝业公司率先开发出锻造铝合金车轮，从而使锻造铝合金车轮工艺从最初用于第二次世界大战军用飞机的机轮到战后民用车轮的跨越，开启了锻造铝合金车轮在民用领域的应用[2]。

在国外，锻造铝合金车轮在载货汽车、商用客车、高端轿车、摩托车等上的应用广泛。在美洲，商用车上锻造铝合金车轮的配装率很高，巴西、美国、加拿大等国均为锻造铝合金车轮需求大国，通用、福特等已在其生产的高端轿车、轻型皮卡等车型上普遍使用锻造铝合金车轮。在欧洲，锻造铝合金车轮已被广泛用于奥迪、宝马、奔驰、保时捷等轿车上，沃尔沃、戴姆勒、雷诺等企业的载货汽车、挂车以及大客车上也装配了锻造铝合金车轮。在亚洲一些国家，如日本、韩国等，近些年锻造铝合金车轮的装配率也在提高。

除美国铝业公司以外，其他较著名的锻造铝合金车轮制造企业还有：美国的Accuride、Superior Industries，德国的Ronal、Otto Fuchs，日本的Topy公司等[3,4]。

（2）国内生产现状

在国内，锻造铝合金车轮的应用还处在起步阶段。近几年，东风、一汽解放、厦门金龙、中通客车等商用车企业开始装配锻造铝合金车轮。

国内锻造铝合金车轮生产企业近年来得到了较快发展，截至2021年，锻造铝合金车轮生产企业共有20多家。2004年，中信戴卡建成亚洲第一条全自动锻造铝合金车轮生产线，产品种类包括轿车轮、摩托车轮、商用车轮等，为通用、福特、奥迪、标致等汽车厂配套。目前，国内生产锻造铝合金车轮的企业还有江苏珀然、万丰奥特、台湾巧新等[3]。

5.1 锻造铝合金车轮的材料、组织及性能

5.1.1 原材料生产工艺、组织及性能

（1）原材料生产及工艺

锻造铝合金车轮以铸棒为原料，其牌号主要涉及2系、6系和7系，目前常用牌号以6061和6082为主。表5-2给出了锻造铝合金车轮涉及的相关铝合金牌号和化学成分。

① 熔炼工艺。

熔炼目的是熔炼出化学成分符合要求、纯净度高、温度适当的铝合金熔体，为铸造创造有利条件。熔炼炉的任务是完成固体炉料的加热、熔化、成分调整、温度调整，进行初级的熔体净化，从而为铸造提供成分、温度均匀并符合要求、纯净度高的熔体。熔炼炉包括熔化炉和静置保温炉[5]。

表 5-2 车轮用锻造铝合金牌号与化学成分 单位：wt%

合金牌号	Si	Fe	Cu	Mn	Mg	Cr	Ni	Zn	Fe+Ni	Ti	Zr	其他 单个	其他 合计	Al
2A11	0.7	0.7	3.8~4.8	0.4~0.8	0.4~0.8	—	0.10	0.30	0.7	0.15	—	0.05	0.10	余量
2A12	0.5	0.5	3.8~4.9	0.3~0.9	1.2~1.8	—	0.10	0.30	0.5	0.15	—	0.05	0.10	余量
2A14	0.6~1.2	0.7	3.9~4.8	0.4~1.0	0.4~0.8	—	0.10	0.30	—	0.15	—	0.05	0.10	余量
2A50	0.7~1.2	0.7	1.8~2.6	0.4~0.8	0.4~0.8	—	0.10	0.30	0.7	0.15	—	0.05	0.10	余量
2A70	0.35	0.9~1.5	1.9~2.5	0.2	1.4~1.8	—	0.9~1.5	0.30	—	0.02~0.10	—	0.05	0.10	余量
6061	0.4~0.8	0.7	0.15~0.4	0.15	0.8~1.2	0.04~0.35	—	0.25	—	0.15	—	0.05	0.15	余量
6082	0.7~1.3	0.5	0.10	0.4~1.0	0.6~1.2	0.25	—	0.20	—	0.10	—	0.05	0.15	余量
7A04	0.50	0.50	1.4~2.0	0.2~0.6	1.8~2.8	0.1~0.25	—	5.0~7.0	—	0.10	—	0.05	0.10	余量
7055	0.10	0.15	2.0~2.6	0.05	1.8~2.3	0.04	—	7.6~8.4	—	0.06	0.08~0.25	0.05	0.15	余量
7075	0.40	0.50	1.2~2.0	0.30	2.1~2.9	0.18~0.28	—	5.1~6.1	—	0.20	—	0.05	0.15	余量

熔化炉对固体炉料加热使其熔化，并完成成分调整，获得成分、温度均符合要求的熔体。

为防止熔体在熔化炉内长时间停留影响生产效率，设置了静置保温炉，其作用是完成熔体的炉内净化处理，并保持熔体温度，使其符合铸造要求。

② 熔体净化。

铝及其合金在熔炼过程中，存在氢和氧化夹杂物等，影响熔体纯度[6]，导致铸棒产生气孔、夹杂、疏松等缺陷，直接影响锻造铝合金车轮的性能。因此，去除铝液中的气体和夹杂物，提高铝熔体的纯净度，对锻造铝合金车轮的最终使用性能具有重要意义。

按除去杂质或缺陷的类型，熔体净化方法可分为除气净化和除渣净化；

按净化处理发生的位置，熔体净化方法可分为炉内净化和铸造在线净化；

按气体和杂质颗粒与净化介质的作用，熔体净化方法则可分为吸附净化和非吸附净化。

③ 晶粒细化。

晶粒细化是对铝合金熔体进行细化处理，最终得到均匀、细小的等轴组织的过程。铸棒整个截面上具有均匀、细小的等轴晶粒是理想的铸锭组织，可减少均匀化处理时间，提高锻造过程中金属塑性变形能力[7]。此外，晶粒细化能降低铸棒的热裂倾向，提高液体金属凝固时的补缩能力，降低组织疏松倾向，保证铸棒组织的均匀性。

控制晶粒尺寸的常用方法是：在浇注前，向熔体中加入形核剂，在凝固过程中，通过异质形核使晶粒细化。一般选含有 Ti、Zr、B、C 等元素的化合物做晶粒细化剂，常用 AlTiB、

AlTiC作为细化剂。此外，工业上也广泛采用其他晶粒细化方法，如机械、电磁搅拌，超声波振动以及控制过冷度等[8]。

④ 铸造工艺。

锻造铝合金车轮用铸棒的加工，常采用半连续铸造多个铸锭的方法。数个铸棒能够在一个铸次的连铸过程中一起铸出，当铸棒达到所需要的长度时，停止浇注和铸造过程，凝固后从铸造井中吊出铸棒，再进行下一次铸造过程。由于铝合金有良好的导热性和易加工能力，因此铝合金连铸技术得到了迅速的发展，出现了各种铸造工艺，如热顶铸造法、水平铸造法以及电磁铸造法等[9]。

目前，锻造铝合金车轮用棒料主要采用普通热顶铸造和油气润滑热顶铸造生产。普通热顶铸造就是在传统铸造的结晶器上安装一个起保温作用的热顶帽，降低结晶器的有效冷却高度，减少结晶器一次冷却传热，如图5-1所示。普通热顶铸造采用水平浇注方式，使得分流盘中的合金溶体与结晶器热顶帽中的合金溶体处于同一水平，铝液能够平稳地进入结晶器，从而大大减少了熔体热量的散失，防止了浇注时溶体的扰动、卷气、卷渣，提高了铸棒内在品质及其稳定性[10]。该铸造方法投资少且安装、调试方便，工艺合理，但是铸棒表面的形成发生在热顶与结晶器的交界处，易产生冷隔和逆偏析层等铸锭表面缺陷，导致厚且不均匀的外表面壳。

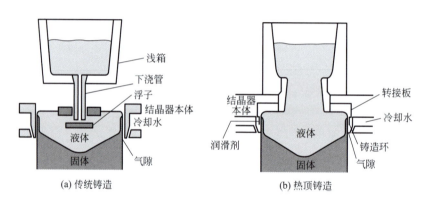

图5-1 传统铸造与热顶铸造示意图

油气润滑热顶铸造是普通热顶铸造技术的发展，如图5-2所示。油气润滑热顶铸造的结晶器是一种将润滑油、压缩空气、冷却水的通道集成设计的铝合金半连续铸造模具。油气通过压力穿透石墨环，在石墨环内壁形成油气膜，减少了模具壁和铸锭间的摩擦和热传导；同时，提高了二次冷却的冷却强度，大大提高了铸锭的表面质量和内部组织[11,12]。因此，油气润滑热顶铸造方法在锻造铝合金车轮中被广泛应用。

⑤ 均质处理。

铸棒的均质处理是将金属加热到接近固相线或接近共晶温度，长时间保温，然后缓慢冷却至室温。均质处理的目的在于消除或降低晶内化学成分和组织不均匀性，提高合金塑性，便于加工变形[5,13]。

图5-3为6061均质化棒料扫描电镜下组织形貌。由图可知，原β-AlFeSi相转变后的α-Al（FeMn）Si相完全球化。在均匀化处理过程中，β-AlFeSi相会先碎片化成项链状结构，然后开始球化[14]。

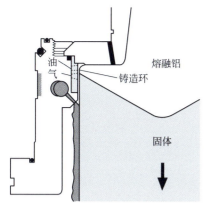

图 5-2 油气润滑热顶铸造示意图

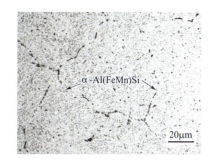

图 5-3 棒料均质态显微组织

铸棒在均匀化加热时，发生两个相反的组织变化过程，即不平衡共晶[如α（Al）+ Mg_2Si]固溶到α（Al）中，使枝晶网状组织消失或残存少量的枝晶网痕迹；另外，从过饱和固溶体内分解出含Mn、Cr等的化合物。在加热后冷却时，从固溶体中还析出可溶性化合物的质点。合金在均匀化加热后，如果冷却速度很慢，便会出现魏氏组织，即从α（Al）中析出的化合物呈针状，并沿一定的晶面析出，彼此保持一定的位向关系。加热温度愈高，冷却速度愈小，析出物愈粗大[15,16]。

（2）原材料组织与性能

锻造铝合金车轮用原材料一般为大直径铸棒，由于凝固、加工、热处理中流场、温度场和应力场的不均匀作用，往往会造成大规格铸锭成分的宏观不均匀性及非平衡结晶相和杂质等组织的微观不均匀性。

图5-4为6061棒料铸态宏观晶粒及边部、1/4处和心部超景深照片。从照片可知，铸棒表层有一层很薄的细晶区，1/4位置处枝晶非常明显，心部组织呈网状，组织较粗大。在铸造急剧冷却条件下，合金在凝固时有很大的结晶速度，破坏了平衡结晶条件。当合金到达共晶温度时，由于具有一定的过冷度，仍有相当数量的液体凝固成共晶组织，它们分布在树枝状晶体的枝杈和晶粒边界上，因含量较少，虽是亚共晶组织，但往往以离异共晶形态出现。在光学显微镜下观察时，由于切取的是树枝状晶粒的截面，呈白色网状。

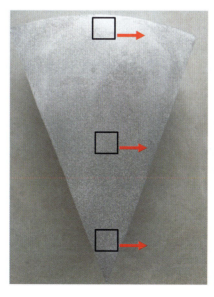

图 5-4 棒料铸态宏观晶粒

图 5-5 为 6061 棒料铸态显微组织,采用 Keller 溶液腐蚀约 3s。由图可知,棒料铸态组织主要由 α-Al、β-AlFeSi、α-Al(FeMn)Si 和 β-Mg₂Si 等相组成。其中,β-AlFeSi 金属间化合物为粗大的板条状或针状;α-Al(FeMn)Si 为颗粒状、细块状、短棒状及汉字状;β-Mg₂Si 初晶呈多角形,共晶多呈鱼骨状,在铸锭正常部位呈枝杈状[17]。

棒料铸态和均质化后的组织变化会直接影响后续加工性能,因此需明确铸态与均质态性能差异。

图 5-6 为 6061 棒料铸态与均质态拉伸性能对比。从性能来看,铸态屈服强度和抗拉强度均比均质化后的高一些,但伸长率却只有均质化后的 1/4,这说明均质化处理能显著改善棒料组织均匀性,降低锻造过程的变形抗力,提高材料可锻性。

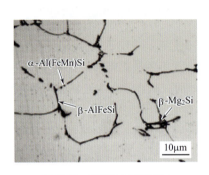

图 5-5 棒料铸态显微组织

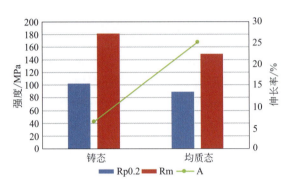

图 5-6 棒料铸态与均质态拉伸性能

5.1.2 锻造铝合金车轮的组织与性能

(1) 锻造铝合金车轮的宏观变形规律

(a) 旋转锻工序(右图为左图方框区放大)

(b) 锻造工序(右图为左图方框区放大)

(c) 旋压工序(右图为左图方框区放大)

图 5-7 锻造铝合金车轮各工序生产过程中的金属流线

锻造铝合金车轮各生产工序是一个有机整体,其主要工序有旋转锻、锻造、旋压和热处理等,前、后工序是紧密衔接的,因此,其晶粒组织的演变也是相关联的。

图 5-7 为 6061 锻造铝合金车轮各工序生产过程中的金属流线。通过金属流线可推断出各工序之间的金属变形量及流动规律,可为车轮结构设计与锻造工艺优化提供参考指导。

(2) 锻造铝合金车轮的组织演变

旋转锻主要目的是将铸棒由横截面积较小的坯料转变为横截面积较大而高度较小的锻件,是后续模锻的制坯工序，同时通过旋转锻能使组织破碎，改善组织形状，提高锻件力学性能。旋转锻后各部位金相组织如图5-8所示。

(a) 轮心　　　　　　　　(b) 轮辐　　　　　　　　(c) 轮缘

图 5-8　旋转锻后各部位金相组织形貌

从图5-8可见，棒料经旋转锻后由于各部位金属变形不均匀，晶粒大小也存在明显差异。轮心部位晶粒呈等轴形，与铸棒均质化组织相近，说明此部位变形非常小，仍保留粗大的铸态组织；轮辐部位组织能见到明显的金属流线，内部组织细小；轮缘部位金相组织的晶粒大小介于轮心与轮辐之间。

锻造及旋压工序确定了铝合金车轮最终形状，也决定了金属晶粒尺寸、第二相分布和金属流线等。

图5-9为6061锻造后各部位金相显微组织。从图中可以看出，旋转锻坯料经锻造后，轮心、轮辐部位粗大不均匀的晶粒进一步被破碎，通过再结晶变成较细的均匀等轴晶。锻造过程中，晶粒沿变形方向被拉长、滑移、破碎，旋转锻后不均匀的组织、存在于晶界上的夹杂物及金属间化合物等第二相，经过压力加工变形后，也随之改变分布形态，沿变形方向伸长并沿金属流动方向排列而呈长条形态，即形成所谓的金属纤维状结构。由于旋转锻坯料各部位组织不均，再加上车轮各部位壁厚不同，锻造后各部位之间组织仍然存在显著差异。从

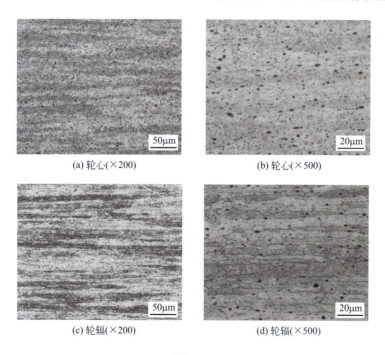

(a) 轮心(×200)　　　　　　　　(b) 轮心(×500)

(c) 轮辐(×200)　　　　　　　　(d) 轮辐(×500)

图 5-9

图 5-9 锻造后各部位的金相显微组织形貌

图5-9可见，轮心和轮缘部位相对变形量小，晶粒明显要粗大一些。

旋压工序主要是对轮辋进行塑性成型，旋压后轮辋金相显微组织如图5-10所示。从图可见，旋压后轮辋部位晶粒由等轴晶粒转变成了纤维状晶粒，纤维间的宽度也大大减小。在旋压过程中，轮辋的金属晶粒在三向变形力的作用下，沿变形区滑移面错移，滑移面各滑移层的方向与变形方向一致，因此金属纤维保持连续完整。

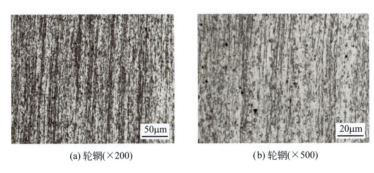

图 5-10 旋压后轮辋金相显微组织形貌

(3) 锻造铝合金车轮性能

旋转锻、锻造、旋压工序后车轮各主要部位拉伸性能如图5-11所示。从图可知，与旋转锻相比，锻造后轮心、轮辐部位强度提高约10%，伸长率降低约1%；旋压后，轮辋部位强度比锻造后的轮辋强度提高约10MPa，伸长率提高约1%。

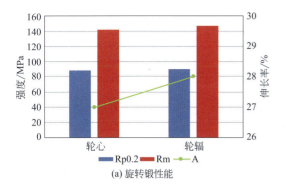

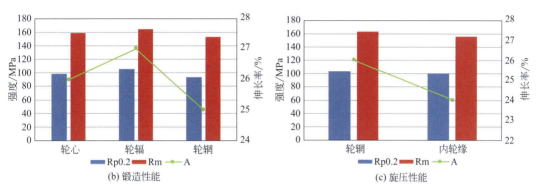

图 5-11 旋转锻、锻造、旋压后车轮各主要部位拉伸性能对比

经T6热处理后，6061锻造铝合金车轮各部位性能如图5-12所示。与图5-11对比可知，热处理能显著提高车轮各部位强度，且伸长率会随着强度的提高而显著下降。

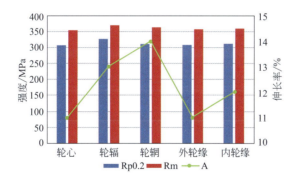

图 5-12 T6热处理后6061锻造铝合金车轮各部位力学性能

5.1.3 锻造铝合金车轮疲劳性能

(1) 锻造铝合金车轮的疲劳及失效

疲劳破坏是结构件最常见的失效形式。锻造铝合金车轮在行驶中受到异物撞击、路面颠簸、介质腐蚀和发动机振动的作用，使得疲劳失效成为铝合金车轮的主要失效形式。

疲劳失效分析的目的是确定失效性能，查找失效原因，并提出预防以及设计改进意见，以防止类似失效的重复发生。与铸造铝合金车轮相比，锻造铝合金车轮具有更高的屈服应力，其光滑试样的疲劳极限也较高，但是它的缺口敏感性也升高了。Brooks、Choudhury等人以及美国金属学会（ASM）提出的分析程序是国际公认的失效分析程序，锻造铝合金车轮的失效分析一般按照以下步骤和程序进行[18,19]：

① 失效情况的描述。收集锻造车轮失效的特征过程、设计要求以及使用情况和环境，尤其是照片资料和多媒体资料。

② 目视观察。对失效车轮进行初步观察，记录总形貌，并保护好断口表面或其他重要的失效特征。

③ 应力分析。锻造铝合金车轮是重要的承载构件，应优先进行应力分析，正确评估其承载能力，确定车轮是否具有足够的尺寸和合适的形状，以便满足设计要求。

④ 化学成分分析。考察原材料是否合格、个别元素的异常波动对车轮的影响。

⑤ 锻造过程及其各工艺环节分析。追溯锻造热加工工艺、热处理和机加工错误或误操作导致的可能原因。

⑥ 宏观断口形貌检查。在目视和低倍（如体视镜、超景深数码显微镜）放大下检查裂纹或断口表面，根据形貌特征初步推断可能的断裂模式。

⑦ 微观断口分析。通常通过扫描电子显微镜（SEM）确定断裂机理，通过X射线能谱仪（EDS）对微区成分、元素的面分布及线分布、夹杂物及其他缺陷的化学元素比等进行分析和表征。

⑧ 金相检测。在失效车轮上切片，制备金相样，根据需要可进行横向或纵向取样，检验材料的组织，为失效原因提供依据。

⑨ 性能检验。在允许对车轮作破坏性取样时，确定失效车轮的力学性能、冲击韧性等。

⑩ 失效模拟。模拟失效原因，重现与失效件相同的车轮，使之在相同的服役条件下试验（特殊情况才做）。

⑪ 撰写报告。分析全部证据，得出正式结论并写出报告及改进建议。

（2）锻造铝合金车轮的疲劳机理

与其他金属结构的疲劳机理类似，锻造铝合金车轮的疲劳断裂也是由局部塑性应变集中所引起的，典型的疲劳断口可分为3个区域：疲劳源、疲劳裂纹扩展区、瞬断区。

疲劳源一般是一个，也可以是多个。疲劳源是裂纹萌生的起始地，疲劳裂纹起源自高应力区。一般来说，有两个区域会出现高应力[20,21]：

① 应力集中处。材料中含有缺陷、夹杂，或构件中有孔、切口、台阶等，这类几何不连续处将引起应力集中，裂纹直接从这些应力集中处开始扩展，大大降低构件的疲劳寿命。

② 构件表面。在大多数情况下，构件中的高应力区域总是在表面（或近表面）处。表面处于平面应力状态，有利于塑性滑移的进行，而滑移是材料中裂纹成核的重要过程。此外，表面还受到机加刀痕和环境腐蚀的影响。锻造铝合金车轮为多晶体材料，各晶粒有各自不同排列方位，在高应力作用下，材料晶粒中易滑移平面的方位若与最大作用剪应力一致，则将发生滑移。位错滑移产生滑移线、滑移带，但由于载荷较小，这种局部塑性变形区不会扩大，而是在已经形成的滑移带上继续向纵深发展，这类滑移带叫作驻留滑移带（PSB）。驻留滑移带进一步发展，在试样表面形成挤入台阶，最终发展为微裂纹，成为疲劳断裂的裂纹源。图5-13为表面的局部塑性变形产生的微裂

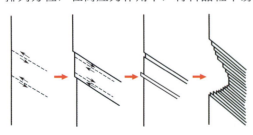

图5-13 表面局部塑性变形产生微裂纹

纹示意图。

裂纹萌生后由裂纹源向内部扩展，裂纹扩展区的大小与材料延性和所承受的载荷水平有关，典型特征是宏观下可见的明暗相间的条带（称为"海滩条带"）和微观下的疲劳条纹（或称疲劳辉纹），如图5-14所示。

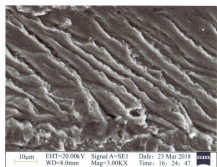

(a)"海滩条带"　　　　　　　　　　(b) 疲劳条纹

图 5-14　锻造铝合金车轮疲劳断口"海滩条带"和疲劳条纹

在循环载荷作用下，由持久滑移带形成的微裂纹沿45°最大剪应力作用面继续扩展或相互连接。此后，有少数几条微裂纹达到几十微米的长度，逐步汇聚成一条主裂纹，并由沿最大剪应力面扩展逐步转向沿垂直于载荷作用线的最大拉应力面扩展。"塑性钝化模型"（即"侵入–挤出"机制）是目前公认的疲劳裂纹扩展模型，如图5-15所示。在循环应力的作用下，裂纹尖端在拉应力作用下张开，由于在裂纹尖端存在高度应力集中，使得尖端发生塑性变形，裂纹沿最大剪应力方向（与主应力成45°角）滑移，向前扩展一段距离，产生新的裂纹表面；随着载荷的变化，在压应力作用下裂纹收缩，但新开创的裂纹面不能消失，而是闭合再次形成尖裂纹。在下一次交变应力循环下，裂纹再次经历张开→钝化→扩展→锐化，每经过一个应力循环，将在裂纹面上留下一条痕迹，即疲劳辉纹。

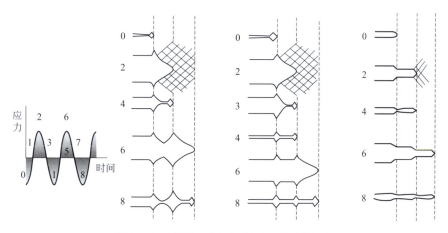

图 5-15　裂纹扩展阶段的"侵入–挤出"机制

瞬断区是裂纹扩展至最后失稳断裂而形成，其断口特征与静载拉伸断口一样，为典型的韧窝状断裂。

5.2 锻造铝合金车轮制造工艺

5.2.1 锻造铝合金车轮的生产工艺流程

锻造铝合金车轮常用的成形工艺路线如图 5-16 所示。

图 5-16 锻造车轮成形工艺路线

5.2.2 锻造铝合金车轮生产准备

(1) 坯料准备

锻造铝合金车轮坯料一般是由带锯进行下料作业,也可使用圆盘下料机等进行下料,原料有挤压棒和铸棒等。

下料计算的依据是锻前锻后铝合金材料在塑性变形过程中体积不变的定律。具体计算公式如下[22]:

$$V_{坯料} = V_{锻件} + V_{工艺} \tag{5-1}$$

式中,$V_{坯料}$ 为下料体积,mm^3;$V_{锻件}$ 是锻件体积,mm^3;$V_{工艺}$ 为锻造后除锻件外,其余的飞边、边皮等工艺性废料的体积,mm^3。

(2) 模具准备

在生产中应首先根据零件的尺寸、形状、技术要求、生产批量大小和设备能力,设计锻造模具。锻造模具设计的程序为:分析成品的形状,研究成品的锻造工艺性;根据零件图设计锻件图;确定模锻工步和设计模具,其顺序是先设计旋压模具和终锻模具,然后设计预锻模具和旋转锻模具,最后设计切边扩口模,每种产品需 3~5 套模具。

设计锻造模具时应满足以下要求:保证获得满足尺寸精度要求的锻件;锻模应有足够的强度和高的寿命;锻模工作时应当稳定可靠;锻模工作时应满足生产率的要求;便于操作;模具制造简单;锻模安装、调整、维修简易;在保证模具强度的前提下尽量节省锻模材料;锻模的外廓尺寸等应符合设备的技术规格;考虑在手工实验时,人工操作有足够的安全装取料空间。

图 5-17~图 5-19 分别为旋转锻、初锻与终锻、切边扩口模具的总装示意图。

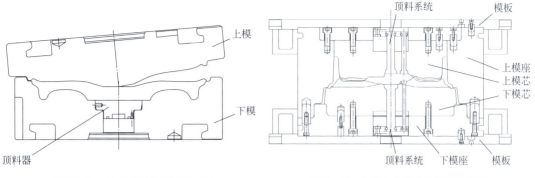

图 5-17 旋转锻模具总装示意图　　图 5-18 初锻与终锻模具总装示意图

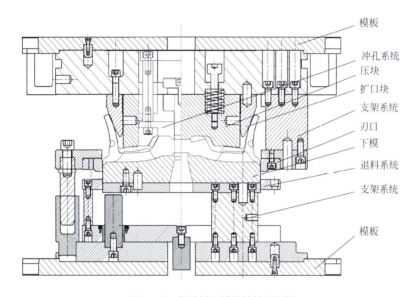

图 5-19 切边扩口模具总装示意图

为确保终锻温度,提高铝合金的流动性和锻造变形均匀性,模具和锻造工具在工作前必须预热,预热温度为400～500℃。

(3) 坯料加热

对锻造铝合金车轮坯料进行加热,可提高金属材料塑性,降低变形抗力,使其产生塑性变形时所需要的外力减小。

铝合金的锻造性能与钢质坯料不同,其锻造温度范围很窄,通常在100℃左右[23]。在合理的锻造温度范围内对铝合金进行锻造,可获得均匀且细小的再结晶组织,保证锻造铝合金车轮的物理力学性能。目前,锻造铝合金车轮原料主要为牌号6061、6082等铝合金,锻造过程中要经受较高的应力和应变速率,这对其可锻性及组织和性能有重要影响。铝合金的可锻性主要与锻造时的相组成有关,在锻造时应尽可能具有单相状态,以便提高工艺塑性和减小变形抗力。一般铝合金的最高锻造加热或变形温度应低于固相线80～100℃,允许的终锻温度应高于强化相极限溶解温度100～230℃,具体如表5-3所示。

表 5-3 常用锻造铝合金锻造温度范围

牌号	锻造温度 /℃		锻造温度范围 /℃
	始锻温度	终锻温度	
2014	460	420	40
5083	460	405	55
6061	482	432	50
6082	480	440	40
7075	482	382	100
7079	455	405	50

5.2.3 锻造铝合金车轮成型工艺

（1）旋转锻成型

设备上滑块按控制程序带动上模转动并下压，以旋转的方式，用5°左右的加工角度对棒料进行碾压加工，将棒料碾压成饼料。该工序优化了坯料的形状，易于后序坯料塑性成型。

（2）初锻成型

初锻成形过程中，车轮的轮辐、窗口、轮辋初步成型。初锻压力机的上滑块带动上模下压，按指定吨位将毛坯充满上、下模的型腔。

（3）终锻成形

终锻成形过程中，车轮轮辐、窗口全部成型，轮辋初成型。终锻压力机的上滑块带动上模下压，按指定吨位将毛坯充满上、下模的型腔。

（4）切边扩口

切边扩口阶段完成在线冲孔、轮轴扩孔，同时切掉飞边。设备上滑块带动上模下压，按指定高度将毛坯轮辋扩大、中心孔冲掉，并切掉飞边，为后序的旋压工序做准备。

经切边、扩口的毛坯下线后，需要经过预机加，车削到窗口封层，车出一定尺寸中心孔，便于后续旋压成形。

（5）旋压

车轮旋压是将锻造坯料固定在旋压机的模具上，在坯料随机床主轴转动的同时，用旋轮加压于坯料，使之产生局部塑性变形。在旋轮的进给运动和坯料的旋转运动共同作用下，使局部的塑性变形逐步地扩展到坯料的全部旋压表面，并紧贴于模具，完成零件的旋压加工。旋压按是否对坯料进行预热，又可分为冷旋和热旋。

（6）毛坯缺陷检查

锻造铝合金车轮的成形过程一般需要5道工序，每道工序中都有可能出现各缺陷，其中常见的锻造铝合金车轮缺陷为折叠、充型不足、R角缺肉、变形等。这些缺陷主要通过生产工艺及模具的调整加以改善。

5.2.4 锻造铝合金车轮热处理工艺

（1）锻造铝合金车轮热处理的特点

锻造铝合金的热处理是在固态下通过适当的加热、保温和冷却处理，借以改变金属材料的组织和性能，使其具有所要求的力学和物理性能的工艺过程。锻造铝合金车轮的热处理是其生产过程中最重要的工序之一，对车轮的性能、质量和使用寿命起着至关重要的作用。为满足车轮的使用性能，绝大多数锻造铝合金车轮都要进行热处理，以提高其比强度和综合性能。

锻造铝合金车轮使用的材料一般为6061或6082铝合金，属于Al-Mg-Si系合金，通常采用T6热处理工艺[24]，而使用7×××系铝合金的锻造铝合金车轮则以T7热处理工艺为主。部分热处理信息如表5-4所示。

表5-4 热处理代号、状态名称及目的

代号	热处理状态名称	目的
T1	人工时效	提高硬度，改善加工性能，提高合金的强度
T2	退火	消除内应力，消除机加工引起的加工硬化，提高尺寸稳定性及增加合金塑性
T4	固溶处理	提高强度和硬度，获得最高的塑性及良好的抗蚀性能
T5	固溶处理+不完全人工时效	获得足够高的强度，并保持高的塑性，但抗蚀性降低
T6	固溶处理+完全人工时效	获得最高的强度，但塑性及抗蚀性降低
T7	固溶处理+稳定化回火	提高尺寸稳定性和抗蚀性，保持较高的力学性能
T8	固溶处理+软化回火	获得尺寸的稳定性，提高塑性，但强度降低

（2）锻造铝合金车轮的固溶热处理

固溶处理包含固溶和淬火冷却两个过程，是获得过饱和固溶体的重要工序，而过饱和固溶体脱溶是铝合金进行强化热处理的基础。

锻造铝合金车轮热处理强化的主要方法是固溶淬火+人工时效。在Al-Mg-Si合金中，固溶处理的实质在于：将合金加热到尽可能高的温度，并在该温度下保持足够长的时间，使强化相Mg_2Si充分溶入α-Al固溶体中，随后快速冷却，使高温时的固溶体呈过饱和状态并保留到室温。温度愈高，愈接近固相线温度，则固溶处理得愈好，固溶处理也会改变共晶Si的形态，随着固溶保持时间的延长，Si有一个缓慢球化和不断粗化的过程，这种过程随固溶温度的提高而增强。当然选择较高的固溶温度，对设备稳定性的要求也很高，炉膛内各部温度要均匀，否则局部温度过高，会导致部分产品过烧。6061锻造铝合金车轮固溶温度通常定为540℃±5℃，保温时间约2~4h。

锻造铝合金车轮的淬火水温一般选择为70~90℃，而且水的状态对力学性能也有一定影响，这是因为车轮淬火时水温升高，工件表面局部水气化的可能性增大，一旦气囊形成，冷却速度就会明显降低，导致力学性能降低。因此，在工作淬火的情况下，必须要开启水循环装置（搅拌器和循环泵），使水箱内的水处于流动状态，水温均匀，工件表面就没有形成气囊的机会，保持一定的冷却速度，确保淬火效果。

控制淬火的转移时间对强化相的分布很重要，转移时间长会使强化元素扩散析出而降低合金的力学性能，故转移时间越短越好。一般情况下，淬火转移时间不超过15s，淬火时间约2~4min。

（3）锻造铝合金车轮的时效热处理

锻造铝合金车轮一般采用人工时效，以6061、6082合金为例，时效温度通常为

170～180℃，时效时间为4～8h。6061、6082锻造铝合金车轮固溶、时效处理时，其强化相的析出时序是一个非常复杂的过程。1938年，Guinier和Preston在研究Al-Cu合金单晶自然时效时发现了GP区，后经过无数科学家的努力以及使用高分辨率透射电子显微镜（HRTEM）等现代观测仪器，对Al-Mg-Si合金时效析出行为才有了比较清晰的认识，但仍有一些地方存在争议。

目前为止，Al-Mg-Si合金中Mg-Si强化相的析出时序普遍认为如下：

SSSS（过饱和固溶体）→Mg、Si原子富集→GP→β″→β′+B′+U1+U2→β。其中，各析出相的晶体结构、成分、尺寸、形貌等如表5-5所示。

表5-5 Al-Mg-Si合金Mg-Si相析出时序[25,26]

转变/析出序列	晶体类型	尺寸	成分	形貌
Si和少量Mg富集	未知	未知	Si（Mg）	未知
Si和Mg富集	未知	未知	Mg/Si<1	未知
GP区（GP-Ⅰ）	未知	1～3nm	Mg/Si～1	球形
β″（GP-Ⅱ）	单斜	约4nm×4nm×50nm	Mg_5Si_6	针状
U1	三方	几百纳米长，直径约15nm	$MgAl_2Si_2$	针状
U2	斜方	几百纳米长，直径约15nm	MgAlSi	针状
β′	六方	约20nm×20nm×500nm	Mg_9Si_5	棒状
β	立方	10～20μm	Mg_2Si	板状

均匀化或锻造后快速冷却使得Mg、Si过饱和。由于Mg在Al基体中有较高的固溶度，当室温或加热放置时，Si先脱溶并形成小的富集，但这一个过程中同时也会有少量的Mg的富集。经研究，在温度为-50℃（零下50℃）的情况下，在淬火点阵空位处，仍然会发生Si的富集形核，当温度比-50℃更低时，空位迁移才很低[25,27]。温度-50℃以上放置或加热时，Mg原子向Si富集区扩散，Mg-Si相将析出。通过使用原子探针场离子显微镜（APFIM），已经证实了这种扩散富集，在温度为70℃时，平均Mg/Si比随着时间而增加。

在小的原子富集区先析出的相是GP区。结合高分辨率显微镜等实验手段发现，在GP区尺寸范围内至少存在两种相，一般称为GP-Ⅰ和GP-Ⅱ。其中，GP-Ⅰ尺寸范围为1～3nm，其晶体结构未知[28]。GP-Ⅰ与基体为完全共格关系。Chen等[29]通过HRTEM及第一性原理研究表明，GP-Ⅰ的分子式为$Mg_2Si_{2.6}Al_{6.4}$，其纳米级析出相的形成是建立在先形成的Si_2柱骨架基础上的。GP-Ⅱ又称为β″相，为针状，其典型尺寸约为4nm×4nm×50nm，这种针状结构的析出相在Al基体中的数量密度高达$10^4/mm^3$，在材料中等同于占体积分数近1%。β″相只有沿b轴方向才与基体完全共格，因此其与基体为半共格关系。Zandbergen等[30]指出，位错迁移障碍主要是析出物和析出物所引起的应变场。当析出相与基体呈共格或半共格关系时，析出相周围的应变场成为位错最大障碍。因此，这种半共格高密度β″相很容易使基体发生畸变并且阻碍位错运动，能显著提高材料强度。

β′仅沿c轴方向与基体完全共格，β′与B′、U1和U2相共存。β为平衡相，晶体结构为FCC，与Al基体呈完全非共格关系，引起基体点阵畸变很小，对位错的钉扎效应也很小。

锻造6061铝合金车轮T6热处理组织形貌如图5-20所示。

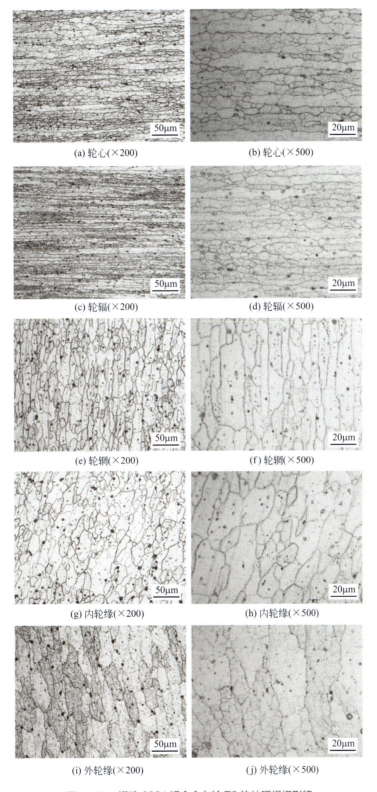

图 5-20 锻造 6061 铝合金车轮 T6 热处理组织形貌

5.2.5 锻造铝合金车轮的质量检验

车轮直接关系着汽车的行驶安全，因此需保证其设计质量和制造质量，同时还必须经过严格的质量检验。锻造铝合金车轮的质量缺陷通常按以下3种方法进行分类[31]：

① 按产生缺陷的责任，可分为因工艺不合理所造成的质量缺陷，因设备、工装或工艺操作方面的原因造成的质量缺陷，以及因管理方面的原因所造成的质量缺陷。

② 按缺陷表现的形式，可分为外部缺陷（折叠、缺肉等）、内部缺陷（内部裂纹、缩孔等）和性能缺陷等。

③ 按缺陷产生的工序或生产过程，可分为原材料生产过程产生的缺陷（夹杂、氧化膜等）、锻造过程产生的缺陷（黏模、异物压入等）和热处理过程产生的缺陷（过热、过烧等）。

对于锻造铝合金车轮，其组织纤维分布对抗疲劳极限和腐蚀性能都有影响。根据现场生产数据统计，表面缺陷往往发生在锻造车轮表层，发生在纤维伸出的地方。由于纤维伸出的地方在微观上本身就是一个缺陷，很容易成为应力集中处，在交变载荷作用下极易成为疲劳源，产生疲劳裂纹。

由于铝合金本身的锻造特性，使得铝合金车轮在锻造时易出现以下几种缺陷：

① 折叠。折叠是产生锻造铝合金车轮废品的主要缺陷，60%～70%的废品因折叠造成。产生折叠的原因主要有：锻件断面形状、大小变化过于剧烈，使金属流动轨迹过于复杂；没有预制坯和预锻，直接锻造形状非常复杂的锻件；预制坯和预锻模具设计不合理；锻造时，操作失误、润滑不均、加压速度太快等。根据多年的生产统计数据显示，折叠缺陷多发生在调机生产阶段。

② 过烧。铝合金可锻温度范围窄，其锻造加热温度，尤其是淬火温度很接近合金的共晶熔化温度，因此铝合金锻件极易发生过烧。坯料过烧后，表面发暗，易有气泡，而且再次锻压容易产生裂纹。生产中，对于过烧坯料只可再回炉加热一次，而且对过烧坯料要集中控制，不能与正常坯料混放；对过烧坯料产品要做详细检测，以防缺陷产品流出。

③ 人晶粒。在锻造铝合金车轮的表面、锻件变形程度小而尺寸较大的部位和变形程度大的区域以及飞边区附近，锻铝和硬铝易产生粗大晶粒。

④ 裂纹。锻造铝合金车轮容易产生表面和内部裂纹。坯料加热不足、保温时间不够、锻造温度过高或过低、变形程度太大、变形速度太高、锻造过程中产生的弯曲和折叠没有及时消除再次进行锻造，都可能产生表面裂纹。坯料内部存在有粗大的氧化物夹渣和低熔点脆性化合物，变形时在拉应力和切应力的作用下产生开裂，并不断扩大，这是铝合金锻件内部裂纹产生的主要原因。同时，模具和锻压设备没有预热，或预热温度不够也可能引起锻造铝合金车轮产生裂纹。

⑤ 流线不顺、涡流和穿流。其成因与折叠基本相同，也是由于金属对流或流向紊乱而造成，只不过有的部位尽管存在有流线不顺和涡流现象，但未能发展至折叠那样严重的程度。穿流和涡流明显降低车轮的塑性指标、疲劳性能和抗腐蚀性能。

⑥ 粘模、起皮。铝合金因质地软、摩擦系数大，易粘模，引起车轮起皮，表面粗糙，严重时会因不能脱模而中断生产。锻造毛坯粘模缺陷的起因，一般认为是润滑不足，或润滑剂使用不当。这种缺陷在生产中发生概率较小，其控制方法还在继续探索中。

综上所述，锻造铝合金车轮主要缺陷集中在表面，以折叠、裂纹、起泡等为主要表现形式，其内部缺陷较少。

针对这些特点，现场检测方法主要有目测法、着色渗透检测法、超声波探伤检测法以及涡流探伤检测法[32]。

① 目测法。在生产中，因折叠而产生的较大裂纹，以及因坯料内部缺陷产生的较大裂纹，一般通过目测即可发现。通常这些裂纹长度有30～50mm。锻造生产线调机下线的最初产品易出现此缺陷，随着生产线与毛坯棒料、生产环境磨合，一段时间后缺陷产品会大幅减少。为避免有缺陷的锻造毛坯进入成形工序，目测是非常必要的检测手段。

② 着色渗透检测法。锻造车轮经过机加工后，一般要经过着色渗透检测，并且常用荧光渗透剂作为着色剂。荧光渗透检测法使用含有荧光物质的渗透剂涂敷在锻造车轮表面，通过毛细作用渗入表面缺陷中，然后清洗掉表面的渗透液，将缺陷中的渗透液保留下来，用紫外光源照射，使荧光物质产生波长较长的可见光。在暗室中对照射后的车轮表面进行观察，通过显现的荧光图像来判断缺陷的大小、位置及形态。

③ 超声波探伤检测法。超声波探伤检测是一种应用于锻造铝合金车轮缺陷检测的新方法。超声波是超声振动在介质中的传播，其实质是以波动形式在介质中传播的机械振动。超声检测是通过超声波与锻造车轮的相互作用，根据超声波的反射、透射行为，对车轮进行缺陷检测。该方法除可以检测车轮表面缺陷，还可检测到深度为1～5mm的车轮内部缺陷。但是，使用超声波检测法对车轮内部缺陷进行精确定量、定性描述的技术，还有待进一步完善。

④ 涡流探伤检测法。涡流探伤检测是一种针对车轮表面或近表面的检测方法。涡流仪检测车轮表面时，交变电流通过检测线圈，在线圈周围产生交变磁场，当检测线圈沿着车轮表面移动，车轮中就会感应出高频电流，即涡流。利用电磁感应原理，通过测定车轮内部感生出的涡流变化量（涡流的幅值、相位、流动性等），来评定车轮的缺陷。同超声波探伤检测类似，涡流探伤检测也不能定量给出缺陷的详细描述，是一种近似的对比技术，因此，也需进一步完善。

5.3 锻造铝合金车轮轻量化技术

5.3.1 锻造铝合金车轮的材料轻量化

锻造铝合金车轮的材料轻量化是指在考虑成本、制造方法和使用安全的情况下，对现有材料进行改进或采用强度更高的材料以实现车轮轻量化的解决方案。与钢类似，锻造铝合金的发展趋势也是开发强度越来越高的铝合金。目前，锻造铝合金车轮材料轻量化，一方面通过先进的冶炼与洁净化技术提高原材料质量，以提高车轮的整体性能来达到轻量化的目的；另一方面则是通过对现有材料成分进行优化或使用更高强度的7×××系铝合金（其抗拉强度可达500MPa，已进入高强钢的强度范围）。

美国铝业公司（Alcoa）在2014年的美国中部卡车展览会Mid-America Trucking Show（MATS）上推出了一款更轻的新型锻造铝合金车轮（命名为UltraONE），如图5-21所示。在保证耐腐蚀性没有任何降低的前提下，车轮的重量不但更轻，整体强度还得到了提升。该车轮重40磅（约18.1kg），比同型号钢轮轻47%，比上一代6061铝合金车轮轻5磅（约

2.27kg）。其原因是采用了Alcoa新发明的一种MagnaForce合金，这种合金的强度比6061铝合金高出16.5%。

此外，美国雅固拉公司（Accuride）也推出了命名为Quantum99的更高强度铝合金锻造车轮，其强度比现有6061锻造铝合金车轮高20%，疲劳寿命是现有车轮的2倍。总部位于中国台湾的Alex Rims公司在美国拉斯维加斯国际改装车及配件展览会（SEMA Show）上展出了7075锻造铝合金车轮，既有乘用车锻造车轮也有商用车锻造车轮。

2020年，中信戴卡在国内率先使用喷射成型技术生产的高强铝合金棒料，开发出了7055锻造铝合金车轮，图5-22为其力学性能。

图5-21 美国铝业公司新型锻造铝合金车轮

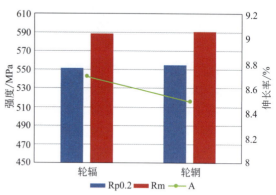

图5-22 7055锻造铝合金车轮力学性能

5.3.2 锻造铝合金车轮的制造轻量化

锻造铝合金车轮在锻压加工过程中，由于构件变形，材料的微观结构发生了变化，导致车轮的力学性能发生变化，尤其是材料疲劳强度的变化。疲劳强度受到初始材料和制造参数的影响，具体影响因素有：局部成形度、局部变形速度、锻造温度、晶粒大小与分布等。锻造铝合金车轮经过多次变形后，整个体积上材料流变不均匀，因此材料性能在局部也不同。为达到车轮最佳的轻量化效果，需掌握材料的分布规律和局部性能。

随着计算机技术的发展，锻造铝合金车轮工艺模拟及优化设计得到了广泛应用。锻造铝合金车轮成形的宏观（形状、位置、尺寸，孔洞、裂纹、折叠等宏观缺陷）模拟、优化以及材料微观组织结构（偏析、混晶等微观缺陷的演化）的预测，为模具的优化设计、制造提供了基础，对缩短开发周期、降低成本以及轻量化具有重要的意义。

对锻造铝合金车轮成形过程进行数值模拟，需首先进行各锻造工序及模具的设计。基于设计人员建立的车轮三维数值模型，并在考虑金属材料热膨胀系数的情况下设计出锻造成形模具，在此基础上使用坯料进行成形过程的数值模拟。在车轮的逆向设计中，通过三坐标测量仪或激光扫描仪等设备采集车轮样件结构及尺寸信息，并将其数据转化为车轮的数值模型。

需要指出的是，数值模拟由于受到模拟软件的完善程度以及输入数据的准确和完整性等影响[33]，与实际过程会存在一定的差距，需要专业人员对模拟结果进行分析与评判。图5-23为利用Simufact Forming软件进行的锻造铝合金车轮模拟分析，为模具结构优化设计和车轮轻量化制造提供了指导。

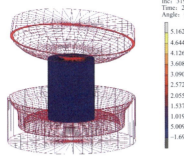
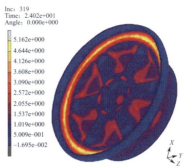

(a) 旋转锻等效应力场模拟　　　　　(b) 初锻等效应变场模拟

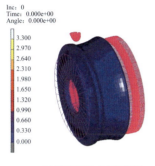
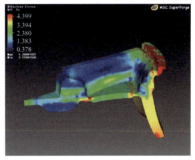

(c) 终锻等效应变场模拟　　　　　(d) 终锻等效应力场模拟

图 5-23　锻造铝合金车轮模拟示例

5.3.3　锻造铝合金车轮的结构轻量化

锻造铝合金车轮的结构轻量化，是在充分考虑锻造成形工艺的前提下，通过改变车轮的局部结构，包括车轮的拓扑结构、截面形状以及尺寸参数，来提高车轮的承载性能和轻量化水平。拓扑优化是指针对一个给定的连续区域，在已知载荷和约束条件的情况下，通过迭代搜索以获取结构最佳传力骨架的方法。拓扑优化已在工程装备的轻量化设计中得到了广泛应用，图 5-24 为锻造铝车轮轮辐拓扑优化结果[34]。形状优化是通过迭代优化调整结构局部边界形状，使结构性能达到最优的设计方法。尺寸优化是以结构的尺寸为设计变量，如结构的长

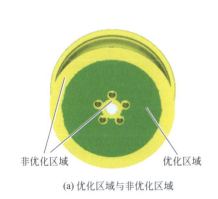
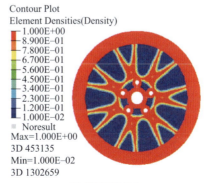

(a) 优化区域与非优化区域　　　　　(b) 轮辐拓扑优化

图 5-24　轮辐拓扑优化结果

宽高、板的厚度、孔的直径等，通过迭代优化使结构在满足某些性能指标时结构重量达到最轻。图5-25为锻造铝合金车轮法兰安装面和轮辐减重窝设计。

(a) 法兰安装面减重窝设计

(b) 轮辐减重窝设计

图 5-25　法兰安装面与轮辐减重窝设计

5.3.4　锻造铝合金车轮的表面强化技术

锻造铝合金车轮的疲劳裂纹常从材料的自由表面起始，因此表面状态对车轮的疲劳性能有重要影响。车轮表面的腐蚀坑、微动腐蚀、划痕和微坑等都可成为疲劳源[35,36]。为实现锻造铝合金车轮的进一步轻量化，并提高其抗疲劳性能，研究者们提出了各种表面处理技术。

表面处理是指将基体金属的表面经过各种方法处理（机械的、化学的、电化学的、物理的等），在基体上形成新表面层的工艺过程。该新表面层可有效增强基体的耐磨损和抗腐蚀性能，同时能阻碍裂纹萌生，提高基体的疲劳性能。锻造铝合金车轮作为暴露在外的承载件，长期经受各种介质腐蚀、砾石冲击和大载荷作用，其疲劳寿命是衡量其质量的最直接指标。

目前，锻造铝合金车轮主要表面强化技术如下：

（1）喷丸强化

作为冷加工处理工艺的喷丸强化，是使用丸粒以一定的控制方法，对结构表面进行轰击的表面处理工艺。丸粒的材质可以是钢、玻璃或陶瓷。每颗丸粒像一把小锤，打击金属表面，形成一个个凹坑。这种打击使材料表面塑性变形，产生残余压应力，如图5-26所示。在金属材料表面植入的残余压应力能有效防止疲劳、应力腐蚀裂纹、微磨损和擦伤。喷丸强化可对不同形状和尺寸的结构件进行处理。

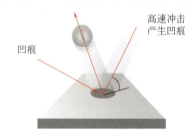

图 5-26　喷丸后工作表面示意图

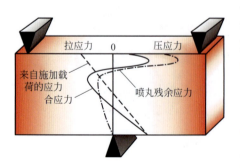

图 5-27　喷丸对外加应力的影响

喷丸强化处理后，工件表面硬度增加，且距表面越近，效果越明显。这是结构的表层组织产生加工硬化、残留压应力值增大两因素综合作用的结果[35]。图5-27所示为喷丸对外加应力的影响。

喷丸强化不同于表面清理、光整加工、喷丸校形等一般的喷丸工艺，它要求喷丸过程中严格控制工艺参数，使工件在受喷后具有预期的表面形貌、表层组织结构和残留压应力，从而可大幅度提高疲劳强度和抗应力腐蚀能力[35]。

（2）滚压强化

表面滚压强化是在一定的压力下，用辊轮、滚球或辊轴对被加工表面进行滚压或挤压，使其发生塑性变形，形成加工硬化层的工艺过程[35]。图5-28为采用辊轮对锻造铝合金车轮表面进行的滚压强化。

图 5-28　车轮表面滚压强化

表面滚压可使工件表面改性层的最大深度达5mm以上，形成较厚的表面加工硬化层，产生残余压应力，提高疲劳强度，延长车轮的使用寿命。

（3）激光喷丸强化

激光喷丸强化（Laser Shock Processing）是利用强激光束产生的等离子冲击波，提高金属材料抗疲劳、耐磨损和抗腐蚀能力的一种高新技术[37,38]。当短脉冲（几十纳秒内）的高峰值功率密度的激光辐射金属表面时，金属表面吸收层（涂覆层）吸收激光能量，发生爆炸性气化蒸发，产生高压等离子体，该等离子体受到约束层的约束爆炸时产生高压冲击波，作用于金属表面并向内部传播，如图5-29所示。激光喷丸强化在材料表层形成密集、稳定的位错结构的同时，使材料表层产生应变硬化，残留高幅压应力，显著地提高材料的抗疲劳和抗应力腐蚀等性能。

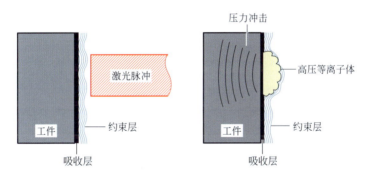

图 5-29　激光喷丸强化原理图

激光喷丸强化具有非接触、可控性好、表面质量高、过程无污染等优点，不仅能取得比传统强化方法更深的强化层，而且能够对车轮易产生应力集中的部位进行有针对性的强化。

（4）塑性胀孔

塑性胀孔（孔挤压强化）技术可被用于提高孔的抗疲劳性能。先把孔钻得略小于设计尺寸，然后用一个带锥度的芯棒从孔中拉过，使孔胀大，在孔的周围发生塑性变形[34]。由于塑性区沿着径向被向外挤出，于是在切线方向被拉长，使塑性区施加压力，由此在孔周边引入了切向压缩应力。

锻造铝合金车轮作为结构件，像"孔"这样的几何缺口是无法避免的。缺口会引起应力不均匀分布，缺口根部有应力集中现象。应力集中系数K_t定义为缺口根部处的峰值应力σ_p

与没有应力集中时的名义应力 σ_n 之间的比值[39,40]。应力集中的严重程度取决于缺口形状,图 5-30 和图 5-31 为孔的形状对 K_t 的影响和受拉伸的圆孔沿缺口边缘应力分布。由此可见,孔及其边缘应力集中会加速裂纹形核,通过塑性胀孔技术能有效减弱应力集中的影响。

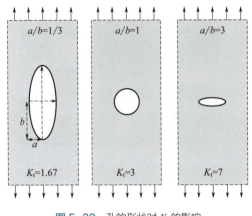

图 5-30 孔的形状对 K_t 的影响

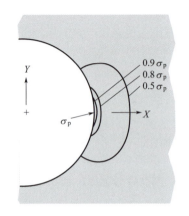

图 5-31 受拉伸的圆孔沿缺口边缘的应力分布

5.4 案例分析

5.4.1 商用车锻造铝合金车轮轻量化的典型案例

本案例研究对象为国内某商用车龙头企业开发的高承载、轻量化锻造铝合金车轮。车轮尺寸要求为 22.5in×9.0in,轮载为 4125kg,质量需在 23kg 以下。国内相同锻造产品在该载荷条件下,一般质量为 25kg。为达到要求的轻量化效果,进行了下述的设计、开发。

(1) 轻量化造型设计

根据客户效果图,进行造型设计并同步展开轮辐造型面 3D 数据设计,将客户建议在 3D 数据中进行体现,完成第 1 版 3D 数据,如图 5-32 所示。工程团队同时展开第 1 轮结构设计与有限元分析(简称 FEA)。首轮 FEA 分析结果显示,弯曲与径向疲劳失效,如表 5-6 所示。

图 5-32 第 1 版 3D 数据

表 5-6 第 1 版 FEA 报告

项目	试验载荷/转数	加载方向	分析结果/MPa	判据/MPa	结论
弯曲	29265N·m/30 万转	X 方向	239.7	<200	不合格
		Y 方向	242.0		
径向	80933N·m/400 万转	法兰	187.7	<210	不合格
		轮辐	232.5		
		轮缘	176.5		

第 1 版设计的车轮质量为 26kg,不合格。分析显示危险点位于窗口圆角半径较小的位置,因此建议客户加大窗口圆角,使窗口更接近圆形,减小应力水平;但法兰、轮辋位置实际应

力较小，有较大的轻量化空间。据此，开展第2轮轻量化优化设计。完成的第2版3D数据如图5-33所示，造型质量为23kg，FEA分析合格，具体数据如表5-7所示。

表5-7 第2版FEA报告

项目	试验载荷/转数	加载方向	分析结果/MPa	判据/MPa	结论
弯曲	29265N·m/30万转	X方向	189.3	<200	合格
		Y方向	189.7		
径向	80933N·m/400万转	法兰	143.2	<210	合格
		轮辐	168.6		
		轮缘	206.9		

图5-33 第2版3D数据

项目方案最终锁定，产品质量为23kg±0.2kg，满足客户轻量化目标；同时，表面状态采用抛光工艺，通过客户认可。

（2）产品加工过程实施

产品造型锁定后，进行工艺设计，初始工艺方案为：棒料加热→初锻→终锻→切边→旋压→车加工→铣加工→装配气门嘴→质量检测→包装发货。

首先使用锻造模拟软件对锻造毛坯工步进行过程模拟。通过模拟，发现初始模具结构、毛坯工步设计的问题，并调整、优化设计，结果满足要求后，输出最终优化设计方案，以及3D、2D加工图纸，并据此进行实物模具加工。模具、锻造毛坯变形工步设计一次成型，实际锻造试制工作一次性完成。锻造工艺过程的计算模拟如图5-34所示。

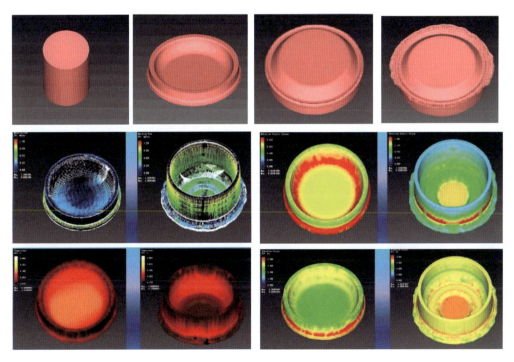

图5-34 锻造工艺过程计算模拟

同时，设计输出最终产品机加工相关的加工、工装、刀具方案，完成最终产品机加工。最终车轮成品如图5-35所示。

（3）产品性能验证

首先进行试验验证，材料、力学性能、台架实验均一次性通过。先期产品质量策划报告提交给客户，并同时发送样轮，客户通过为期5个月的整车路试。通过所有试验项目，完成全部认证工作，顺利量产。产品装车效果如图5-36所示。

图5-35 车轮成品图

图5-36 产品装车效果图

（4）效果评价及主要技术指标

该款轻量化锻造铝合金车轮为独立设计开发，并是"亚洲首条全自动锻造车轮生产线"上制造的全新一代超大载荷、超轻量化、超高寿命车轮。

产品选用抛光表面，呈现天然的金属质感，具有强烈的视觉美感，增强了品质感与精致感，提升了产品附加值，也使整车的外观品质更加突出。

在结构设计与工程仿真上，采用了拓扑优化技术。将可设计区域、非可设计区域分离，将设计载荷输入，通过计算机模拟分析，自动给出最优解，供设计师参考，明确了设计方向，提高了设计效率。同时，设计方案在满足可靠性的前提下也可做到轻量化。

该款车轮的材料力学性能达到抗拉强度不低于340MPa、屈服强度不低于300MPa、延伸率A5不低于15.0%。

该款车轮单重23kg，其可靠性满足TUV标准要求（弯曲重载100万转，径向疲劳400万转），高于国家标准GB/T 5909—2021《商用车辆车轮性能要求和试验方法》水平。该产品在国内同类产品中，重量最轻。

5.4.2 乘用车锻造铝合金车轮轻量化的典型案例

本案例研究对象为某汽车厂高端跑车配套的轻量化车轮。按照客户的要求，前、后轮造型相似，但尺寸不同。此外，客户对此款车轮在轻量化、个性化、可靠性等方面都有严格要求。

（1）设计方案

① 客户输入。

客户输入包括技术要求、装配要求和A面造型等。工程技术团队对客户输入展开工艺可行性评估、强度分析、成本评估等，并反馈客户。客户输入的A面数据如图5-37所示。

图5-37 客户输入的A面数据

② 造型设计。

a. 强度分析。

首先，依据客户输入的 A 面数据，使用设计软件，制作完成整个车轮的 3D 模型。然后，对车轮的弯曲疲劳、径向疲劳和 13°冲击这 3 项可靠性试验进行 FEA 分析。最后，依据经验和仿真数据库制定的判据对 FEA 结果进行判定，并对薄弱位置提出修改意见，并反馈给客户。

FEA 分析结果显示，在车轮正面轮辐中间凸起处出现应力集中，如图 5-38 所示。建议客户增加此处的轮辐宽度，以提高其强度，如图 5-39 所示。同时，为了轻量化设计，建议客户减薄轮辋厚度和增加底部切削结构。

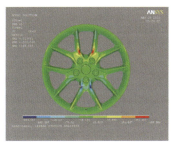

(a) 弯曲疲劳FEA结果　　(b) 径向疲劳FEA结果

图 5-38　FEA 分析结果

 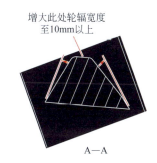

图 5-39　薄弱位置修改建议

b. 工艺分析。

客户要求在轮辐侧面增加铣削标识，如图 5-40（a）所示。若严格按照客户的要求，则三轴铣削加工中心难以实现；若采用五轴铣削加工中心，加工成本将会大幅提高。综合考虑锻造、铣削工艺的可行性，工程团队提出了增加轮辐侧面凸台，并将标识设计在凸台侧面上的方案，这样既满足了客户的外观要求，又避免了加工成本过高的问题。设计方案获得客户认可，如图 5-40（b）所示。

(a) 客户标识要求　　(b) 建议标识方案

图 5-40　标识修改建议

c. 轻量化设计。

为满足客户目标重量要求,结合锻造工艺和FEA分析结果,对车轮进行轻量化设计:轮辋厚度由原来的3.2mm减薄为2.7mm;在窗口下沿增加底部切削结构,如图5-41所示。最终满足了客户的重量和强度要求。

d. 设计确定。

经过多次的设计分析、反馈确认,最终确定了薄轮辋、窄轮辐、带底部切削结构的轻量化设计方案,如图5-42所示。最终的车轮质量为:19in前轮10.8kg,20in后轮12.3kg,比同规格的铸造车轮减重约15%,轻量化优势明显。

图 5-41 轻量化设计

图 5-42 最终设计方案

(2)实施过程

设计方案确定后,进行工步、模具等工艺方案设计。在锻造工艺设计过程中,采用计算机模拟技术,如图5-43所示。通过分析模拟结果,发现模具设计、工艺设计中的问题,进行设计调整,设计结果满足要求后再进行实物模具加工,减少了模具修改调整的工作量,模具工艺设计一次成功。

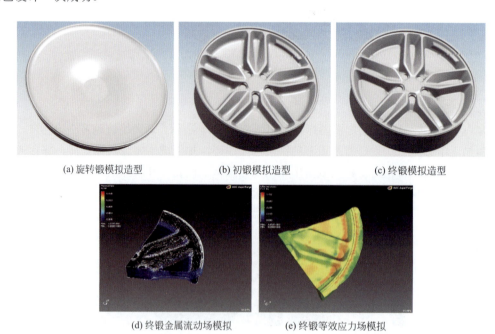

图 5-43 锻造工艺设计过程中的计算机模拟

模具及相关的工装卡具制作完成后,开始样轮试制。图 5-44 为样轮图片。

样轮制作完成后,经过客户整车路试,一次性通过所有试验项目,之后产品顺利进入量产阶段。产品装车效果如图 5-45 所示。

图 5-44　样轮

(3) 项目评价

该车轮是新一代轻量化的高端锻造铝合金乘用车车轮。

该车轮采用同一造型不同表面状态的设计方案,满足了客户个性化、多样化的外观需求。主要的特点有:制定了在车轮侧面采用铣削标识的工艺方案,以及满足客户外观要求和工艺加工要求的铣削标识设计方案,标识立体感强,外观高端大气,符合该高端跑车的定位;制定了轮缘红边套色的工艺方案,以及满足客户外观要求和工艺加工要求的轮缘红边套色效果的设计方案,加工出的轮缘红边套色边界清晰,且工艺简单,具有较强的通用性和推广性,为类似外观要求的车轮提供设计参考。

在结构设计与工程仿真上,凭借知识积累和轮型数据库,制定了符合工艺的 FEA 判据,并准确模拟出了车轮结构的受力情况,识别出可减重位置及薄弱位置,在设计阶段进行优化改进,从而设计出重量轻、受力合理的轻量化车轮。

图 5-45　量产车轮及产品装车效果图

(4) 项目主要技术指标

该车轮材料的力学性能达到抗拉强度不低于 340MPa、屈服强度不低于 300MPa、延伸率 A5 不低于 10.0%;19in 的前轮质量为 10.8kg、20in 的后轮质量为 12.3kg,比同规格的铸造车轮减重约 15%,轻量化优势明显;疲劳性能满足 SAE 标准要求(弯曲疲劳 25 万转,径向疲劳 250 万转),符合客户标准和路试要求。

本章小结

锻造是铝合金车轮应用较早的成形工艺之一。锻造铝合金车轮具有强度高、抗蚀性好、尺寸精确等优势,且晶粒流向与受力方向一致,可承受更高的载荷(特别是可承受更高的动态载荷)。采用锻造方式加工的铝车轮可更好地实现轻量化,同时车轮性能具有很好的再现性,即各个车轮力学性能的分散性很小。锻造铝合金车轮表面无气孔,不但能保证涂层均匀一致,结合牢靠,而且色彩也较好。锻造铝合金车轮主要的缺点是生产工序较多,生产成本较高。

锻造铝合金车轮生产过程中,模具中的材料流动对纤维的流动起着决定作用。为充分开发轻量化潜力,模具设计可采用拓扑优化和构造优化方法,通过更有利的材料流动来改善纤维分布。

随着新材料与新工艺技术的不断发展,锻造铝合金车轮行业必然会面对其他材料与工艺的挑战,在保证质量的前提下更经济地制造车轮尤为必要。因此,精密锻造、净成形/近净成形、基于计算机的工艺设计和控制技术在锻造铝合金车轮生产中的应用,比以往任何时候都显得更加重要。

参考文献

[1] 张宏伟,吕新宇,武红林.铝合金锻造生产[M].长沙:中南大学出版社,2011.
[2] 李善锋,董大伟,朱立东.合金材料在汽车车轮制造中的应用[J].热加工工艺,2014,43(19):10-13.
[3] 李凤娇.铝合金车轮旋转辗锻工艺研究[D].北京:北京机电研究所,2015.
[4] 刘智冲,勾春宇,常海平.锻造铝车轮的生产工艺简介及应用现状[J].汽车零部件,2012(8):97-101.
[5] 王立娟,张万金,吴欣凤.变形铝合金熔炼与铸造[M].长沙:中南大学出版社,2010.
[6] 唐小龙.铝及铝-硅合金熔体净化处理及其机理研究[D].广州:华南理工大学,2011.
[7] 王立生,张亦杰.变形铝合金晶粒细化过程中Mn的毒化作用研究[J].铸造技术,2014,35(3):473-475.
[8] Eskin D G. Physical Metallurgy of Direct Chill Casting of Aluminum Alloys[M]. Boca Raton: Taylor & Fracis Group, 2008.
[9] 王潇磊.铝合金油气润滑铸造装置研发和工艺研究[D].大连:大连理工大学,2017.
[10] 向凌霄.水平连铸与同水平铸造[M].北京:冶金工业出版社,2010.
[11] 张建平,乐永康,欧斌,等.铝合金气滑铸造技术研究[J].有色设备,2006(6):1-3.
[12] 屈福.铝合金气膜连铸工艺及理论研究[D].沈阳:东北大学,2009.
[13] 王祝堂.变形铝合金热处理工艺[M].长沙:中南大学出版社,2011.
[14] Claves S R, Elias D L, Misiolek W Z. Analysis of the intermetallic phase transformation occuring during homogenization of 6xxx aluminum alloys[J]. Materials Science Forum, 2002, 396-402 (2):667-674.
[15] 刘赐才.变形铝合金[M].长沙:中南大学出版社,2014.
[16] 李学潮.铝合金材料组织与金相图谱[M].北京:冶金工业出版社,2010.
[17] Mrówka-Nowotnik G, Sieniawski J, Nowotnik A. Intermetallic phase identification on the cast and heat treated 6082 aluminium alloy[J]. Archives of Metallurgy and Materials, 2006, 51 (4):599-603.
[18] 钟群鹏,田永江.失效分析基础[M].北京:机械工业出版社,1989.
[19] Brooks C R, Choudhury A. Failure Analysis of Engineering Materials[M]. Maidenhead: McGraw-Hill Professional, 2001.
[20] Suresh S. Fatigue of Materials[M]. Cambridge: Cambridge University Press, 1998.
[21] 陈传尧.疲劳与断裂[M].武汉:华中科技大学出版社,2002.
[22] 吴生绪,潘琦俊.变形铝合金及其模锻成形技术手册[M].北京:机械工业出版社,2013.
[23] 夏巨谌,邓磊,王新云.铝合金精锻成形技术及设备[M].北京:国防工业出版社,2019.
[24] 王祝堂,熊慧.汽车用铝材手册[M].长沙:中南大学出版社,2012.
[25] Andersen S J, Zandbergen H W, Jansen J. The crystal structure of the β″ phase in Al-Mg-Si alloys[J]. Acta Mater. 1998, 46 (9):3283-3298.
[26] Vissers R, van Huis M A, Jansen J, et al. The crystal structure of the β′ phase in Al Mg Si alloys[J]. Acta Mater, 2007, 55 (2):3815-3823.
[27] Kovacs I, Lendvai J, Nagy E. The mechanism of clustering in supersaturated solid solutions of Al-Mg$_2$Si alloys[J]. Acta Metall. 1972, 20 (7):975-983.
[28] Thomas G. The aging characteristics of aluminum alloys. Electron transmission studies of Al-Mg-Si alloys[J]. J. Inst. Met., 1961, 62 (2):1-32.
[29] Chen J H, Costan E, van Huis M A, et al. Atomic pillar-based nanoprecipitates strengthen AlMgSi alloys[J]. Science, 2006, 312 (4):416-419.
[30] Zandbergen H W, Andersen S J, Jansen J. Structure determination of Mg$_5$Si$_6$ particles in Al by dynamic electron diffraction studies[J]. Science, 1997, 277 (8):1221-1226.
[31] 刘静安,单长智,侯绎,等.铝合金材料主要缺陷与质量控制技术[M].北京:冶金工业出版社,2012.
[32] 孙爱军,任秋,吕金旗.锻造铝合金轮毂缺陷及检测方法的研究[J].锻造,2013(1):64-65.
[33] 小坂田宏造,王欣.锻造成形的计算机模拟[J].金属加工,2013(3):46-48.
[34] 王朝华.铝合金轮毂结构轻量化设计关键技术研究[D].秦皇岛:燕山大学,2021.
[35] 王学武.金属表面处理技术[M].2版.北京:机械工业出版社,2016.
[36] 徐滨士,朱绍华,等.表面工程的理论与技术[M].2版.北京:国防工业出版社,2010.
[37] 黄舒.激光喷丸强化铝合金的疲劳裂纹扩展特性及延寿机理研究[D].镇江:江苏大学,2012.
[38] 鲁金忠.激光冲击强化铝合金力学性能及微观塑性变形机理研究[D].镇江:江苏大学,2010.
[39] Schijve J. Fatigue of Structures and Materials[M]. 2nd ed. Dordrecht: Springer, 2009.
[40] Pilkey W D, Pilkey D F. Peterson's stress concentration factors[M]. 3rd ed. New York: John Wiley & Sons, Inc., 2008.

CHAPTER 6

第6章
轻量化钢制车轮

目前，汽车车轮所用材料基本可分为两大类：钢材和铝合金。由这两类材料制造的车轮所占市场总份额超过95%。20世纪80年代之前，钢制车轮占主导地位，但之后，由于铝合金车轮在轻量化、散热以及外形等方面的优势，市场份额开始逐步增加，钢制车轮的市场份额出现减小。除了铝合金车轮外，近年来，镁合金车轮、复合材料车轮等轻质材料车轮也不断涌现，推进了汽车整车轻量化的进步。尽管钢制车轮存在一些劣势，但是在成本和安全性能等方面较铝合金车轮、镁合金车轮、复合材料车轮具有优势，因此在商用汽车中，钢制车轮仍占有较大比例。并且，钢制车轮行业与钢铁行业正在紧密合作、开发性能优异的高强钢，同时改进设计，以提高钢制车轮的竞争力。

实现钢制车轮的轻量化需联合材料、工艺、设计三方面的新技术，即应用轻量化的高强钢材料、优化高强钢材料的成形和焊接工艺、采用先进的结构设计方法。上述技术在联合应用以实现钢制车轮轻量化的过程中，常需要面对一系列技术瓶颈。

第一是成形难度大、模具磨损严重、回弹大。高强钢屈服应力大、塑性较差，实现车轮的塑性成形，需要的压力机/旋压机/滚型机吨位大，在成形过程中模具承受的载荷明显变大，因此使得模具磨损严重、使用寿命降低，同时成形后回弹量大导致车轮精度不良，甚至出现成形开裂。

第二是焊接难度加大。钢制车轮有两个焊接位置：轮辋的对焊、轮辐与轮辋的合成焊接。轮辋对焊后的随后工序是进行扩口、滚型和精整，而在此工艺过程中，焊缝承受很大的载荷，极易出现焊缝开裂，从而导致车轮废品率提高，增加制造成本。同时，高强度材料进行焊接时，由于材料添加了其他一些合金元素，造成焊缝的组织和成分对比以前有了变化，这些改变会影响产品的疲劳寿命。影响闪光对焊的因素主要有钢材的成分以及闪光速度、顶锻速度、带电/无电顶锻留量、闪光留量、顶锻力等主要工艺参数。目前，国内车轮行业对闪光对焊工艺的研究还不够深入，对各个工艺参数对接头质量影响的理解和控制还不够清晰，特别是高强钢车轮的焊接还存在问题，影响成品率。

第三是车轮加工因素影响车轮的强度乃至疲劳特性，导致进行车轮轻量化设计时，增加了许多未定因素。例如，轮辋轮辐合成焊接、轮辐冲压成形及轮辋滚型工艺中产生的残余应力，车轮焊接区域材料性能的变化等，都会对车轮在载荷作用下的受力状态造成影响。如果忽略这些因素的影响，所得分析结果难以反映车轮受力的真实状态，影响所获车轮疲劳性能的预测结果。因此，对于钢制车轮的轻量化设计，还需考虑制造工艺对结构性能的影响。即需将钢制车轮工艺仿真与强度仿真相结合，提高车轮结构性能预测的精度，为其轻量化设计提供更为准确的依据。

本章将介绍高强度车轮钢的开发及性能，钢制车轮轮辐、轮辋常用的成形工艺及仿真，高强钢材料的焊接工艺特点及优化，以及采用高强钢材料实现商用车车轮、乘用车车轮轻量化方面的应用案例。

6.1 高强度车轮钢的开发及性能

汽车轻量化是以安全为前提，通过新材料、新结构和新制造技术的综合应用实现的系统工程。汽车轻量化材料的开发和应用是当前汽车轻量化技术的主要研究方向之一[1-3]。用高强度钢替代普通钢制造汽车主要承载件已成为发展趋势[4]。

为在轻量化方面与铝合金车轮竞争，钢制车轮逐渐开始升级材料强度，并取得了显著效果。北美、欧洲和日本等国家和地区已将抗拉强度为550~600MPa级热轧钢板作为车轮的主要材料[5]。在北美地区，钢制车轮轮辐90%采用高强度低合金钢，剩余10%为热轧低碳钢、铁马双相钢和铁贝双相钢[6]；而在欧洲地区，轮辐材料中应用双相钢的份额已经超过了40%（大部分采用600MPa级别双相钢），热轧低碳钢占比接近40%，高强低合金钢和铁贝双相钢约各占10%。轮辋用钢采用热轧低碳钢的比例最大，其次为高强低合金钢、铁贝双相钢。日本川崎制钢开发的780MPa级高强度钢已被成功应用于本田汽车公司的乘用车轮辐和轮辋。韩国浦项制铁开发的780MPa级先进高强钢在乘用车车轮上得到了应用。

国外乘用车车轮用钢的强度最高达到了780MPa，但是由于服役要求和制造工艺的不同，商用车车轮用钢的强度最高仅为590MPa。全球最大的钢制车轮生产企业MAXION公司，在其轻量化商用车车轮上普遍采用540～590MPa级的高强度钢。商用车轮辐疲劳和成形性能方面的要求更高，其承载是乘用车的6.5倍以上（一般乘用车单轮承载约为600kg），而整轮重量却只有乘用车的3.5倍左右。商用车轮辐制造采用旋压工艺，厚度减薄最高可达60%，之后在减薄处冲制通风孔，而乘用车轮辐基本采用等厚度冲压，变形程度较低。商用车轮辋焊接能量输入更大，650～780MPa级微合金强化的乘用车高强度轮辋钢若用于制造商用车轮辋，闪光对焊时易出现焊缝软化开裂问题。因此，用于制造乘用车轮辐的传统双相钢无法满足商用车轮辐的要求，制造乘用车轮辐的高强钢也不适合商用车轮辋。

"十二五"期间，我国在车轮用钢的研究和应用方面逐渐活跃起来。在商用车车轮用钢方面，本钢、首钢、宝钢等均开发出抗拉强度在330～490MPa级别的车轮钢，但同样型号和载荷要求的钢制车轮，仍比国外重10%以上。在乘用车车轮用钢方面，宝钢、首钢先后开发出600MPa级热轧双相钢，并批量应用于轻量化车轮[7]。

"十三五"期间，在国家部委相关政策法规的推动下，国内汽车轻量化快速发展，轻量化车轮的市场需求日益增强，显著推动了国内高强度车轮钢的开发和应用，国内钢铁企业开发出不同系列的高强度车轮用钢。例如，首钢在高性能商用车车轮用钢开发与推广上做出重要贡献，2015—2020年期间，先后与正兴车轮、兴民智通、厦门日上、贞元车轮合作开发出590MPa、650MPa、690MPa、800MPa级先进高强度轮辐钢和轮辋钢[8]，并应用于质量为31～37kg的轻量化商用车车轮，减重效果十分显著。2019年，首钢的S590LW/LF获得中国钢铁工业协会冶金产品实物金杯优质奖和特优奖，2020年，首钢490MPa-690MPa级热轧高强度商用车车轮钢荣获中国钢铁工业协会中国钢铁工业产品开发市场开拓奖。除首钢、宝武外，国内其他钢铁企业在车轮钢的产品强度等级上也不断优化升级，开发出540～590MPa级商用车车轮钢，但650MPa以上的商用车车轮钢批量供货未见报道。

在乘用车车轮用钢方面，日本、韩国均实现了780MPa级高强钢的批量应用，而国内因需求不强和焊接开裂率高等问题，尚未见批量应用的报道。国内批量应用的钢材强度级别在330～600MPa之间。宝武、首钢等先后开发出了600MPa级热轧双相钢，并已批量用于兴民智通等车轮厂的轮辐，宝武的650MPa级别乘用车轮辐用双相钢处于小批量应用阶段。总体上来说，国内的高强钢开发和应用水平与国外仍有差距。

6.1.1 车轮钢的分类

钢制车轮分为轮辋和轮辐两个零件，因两种零件的制造工艺不同，对钢材的组织性能要求也不相同。轮辐用钢要求良好的成形性能和抗疲劳性能，而轮辋用钢要求除了上述两个性能外，还要求良好的焊接性能。随着钢制车轮减重需求的提升，车轮钢强度也随之提高。考虑到车轮钢的性能要求，要实现抗拉强度达到490MPa以上，不能单纯依靠固溶强化手段，需要通过添加微合金元素配合热机械控制工艺（TMCP工艺）来实现强度的提升。

汽车车轮用钢从化学成分上可分为碳锰钢和低合金高强度钢，主要合金元素为C、Si、Mn，微合金元素为Nb、Ti、Cr、Mo、V等，其中Nb是最有效的细化晶粒与析出强化的微合金元素，可显著提高车轮钢的综合性能。研究表明[9]，对于600MPa级别低碳钢，疲劳强度随屈服强度的提高而提高。车轮用钢按组织类型可以分为：铁素体/珠光体钢、铁素体/贝氏体钢、铁素体/马氏体双相钢以及铁素体/贝氏体/马氏体复相钢。

国内车轮钢冶金行业标准有两项，分别为重庆钢铁股份有限公司牵头起草的YB/T 4151—2015《汽车车轮用热轧钢板和钢带》和首钢集团有限公司牵头起草的YB/T 4687—2018《车轮用耐疲劳热轧钢板和钢带》。YB/T 4687—2018按照轮辋和轮辐的不同用途将车轮钢牌号进行了区分，有利于车轮钢制造与使用过程中的管控。

6.1.2 高强度轮辐专用钢

高强度轮辐用钢需要良好的成形性能和抗疲劳性能。其中，商用车轮辐由于螺栓孔安装面在制造过程中未产生形变，不能通过加工硬化提高强度，为保证抗疲劳性能，一般采用铁素体/珠光体钢或铁素体/贝氏体钢。对于通风孔结构复杂（如土楼结构、旋风结构）的商用车轮辐，为兼顾成形性能和疲劳性能，可采用具有较高屈强比的双相钢。

乘用车轮辐整体经过冲压、翻边等变形，适合采用低屈强比、高初始加工硬化率并具有较高扩孔率的材料[5]。抗拉强度为 590～780MPa 的铁素体/马氏体双相钢，一般采用分段冷却+中低温卷取工艺获得，具有低屈强比、高初始加工硬化率的力学性能特点，适用于制造乘用车轮辐[10,11]。

采用 C、Mn 元素固溶强化的低碳钢，抗拉强度为 330～440MPa，组织为铁素体/珠光体，厚度为 2.0～16.0mm，轮辐与轮辋均可使用，属于低强度车轮用钢。低合金高强钢一般在采用 C、Mn 元素的基础上添加 Nb、V、Ti 等微合金元素，抗拉强度为 490～590MPa，其组织为铁素体/珠光体，典型金相组织如图 6-1 所示，靠细晶强化与析出强化提高材料的强度，厚度为 2.0～16.0mm，轮辐与轮辋均可使用，属于高强度车轮用钢。

铁素体/贝氏体钢在车轮制造中也得到成功应用，如抗拉强度为 590～780MPa 的铁素体/贝氏体钢主要通过低温相贝氏体强化，配合微合金元素的细晶强化作用，具有较高的扩孔性能和良好的焊接性能，适用于轮辋和轮辐的制造，适用范围最广[12-15]。铁素体/贝氏体钢一般是在 C、Mn 元素基础上添加 Si、Cr、Nb、Ti 等提高奥氏体稳定性的元素获得第二相贝氏体组织，抗拉强度为 590～780MPa，厚度为 2.0～13.0mm，靠细晶强化、析出强化和低温相强化提高材料的强度，具有良好的焊接、成形和疲劳性能，轮辐与轮辋均可使用，属于先进高强度车轮用钢，典型金相组织如图 6-2 所示。

铁素体/马氏体双相钢和铁素体/马氏体/贝氏体复相钢，考虑其生产过程稳定与板形问题，化学成分一般采用在 C、Mn 元素基础上添加 Si、Cr、Mo、Nb 等合金元素提高奥氏体稳定性，抗拉强度为 590～800MPa，属于先进高强度车轮用钢。在较低屈强比（0.50～0.60）时，具有良好的成形性，适合结构复杂冲压成形的乘用车轮辐，典型金相组织如图 6-3 所示。在较高屈强比（0.60～0.80）时兼顾成形性能与疲劳性能，适合结构复杂的商用车轮辐，典型金相组织如图 6-4 所示。

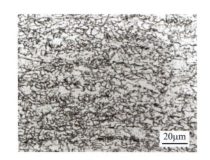

图 6-1　590MPa 级铁素体/珠光体轮辐用钢金相组织

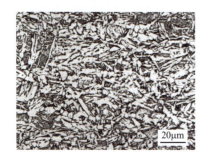

图 6-2　590MPa 级铁素体/贝氏体轮辐用钢金相组织

图 6-3　590MPa 级低屈强比双相钢金相组织

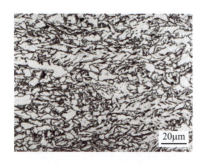

图 6-4　590MPa 级高屈强比双相钢金相组织

6.1.3 高强度轮辋专用钢

轮辋用钢需要有良好的焊接性能、成形性能和抗疲劳性能。在制造轮辋时，通常采用闪光对焊工艺，在对焊过程中材料本身就是焊材，因此材料的化学成分和组织性能等基础特性直接影响焊缝区域的组织性能。为保证汽车轮辋顺利生产和控制成本，焊后成形过程中焊缝区域开裂率需严格控制在2%以内。随着焊接设备能力的升级，国内车轮厂轮辋用钢的强度级别均可达到540MPa及以上。

图6-5 铁素体/贝氏体轮辋用钢金相组织

为保证焊接性能，轮辋用钢通常采用低碳成分。高强度轮辋用钢一般采用微合金元素Nb进行强化，Nb的析出对焊缝区域性能有利。从现有应用情况来看，抗拉强度为650MPa以下的轮辋钢，铁素体/珠光体、铁素体/贝氏体组织均适用于轮辋制造。对于抗拉强度为650～780MPa级的轮辋钢，铁素体/贝氏体组织更加适用，典型金相组织如图6-5所示。铁素体/马氏体双相钢和铁素体/马氏体/贝氏体复相钢，由于焊接软化问题，不适合轮辋使用。

热成形钢作为目前车身上应用最广泛的先进超高强度钢之一，具有回弹小、性价比高等优势。车轮作为承受交

图6-6 热成形钢淬火后金相组织

变载荷的安全部件，需要确保抗疲劳性能的稳定性，研究表明[16,17]，与双相钢等高强度钢相比，22MnB5等热成形钢淬火以后虽然强度很高，但存在韧性较低、冷弯性能不足和延迟断裂抗力低（氢脆敏感性高）等缺点。虽然铌微合金化可有效降低热成形钢的氢脆风险，有助于提高其使用与服役性能，但仍未建立评价规范实现对实际服役环境下零件能否发生氢致延迟断裂的绝对评价。据报道，浙江金固将热成形钢应用于轮辋制造，尺寸精度和疲劳寿命均可满足要求，但市场的认可度需进一步提高。热成形钢淬火后的典型金相组织如图6-6所示。

6.2 钢制车轮的轮辐成形工艺及其仿真

钢制车轮包括型钢车轮和滚型车轮，因型钢车轮的系列缺点，其在公路用车上的应用已很少。因此，本书只对滚型车轮进行讨论、分析，无特殊说明时，本书中的钢制车轮是指滚型车轮。

钢制车轮是由轮辐和轮辋合成焊接而成，作为汽车关键安全部件的车轮，其轻量化结构设计的前提是运行安全，因此在设计阶段需对其结构强度进行准确预测，这也是进行优化设计的核心基础。合格车轮的强度需满足动态弯曲疲劳试验、动态径向疲劳试验以及冲击试验等。

轮辐和轮辋作为两个单独的零件，由钢板到成品零件的加工过程截然不同。在轮辐成形之前，首先需要通过裁剪下料工艺获得待加工的板料，故本节首先对裁剪下料工艺进行简介，然后以常见制造工艺为例，介绍轮辐成形工艺及其仿真方法。

车轮用钢是以钢卷的形式从钢厂购得，通常每卷25t左右，这种形式便于运输和存储。

从钢卷到车轮制造的第一步是进行开卷下料，合理的开卷下料尺寸有助于节省原材料和产品减重。此外，板料的裁剪质量也直接影响到后续生产的质量。开卷下料包括以下工艺：

① 开卷工艺：具体包括开卷、压平、横切、纵切等。开卷是指将卷板展开成长条板料；压平是将展开的卷板板料进行压制，使其在展开过程中产生的翘曲和波浪变得平整；横切是将展开的长条料横向裁剪（大多用剪板机），裁剪成方形或短的长条料；纵切是将展开的长条料纵向裁剪，裁剪成宽度更小的料，其长度不变，并且再次卷成钢卷以备后续冲裁成所需板料形状使用。

② 冲裁工艺。主要是对经过开卷、压平、横切、纵切后的材料进行冲裁或裁剪，得到方形材料、方形切边材料、条形材料、圆形材料等产品所需的各种板料形状，如图6-7所示。

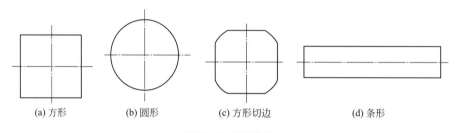

(a) 方形　　(b) 圆形　　(c) 方形切边　　(d) 条形

图 6-7 板料形状

③ 切割工艺。主要是对经过开卷、压平、横切后的板料，采用火焰切割、激光切割等方式进行切割加工，得到需要的圆形材料。切割工艺主要针对商用车轮辐用的厚板材料。

下料工艺设计思路：按照轮辐和轮辋两个零件分别进行下料工艺的设计。轮辐下料主要是以方形材料、圆形材料为主，见图6-7（a）和（b），其中方形切圆角的设计，如图6-7（c）所示，主要是为了节省原材料。轮辋下料的设计，主要需考虑材料焊接的消耗、材料延伸率等的影响，其下料后的形状多为条形，如图6-7（d）所示。

6.2.1 轮辐成形工艺

轮辐是介于轮辋和轮毂之间用于传递载荷的主要支撑件，也是决定车轮是否美观的关键件。轮辐除与轮毂安装有统一的标准外，无其他设计标准。乘用车轮辐与商用车轮辐所用板料的厚度相差较大，通常采用不同的成形工艺进行加工。故以产品用途进行划分，将钢制车轮的轮辐制造工艺分为两大类：乘用车轮辐制造工艺和商用车轮辐制造工艺。

（1）乘用车轮辐制造工艺

乘用车轮辐的板较薄，多采用冲压工艺加工而成。乘用车轮辐从结构上大致分为3部分：安装面、缓冲环和轮辐边缘部分。其结构特点决定了乘用车轮辐需经过多次冲压成形。

安装面是车轮与轮毂连接的部分，主要由中心孔、螺栓孔、螺母座和支撑面等组成。安装面在整个轮辐结构中属高应力区，需着力提高其结构刚度，因此在成形过程中应特别注意两点：一是控制材料的减薄量，防止因材料局部变薄造成承载力降低；二是螺母座和支撑面的形状，防止因其刚度不足造成承载力降低。

缓冲环是安装面与轮辐边缘之间的凸起环状部分，其作用是将轮辐边缘的弯曲弹性变形和安装面的高应力区隔离开来，减弱径向刚度，增大轴向抗弯刚度，限制过大的弯曲变形。因此，其成形过程要考虑周边结构，做一些硬化设计和增厚设计。

轮辐边缘是与轮辋连接的部分，其与安装面、缓冲环相比属低应力区，因此可以考虑通过减少边缘部分的刚度，来降低轮辋、轮辐合成焊缝的载荷。这样在受到较大冲击载荷时，边缘部分可以产生一定的弯曲弹性变形，起到缓冲作用。轮辋与轮辐焊合所产生的变形会影响轮辐安装面的平面度，这种变形与装配过盈量和焊缝收缩率有关，一般难以校正，只有通过合理的结构设计和正确的工艺方法来降低该变形量。

考虑到以上轮辐结构的特点，在工艺设计过程中需考虑下列问题：轮辐结构、产品技术及精度要求、材料特性、冲压设备特性、工艺保障能力（批量生产稳定性）、配用车型、生产批量大小、类似产品的工艺安排、工装模具结构以及是否可以相互借用等。同时，要对相应工序的冲裁力及成形压力进行计算或评估。通常的工艺路线可分为3～4序冲压成形过程，称为拉深过程，如图6-8所示。

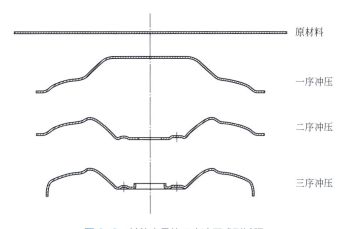

图6-8 某款产品的三序冲压成形过程

轮辐拉深过程不论是采用三序还是四序，各工序的工艺目的主要为：前序成形、预成形、成形修整。

前序成形的目的是保证材料的预留、防止过度拉深造成材料减薄严重。

预成形是主要的成形过程，可设计成一次或多次成形，其目的是保证成形精度和防止局部过度减薄。

成形修整是尺寸保证工序，以修边（内外直边）、保证安装面平面度等为主要目的，使产品达到工艺尺寸和精度要求。

（2）商用车轮辐制造工艺

商用车轮辐板料厚度较大，难以采用冲压工艺成形，目前最常用的成形工艺是旋压。旋压工艺适用于厚度为8～14mm的板料，成形效果好，且有利于轮辐减重以及局部力学性能提高。

轮辐的旋压是将毛坯料装卡于芯模并随其旋转，旋压工具（旋轮）与芯模相对进给，使毛坯受压并产生连续逐点变形的工艺，图6-9为旋压成形设备示意图。根据旋压变形的特征、壁厚减薄程度等，可将旋压工艺分为普通旋压和强力旋压两种。

普通旋压主要改变坯料形状，而壁厚尺寸基本不变或改变较少。强力旋压是坯料形状与壁厚同时改变的旋压成形过程，可以细化晶粒、提高强度和抗疲劳性能，因此有助于延长使用寿命并减轻重量。

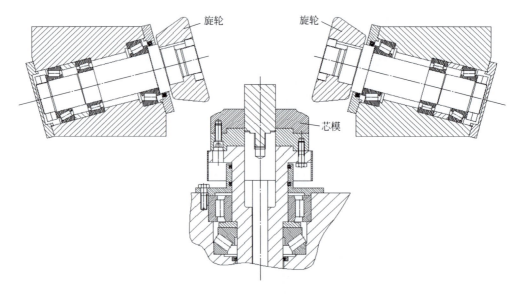

图 6-9 轮辐旋压成形设备示意图

目前，常用的轮辐旋压机分为两旋轮旋压机、三旋轮旋压机，且通常采用错距旋压来实现轮辐的成形。错距旋压是指两轮或两轮以上的旋压成形轮在工件轴线方向上相互错开一定距离，在工件径向上依次使毛坯厚度减薄的旋压加工方式。其优点是：比单道次旋压的材料减薄率大，生产效率高；且因增加了对变形区域材料的约束，可使旋压工件成形部分的材料减薄均匀，达到产品要求。其工艺难点在于不同旋轮在轴向上的错距量分配需合理设计。

6.2.2 乘用车轮辐冲压工艺仿真

本节以某典型乘用车钢制车轮轮辐[18]为例，对其关键冲压工序的仿真进行介绍。该轮辐材料为BG380，板厚为4.25mm。该轮辐成形过程中共有15道加工工序，其中主要工序为一次拉深、二次拉深（反拉深工序）、三次拉深（主成形工序）及四次拉深（内孔及外缘翻边）。

一次拉深主要成形轮辐的碗状基本结构，成形过程中有压边圈与凹模压紧板料，随后凸模沿加工方向对板料进行冲压成形。二次拉深主要是轮辐的预成形。三次拉深主要成形轮辐外廓，包括轮辐辐底螺母座、螺栓安装面加强筋、轮辐缓冲环以及通风孔外形，同时该工序还对中心孔进行冲裁，为下一步中心孔翻边做准备。四次拉深主要是对中心孔和外缘进行翻边，同时还兼有校正轮辐外廓的作用。

（1）钢制车轮轮辐典型冲压工序模型建立

PAM-STAMP软件对于板料的厚度分析、回弹分析有较高准确度，可选择该软件进行轮辐冲压成形过程仿真。轮辐的冲压成形属于厚板成形工艺，其仿真难度远大于常见的薄板，在冲压仿真模型中需定义材料的基本属性及本构方程，还需注意网格划分、成形条件以及边界划分等问题。每道工序的仿真结果可传递到下一道工序中，故可以完整保存从第一次到第四次成形的数据。

定义板料的材料模型。该轮辐材料为BG380，其材料基本参数如表6-1所示。需要注意的是，冲压仿真时需要定义材料厚向异性系数，其数值可通过试验测得；此外，还需确定材料的硬化模型。

表 6-1 BG380 钢材料参数

参数	数值
密度 /（g/cm³）	7.8
弹性模量 /GPa	210
泊松比	0.3
抗拉强度 /MPa	473
硬化系数	0.23
厚向异性系数	R_0：1.02
	R_{45}：0.918
	R_{90}：1.216
厚度 /mm	4.25

在 PAM-STAMP 软件中建立四道次冲压模具模型。轮辐在实际冲压过程中为单动冲压，但仿真时通常采用双动冲压方式以提高计算速度，这对计算结果无影响。一次冲压成形模具相对位置如图 6-10 所示。

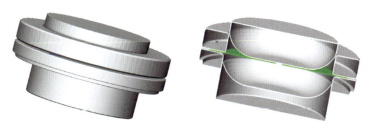

图 6-10　一次冲压成形模具相对位置

在仿真过程中，模具设置为刚性壳体，并约束凹模不动。压边圈沿加工方向下行，在压力机作用下与凹模压紧板料，设置模具与板料之间的摩擦系数，之后固定凹模及压边圈位置，凸模沿加工方向下行对板料进行冲压成形。模型中板料选用壳单元，仿真计算的终止条件为凸模与凹模之间间隙达到 1.1 倍板料厚度。板料的成形过程采用显式增量算法，其回弹过程选用先进隐式算法。

二次冲压成形模具相对位置如图 6-11 所示。二次成形分析之前，将一次成形的数据导入二次成形分析的模具，其参数设置及边界条件设置同一次成形，该道工序实现轮辐辐底螺栓安装面及缓冲环的成形，其冲压方式也是单动冲压方式，在仿真时利用双动冲压方式以提高计算速度。同理，设置三次及四次成形模具的相对位置，如图 6-12 和图 6-13 所示。

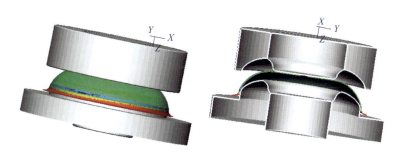

图 6-11　二次冲压成形模具相对位置

图 6-12 三次冲压成形模具相对位置

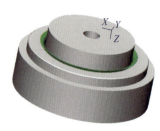
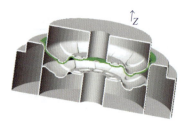

图 6-13 四次冲压成形模具相对位置

（2）一次冲压成形结果分析

一次冲压成形工序冲压出碗状结构，板料经回弹之后的厚度云图如图6-14所示。最厚的部分位于轮辐边缘处，增厚10.8%，最薄处位于桶壁处，减薄7.6%。

针对板料选取9个测点，将各点实测厚度与仿真厚度值进行比较，如图6-15所示。结果表明，一次冲压成形仿真结果与实测结果吻合度较高，通过仿真可准确预测一次冲压成形后的各点厚度变化。

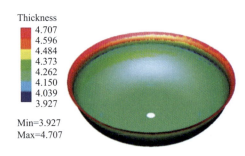

图 6-14 一次冲压成形板料厚度云图

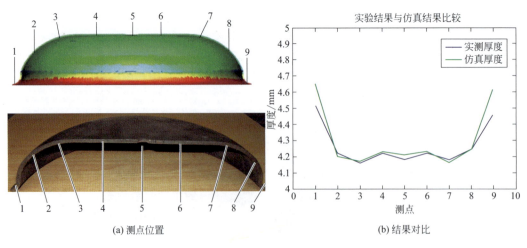

(a) 测点位置 (b) 结果对比

图 6-15 一次冲压成形仿真结果与实测结果的对比

(3) 二次冲压成形结果分析

轮辐的二次冲压成形冲出辐底形状，回弹之后的厚度云图如图6-16所示，减薄最多的部分位于辐底螺栓安装面的圆角处，减薄量为10.3%。

同样选取9个测点，将各点实测厚度与仿真厚度值进行比较，如图6-17所示。结果表明，仿真结果与实测结果吻合较好，各测点仿真值与实测值之差均在0.1mm以内。

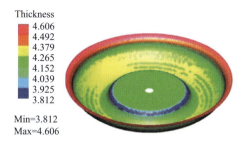

图6-16 二次冲压成形板料厚度云图

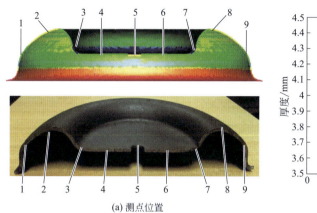

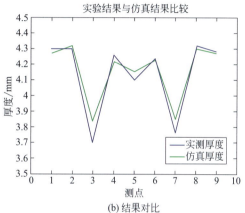

图6-17 二次冲压成形仿真结果与实测结果的对比

(4) 三次、四次冲压成形结果分析

轮辐经过三次冲压成形工序后，得到马蹄状的通风孔外廓和螺栓孔外廓，仿真板料厚度云图如图6-18所示。三次冲压为局部成形，对整体厚度影响不大。

轮辐四次冲压成形包括内孔翻边、外缘翻边以及轮辐外廓形状矫正。该工序卸载后回弹比较大，呈现出向外扩的趋势，影响装配稳定性，需要额外的切边工序以保证外缘平整度。回弹后的板料厚度云图如图6-19所示，内孔翻边部位减薄明显，达到30.1%。在该轮辐实际成形过程中，该部位减薄量达到37.1%，但未出现开裂。

图6-18 三次冲压成形板料厚度云图　　图6-19 四次冲压成形板料厚度云图

本例中采用PAM-STAMP软件，针对某型钢制车轮轮辐冲压成形过程中的四道典型工序进行了建模及冲压仿真，仿真所得轮辐厚度分布以及不同位置的减薄量均与实际情况吻合较

好。因此，可采用冲压仿真软件对设计阶段的乘用车轮辐的冲压工艺进行仿真，并可根据仿真结果对冲压模具进行改进、优化。

6.2.3 商用车轮辐旋压工艺仿真

商用车轮辐主要通过强力旋压加工而成，其工艺参数是影响产品成形精度的重要因素。目前，多数车轮企业仍采用"设计-试验-设计"这种试凑的方法进行轮辐设计，造成研发周期长、成本高等问题，因此通过轮辐强力旋压成形过程的仿真来指导轮辐结构的设计具有重要意义。本小节以某款商用车轮辐[19]为例，对轮辐旋压工艺仿真进行介绍。

（1）轮辐强力旋压工艺仿真模型的建立

根据实际旋压设备，利用SolidWorks软件建立包括芯模、尾顶、板料及3个旋轮的三维模型，如图6-20所示，装配后导入Simufact软件。该轮辐的成形是通过控制3个旋轮的运动轨迹实现的，这3条轨迹呈空间分布，轨迹平面的夹角互为120°，为了方便对比，图6-21将3条轨迹放在同一平面内。

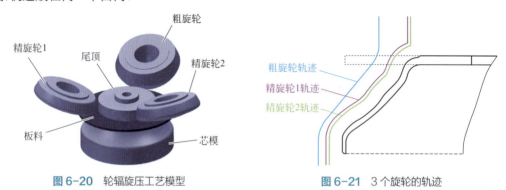

图6-20 轮辐旋压工艺模型　　　图6-21 3个旋轮的轨迹

粗旋轮主要起下压板料作用，防止精旋轮受力过大，精旋轮1起预成形作用，精旋轮2决定轮辐最终形状。毛坯与尾顶间设置为固定连接，毛坯与芯模、毛坯与两个旋轮之间设置为接触，芯模与尾顶同步主动旋转，3个旋轮在接触摩擦力的作用下被动旋转，同时分别沿各自轨迹做平移运动。

设置板料的材料参数，包括弹性模量、泊松比、屈服强度、抗拉强度以及其硬化特性曲线，除板料外，芯模、尾顶及3个旋轮均设置为刚体。根据轮辐旋压加工时各工艺参数的实际情况，在仿真模型中设置旋轮进给率、芯模转速以及旋轮与板料间摩擦因数。完成上述参数设置后，即可对轮辐旋压工艺进行仿真。

（2）旋压工艺仿真后轮辐厚度分析

旋压工艺仿真后，获得该轮辐的板料厚度云图，如图6-22所示。为验证仿真有效性，将仿真所得轮辐截面厚度与实际成形后轮辐截面的实测厚度进行对比。仿真所得轮辐厚度剖面图如图6-23所示。为了提高测量精度，在两个实际加工的轮辐上分别取出两个轮辐截面的样条，其中A、B表示两个不同的轮辐，A1、A2表示从轮辐A上两个不同位置取出的样条，B1、B2表示从轮辐B上两个不同位置取出的样条。在轮辐剖面上选取11个测点（图6-24），分别测量其厚度，并将各测点处的实测厚度平均值与仿真厚度值对比，如图6-25所示。测点的厚度偏差小于10%，故所采用的轮辐旋压工艺仿真方法可有效预测轮辐厚度变化，可用于指导旋压工艺参数的优化。

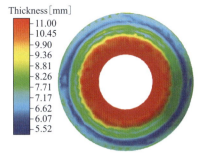

图 6-22 旋压成形后轮辐厚度云图

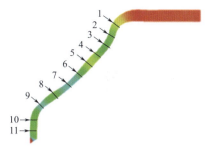

图 6-23 轮辐厚度剖面图

图 6-24 实际加工轮辐剖面图

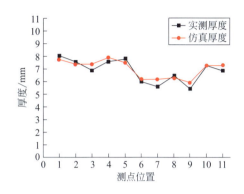

图 6-25 实测厚度与仿真厚度的比较

（3）轮辐残余应力分析

车轮在实际工作过程中承受复杂的交变工作载荷，除这些工作载荷在车轮上产生工作应力外，车轮还承受制造过程产生的残余应力作用，这些应力都会影响车轮的疲劳寿命。因此，在车轮设计阶段，通过仿真获得轮辐在模具卸载、材料回弹后的残余应力，就可在对车轮疲劳寿命进行预测时引入残余应力的影响，进而获得对车轮性能的准确预测。对该款轮辐的旋压进行仿真后所得残余应力分布如图6-26所示。

为验证仿真所得残余应力分布的正确性，采用盲孔法进行残余应力测量，如图6-27所示。每个测点表面，保证轮辐周向方向与应变花0°方向一致，径向相切方向与应变花90°方

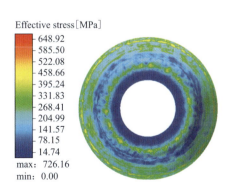

图 6-26 轮辐残余应力分布云图

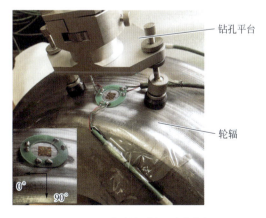

图 6-27 盲孔法测旋压残余应力

向一致。为保证打孔精度，综合考虑轮辐形状及残余应力测试的可行性，在轮辐外表面选择3个测点，各测点距离轮辐安装面的轴向距离不同，且各测点所在半径在安装面上投影的夹角为90°，如图6-28所示。

采用盲孔法实测得轮辐上3个测点的残余应力如表6-2所示。由于旋压仿真得到的等效应力云图中应力分布不均匀，因此在每个测点所在圆周上分别取7个位置，以其平均值作为该测点的残余应力的仿真结果。将实验测得残余应力与仿真得到的残余应力进行比较，如表6-2所示。3个测点残余应力的最大偏差为11.26%，因此仿真结果与实验结果吻合较好，通过有限元仿真方法预测轮辐旋压成形后的残余应力是可行的。

图6-28 旋压成形件测点

表6-2 仿真结果与实测结果对比

测点	位置1/MPa	位置2/MPa	位置3/MPa	位置4/MPa	位置5/MPa	位置6/MPa	位置7/MPa	仿真数值/MPa	实测数值/MPa	偏差
测点1	121.86	135.56	183.70	183.17	139.16	146.45	132.01	148.84	151.15	−1.53%
测点2	256.65	208.08	183.46	214.99	204.60	187.11	220.43	210.76	189.43	11.26%
测点3	258.85	212.21	19099	180.04	171.01	208.19	138.44	194.25	195.47	−0.63%

通过对某款商用车钢制车轮轮辐的旋压工艺仿真，获得其截面厚度及残余应力分布，仿真所得厚度与实测厚度吻合较好，最大偏差为9.93%；对于轮辐上所选的3个测点，仿真所得残余应力与盲孔法实测结果间的最大偏差为11.26%。上述工作表明，所采用轮辐旋压工艺仿真方法是可行的，该仿真方法可为设计阶段的轮辐旋压工艺参数优化提供指导。

6.3 钢制车轮的轮辋成形工艺及其仿真

轮辋的成形工艺与轮辐的工艺流程类似，在轮辋成形之前，也首先需通过剪裁下料工艺获得待加工的板料。6.2节已对裁剪下料工艺进行了简介，在此不再重述。除此之外，轮辋与轮辐的制造工艺截然不同。

6.3.1 轮辋成形工艺

用于商用车的钢制车轮轮辋和用于乘用车的钢制车轮轮辋，具有类似的深槽（DC）结构，其主要区别是胎圈座的倾角，商用车轮辋中胎圈座的倾角为15°，而乘用车轮辋中胎圈座的倾角为5°，故商用车轮辋表示为15°DC轮辋，乘用车轮辋表示为5°DC轮辋。两种轮辋的结构类似，因此制造工艺也无本质区别。图6-29为商用车车轮15°DC轮辋结构及其关键尺寸参数，参见GB/T 31961—2015[20]，图6-30为乘用车车轮5°DC轮辋结构及其关键尺寸参数，参见GB/T 3487—2015[21]。

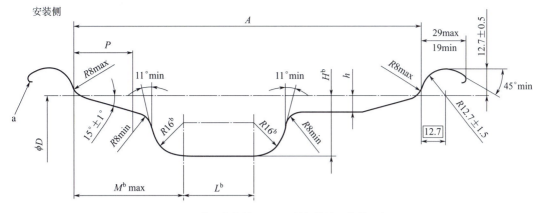

图 6-29 商用车车轮 15° DC 轮辋结构及参数示意图

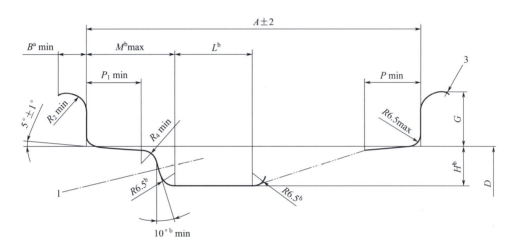

图 6-30 乘用车车轮 5° DC 轮辋结构及参数示意图

轮辋成形的主要工艺路线为：板条卷圆、压平→对焊→刨渣→滚压、切端（打磨焊口）→扩口→一序滚型→二序滚型→三序滚型→校正→气密性试验→冲气门孔→挤气门孔。其中，主要成形工艺是扩口以及一序、二序和三序滚型（图6-31），它们决定了轮辋形状和各部位的厚度分布。扩口工艺相对简单，故在此重点介绍滚型工艺，使用的设备是专用轮辋滚型机。

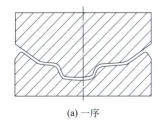 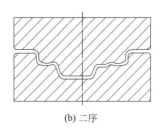 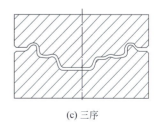

(a) 一序　　　　　　　(b) 二序　　　　　　　(c) 三序

图 6-31 各滚型工序的成形示意图

滚型模具的设计思路与拉深模具的设计思路类似。设计顺序由后向前，在保证合理变薄量的同时，还要考虑前序形状在后序模具上的定位，否则易出现两轮缘宽度相差过大的问题。

第6章　轻量化钢制车轮

成形过程中工件与模具的摩擦力较大，因此要求模具材料具有较高硬度和耐磨性。常用材料有Cr12MoV、Cr12和GCr15等。滚型过程中适当喷淋润滑液进行冷却，可提高模具寿命和工件表面质量。

进行滚型工艺设计应注意以下问题：

一序滚型主要成形底槽，为二序成形预积材料，减少轮辋的减薄量。底槽的成形应使滚完后的形状能在二序滚型模具上充分定位，以保证轮缘部分的宽度一致性。一序轮辋的轮缘宽度主要靠滚型设备上侧面的两组导轮进行调整。设计过程中需考虑扩口工艺后的零件在一序模具上的定位：模具大（近）端与小（远）端的角度要与扩口模具的角度相匹配，成形到位的同时保持轮缘宽度的对称。

二序滚型主要进行除轮缘以外部分的成形。成型部位采用凸模成型原则，重点保证凸峰高度和胎圈座角度满足标准要求，成型后凸模与凹模之间保留适当间隙。

三序滚型主要成形轮缘结构，并保留适当扩张量。同时，三序滚型也具有一定整形效果，保证三序工艺后的轮辋截面尺寸达到GB/T 31961—2015[20]、GB/T 3487—2015[21]的设计要求值，为后续校正工序做准备。

6.3.2 轮辋关键成形工艺的仿真

轮辋成形工艺的关键工序包括扩口及三序滚型。在这些工序中，轮辋产生较大变形以达到所要求的截面形状，常见的成形缺陷，如焊缝开裂、褶皱、圆角减薄过于严重等，多发生在这四道工序中。通过工艺仿真软件Simufact可实现轮辋关键成形工序的模拟，预测成形过程中轮辋的受力状态及各部分厚度变化情况，为轮辋结构及滚型模具的设计提供依据。本小节介绍某商用车轮辋扩口及三序滚型工艺的仿真及验证情况[22]。

（1）扩口工序仿真模型及结果

在扩口工序的仿真模型中，按照实际生产时液压机的加载速度规律设置模具的加载速度，工件与上、下模具间均可设为库仑摩擦接触。此外，在模型中还需设置环境温度、工件和模具的初始温度以及环境的热传导系数等参数。图6-32为扩口工序的仿真模型。

图6-33是进行扩口工序仿真后所得等效塑性应变云图。工件两端边缘处变形最大，从两端向中间递减，中间部分基本不变形，喇叭口边缘处的减薄率最高。实际中，扩口工序主要问题是焊缝断裂，其裂纹萌生于工件两端的喇叭口处。

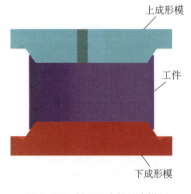

图6-32 扩口工序的仿真模型

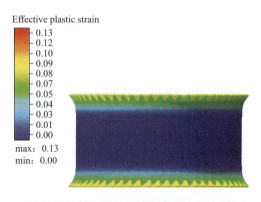

图6-33 扩口工序后轮辋等效塑性应变云图

通过仿真可获得不同摩擦系数对扩口工序中工件最大等效应力的影响，如图6-34所示。从图中可看出，随着摩擦系数的增大，最大等效应力不断增加，工件焊缝处开裂的概率也将增大。因此，在扩口过程中要加强润滑，改善模具与工件之间的摩擦环境，以提高成品率。

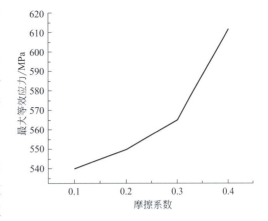

图 6-34 摩擦系数对扩口最大等效应力的影响

（2）滚型工序的仿真模型

轮辋滚型设备及轮辋结构如图6-35、图6-36所示。轮辋截面为非对称结构，这导致在一序滚型工序中易产生明显的侧向力。一序滚型是后续成形工序的基础，且此工序中轮辋本身变形量较大，模具与轮辋的接触情况最为复杂，故以此为例介绍建立仿真模型时需注意的问题。

利用模具弹簧代替实际设备中的气压缸，保证导向轮时刻与工件接触又避免两者的刚性接触，以平衡加工中的侧向力。在仿真模型中，按照实际情况设置上、下成形辊的转速比，实现各自转动及相应转速，以防止成形辊与工件表面之间出现相对滑动。

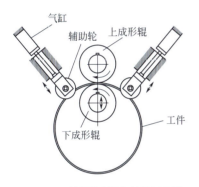

图 6-35 轮辋滚型设备结构示意图

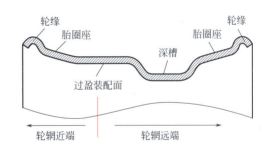

图 6-36 轮辋结构示意图

实际加工中，下成形辊既有上、下的位移又有相应的转动，仿真时可控制上滚型模具进行垂直运动，实现两个成形辊的相对进给，如此设置可避免同时考虑下成形辊和工件在垂直方向上的位移，显著减少计算量并提高模具运动的控制精度。为减小仿真结果中工件的椭圆度，上成形辊下降至下成形辊模具一个板料的厚度时停止进给，可继续旋转成形一段时间；滚型仿真模型中，各接触对间的摩擦均使用库仑摩擦模型描述。一序滚型工序的仿真模型如图6-37所示。

进行一序滚型仿真后，可获得工件的回弹量、残余应力等结果。为保证仿真结果的准确性，各序滚型的仿真应分别基于上一工序的仿真结果进行计算，实现轮辋各工序厚度和残余

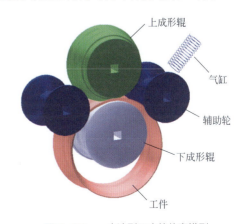

图 6-37 一序滚型工序的仿真模型

图 6-38　局部网格精细划分

图 6-39　二序滚型胎圈座处的成形效果

图 6-40　三序滚型的仿真模型

应力的传递。

二序滚型所用模具除上、下成形辊模具外，其余设置与一序滚型相同。导入一序滚型仿真后的结果文件作为二序滚型仿真中待成形的工件。因一序滚型结束后轮辋凹槽形状基本确定，二序滚型过程中的侧向力较小，故可适当减小辅助轮所受弹簧初始力，减小其对轮缘端部圆角在二序滚型中的影响。在二序、三序滚型的仿真中，分别实现轮缘端部圆角、轮缘与胎圈座过渡圆角等小尺寸圆角的初步及精确成形，需对相应位置进行网格精细划分以改善仿真效果，保证小尺寸圆角处的精确成形，如图 6-38、图 6-39 所示。

三序滚型主要成形轮缘处各圆角。若采用一序、二序滚型中的导向轮，会影响轮辋的成形质量；此外，经一序、二序滚型工序后，轮辋形状基本成形，无需担心侧向力的影响。故三序滚型导向轮的轮廓与轮辋凹槽相似，使工件在上、下成形辊闭合前保持与下成形辊的充分接触。三序滚型的仿真模型见图 6-40。

（3）滚型工序的仿真结果

一序滚型结束后所得轮辋的等效塑性应变云图与厚度云图如图 6-41 所示。轮辋深槽顶部圆角（位置 1、4）和底部圆角（位置 2、3）处应变值较大，应变最大值位于轮辋远端深槽底部圆角（位置 2）处。轮辋的非对称结构致使远端的等效应变远大于近端等效应变，即在一序滚型过程中材料流动主要发生在轮辋远端。从厚度分布可知，轮辋远端深槽底部圆角处减薄较为严重，槽底材料有增厚趋势，胎圈座厚度与初始厚度基本相同，轮缘处有一定程度的减薄，但减薄量较小。

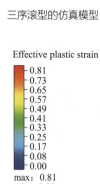

(a) 等效塑性应变云图

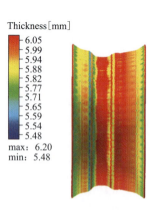

(b) 轮辋厚度云图

图 6-41　轮辋一序滚型仿真结果

图6-42为二序滚型结束后所得轮辋等效塑性应变云图与厚度云图。工件深槽顶部圆角和胎圈座与轮缘间过渡圆角（位置5、6）处等效塑性应变值较大，深槽底部圆角的减薄量没有进一步增大，这是因为一序滚型中深槽底部存在材料增厚，二序滚型过程中通过材料流动这部分增厚材料，对圆角处受拉深引起的材料减薄进行了一定的补偿。轮辋远端胎圈座与轮缘间过渡圆角处（位置5）材料减薄最严重，减薄率超过10%。

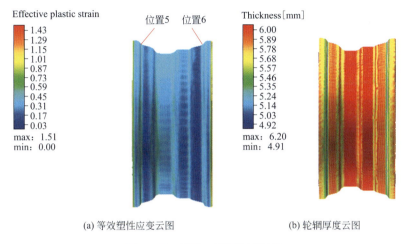

(a) 等效塑性应变云图　　　　　　　(b) 轮辋厚度云图

图6-42　轮辋二序滚型仿真结果

图6-43为三序滚型结束后所得轮辋的等效塑性应变云图与厚度云图。从图中可知，三序滚型过程中，主要是轮缘端部圆角（位置7、8）变形较大，其他部分圆角进一步精确成形。减薄区域主要是轮缘端部圆角和胎圈座与轮缘间过渡圆角处，其中轮辋远端胎圈座与轮缘过渡圆角处的厚度减薄量最大。

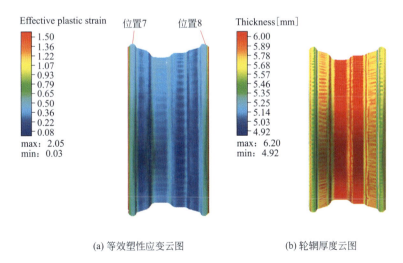

(a) 等效塑性应变云图　　　　　　　(b) 轮辋厚度云图

图6-43　轮辋三序滚型仿真结果

（4）轮辋滚型工艺仿真验证

采用工艺仿真软件可实现轮辋滚型工艺中主要成形工序（扩口工序及三序滚型工序）的仿真，获得各成形工序后轮辋的受力状态及各截面厚度变化。通过对轮辋扩口和三序滚型后的仿真结果与实测结果的对比，从轮辋截面厚度以及成形后的残余应力两个方面验证轮辋滚型工艺仿真方法的有效性，为应用工艺仿真方法指导轮辋滚型工艺设计提供依据。

图6-44为扩口工序后对变形较大区域进行测量的测点位置示意图。对图中所示轮辋16个截面位置分别进行三次测量，取其平均值作为各测点位置的截面厚度。图6-45显示了轮辋各截面厚度的仿真结果与实测结果，两结果的最大偏差为0.08mm（最大误差为1.35%），扩口工序的仿真结果与实测结果吻合较好。同时可得，扩口工序后，轮辋厚度减薄最大处发生在两侧末端（截面测量点1、16处）。

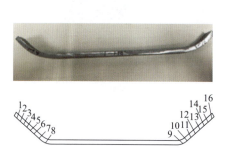

图6-44 扩口工序后的测点位置示意图

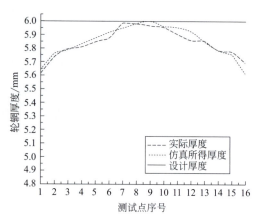

图6-45 扩口工序后不同位置的截面厚度对比

一序滚型后轮辋厚度的测点如图6-46所示，深槽处变形较大，因此取点较密集。对图中所示16个测点处的轮辋截面厚度进行测量，仿真结果与实测结果的对比如图6-47所示。对比可知，轮辋各截面厚度的仿真结果与实测结果的最大偏差为0.08mm（相对误差为1.39%），一序滚型工序后轮辋各截面厚度的仿真结果与实测结果吻合较好。此外，还可得出，深槽底部圆角处（截面测量点5、10）减薄较为严重。

图6-46 一序滚型后测点位置示意图

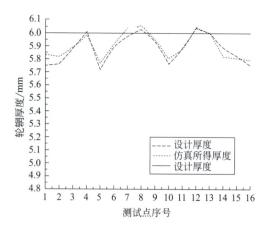

图6-47 一序滚型后轮辋不同位置的截面厚度对比

二序滚型后轮辋厚度的测点位置如图6-48所示，胎圈座圆角处变形较大，因此取点较为密集。对图中所示18个测点处的轮辋截面厚度进行测量，仿真结果及实测结果的对比如图6-49所示。对比可知，轮辋各截面厚度的仿真结果与实测结果的最大偏差为0.09mm（相对误差为1.47%），仿真结果与实测结果吻合良好。此外，还可得出，二序滚型后，胎圈座圆角处减薄较为严重,最大减薄发生在轮辋远端胎圈座与轮缘的过渡圆角处。

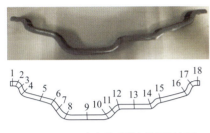

图 6-48　二序滚型后测点位置示意图

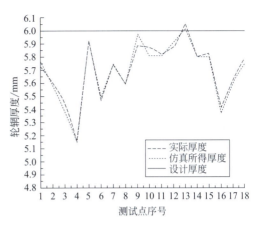

图 6-49　二序滚型后不同位置的截面厚度对比

轮辋经三序滚型后获得最终截面形状,图6-50为三滚工序后轮辋测点位置分布图。对图中20个测点位置处的截面厚度进行测量,仿真结果与实测结果的对比如图6-51所示。对比可知,轮辋不同截面厚度的仿真结果与实测结果的最大偏差为0.08mm。此外,还可得出,三序滚型后,轮辋截面厚度最大减薄处与二序滚型后的位置相同,仍在轮辋远端胎圈座与轮缘的过渡圆角处。

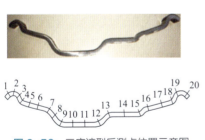

图 6-50　三序滚型后测点位置示意图

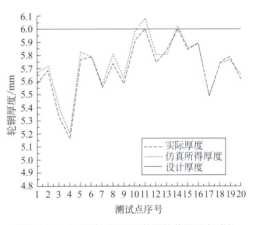

图 6-51　三序滚型后不同位置的截面厚度对比

轮辋经滚型加工后会存在一定的残余应力,准确预测轮辋在成形过程中的残余应力,将有助于后续准确预测车轮的疲劳强度。采用盲孔法对图6-52中轮辋3个位置的残余应力进行测试,并与仿真结果进行对比分析。

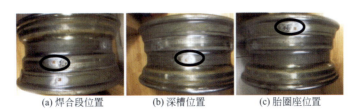

(a) 焊合段位置　　　(b) 深槽位置　　　(c) 胎圈座位置

图 6-52　轮辋残余应力测试位置

测得轮辋深槽位置的残余应力较大,可达291.7MPa,胎圈座和焊合段位置残余应力相当,分别为103.0MPa、104.5MPa。在轮辋各测量点对应轴向位置的圆周方向分别选取7个参考点,以7个参考点仿真所得残余应力的平均值作为该位置残余应力的仿真值,得到3个测点残余应力的仿真结果,与测试结果的对比见表6-3。

表6-3 轮辋残余应力测试结果与仿真结果对比

位置	实测数据/MPa	仿真数据/MPa	误差/%
焊合段	104.5	117.1	12.1
深槽	291.7	345.8	18.5
胎圈座	103.0	119.9	16.4

由表6-3可知,仿真所得残余应力的分布规律与实测相符,均是深槽位置的残余应力最大,胎圈座和焊合段残余应力较小且数值相近。各测点残余应力的仿真结果比实测结果偏大,推测与轮辋下线后产生残余应力释放有关。

通过轮辋各成形工序仿真结果与实测结果的对比可得出:轮辋不同截面厚度的仿真结果与实测结果吻合良好,仿真所得轮辋残余应力与实测残余应力的分布规律一致;通过有限元工艺仿真软件可实现轮辋滚型加工中各关键工序(扩口工序及三序滚型工序)的较准确仿真,可为指导轮辋工艺设计及考虑滚型工艺对车轮强度的影响提供依据。

6.4 轻量化钢制车轮的焊接工艺

钢制车轮的焊接主要包括两部分,即轮辋焊接、轮辋与轮辐合成焊接。轮辋焊接主要采用闪光对焊和电阻对焊。其中,闪光对焊因其具有焊接速度快,成形质量高,无需添加焊接材料等优点,已经成为轮辋生产的主流焊接方法[23,24]。这两种方法都属于固相焊接,但因热源不同,使这两种方法具有不同的工艺特点。

6.4.1 高强钢轮辋闪光对焊接头的组织结构特点

闪光对焊过程主要包括闪光和顶锻两个阶段。在闪光阶段,工件逐渐缩短,端部温度逐渐升高,端面形成液态金属层,在一定深度上金属塑性增加、晶粒粗化。在顶锻阶段,工件端面的间隙和液态金属过梁爆破后留下的火口被封闭,同时挤出端面的液态金属及氧化夹杂物,使洁净的塑性金属紧密接触,并使焊接区产生一定的塑性变形,使晶格畸变并增加其点阵缺陷(位错、空位等),在热力学上处于亚稳状态;距端面越近,塑性变形量越大,自由能越高,越易发生动态再结晶,通过再结晶形成新的大角度晶界及其随后的移动形成无畸变的晶粒。因此,闪光对焊主要是通过再结晶在原界面形成共同的晶粒实现连接。

图6-53为3种高强钢材料RS590、SW400、B600CL闪光对焊接头的宏观形貌[25,26]。根据闪光对焊接头微观组织特点,RS590钢的闪光对焊接头可分为界面区、过热区、重结晶区和不完全重结晶区,如图6-54所示。

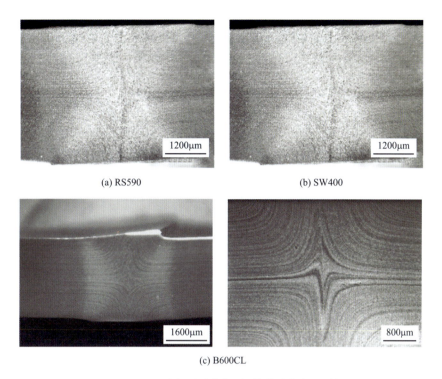

图 6-53 3种高强钢材料闪光对焊接头的宏观形貌

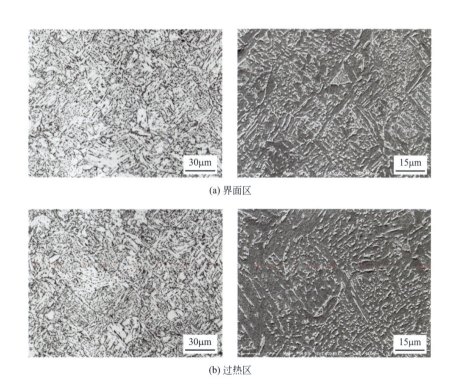

图 6-54

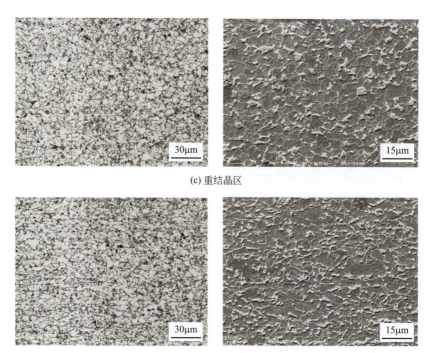

图 6-54 RS590 钢闪光对焊接头的微观组织（OM，SEM）

① 界面区：位于接头的中部，焊接热循环的峰值温度接近固相线温度，是工件端面经闪光、顶锻作用实现连接的区域。图 6-54（a）为界面区的微观组织。由图可见，该区无疏松、缩孔、裂纹等缺陷，其微观组织也无明显的结晶特点，这意味着闪光阶段工件端部熔化、半熔化的金属在顶锻过程被挤出。在合适的焊接工艺参数条件下，界面区无明显的界面结合特征，主要为粗化的贝氏体（B）组织，在一定条件下也可看到少量的铁素体（F）。若焊接参数设置不当，在界面区可看到明显的界面特征，其至可能产生未连接缺陷。在闪光对焊过程中，界面区的峰值温度最高（接近固相线）、变形量最大，这促进奥氏体（A）晶粒长大和动态再结晶进行，在结合面处形成共同的 A 晶粒使原来的界面消失。由于接头的冷却速度较快，粗大的 A 转变为粗化的 B 组织。界面区存在少量铁素体（F），可能与闪光过程试件端面脱碳有关。此外，冷却速度对 F 的形成也有一定的影响。焊接工艺参数设置不当产生界面缺陷，可能与影响洁净的塑性金属紧密接触及动态再结晶等因素有关。基于界面区的热、力及冶金学特点，它是闪光对焊接头最薄弱的区域。

② 过热区（粗晶区）：紧邻界面区，其热循环峰值温度达到 1300℃，晶粒开始急剧长大。因此，过热区的温度区间为 1300℃～固相线。图 6-54（b）为过热区的微观组织。过热区主要为粗大的贝氏体（B）组织，距界面区越近，B 粗化越明显。过热区的突出特点是热循环峰值温度高、变形量大、冷却速度快。峰值温度高导致奥氏体晶粒急剧长大，一些难溶质点（如碳化物和氧化物等）溶入奥氏体，增加奥氏体的稳定性；变形量大促进 A 再结晶，在快冷条件下粗大的 A 转变为粗化 B 组织。距界面区越近 B 粗化越明显，主要归因于更高的热循环峰值温度和更粗大的 A 晶粒。过热区的上述微观组织特点是影响接头的力学性能主要原因之一。

③ 重结晶区（细晶区或正火区）：紧邻过热区，其焊接热循环的峰值温度在 $Ac_3 \sim 1300$ ℃温度区间。图6-54（c）为重结晶区的微观组织。由于该区经历了快速加热和冷却两次重结晶相变，使晶粒明显细化，室温下主要为细小的铁素体相（F）。由于重结晶区的晶粒明显细化，它具有更高的综合力学性能。

④ 不完全重结晶区（部分相变区或不完全正火区）：紧邻重结晶区，焊接热循环的峰值温度在 $Ac_1 \sim Ac_3$ 温度区间。图6-54（d）为不完全重结晶区的微观组织。在焊接热循环加热阶段，该区部分金属经历了重结晶相变，转变为奥氏体（A），剩余部分仍为原始铁素体；在冷却阶段，奥氏体（A）转变为细小的铁素体（F），而原始铁素体晶粒有粗化的趋势。因此，不完全重结晶区为细小铁素体和较粗大铁素体的混合组织。由于存在未经重结晶较粗大的铁素体相，该区的综合力学性能低于重结晶区。

6.4.2 闪光对焊工艺参数对接头质量的影响

闪光对焊的工艺参数较多，主要包括：工件的伸出长度（L_0）、闪光电流（I_f）、闪光留量（δ_f）、闪光速度（V_f）、顶锻留量（δ_u）、顶锻速度（V_u）、顶锻压力（F_u）、顶锻电流（I_u）、夹钳夹持力（F_c）等。生产实践证明，闪光留量（δ_f）、顶锻留量（δ_u）及带电顶锻时间（S_t）对接头性能及产品质量具有更明显的影响[26-28]。

（1）闪光留量的影响

闪光的主要作用是加热工件。在闪光过程结束前，闪光使工件整个端面形成一层液态金属层，并在一定深度上使金属达到塑性变形温度，为顶锻连接提供有利条件。图6-55为RS590高强钢材料采用不同闪光留量的一组试验，其试验条件为板厚 $\delta=4.5$ mm、顶锻留量 $\delta_u=5.5$ mm、顶锻压力 $F_u=5$ MPa、带电顶锻时间 $S_t=0.4$ s。当闪光留量过小，表现为加热不足，相变点以上停留时间（T_H）过短，使界面区不能充分地形成共同晶粒，存在着明显的界面特征，如图6-55（a）所示。闪光留量（δ_f）增大，焊接热输入（Q）、热循环峰值温度（T_M）、相变点以上的停留时间（T_H）增加，加热速度（V_H）、冷却速度（V_C）减小，奥氏体（A）粗化，高温区宽度增加，因此促进A动态再结晶、改善界面结合性能，如图6-55（b）所示。当闪光留量过大时，会使界面区的峰值温度（T_M）进一步提高，相变点以上停留时间（T_H）太长，并导致过热区晶粒粗化和焊接区宽度增加，如图6-55（c）所示。

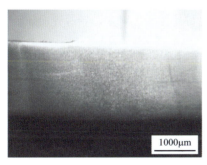
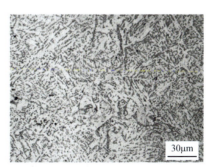

(a) 闪光留量 $\delta_f=8$ mm

图6-55

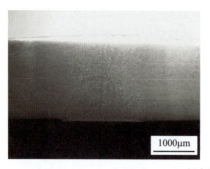
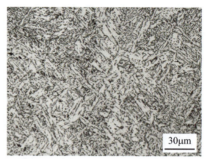

(b) 闪光留量 $\delta_f=12mm$

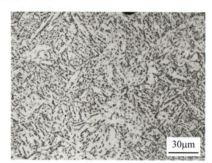

(c) 闪光留量 $\delta_f=16mm$

图 6-55 不同闪光留量条件下闪光对焊接头的组织结构

（2）顶锻留量的影响

顶锻的作用是封闭工件端面的间隙和液体金属过梁爆破后留下的火口，同时挤出端面的液态金属、氧化夹杂物以及部分高温过热金属，使洁净的塑性金属紧密接触，并使焊接区产生一定的塑性变形，促进动态再结晶实现界面牢固的连接。顶锻留量（δ_u）主要影响界面接触状态、焊接区的塑性变形量（特别是界面区和过热区的塑性变形）。当 δ_u 较小时，焊接区不能产生足够的塑性变形，如图 6-56（a）和（d）所示，在接口中留有一定的界面痕迹。严重情况下，甚至不能有效地把氧化物等从接口中排除，在接口中存在一定的铸造组织，使接头的力学性能降低。随着 δ_u 增大，洁净的塑性金属更紧密地接触，界面区及过热区塑性变形量增大，促进奥氏体（A）动态再结晶，使过热区和焊接区宽度减小，如图 6-56（b）、图 6-56（c）及图 6-57 所示，因此有利于改善界面结合性能。当顶锻留量（δ_u）过大时，由于界面处塑性变形量过大，有可能将过热区的高温金属全部排除到毛刺中，导致界面在较低的温度下

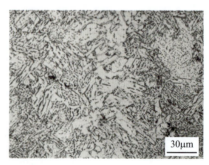

(a) 顶锻留量 $\delta_u=3.5mm$ (RS590)

(b) 顶锻留量 δ_u=5.5mm (RS590)

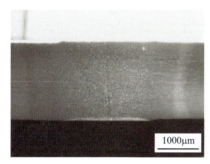
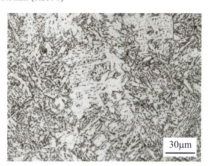

(c) 顶锻留量 δ_u=7.5mm (RS590)

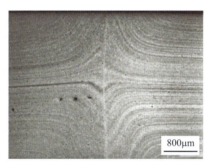

(d) 顶锻留量 δ_u=2.5mm (B600CL)　　　　(e) 顶锻留量 δ_u=6.5mm (B600CL)

图 6-56　不同顶锻留量条件下 RS590、B600CL 钢闪光对焊接头的组织结构

进行重结晶，不易形成共同晶粒。同时由于塑性变形过大，使界面区的晶纹弯曲过大，如图 6-56（e）所示，反而大大降低接头的力学性能，如图 6-58 所示。

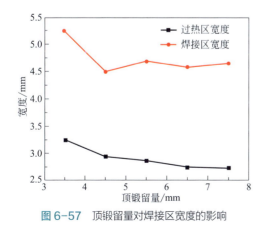
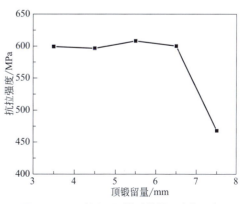

图 6-57　顶锻留量对焊接区宽度的影响　　　　图 6-58　顶锻留量对接头抗拉强度的影响

（3）带电顶锻时间的影响

按照传统的焊接理论，在闪光对焊顶锻时，为防止接口氧化，在端面接口闭合前不马上切断电流，因此顶锻留量应包括两部分：有电流顶锻留量和无电流顶锻留量。根据在普通交流闪光对焊机上所测试的闪光对焊热循环特点的研究结果，带电顶锻时间（S_t）主要影响相变点以上的停留时间（T_H）和冷却速度（V_C），如图6-59所示。随着S_t增加，T_H增加、V_C减小，因此，导致接头界面区及过热区晶粒粗化、界面区F量增加、过热区和焊接区宽度增加。

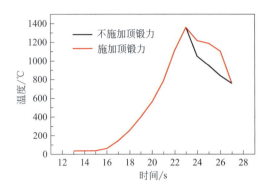

图6-59　无顶锻和带电顶锻0.4s条件下的热循环曲线（T_M=1360℃）

图6-60为不同带电顶锻时间（S_t）条件下接头的宏观形貌和界面区及过热区的微观组织。试验条件为：材料为RS590，闪光留量δ_f=12mm，顶锻留量δ_u=5.5mm。由图可见，接头界面区及过热区主要为贝氏体（B）组织，在界面区存在少量的铁素体（F）。随着S_t增加，界面区及过热区晶粒粗化、界面区的F量增加，过热区和焊接区宽度增加（图6-61）。

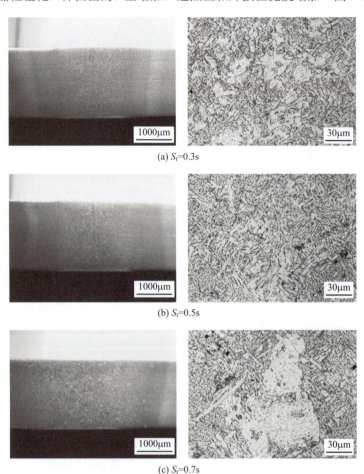

(a) S_t=0.3s

(b) S_t=0.5s

(c) S_t=0.7s

图6-60　不同带电顶锻时间条件下闪光对焊接头的组织结构

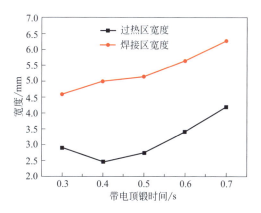

图 6-61 带电顶锻时间对焊接区、过热区宽度的影响

事实上,传统焊接理论要设置带电顶锻时间,是由于普通交流闪光焊机的加压系统采用的是普通液压系统,惯性较大。如不加带电顶锻时间,在接口没有闭合之前就切断电源,闪光停止,就会导致接口失去金属蒸汽的保护而迅速氧化,液态金属的温度降低不易排除,进而影响接头质量。如果将带电顶锻时间设得过大,也会出现顶锻已经完成而电源尚未切断的情况。此时,焊接回路处于短路状态,短路电流远大于闪光电流,使接头迅速过热,晶粒粗大,严重影响接头的力学性能。所以,带电顶锻时间不可过大。随着技术的进步,当闪光对焊机采用伺服液压系统或交流伺服加压系统时,由于机械惯性大大降低,带电顶锻时间可以设得很小,甚至为零。

图 6-62 为某带有伺服加压系统交流闪光对焊机的实测电流、电压、位移波形,横轴对应时间,纵轴表示各量的大小,时间段 1、2、3 分别对应预热阶段、闪光阶段和顶锻阶段。图中,粉色为电压曲线,绿色为电流曲线,蓝色为位移曲线。由图可见,在顶锻时电流为零,表明没有带电顶锻时间。

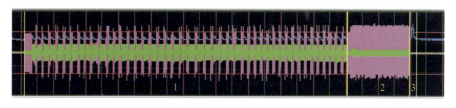

图 6-62 带有伺服加压系统交流闪光对焊机的实测电流、电压、位移波形

6.4.3 提高高强钢焊接接头质量的措施

与普通低碳钢相比,高强钢闪光对焊的难度增加很多,主要表现在开裂率、返修率以及废品率都远高于普通低碳钢。这些问题主要与以下两种因素有关:在焊接温度下,高强钢的塑性变形抗力更大,塑性变形区更窄;加入较多的合金元素后,合金元素阻碍了原子的扩散,使得在界面区产生共同晶粒所需的温度更高或者要求相变点以上温度的停留时间更长。由此,导致在使用传统交流闪光对焊机焊接高强钢时,其合理的工艺窗口变窄,获得合格焊缝的难度增加。

为提高高强钢焊接接头的质量,可在以下方面采取合理措施。

（1）采用预热闪光对焊

图6-63是闪光对焊和电阻对焊接头温度场的示意图。由图可看出，闪光对焊温度场的特点是加热温度比较高，高温区的区间比较窄。这对高强钢焊接不利。

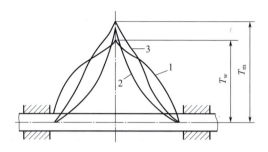

图6-63　不同对焊方法的温度场示意图

1—电阻对焊；2—闪光对焊；3—预热闪光对焊；T_m—材料熔点；T_w—焊接温度

由实测的高强钢闪光对焊热循环可知，增加闪光留量可有效提高界面区的温度以及增加相变点以上的停留时间。但是，闪光留量增加以后，使接口闪光区的温度增加，闪光时间加长，增加在闪光过程中产生不稳定电弧的可能性。一旦产生电弧，因电弧析出的热量远大于在液态金属过梁上所产生的电阻热，所以电弧作用区在两侧工件表面留下的液态弧坑的深度远大于闪光火口的深度。在随后的顶锻过程中，火口被压平，液态金属被排除。而电弧作用区则不能被压平，其残留的液态金属不能被排除，在随后的结晶过程中因体积变化而产生的缝隙就会以微裂纹的形式留在焊缝处。图6-64是高强钢SW400轮辋微裂纹的外观及断面形貌。

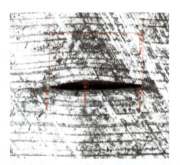

(a) 微裂纹外观形貌(长×宽：2.93mm×0.3mm)　　(b) 微裂纹处压断后断面形貌(深4.74mm)

图6-64　SW400轮辋微裂纹的外观及断面形貌

由断面形貌可看出，该裂纹不是因裂纹处金属强度或塑性不够，在滚型中产生的撕裂，而是一种焊接缺陷。分析其成因得知，是由闪光过程中产生不稳定的电弧造成的。高强钢闪光对焊产生微裂纹曾经是部分钢制车轮企业面临的共同问题。

采用电阻对焊没有闪光过程，不会产生微裂纹。而且由图6-63中的曲线1可看出，采用电阻对焊进行高强钢轮辋焊接是不错的选择。电阻对焊的焊接区温度不高，一般控制在$0.9T_m$（T_m为材料的熔点），不会导致过热区晶粒过于粗大。其相变点以上的停留时间又较长，有利于界面区共同晶粒的形成。但是，传统理论认为，电阻对焊的接头质量不如闪光对焊，因为电阻对焊不能像闪光对焊那样，将氧化物等杂质全部排除在接口以外，导致在接头的界面区会存在不同程度的氧化物夹杂，影响接头的质量。而且，电阻对焊对焊接端面的要求很高，下料后要及时焊接，不能存放时间过长，以避免端面焊接区氧化。同时，在装配时还要保证对接口平整，接触均匀，否则会影响加热的均匀性。事实上，国内有些车轮生产企业已经从国外引进采用电阻对焊的轮辋生产线，但实际使用不尽如人意。在采用电阻对焊时，一般要配备纵剪设备。纵剪后，在生产线上要经过开卷→压平→切断→卷圆，随后焊接，以保证焊口处不存在氧化污染等问题。即便如此，在这些工序中，只要某一点有偏差都会直接影响焊接质量。

由图6-63的曲线3可以看出，预热闪光对焊的温度场介于闪光对焊和电阻对焊之间。图6-65是实测的SW400材料闪光对焊热循环曲线。从图中可以看出，预热可有效地增加相变点以上的停留时间，这对高强钢对焊是有利的，可促进界面区共同晶粒的生成。更为有利的是，预热后，一方面可以降低对焊机的输出空载电压而不出现"闷车"现象，输出空载电压的降低，有利于提高闪光的加热效率；另一方面可缩短闪光留量，提高工作效率。降低空载电压、缩短闪光留量都可以有效地降低在闪光过程中出现不稳定电弧的概率。因此，采用预热闪光焊工艺是避免高强钢闪光对焊产生微裂纹的有效措施。

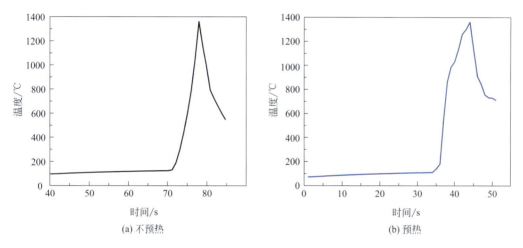

图6-65 不预热、预热条件下SW400钢试件端部的热循环曲线

（2）研发新型预热闪光对焊机

在预热闪光焊中一般都采用电阻预热，预热时焊接回路处于短路状态。一般来说，处于短路状态的回路电阻值小于闪光时的回路电阻值。为了保证预热电流合适，必须降低焊机的输出电压。现有的交流闪光对焊机，其电源的可控性较差，不能做到预热和闪光采用不同的电压，只能保持闪光所需要的高电压。这样就只能通过脉动预热来减少短路时间，以间接控制预热电流。这种脉动预热闪光焊机不易精确控制预热强度，也不能有效控制对工件的热输入量，所以效果不理想。因此，研发适合于高强钢焊接的新型预热闪光对焊机是十分必要的。

新型预热闪光对焊机采用中频逆变直流电源。该电源具有良好的可控性，可根据工艺要求随时调整输出电压、电流值，做到按照工艺要求的实时控制。焊机的加压部分采用伺服液压系统或交流伺服电机系统，可实现焊接压力的实时控制。总之，新型对焊机的硬件部分（电源系统、加压系统）可以实现灵活可靠的控制，再配以合适的焊接程序，就可实现焊接过程的精确控制，以满足高强钢材料焊接的需要。图6-66是新型预热闪光对焊机的时序图。

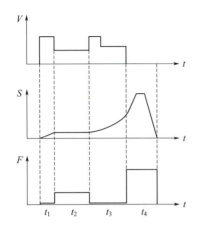

图 6-66 新型预热闪光对焊机时序图

V—电压；S—位移；F—力

图 6-66 中，t_1 对应预闪光阶段。考虑到轮辋板料在卷圆送到电极下压紧后，其对口不能完全均匀地接触，有时偏差会较大。如果此时开始预热就会影响预热的均匀性，加入预闪光环节就可消除此影响。t_2 对应预热阶段。通过调整预热电流（电压）和预热时间可以精确控制预热强度。在传统的交流闪光对焊机中，预热只是一个辅助热源，其目的是调整焊接区温度场的分布。在新型对焊机中，预热成为主要热源。通过预热过程建立起焊接区合适的温度场，类似于电阻对焊的加热过程，所以要精确地控制热输入量，控制预热强度。t_3 对应闪光阶段。在新型对焊机中，闪光的作用主要是清除接口的氧化物等杂质，并将对口烧平，为随后的顶锻做好准备。此时，闪光的加热作用已经降到次要地位，所以闪光留量可明显减少。t_4 对应顶锻阶段。通过合理优化顶锻留量，既保证将接口处的液态金属全部排出，封闭火口，又保证界面区有足够的塑性变形，促进界面区共同晶粒的生成，确保接头质量。

新型预热闪光对焊机既保留了闪光焊的优点，降低了对焊接头对接口的要求，又具有电阻对焊的优点，使相变点以上停留时间增加，促进共同晶粒的生成，提高对焊接头的力学性能。可以预见，采用这种新型对焊机后，可有效降低高强钢轮辋对焊的返修率、废品率，促进高强钢材料在轮辋上的应用。

6.4.4 轮辋与轮辐的合成焊接

轮辋与轮辐的合成一般采用电弧焊，主要有细丝埋弧焊和气保焊（MAG）。细丝埋弧焊具有焊缝成形好、无飞溅等特点，而 MAG 焊具有成本低、热影响区（HAZ）小、易于实现机器人焊接的特点。这两种焊接方法在国内的车轮生产中都得到了广泛应用。

一般来说，商用车车轮由于承载力大，车轮尺寸和板厚也较大，其轮辐、轮辋的合成焊缝多采用满焊结构；而乘用车的轮辋、轮辐合成焊多采用断续焊（四段焊或八段焊）结构。

（1）满焊结构的疲劳开裂

轮辋与轮辐的合成焊缝如图 6-67 所示，属于角焊缝。在实际运行中发现，满焊时的疲劳裂纹多出现在焊趾处，裂纹萌生后向轮辋扩展，最后裂纹穿过轮辋出现漏气而使车轮失效，如图 6-68 所示。

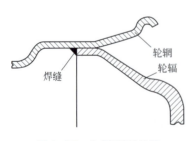

图 6-67 合成焊缝的位置

图 6-68 焊趾处疲劳裂纹形貌

焊缝成形对焊缝的疲劳强度有较大影响。通常角焊缝的形状有3种，如图6-69所示。其中，图6-69（a）中焊趾处的应力集中较大，最易萌生疲劳裂纹，疲劳寿命最低；图6-69（b）次之，最好的是图6-69（c）所示的焊缝。这种焊缝与轮辋过渡较平缓，可明显减少应力集中，有效提高车轮的疲劳寿命。

值得注意的是，在采用细丝埋弧焊焊接商用车轮辋与轮辐时，可通过调整焊丝的角度、焊接参数等来获得如图6-69（c）所示的焊缝。而采用MAG焊时，由于熔池结晶快，液态金属流动性差，很难获得如图6-69（c）所示的焊缝。不论采用哪种方法，都应正确选用合适的焊接规范，不应出现咬边等焊接缺陷（图6-70），否则将会大大缩短车轮的疲劳寿命。

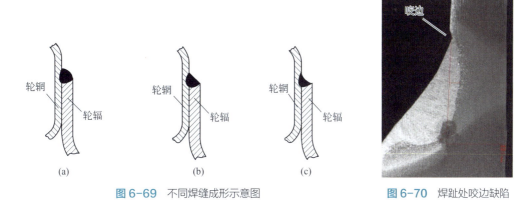

图6-69 不同焊缝成形示意图

图6-70 焊趾处咬边缺陷

（2）断续焊结构的疲劳开裂

乘用车因载荷较小，轮辋与轮辐的合成焊缝多采用断续焊。在圆周上均匀分布四段或八段焊缝。在实际中发现，采用断续焊的疲劳裂纹多出现在焊缝的起弧点或者收弧点的焊根处，如图6-71所示，然后向轮辋扩展，待裂纹穿透轮辋导致漏气而失效。

对于这种断续焊来说，未焊段属自由段，焊接段属约束段。车轮运行时，当载荷由自由段向约束段过渡时，在过渡点会产生较大的应力集中。在较高的交变应力幅作用下，疲劳裂纹会首先在这一点（起弧点或收弧点）萌生并扩展。而且，相对焊缝来说，起弧点、收弧点也更容易出现焊接缺陷。在起弧点，工件的温度低，易导致出现熔深不足的缺陷；在收弧点，则易出现填不满弧坑的情况，特别是在焊接速度较快时更易出现。增加起弧和收弧控制，可有效提高这两点的焊接质量。例如，可增加一个电弧传感器，识别空载、短路、燃弧等状态。在引弧前控制转台静止或以很低的转速转动，当电弧成功引燃后，经过一个短暂的延时再恢复到正常的焊接速度，以此来增加起弧点的热输入，增加熔深，改善引弧点质量。

国外某车轮产品采用激光-电弧复合焊工艺，其焊缝形貌如图6-72所示。从图中可以看出，其熔深大

图6-71 焊根处的疲劳裂纹

图6-72 激光-电弧复合焊的焊缝形貌

且成形良好，增加了轮辋与轮辐的焊合面积，使合成焊缝处的刚度增加，明显增加了车轮的疲劳寿命。可以预见，激光-电弧复合焊在轮辋与轮辐合成焊接中有很好的应用前景。

6.4.5 轮辋与轮辐合成焊接的仿真及验证

焊接仿真工程软件可实现热-金相-力学场的耦合计算，并考虑相变以及相变潜热、相属性变化对温度场的影响，进而达到焊接性能的有效预测和焊接工艺的优化。并且，通过焊接工艺仿真，还可得到焊接产生的结构残余应力，进而为结构优化设计提供支撑。

焊接仿真分为两步进行：第一步进行热-金相场计算，第二步进行力学场计算。在第二步计算中，可充分考虑温度、相变对结构应力、应变的影响。焊接仿真的基本流程为：首先，通过预先定义的材料属性、热学边界条件、热源模型、CCT（Continuous Cooling Transformation）曲线计算焊接结构的温度场以及各相比例；然后，将温度场、相变场作为初始条件对焊接结构进行力学计算、分析。本节以某商用车车轮为例，简介轮辋与轮辐合成焊接的仿真方法，并对方法的有效性进行验证[29]。

（1）轮辐、轮辋合成焊接仿真模型

首先建立某钢制车轮的有限元模型，焊接过程中主要是焊缝及其周围区域温度、金相组织发生剧烈变化，产生较大的应力以及变形，因此应对模型的焊缝区域网格进行细化，如图6-73所示。另外，还需要对3D网格表面提取2D单元，以方便计算在焊接及冷却过程中通过热对流与热辐射损失的热量，车轮网格表面如图6-74所示。

图6-73 车轮有限元网格模型

图6-74 车轮网格表面2D单元

本实例中，轮辐材料为SW400，轮辋材料为RS590。焊接仿真中，需要定义材料属性、热源模型参数、热源加载路径、焊接约束条件（热学边界、力学边界）。焊接过程中，焊缝以及附近部位的温度剧烈变化，故还需考虑材料属性随温度变化以及金属相变的规律。因需考虑金属相变，轮辐、轮辋的热学、力学以及金相学属性均为各相组织的材料属性，通常可基于软件内的材料库，选择与要分析车轮相近材料的材料属性，条件允许时可通过试验获得所需参数。限于篇幅，各相组织随温度变化的比热容、热导率、硬化曲线、泊松比、弹性模量、屈服强度等可参见文献[29]，在此只给出轮辐、轮辋CCT曲线，如图6-75所示。

钢制车轮的合成常采用气体保护焊，仿真中使用单一热源模型很难描述上宽下窄的喇叭状熔池形状，为更好地模拟如图6-76所示真实熔池形状，使用双椭球、圆柱体复合热源模型，如图6-77所示组合热源，上半部分采用双椭球热源，下半部分采用圆柱体热源，根据实际焊接中电流、电压、焊接速度，即可获得仿真中的能量输入。焊接中的能量损失形式主

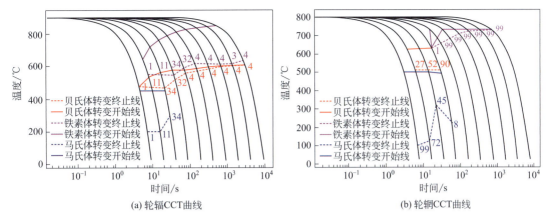

(a) 轮辐CCT曲线　　　　　　　　　　(b) 轮辋CCT曲线

图 6-75　轮辋、轮辐材料的 CCT 曲线

图 6-76　熔池形状

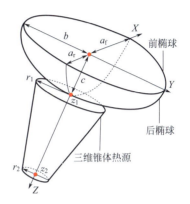

图 6-77　仿真用热源模型

要为热对流以及热辐射，为此设置焊件表面与空气进行热对流、热辐射的相关参数，并提取有限元模型中所有3D单元的开放表面用于计算车轮在焊接过程中与空气进行热辐射以及热对流所损失的热量。

焊接过程中，力学边界条件主要包括夹持边界条件、接触边界条件以及加载。在车轮合成焊接中，只需对夹持边界条件进行设置，如图6-78所示，即约束轮辐中心孔处的 X、Y、Z 方向自由度，焊接结束后释放。

(a) 实际固定方式

(b) 模型中的约束设置

图 6-78　车轮合成焊时的约束

(2) 轮辐、轮辋合成焊接仿真结果

焊接过程可分为起弧、稳态、收弧3个阶段。焊接开始时，焊枪与焊件之间需要进行短路引弧，此时焊接电流、电压在短时间内迅速上升，焊接温度场处于非稳态阶段，如图6-79中所示，从焊接起始时刻（0s）到13s，焊接温度场才进入稳态。为了模拟起弧阶段，仿真中将热源模型逐步施加在网格模型上。在收弧阶段，焊接电流、电压短时间降低到零，仿真中模拟收弧阶段与模拟起弧阶段的过程恰好相反，此时热源模型施加在网格模型上的热流量逐渐降低。

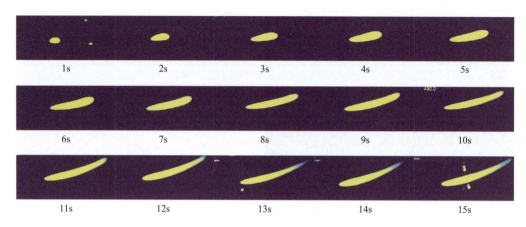

图 6-79 焊接温度场仿真结果

焊接仿真结束并室温冷却5000s后，车轮在通风孔截面处的Von Mises应力分布如图6-80所示。从图中可看出，焊缝周围区域的应力较大，最大Von Mises应力达到633MPa，已经超出了材料的屈服强度（520MPa）；而焊缝中心处的应力较小。

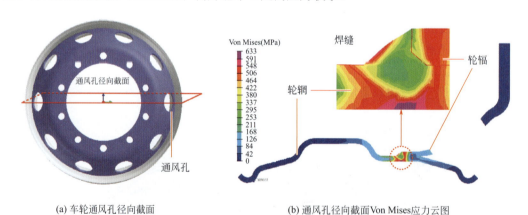

(a) 车轮通风孔径向截面　　　　　　(b) 通风孔径向截面Von Mises应力云图

图 6-80　车轮通风孔径向截面和通风孔径向截面 Von Mises 应力云图

以正对通风孔处轮辋焊趾为起点，沿轮辋焊趾周向（图6-81）提取焊接残余应力，如图6-82所示。即正对通风孔轮辋焊趾处残余应力明显小于通风孔之间轮辋焊趾处的残余应力，且沿周向周期变化。推测这是由于通风孔的存在使得该部位的刚度低于通风孔间部位的刚度，因此导致正对通风孔的轮辋焊趾处残余应力较小，而车轮的周期对称结构使得在焊接稳定阶段轮辋焊趾残余应力具有周期变化的特点。

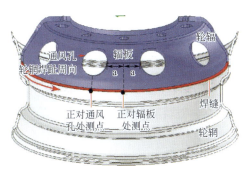
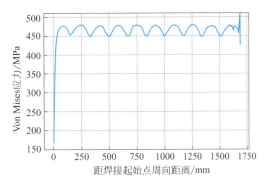

图 6-81 正对通风孔测点及通风孔间测点位置

图 6-82 轮辋焊趾周向焊接残余应力分布

(3) 焊接区域温度分布的测试及仿真结果验证

采用红外热像仪对焊接过程中的温度场进行测量。若用热成像仪正面测量焊接温度会受弧光干扰,故实验中测量焊接过程中轮辋背面区域的温度分布,如图 6-83 所示。

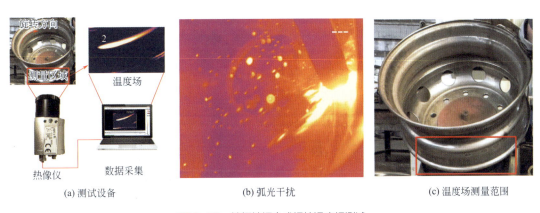

图 6-83 轮辐轮辋合成焊接温度场测试

采用复合热源模型得到的熔池形状与实验测得的熔池形状对比如图 6-84 所示。由图可知,采用复合热源模型能够很好地模拟真实焊接情况下的熔池形状。

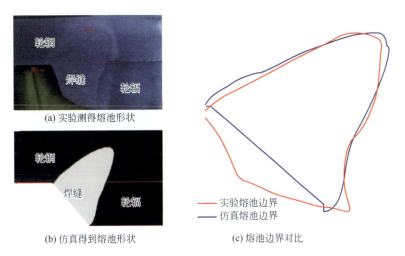

图 6-84 熔池形状对比

图6-85为焊缝实测温度与有限元仿真获得温度结果的比较,两者温度差在±20°以内,表明合成焊接仿真分析可较准确地模拟焊缝附近的温度场。

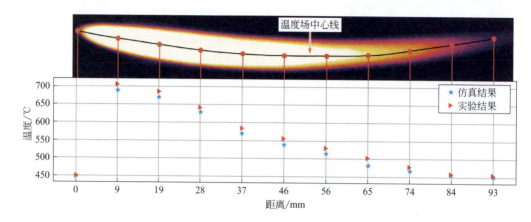

图6-85 轮辋测量区域仿真所得温度场及实测温度场结果对比

（4）焊接区域残余应力测试及仿真结果验证

对以下两种情况的轮辋焊趾处残余应力进行测量：一种是轮辐、轮辋首先进行过盈装配,然后进行合成焊接；另一种是轮辐、轮辋间无装配过盈量,即在轮辐轮辋安装面在不存在过盈应力情况下进行合成焊接。实验测量点选择在焊接中段位置,如图6-86所示,其中A、C、E、G、I为正对通风孔轮辋焊趾处,B、D、F、H、J为通风孔间轮辋焊趾处。

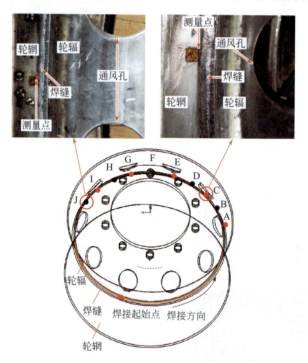

图6-86 车轮焊接残余应力的测点位置

实验结果与仿真结果的对比如图6-87所示,可以看出,仿真结果与实验结果吻合良好。从图6-87中还可看出,过盈装配对焊接后焊缝处的残余应力影响较小,这是由于焊接过程中轮辋焊趾部位的温度较高，接近甚至超过材料的熔点，因此由过盈装配在该部位产生的残余应力在焊接过程中得以释放。因此，在研究轮辋焊趾疲劳开裂时，可不考虑轮辐、轮辋间过盈装配的影响。

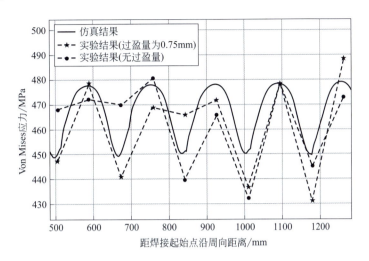

图 6-87　焊接残余应力的仿真与实验结果

通过轮辐轮辋合成焊接的仿真与实验测试结果的对比可知：双椭球、圆柱体复合热源模型可准确模拟车轮合成焊接所产生的熔池形状、温度分布以及焊接残余应力，本节的轮辐、轮辋合成焊接仿真方法是可行的。仿真所得焊接残余应力场可作为初始应力场输入到车轮强度分析的有限元仿真模型，从而可获得考虑焊接工艺的车轮在载荷作用下的应力、应变状态，进而可为车轮疲劳性能预测提供更加准确的依据。

6.5　商用车钢制轻量化车轮案例

6.5.1　某款商用车钢制轻量化车轮

针对兴民智通出口美国的LT2685型车轮（22.5×8.25J）重量超过用户要求的问题，中信金属联合钢铁研究总院、兴民智通、北京航空航天大学、吉林大学、本溪钢铁等公司共同完成了"轻量化高强度含铌钢制商用车车轮开发"项目。通过各单位的技术攻关和紧密合作，研究完成含铌高强钢的开发（RS系列车轮专用钢），该车轮钢材相对于传统车轮钢材，具有低屈服、高成形性、高疲劳寿命等特性；解决了高强钢轮辋加工过程中的焊接工艺问题，并通过对该车轮进行弯曲与径向载荷下的疲劳仿真分析、结构厚度优化，使所设计车轮达到了用户要求的重量和疲劳寿命。

（1）RS590钢材显微组织及合金成分的确定

为了满足用户对某商用车钢制车轮轻量化的要求，需研发一种用于轮辋的高强钢以替代抗拉强度490MPa级的SW400材料，实现车轮减重10%、径向疲劳寿命台架试验超过100万次的目标。相对于微合金和低合金高强度钢，双相钢具有低屈强比、高初始加工硬化速率、良好强度和延性等优点，故本实例中，钢材的研发目标是获得一种用于轮辋的双相钢。

针对上述目标进行了RS590钢材的研发，实验材料选用的是本溪钢铁生产的连铸坯，其化学成分如表6-4所示。

表6-4 试验钢的化学成分   单位：wt%

化学符号	C	Si	Mn	P	S	Al	O	N	Cr	Nb
比重	0.0647	0.470	1.455	0.0058	0.0008	0.03434	0.0017	0.0050	0.253	0.0233

对试验钢采用3种不同的轧制工艺进行轧制，然后对不同轧制工艺下所得试验钢进行样件拉伸实验以及扩孔性能检测，通过结果对比，选择将铁素体+贝氏体为主的混合组织作为590MPa车轮用钢的显微组织控制目标。采用这种组织结构，大量的针状铁素体极大地提高钢的强度，同时少量的粒状贝氏体又可以增加钢的韧性，得到较好的屈强比。通过优化获得各相比例为：铁素体60%～70%，贝氏体20%～30%。

在以上工作基础上，通过试验研究了铌（Nb）对材料显微组织和性能的影响。结果表明，添加Nb元素试验钢的铁素体晶粒更加细小紧密，并且少量的珠光体形状变得扁平。整体组织比未添加Nb元素的试验钢更加细化、均匀，且添加Nb元素的试验钢，各项性能均优于未添加Nb元素的试验钢。故最终确定了590MPa级车轮用钢的理想成分主要为：（0.04～0.08）C，（1.2～1.8）Mn，0.5Si，（0.02～0.04）Nb。

（2）RS590钢材的轧制工艺

车轮用RS590的显微组织设计是细晶粒铁素体+细小均匀分布的贝氏体，控轧控冷工艺的目的是得到需要的组织和性能。对组织和性能影响较大的热轧工艺参数主要是板坯加热温度、开轧温度、终轧温度、卷取温度、冷却速度和冷却方式。

车轮用RS590的加热温度和开轧温度选择，以避免出现红色氧化铁皮缺陷为设计依据。终轧温度的选择主要考虑充分细化奥氏体晶粒，同时为后续相变获得更多的铁素体含量创造条件。卷取温度的选择主要考虑获得所需细晶粒铁素体+细小均匀分布的贝氏体组织。

综合上述因素，连轧工艺中，控制加热炉膛气氛，尽量减少氧化铁皮的生成；保证加热时间充分，温度均匀。板坯出炉温度为1250℃±20℃，荒轧高压水除鳞压力要求为15MPa以上，开轧温度按1190℃±20℃控制，终轧温度按840℃±15℃控制，卷取温度按470℃±15℃控制，冷却方式采用前段冷却方式。通过大批量工业性生产表明，轧制温度满足控制精度要求（沿带钢全长95%以上在目标范围内）。

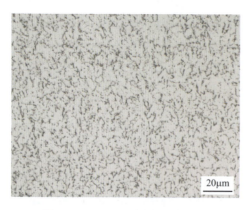

图6-88 RS590金相组织（F+B）

RS590的金相组织如图6-88所示，以铁素体（F）+贝氏体（B）为基体组织，第二相面积为9%，铁素体的晶粒度约12.7级，晶粒比较均匀、细小，夹杂物最高为0.5级，带状组织为1.5级，表明成分和轧制工艺设计是合理的，冷却速率比较合理，达到了设计要求，为车轮用RS590具有优良的疲劳性能和扩孔性能奠定了基础。

针对RS590材料进行扩孔试验、80mm宽冷弯试验以及拉伸实验，得出材料的屈服强度范围为510～567MPa，均值为543MPa；抗拉强度范围是595～643MPa，均值是625MPa；伸长率范围是26%～38%，均值是31%；冷弯试验全部合格，扩孔性能良好。

（3）RS590钢材焊接性能

图6-89为RS590试验钢焊接件，3为焊接区域，2与2′为热影响区，1与1′为基体。使用扫描电子显微镜分析材料焊接区、热影响区及基体组织，如图6-90所示。

图6-89　试验钢焊接件

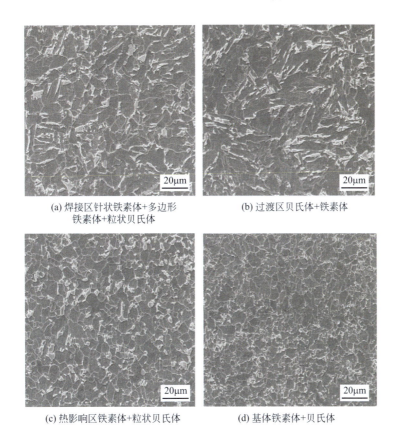

(a) 焊接区针状铁素体+多边形铁素体+粒状贝氏体

(b) 过渡区贝氏体+铁素体

(c) 热影响区铁素体+粒状贝氏体

(d) 基体铁素体+贝氏体

图6-90　RS590试验钢不同区域组织的SEM像

分析结果表明：RS590试验钢整个焊接区组织比较均匀，焊接热影响区没有发生明显的粗化现象，焊缝组织为细小的针状铁素体+多边形铁素体+少量的粒状贝氏体，大量的针状铁素体极大地提高钢的强度，同时少量的粒状贝氏体又可以增加钢的韧性，因此试验钢可以得到较好的屈强比。母材晶粒细小与Nb加入阻止形变奥氏体再结晶长大，细化奥氏体最终细化室温组织，得到细小铁素体+贝氏体组织。而焊缝与热影响区晶粒细化与Nb碳化物阻止焊接过热引起的奥氏体晶粒长大有关，从而明显细化焊缝组织，提高焊后性能。硬度测试表明，RS590试验钢焊缝硬度分布比较均匀，热影响区与基体硬度差异不是很大，未出现明显的软化现象。

将RS590高强钢用于商用车轮辋结构，需改进轮辋闪光对焊工艺以保证焊接性能。项目团队进行了如下研究：改变闪光对焊工艺参数测试高强钢焊头的焊接热循环，通过热循环特征参数研究接头经历的热过程特点；研究高强钢闪光对焊接头的微观组织特点，为揭示其焊接特点及焊接参数的影响规律提供必要的理论基础；研究闪光对焊参数（闪光留量、顶锻压力、顶锻留量、带电顶锻时间）对接头微观组织及力学性能的影响规律，为优化焊接工艺参数提供必要的试验数据；采用正交设计方法，以接头冲击力、延伸率和弯曲裂纹长度为指标进行焊接参数优化。这些研究使采用RS590高强钢的轮辋获得了良好的焊接效果。

（4）RS590钢材作为轮辋的车轮轻量化设计

为了得到准确的车轮性能有限元仿真结果，对轮辋的现用钢材SW400及替代钢材RS590进行拉伸试验，获得弹性模量、屈服强度、抗拉强度、应力-应变曲线等力学性能指标。图6-91为试验所得两种材料的应力-应变曲线。其中，对于RS590材料分别测试了沿轧制方向及垂直轧制方向的样件，结果表明，沿不同方向所制取的样件，其性能略有差异[30]。

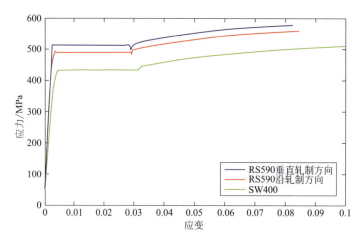

图6-91　RS590与SW400应力-应变对比曲线

由图6-91可见，RS590的屈服强度、抗拉强度相比SW400有了较大提升，这为车轮轻量化设计提供了条件。此外，针对SW400和RS590材料进行了疲劳实验（图6-92），所获两种材料的疲劳特性曲线如图6-93所示。从图中可以看出，较高应力水平下，RS590的疲劳性能明显好于SW400；而较低应力水平下，SW400的疲劳性能较优越，且两条曲线存在交叉点。

图6-92　采用MTS-880疲劳试验机进行样件疲劳实验

建立LT2685型（22.5×8.25J）商用车车轮在径向载荷、弯曲载荷作用下的有限元模型，通过仿真获得其在各种载荷作用下的应力分布状态，如图6-94所示。基于所获得的车轮强度仿真结果，考虑表面加工系数、尺寸系数、有效应力集中系数等因素的影响，在材料疲劳特性曲线的基础上获得用于结构疲劳特性曲线，即可对车轮的疲劳寿命进行预测。

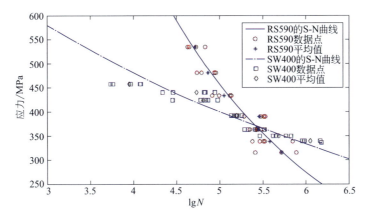

图 6-93　RS590 与 SW400 的 S-N 曲线

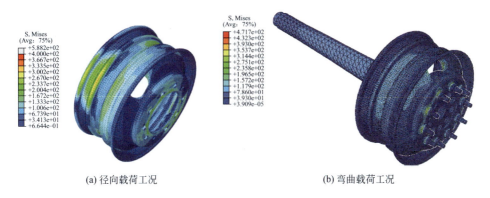

(a) 径向载荷工况　　　　　　　(b) 弯曲载荷工况

图 6-94　轮辋及轮辐应力分布图

该款车轮主要面向美国市场，对车轮疲劳寿命的要求高于我国国家标准，其中径向疲劳寿命要求达 100 万次，弯曲疲劳寿命要求达 60 万次。原车轮设计方案中，轮辐、轮辋均采用 SW400 钢材，仿真与试验结果均表明，原设计车轮可以达到两个疲劳试验所要求的循环次数，但重量超标。用户要求车轮质量在 31.7kg 左右，而原车轮的自重约 34kg（轮辐重约 20kg，轮辋重约 14kg）。为满足用户需要，采用新开发的 RS590 高强钢替代 SW400 制造轮辋，并进行轻量化设计。

采用 SW400 材料的原轮辋厚度为 5.25mm，采用相同厚度 RS590 材料代替 SW400，通过仿真预测车轮的疲劳寿命，结果表明有较大的强度储备，故采用整体减薄轮辋厚度的方式进行轻量化，分别将轮辋厚度减薄至 5mm、4.75mm、4.5mm，重新通过仿真预测其疲劳寿命。所得结果表明，当轮辋厚度为 4.5mm 时，仍可满足疲劳寿命要求。基于仿真结果，实际采用 4.5mm 的 RS590 钢板制造轮辋，轮辐仍采用 SW400 材料。最后，对新设计的车轮进行弯曲疲劳、径向疲劳试验，循环次数满足用户要求。

原车轮的轮辋质量约为 14kg，在采用 RS590 替换原有材料并进行轮辋厚度减薄设计后，轮辋质量约为 11.5kg，减重约 2.5kg。轮辐质量为 20kg，整个车轮总重约 31.5kg，满足了用户对车轮重量的需求。

（5）RS590 钢材的应用效果

基于 RS 系钢材的成功研发，兴民智通还设计开发了其他型号的商用车车轮产品，例如

图6-95所示的车轮。采用RS590材料代替原结构的SW400制造轮辋,原车轮质量为40kg,新设计车轮质量为31.7kg,减重20%左右,轻量化效果显著,且台架试验结果表明,其疲劳寿命比原结构提高约15%。

除将RS590材料用于商用车轮辋,兴民智通还采用4.0mm厚的RS590制造了乘用车轮辐,如图6-96所示,轮辐中心孔完好无破裂现象,故RS590不仅可用于制造轮辋,还可用于制造高扩孔率要求的乘用车轮辐。

图6-95 采用RS590的轮辋

图6-96 采用RS590的乘用车轮辐

6.5.2 某款非公路用商用车钢制轻量化车轮

某载重为80～100t的超重型非公路用货车,其车轮的轮辐、轮辋分别由厚度为20mm的Q235B钢板、厚度为9mm的380CL钢板制造,单只车轮重约为65kg。随着汽车轻量化进程的推进,用户提出轻量化需求,要求载重不变的情况下车轮质量降至50kg左右。因此,需要研究车轮轻量化的各个环节,包括轮辋和轮辐新材料研发、车轮结构的轻量化设计等。为此,中信金属股份有限公司联合安阳钢铁股份有限公司、洛阳豪邦车轮有限公司、北京航空航天大学对相关问题进行了研究,完成了高强钢590CL的研发、超重型车轮结构的优化设计以及车轮试制和试验等工作。

(1) 高强钢AG590CL材料的研发

针对超重型车轮的减重需求,研发团队进行了高强钢AG590CL材料研发,目标为屈服强度不小于420MPa,抗拉强度为590～710MPa,伸长率不小于20%。车轮钢不仅要求具有较高强度,还要求具有良好的韧性和焊接性能,因此在钢中添加Nb、V、Ti等微合金元素,并通过合理的控制轧制、控制冷却工艺以达到强韧化目的。控制轧制,主要是对奥氏体硬化状态的控制;而控制冷却是对硬化奥氏体的相变行为进行控制,可进一步细化晶粒并通过冷却路径的控制获得理想的组织,进而获得良好的强韧性。

通过检测不同奥氏体化温度时含Nb车轮钢中的Nb、Ti析出相,并测量不同奥氏体化温度和保温时间时钢材中奥氏体晶粒的尺寸,分析析出相与奥氏体晶粒尺寸之间的关系。奥氏体化温度为950～1000℃时,晶粒细小均匀,平均尺寸约为30μm;温度上升到1050℃后,晶粒开始明显长大,并且开始出现混晶现象,这是由于含Nb析出相开始溶解造成的;温度为1150℃时,晶粒又一次迅速粗化,同时晶粒尺寸不均匀,出现较严重的混晶现象。

基于上述对含Nb车轮钢微观组织结构的研究,同时为了保证带钢表面质量并提高焊接性能，AG590CL的化学成分设计上采用低碳、低硅设计，并严格控制P、N、S含量（S含量不大于50ppm❶，P含量不大于120ppm），减少板坯内部夹杂。为减少带钢性能波动，板坯冶炼采取窄成分控制及残余元素控制，降低成分波动对性能波动的影响。AG590CL的化学成分如表6-5所示。

表6-5 AG590CL化学成分　　　　　　　　　　　　　　　　　单位：wt%

化学符号	C	Mn	Si	Als	Nb	Ti	N
比重	0.07～0.09	1.55～1.65	0.07～0.15	0.015～0.035	0.050～0.065	0.010～0.020	≤0.0050

AG590CL的热轧工艺参数为试验钢总在炉时间241min，出钢温度1220℃，具体工艺参数如表6-6所示。

表6-6 AG590CL热轧工艺参数

参数	成品厚度/mm	终轧温度/℃	层冷模式	卷取温度/℃
值	8.0	860	前段集中冷却	570

对试验钢卷进行性能检验，结果如表6-7所示。断后伸长率较高，有利于后续车轮产品的滚压成形；屈服强度为581MPa，远高于目标值420MPa；抗拉强度为641MPa，位于目标值590～710MPa的范围内。试验钢的金相组织如图6-97所示，从中看出，其组织为铁素体、珠光体和少量贝氏体。故所开发的高强钢590CL，其各项指标均满足超重型车轮的要求。

图6-97 AG590CL高强钢的金相组织

表6-7 AG590CL力学性能

参数	钢种	R_m/MPa	R_{el}/MPa	A_{50}/%	折弯直径 d/mm
值	590CL	641	581	23.5	$d=2a$

（2）超重型车轮的轻量化设计[31]

该款专用超重型货车的车轮额定载质量为8350kg，原结构中轮辋材料为9mm厚的380CL，轮辐材料为20mm厚的Q235B。这两种材料的强度均较低，导致车轮结构的重量较大。更换强度级别更高的含铌高强钢AG590CL后，可对轮辐、轮辋的厚度进行整体减薄，获得轻量化效果。为此，初步确定轮辋厚度为6.5mm，轮辐厚度为15.5mm。

除了对轮辋、轮辐厚度整体减薄，还需通过车轮参数优化获得进一步轻量化效果。因此，需要建立车轮有限元仿真模型，对其进行性能预测及轻量化设计。在设计过程中，不但要考虑其强度性能，还需考虑结构材料减薄后带来的刚度问题。

轮辋、轮辐均改用AG590CL高强钢，材料牌号虽然相同，但板料的厚度相差较大，因

---

❶ ppm 为百万分比浓度。

此其材料力学性能也会有差别。为得到用于结构性能仿真的准确材料属性，分别对厚度为6.5mm、15.5mm的AG590CL材料进行拉伸试验，测试结果如表6-8所示。

表6-8　轮辋与轮辐高强钢材料属性

材料	厚度 t/mm	ρ/(g/cm^3)	E/GPa	μ	σ_s/MPa	σ_b/MPa
轮辋材料	6.5	7.8	181	0.3	524	607
轮辐材料	15.5	7.8	188	0.3	497	598

根据第3章中提供的车轮性能仿真方法，分别建立该超重型车轮在径向载荷、弯曲载荷作用下的有限元仿真模型，获得其在不同载荷作用下的受力状态及变形情况。图6-98为该车轮在径向载荷作用下的应力分布，图6-99为该车轮在弯曲载荷作用下的应力分布，图6-100分别为该车轮在弯曲载荷、径向载荷作用下的变形分布情况。

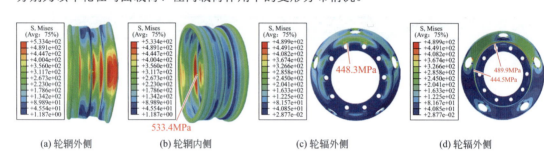

图6-98　超重型车轮在径向载荷作用下的应力分布

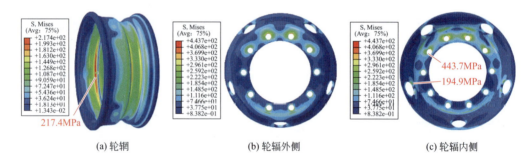

图6-99　超重型车轮在弯曲载荷作用下的应力分布

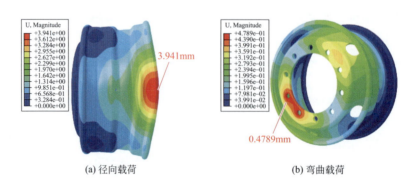

图6-100　超重型车轮在不同载荷作用下的变形分布

由径向载荷作用下的应力仿真结果可知,轮辋最大应力为533.4MPa,位于气门嘴孔附近。轮辋应力较大的区域主要为远端轮缘(远离轮辐一侧)以及底槽两侧的过渡圆角处。轮辐最大应力为489.9MPa,位于轮辐内侧辐底过渡圆角处。其余应力集中处为靠近螺栓孔区域,最大应力为448.3MPa;通风孔处,最大应力为444.5MPa。因轮辋屈服强度为524MPa,轮辐屈服强度为497MPa。故在径向工况下,轮辋最大应力略超屈服强度,轮辐最大应力未超过屈服强度。

由弯曲载荷作用下的应力仿真结果可知,轮辋最大应力为217.4MPa,位于气门嘴孔附近。轮辐最大应力为443.7MPa,位于螺栓孔处。轮辋屈服强度为524MPa,轮辐屈服强度为497MPa。故该超重型车轮在弯曲工况下轮辋与轮辐的最大应力均未超过材料的屈服强度。

接着,基于对车轮有限元模型的仿真分析结果,利用第3章介绍的方法对车轮弯曲、径向疲劳寿命进行评估,得出其疲劳寿命均能满足要求。

由车轮在不同载荷作用下的变形仿真结果可知,该车轮在弯曲载荷作用下的最大变形量为0.4789mm,位于螺栓孔处;在径向载荷作用下的最大变形量为3.94mm,位于轮辋远端。轮辋变形量过大易导致轮胎脱圈的事故,因此进行车轮轻量化设计时需对该数值进行适当约束。由于目前关于轮辋变形量尚未有明确的标准规定,故只能根据企业以往的经验进行判断。基于洛阳豪邦车轮有限公司对以往能够正常工作车轮所产生变形量的经验,当轮辋发生3.94mm变形量时仍可安全工作,故后续对该车轮进行轻量化设计时,参考此数值。

根据强度仿真结果可知,在弯曲载荷作用下的应力、疲劳以及变形情况均比径向载荷作用下的更安全,故首先单独针对径向载荷工况基于采用新材料后的车轮结构对轮辋进行优化。

约束车轮的最大变形。在选择优化方案时,当轮辋变形不超过3.94mm的1%,即可认为是可行方案。建立轮辋截面草图,如图6-101所示,选择14个尺寸作为优化的变量。

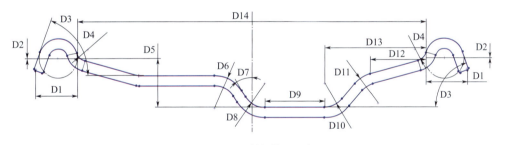

图6-101 轮辋截面尺寸

基于Isight平台进行优化,应用Exploration组件的Approximation Loop策略,首先建立局部设计空间的近似模型,并在近似模型上进行优化计算,获得局部最优解的估计值,并通过验算不断更新近似模型继续优化,最终获得全局最优解。该策略无需设计人员单独建立近似模型和选择优化算法,适用于非线性设计空间以及单次计算耗时较长的问题。轮辋优化流程如图6-102所示。

Exploration组件生成一组参数赋予Excel,Excel驱动SolidWorks生成新的车轮模型;Simcode组件调用ABAQUS进行仿真,计算得到车轮的最大变形量;Exploration组件根

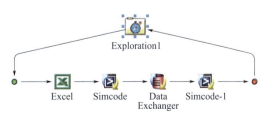

图6-102 轮辋优化流程

据计算结果自动寻优，不断迭代，直到得到最优解。轮辋截面尺寸优化结果如表6-9所示。优化后轮辋的质量为28.372kg，而轮辋初始质量为29.11kg，减重0.738kg，车轮最大变形为3.9292mm。

表6-9　轮辋截面尺寸优化结果

尺寸	D1	D2	D3	D4	D5	D6	D7	D8	D9	D10	D11	D12	D13	D14
初始值/mm	27	0.2	75	7	31.8	20	33	15	38	15	20	36.3	66	227
最终值/mm	26.65	0.22	73.4	8	30.3	20.9	33.9	15.9	38.9	15.9	19	36	66.6	226

该车轮结构的优化是以径向载荷工况下轮辋变形量为约束条件，故仍针对径向载荷工况对轮辐结构进行优化。选择轮辐中6个变量进行优化，包括4个截面尺寸与2个通风孔尺寸，如图6-103所示。采用与轮辋优化类似的方法对轮辐结构进行优化，获得各变量的最终优化结果如表6-10所示。

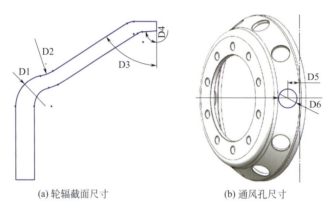

(a) 轮辐截面尺寸　　　　(b) 通风孔尺寸

图 6-103　轮辐优化变量

表6-10　轮辐截面尺寸优化结果

尺寸	D1	D2	D3	D4	D5	D6
初始值/mm	25	30	58	85.8	40.1	70
最终值/mm	24	28.75	58	86.1	35.5	50

优化后轮辐的质量为22.5kg，而轮辐初始质量为23.124kg，减重0.624kg，轮辋最大变形为3.943mm。对优化后的车轮重新进行径向载荷、弯曲载荷作用下受力状态和疲劳寿命校核，结果表明，优化后车轮的性能均与采用新材料车轮的初始结构相差很小，即优化后车轮的强度性能、刚度性能均与初始结构相当，但重量得到降低。

基于Isight平台分别对轮辋和轮辐进行结构优化，优化后轮辋减重0.738kg，轮辐减重0.624kg，车轮总重达到50.872kg。优化后的车轮与采用AG590CL高强钢车轮的初始设计相比减重1.362kg，减重率2.61%；与现用车轮（轮辋采用9mm厚的380CL，轮辐采用20mm厚的Q235B）相比，减重14.368kg，减重率22.02%。显然，通过AG590CL高强钢的使用以及对车轮结构的进一步优化，使该款超重型车轮获得了良好减重效果。

（3）超重型车轮的试制、试验情况

因材料强度提高，在轮辋扩口工序中对扩口机进行改造，通过增加两个辅助油缸，增大扩口总压力，进而达到所需扩口尺寸。轮辋滚型工序中，高强钢材料的回弹大导致滚型工序后轮辋的形状误差偏大，特别是小圆弧成形不好，通过多次调整模具尺寸参数保证了成形尺寸。

轮辐落料工序中，因材料剪切强度高，需将落料模的刀口斜度增加后才能完成该工序；轮辐旋压工序中，采用大型旋压机，用正常旋芯旋压出的轮辐零件尺寸超过设计值3～5mm，之后将旋芯减小5mm，使所加工的轮辐尺寸满足要求。

轮辐、轮辋合成焊接时，采用的焊接电压为36V，电流为500A，焊丝用碳钢氩弧焊丝，其型号为ER50-6（GB/T 8110—2020），规格为2mm，采用埋弧焊工艺，焊接出的工件外观无缺陷。

图 6-104　进行路试的两只超重型车轮

该超重型车轮处于试模阶段，试制出的合格样品尚未进行第三方实验室检测，但初步进行了第一轮路试。两只路试车轮如图6-104所示，总里程为4万公里，路试时间为100天。经过检测，两只样品车轮均无可见裂纹，几何尺寸满足要求，说明刚度、强度均未出现失效。目前，其他验证工作仍在进行中。

上述试制以及初步路试结果表明，采用新研发的高强钢AG590CL加工超重型车轮的轮辋及轮辐，并对车轮结构进行轻量化设计，与以往轮辋采用380CL、轮辐采用Q235B的车轮相比，其重量减轻约22%，轻量化效果显著；同时，目前测试结果表明，新研发的钢制车轮具有良好的强度、刚度以及疲劳性能。

6.6　乘用车钢制轻量化车轮案例

6.6.1　大通风孔钢制车轮的研发背景及目标

传统乘用车钢制车轮产品因钢材强度的制约和设计思维的固化，其轮辐多拉伸成"弓形"，并与轮辋装配焊接在底槽位置。这种结构承载能力较好，但美观性较差，如图6-105所示。这就导致钢制车轮主要用于出租车和部分低成本乘用车，而约70%以上的乘用车采用铝合金车轮。

图 6-105　传统钢制车轮

在乘用车车轮领域存在的问题是，轻质材料车轮的成本偏高，而低成本的钢制车轮外形不够时尚、缺乏吸引力。随着具有良好塑性成形性能高强钢的研发取得明显进展，以及车轮设计和仿真技术的显著进步，这些技术的融合使得车轮行业有望采用高强钢以及现代设计方法，设计出重量轻、强度高、兼顾外观时尚的乘用车钢制车轮。

为提高钢制车轮的技术竞争力，中信金属联合宝钢、兴民智通、北京航空航天大学、华晨汽车、奇瑞等单位组成联合项目组，开展相关研发。通过各单位的技术攻关和紧密合作，应用铌微合金化技术和仿真分析技术，开发乘用车用16英寸的具有良好外观的轻量化大通风孔钢制车轮，要求造型美观、重量轻（比现有传统钢制车轮轻10%）、成本低（比现有铝合金车轮低30%）、满足法规标准要求并通过路试。

车轮的关键设计参数如下：型号16×6.5J，额定载荷为600kg；轮辐采用材料为650DP，厚度为4.5mm；轮辋采用材料为BG420CL，厚度为3mm；车轮的目标质量为9.8kg，理论减重约18%；通风散热孔面积为32000mm^2（同类产品散热面积12000～16000mm^2），散热面积增大100%～160%。

6.6.2 轮辐的材料组分

根据研发任务的具体需要，宝钢基于580DP钢提出新的材料配比方案。针对双相钢微观组织中软相（铁素体）与硬相（马氏体）强度相差太大的问题，拟通过提高铁素体的强度来降低与马氏体的硬度差别。

要获得650DP双相钢，需要在原580DP的基础上添加Nb或Ti，也需要对材料中其他强化元素的含量进行微调。在添加了0.015%的Nb或Ti后，材料的强度和扩孔率均有明显的提高。但添加Nb的材料强度比添加Ti的材料强度更高一些，屈强比也略有增加。与原材料相比，添加Nb或Ti后，材料在性能上对缓冷温度的变化不敏感，强度和扩孔率均未随缓冷温度的变化而产生明显的变化。图6-106为580DP以及添加0.015%的Ti或Nb后的试样微观组织。

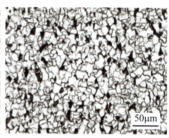

(a) 580DP　　(b) 在580DP基础上添加0.015%的Ti　　(c) 在580DP基础上添加0.015%的Nb

图 6-106　各材料的微观组织

图6-106表明，添加0.015%的Nb或Ti后，材料中的铁素体晶粒尺寸明显减小，且加Nb使得铁素体晶粒比加Ti更细小一些，说明Nb在细化铁素体晶粒上比Ti的作用更大一些。因此，可通过细晶强化和析出强化等途径，开发抗拉强度650MPa级别汽车用热轧卷板。

在现有双相钢580DP基础上，通过对650DP车轮钢的成分工艺优化，逐步稳定双相钢的组织和性能，设计了如表6-11所示的化学成分组合。试制钢板的金相组织符合所期望的铁素体+马氏体组织构成，马氏体的比例大约为20%，如图6-107所示。所得材料的力学性能如表6-12、图6-108所示。

表 6-11　材料化学成分　　　　　　　　　　　　　　　　　　　　单位：wt%

化学符号	C	Si	Mn	P	S	Al	N	Nb
比重	0.08	0.8	1.3	0.01	0.0019	0.046	0.0033	0.02

表 6-12　样件拉伸性能

参数	屈服强度/MPa	抗拉强度/MPa	延展率/%	屈强比	扩孔率/%		
值	510	680	22	0.75	49	54	46

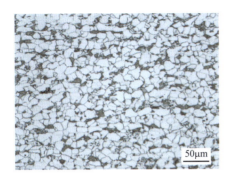

图 6-107　铁素体 + 马氏体微观组织

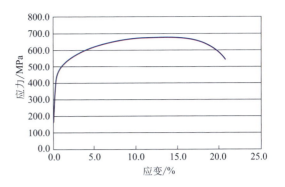

图 6-108　650DP 钢的应力 – 应变曲线

6.6.3　大通风孔钢制车轮的结构选型及性能预测

在新高强钢材料和仿真分析的技术支撑下，对大通风孔车轮方案进行结构优化设计，力图达到外观、重量和成本的协调。

（1）结构选型

根据前期大通风孔车轮开发经验，初步设计出 5 款大通风孔车轮造型，后续根据多家整车企业的造型建议和外观评价，最终选取如图 6-109 所示的造型方案，并在此基础上，进行 16×6.5J 轻量化大通风孔车轮的初步设计。

图 6-109　轻量化大通风车轮的造型及初步结构设计

（2）结构性能预测

根据轻量化大通风孔车轮的初步结构设计，建立如图 6-110 所示车轮的三维模型，以及用于车轮在弯曲载荷、径向载荷作用下结构受力状态仿真的有限元仿真模型。大通风孔车轮在弯曲载荷作用下的仿真结果如图 6-111 所示，应力较大区域分别位于位置 1（通风孔靠近气门嘴内凹）、位置 2（加强筋内侧）、位置 3（通风孔圆角）、位置 4（螺栓孔小筋外侧）。基于弯曲载荷旋转一周作用于加载轴不同方位时车轮受力状态的仿真结果，采用 Gerber 公式对各危险区域的平均应力进行等效，基于 Miner 法则预测轮辐各危险区域中最低的疲劳寿命为 12.6 万次循环，满足标准要求的疲劳寿命。

图 6-110　车轮三维模型

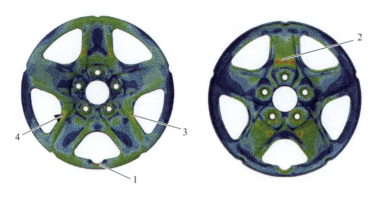

图 6-111　大通风孔车轮在弯曲载荷作用下的应力分布

大通风孔车轮在径向载荷作用下的仿真结果如图6-112所示,应力较大区域分别位于位置1(胎圈座内侧)、位置2(轮缘外侧)、位置3(小凸峰内侧)。对该车轮进行径向载荷作用下的仿真分析时未建立轮胎结构模型,而是直接将径向载荷转化为等效的余弦载荷施加在轮辋上。基于径向载荷旋转一周作用于车轮不同角度时车轮受力状态的仿真结果,对各应力危险区域的平均应力进行等效,使用Miner法则计算得到车轮各区域的最低疲劳寿命为218.6万次循环,满足疲劳寿命不低于50万次循环的标准要求。由第3章3.4节可知,采用余弦载荷的形式等效车轮所受的径向载荷,仿真所得的应力结果比实际偏大,即基于该应力结果预测车轮的疲劳寿命偏于安全。因此,本案例中的车轮在径向载荷作用下的疲劳寿命裕量充分。

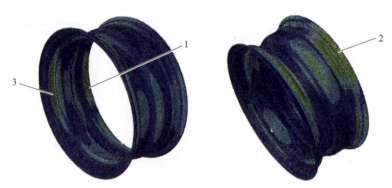

图 6-112　大通风孔车轮在径向载荷作用下的应力分布

根据对大通风车轮在弯曲载荷以及径向载荷作用下的强度仿真以及疲劳寿命的预测,可判断该大通风孔车轮能够顺利通过弯曲疲劳、径向疲劳试验,同时该车轮的外观造型和轻量化效果较好,因而可进行车轮的模具开发和试制。

6.6.4　大通风孔钢制车轮的工艺及试制

针对采用高强钢材料650DP的轮辐,专门制作了一套冲压成形模具,具体包括落料拉深、成形、切边冲孔、内孔及外缘翻边、冲螺栓孔、冲通风孔、冲气门嘴孔、通风孔翻边等8道工序的模具。图6-113为部分模具。

为了保证成形质量,在模具设计过程中,需对其冲压工序中的第2、第4及第8道关键工序进行冲压仿真,为模具参数的调整提供依据[32]。为此,需建立轮辐冲压仿真模型,并设置材料密度、弹性模量、泊松比、屈服应力、硬化系数、厚向异性参数以及板料厚度等。

(a) 落料拉深模具

(b) 成形模具

(c) 切边冲孔模具

(d) 内孔及外缘翻边模具

图 6-113 用于大通风孔轮辐的部分模具

（1）轮辐第2道冲压工序仿真及成形结果

图6-114为车轮第2道冲压工序的仿真模型，图6-115为该工序的成形零件，图6-116为该工序仿真结束后所得成形厚度云图以及板料减薄率云图。

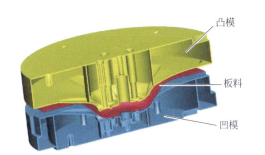

图 6-114 第2道冲压工序仿真模型

图 6-115 第2道工序成形零件

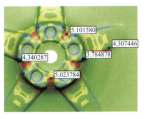

(a) 成形厚度云图

(b) 板料减薄率云图

图 6-116 第2道工序仿真结果

由图6-116可知，加强筋与螺栓安装面连接拐角处厚度减薄明显，减薄率达15.9%；两加强筋相邻部位增厚明显，增厚13.4%，其余部位无明显减薄和增厚，成形效果良好。将第2

道工序的仿真结果与实际成形样品中 5 个测点处的厚度进行测量并对比，结果如表 6-13 所示。对比结果可知，仿真结果与实测结果吻合良好，表明仿真可有效指导成形工序模具参数的设计。

表 6-13　第 2 道工序仿真结果与实测结果的对比

测点位置	1	2	3	4	5
实测厚度 /mm	4.26	4.85	4.97	3.74	4.40
仿真厚度 /mm	4.34	5.02	5.10	3.78	4.31
差值 /mm	0.08	0.17	0.13	0.04	−0.09
减薄量	3.5%	−11.6%	−13.4%	15.9%	4.3%

（2）轮辐第 4 道冲压工序仿真及成形结果

第 4 道冲压工序包括内孔翻边以及外缘翻边，成形过程为凸模下行对内孔翻边，之后压紧板料，凸模环下行对外缘翻边。内孔翻边容易减薄开裂，而外缘翻边易起皱。图 6-117 为第 4 道冲压工序的仿真模型，图 6-118 为该工序的成形零件，图 6-119 为该工序仿真结束后所得成形厚度云图以及板料减薄率云图。

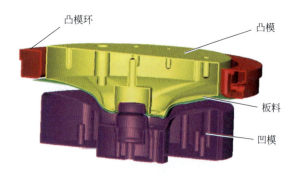

图 6-117　第 4 道冲压工序仿真模型

图 6-118　第 4 道工序成形零件

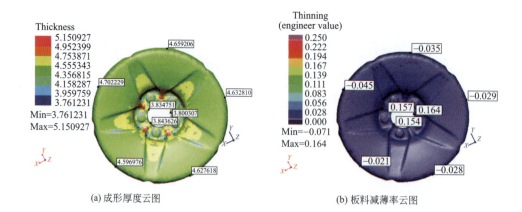

(a) 成形厚度云图　　(b) 板料减薄率云图

图 6-119　第 4 道工序仿真结果

由图6-119可知，内孔翻边处平均减薄15.8%，外缘翻边处平均增厚3.3%。内孔成形未出现开裂，外缘翻边成形也未出现起皱，成形效果良好。仿真结果与实测结果相比，误差均在4%以内，表明仿真能有效预估板料翻边后的厚度分布。

（3）轮辐第8道冲压工序仿真及成形结果

第8道冲压工序实现通风孔的翻边过程。成形过程为轮辐模具压紧板料，翻边模下行对通风孔翻边。鉴于5个通风孔翻边成形过程一致，为简化计算，提高计算速度，只对一个孔进行成形仿真。图6-120为轮辐冲压第8道工序的仿真模型，图6-121为该工序后成形的零件，图6-122为该工序仿真所得轮辐的成形厚度云图和板料减薄率云图。

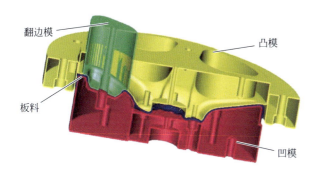

图6-120　第8道冲压工序仿真模型

图6-121　第8道工序成形零件

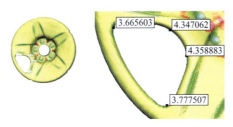

(a) 成形厚度云图

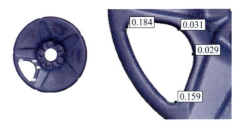

(b) 板料减薄率云图

图6-122　第8道工序仿真结果

由图6-122可知，通风孔曲率半径较小的圆角部位减薄率为17.1%，曲率半径较大部位平均减薄率为3.0%。曲率半径较小部位有明显减薄，但在容许范围内，实际成形不会出现开裂；曲率半径较大部位减薄不明显。

经过上述对大通风孔轮辐各关键冲压工序的仿真分析、新模具开发以及大通风孔轮辐的试制，成功应用650DP高强钢加工出大通风孔车轮轮辐，成形效果良好。

最后制造出的车轮（图6-123、图6-124），质量为9.8kg，而同型号的钢制车轮质量为11～12kg，减重10.9%～18.3%，减重效果明显。同型号的铝合金车轮质量为8.5～9kg，因此所开发车轮的质量已接近铝合金车轮。并且，对比普通钢制车轮，大通风孔车轮不但外形美观，通风散热面积还得到明显增加；对比铝合金车轮，大通风孔钢制车轮在成本和安全性方面具有优势。

图 6-123　大通风孔车轮制品　　　　图 6-124　前轮为大通风孔钢制车轮（后轮为铝合金车轮）

6.6.5　大通风孔钢制车轮的台架试验及路试情况

（1）车轮的台架试验

对所开发大通孔车轮，在弯曲疲劳试验机上按照 GB/T 5334 进行试验，如图 6-125 所示。加载 75183 个循环后，气门嘴孔开裂，符合标准要求，弯曲疲劳试验合格。

对该大通孔车轮，在径向疲劳试验机上按照 GB/T 5334 进行试验，如图 6-126 所示。车轮旋转 50 万转后未发现无异常，符合标准要求，径向疲劳试验合格。之后，继续运转至 760859 转时合成焊缝开裂。因进行强度仿真及疲劳预测时未考虑焊接工艺的影响，导致对焊接区域疲劳寿命的预测不够准确，但这并不影响该大通孔车轮的成功研发。

图 6-125　大通风孔车轮的弯曲疲劳试验　　　　图 6-126　大通风孔车轮的径向疲劳试验

（2）大通风孔车轮的整车冲击试验

尽管按照国家标准要求，无需对钢制车轮进行冲击试验，但为进一步确保车轮的抗冲击性能，采用奇瑞汽车股份有限公司的 Q/SQR T5-2-2015《车轮系统整车冲击试验规范》，将车轮装车进行试验。试验样车分别以 20km/h、30km/h、40km/h、50km/h 的速度行驶，使安装验证车轮的前车轮通过凸出地面的刚性挡块（尺寸及实际结构如图 6-127 所示），车轮评价标准如表 6-14 所示。

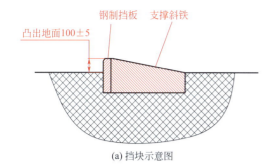

(a) 挡块示意图　　　　　　　　　　(b) 挡块实际结构

图 6-127　刚性挡块

表 6-14　整车冲击试验标准

车速	评价指标
20km/h	车轮任一部位无目测可见的变形、裂纹、折断、漏气等现象
30km/h	车轮任一部位无目测可见的变形、裂纹、折断、漏气等现象
40km/h	① 车轮任一部位无目测可见的裂纹、折断、漏气等现象； ② 车轮内／外侧轮缘变形量均 ≤ 5mm
50km/h	车轮任一部位无目测可见的裂纹、折断、漏气等现象
60km/h	选做，记录试验情况

本次试验的结果为：车速为 20km/h、30km/h 时，车轮、轮胎未见异常；车速为 40km/h 时，右侧车轮内侧变形量为 3mm；车速为 50km/h 时，左侧车轮外侧变形量为 3mm，内侧变形量为 5.1mm，右侧车轮外侧变形量为 3mm，内侧变形量为 6mm，轮胎未见异常。实测结果满足奇瑞汽车股份有限公司的 Q/SQR T5-2-2015 标准要求。

（3）大通风孔车轮整车 3 万公里综合耐久可靠性试验

按照奇瑞汽车股份有限公司的 Q/SQR T2-68-2014《乘用车综合试验标准》，进行大通风孔车轮整车 3 万公里综合耐久可靠性试验。试验涉及的路试场地包括襄阳试验场 1 号综合路、2 号综合路、比利时路、坡路、高速环道等，试验时间为 2017 年 03 月 08 日到 2017 年 06 月 07 日，测试样车为两辆 SQR7150J60T2，如图 6-128 所示。

图 6-128　大通风孔车轮耐久性试验车

大通风孔车轮在3万公里的综合路试中，无开裂、无变形、外观良好。实测结果满足奇瑞汽车股份有限公司Q/SQR T2-68—2014标准要求，达到量产的基本要求。

设计的轻量化车轮能否成为合格产品，材料是基础，工艺是保障。本章首先介绍了高强度车轮钢的研发状况及其性能特点，并讨论了轮辐和轮辋对钢材性能的不同要求；接着，讨论了钢制车轮的成形工艺，包括乘用车轮辐的冲压工艺、商用车轮辐的旋压工艺、乘用车以及商用车轮辋的滚型工艺，并针对各种成形工艺介绍了相应的仿真方法。由于在高强钢的应用过程中，需面对焊接问题，因此本章还介绍了轮辋的焊接以及轮辋与轮辐的合成焊接工艺，主要包括轮辋的闪光对焊以及轮辋与轮辐合成焊接时常采用的电弧焊，并给出了提高焊接质量的相关措施。本章最后，给出了3款轻量化钢制车轮实例，从材料组分的确定、材料生产、成形工艺、结构性能仿真、产品试制、台架实验及路试等各个方面，对高强钢车轮的研发进行了介绍、分析。

[1] 冯美斌. 汽车轻量化技术中新材料的发展及应用 [J]. 汽车工程，2006，28（3）：213-220.

[2] 马鸣图，柏建仁. 汽车轻量化材料及相关技术的研究进展 [J]. 新材料产业，2006（6）：37-42.

[3] 王利，陆匠心. 汽车轻量化及其材料的经济选用 [J]. 汽车工艺与材料，2013（1）：1-6，11.

[4] 王广勇，王刚. 高强度钢在汽车轻量化中的应用 [J]. 汽车工艺与材料，2011（1）：1-5.

[5] 祖荣祥. 热轧高强度钢的研究及在汽车车轮上的应用 [J]. 汽车工艺与材料，1994（12）：23-27.

[6] Funakawa Y，Shiozaki T，Tomita K，et al. Development of high strength hot-rolled sheet consisting of ferrite and nanometer-sized carbides[J]. ISIJ International，2004，44（11）：1945-1951.

[7] 张大伟，杜林秀，肖宝亮，等. 乘用车轮辐用600MPa级热轧双相钢失效原因分析 [J]. 金属热处理，2018，7（7）：224-228.

[8] 张大伟，高彩茹，杜林秀，等. 600MPa级Nb Ti汽车轮辋钢工业试制与应用[C]//钒钛高强钢开发与应用技术交流会论文集，2015，09：1-5.

[9] Zhang D W，Du L X，Lan L Y，et al. Correlation of microstructure and fatigue properties of hot rolled steel strips for automobile structural application[J]. Journal of Materials Engineering and Performance，2020，29：4009-4017.

[10] 王利，杨雄飞，陆匠心. 汽车轻量化用高强度钢板的发展 [J]. 钢铁，2006，41（9）：1-8.

[11] 袁国. 热轧双相钢的发展现状及高强热轧双相钢的开发 [J]. 中国工程科学，2014，16（2）：39-45.

[12] 李景全. 乘用车钢制车轮新技术应用浅析 [J]. 长江大学学报，2010，7（3）：325-326.

[13] 马鸣图，Shi M F. 先进的高强度及其在汽车工业中的应用 [J]. 钢铁，2004，39（7）：68-72.

[14] 康永林，邝霜，尹显东，等. 汽车用双相钢板的开发和研究进展 [J]. 汽车工艺与材料，2006（5）：1-5.

[15] 谷海容，张建，杨兴亮，等. 高扩孔型铁素体/贝氏体双相钢组织性能研究 [J]. 武汉科技大学学报，2011，34（6）：419-423.

[16] 马鸣图，刘邦佑，陈翊昇，等. 热成形钢及热冲压零件的氢致延迟断裂 [J]. 汽车工艺与材料，2021（4）：1-11.

[17] 金学军，龚煜，韩先洪，等. 先进热成形汽车钢制造与使用的研究现状与展望 [J]. 金属学报，2020，56（4）：411-418.

[18] 尚东. 钢制车轮轮辐典型工艺仿真及残余应力影响分析[D]. 北京：北京航空航天大学，2017.

[19] 党斌. 钢制车轮轮辐强力旋压仿真及结构强度分析[D]. 北京：北京航空航天大学，2019.

[20] GB/T 31961—2015. 载货汽车和客车轮辋规格系列[S]. 北京：中国标准出版社，2015.

[21] GB/T 3487—2015. 乘用车轮辋规格系列[S]. 北京：中国标准出版社，2015.

[22] 黄乐政. 钢制车轮轮辋三序滚型工艺仿真及结构强度分析[D]. 北京：北京航空航天大学，2019.

[23] Wang W，Shi Y，Lei Y，et al. FEM simulation on microstructure of DC flash butt welding for an ultra-fine grain steel[J]. Journal of materials processing technology，2005，161（3）：497-503.

[24] Yin N，Meng X T，Li F，et al. Cracking Analysis of Automobile Rim Flash Butt Welding[J]. Advanced Materials Research，2014，1004：1125-1128.

[25] Xi C Y，Sun D Q，Xuan Z Z，et al. Microstructures and mechanical properties of flash butt welded high strength steel joints[J]. Materials and Design，2016，96：506-514.

[26] 郗晨瑶. RS590CL钢闪光对焊接头微观组织及力学性能的研究[D]. 长春：吉林大学，2016.

[27] Xi C Y，Sun D Q，Xuan Z Z. The effects of flash allowance and upset allowance on microstructures and mechanical properties of flash butt welded RS590CL steel joints[J]. Journal of Materials Research，2016，31：3968-3980.

[28] 郗晨瑶，宣兆志，孙大千. 带电顶锻时间对高强钢闪光对焊接头组织及性能影响研究[J]. 长春工业大学学报，2015，36（4）：446-450.

[29] 代金垚. 钢制车轮组合焊接性能分析及对强度的影响[D]. 北京：北京航空航天大学，2021.

[30] 李珩. 汽车行驶系关键结构件轻量化方法研究[D]. 北京：北京航空航天大学，2014.

[31] 许多，韩怀卿，万国喜，等. 超重型含Nb高强钢商用车车轮结构优化[C]//2021中国汽车工程学会年会论文集，2021：257-263.

[32] 尚东，单颖春，刘献栋，等. 汽车高强钢大通风孔车轮轮辐成形工艺优化仿真[J]. 计算机辅助工程，2015，24（6）：7-11.

CHAPTER 7

第 7 章
热冲压成形超高强钢轻量化车轮

商用车车轮轻量化带来的节能减排效果和经济效益高于乘用车。近年来,在商用车领域,高强钢车轮和锻造铝合金车轮的应用已产生了良好轻量化效果,但锻造铝合金车轮成本较高,在一定程度上限制了其推广应用;另外,高强钢车轮的轻量化已经发挥了较大潜力,进一步挖潜空间有限。前面章节已经阐述冷成形商用车车轮使用抗拉强度500MPa以上的钢材,随着强度的进一步提升,在制造过程中发生开裂的风险明显增加,成形后回弹量也进一步加大,导致工件几何形状的精度控制难度提升。针对这些问题,热成形钢制车轮应运而生。

热冲压制造工艺是通过将钢板加热到奥氏体转化温度(一般在900℃以上),使钢板变成奥氏体状态,然后在专用模具上快速成形并保压淬火,进而得到抗拉强度在1350MPa及以上的零件。由于高温下钢材的塑性好、变形抗力小,且模内淬火后工件回弹较小,因此热冲压成形工艺具有材料成形性好、零件成形精度高等技术优势。采用热冲压成形工艺进行轮辐及轮辋制造,可较好地解决车轮的成形问题;同时,成形后强度可达到1350MPa以上,远超常用车轮高强钢的强度,因此可达到更好的轻量化效果。

将热冲压成形技术引入钢制车轮的设计、制造中,将会明显减轻钢制车轮的重量,还可大幅改进造型和结构设计,使钢制车轮的竞争力得到进一步提高。

7.1 热冲压成形车轮用钢的开发和性能要求

目前,热成形钢在汽车车身上得到广泛应用。但是,与乘用车热冲压成形零件多采用冷轧钢板不同,商用车车轮所用钢板多为热轧钢板,轮辋板厚一般为4mm以上,轮辐板厚一般为8mm以上,而热轧钢板难以进行镀层;在使用过程中,车轮承受较大的动载荷和冲击载荷。因此,这些都对热冲压成形车轮用钢的性能提出了特殊要求。热冲压成形最常用的钢种为22MnB5[1-3],其典型化学成分为0.24wt%C、0.32wt%Si、1.21wt%Mn、0.028wt%Ti、0.17wt%Cr、0.002wt%B。其中,碳元素质量分数低于0.25wt%,以保证钢的强韧性。碳含量越高,马氏体强度越高,同时碳含量还影响马氏体的形态;当碳含量高于0.3wt%后,马氏体的形态就会出现孪晶马氏体,钢的脆性会增加,碳含量低于0.3wt%,淬火后基本为板条马氏体,钢具有很好的强韧性;加入锰和微量硼作为合金元素,可提高钢淬透性,钢中的锰固溶于奥氏体中可有效提高淬透性,再和硼相配合,对淬透性的提升更有效。锰可降低钢的共析温度,并降低钢的马氏体转变温度,增加过热敏感性,同时也增加氢脆的敏感性,所以锰含量控制在≤1.3wt%。锰有强化磷在晶界析聚的作用,降低晶界的强度,不利于韧性提升,而硼是磷晶界析聚位置的竞争元素,有降低磷在晶界析聚的作用[4];硼是有效提高淬透性的元素,只是在酸溶硼的状态下才可提高淬透性,化合硼对淬透性是无益的。少量的氮化硼也有细化晶粒的作用,在冶炼硼钢时加入氮的目的就是提高硼钢的淬透性。微量钛元素既可细化晶粒,又可保证酸溶硼的含量。22MnB5的马氏体的临界冷却速率为27K/s,如图7-1所示,但变形会加速非马氏体转变,因此热冲压后会得到马氏体组织的临界冷却速率为40K/s,典型22MnB5热冲压成型后的屈服强度是1100～1180MPa,抗拉强度为1520～1620MPa,断后伸长率为6.0%～7.0%,硬度为485～536HV[5]。其组织形貌如图7-2所示。

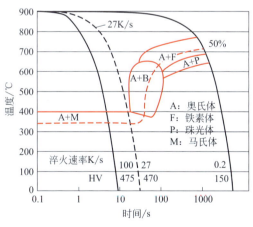 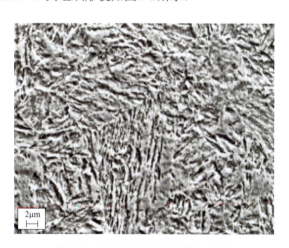

图7-1　22MnB5热成形钢冷却转变曲线　　图7-2　22MnB5热成形钢淬火态组织

22MnB5是热冲压成形的基本牌号,一般用于厚度小于2mm的乘用车安全结构件。对于厚度较大的车轮用钢,其淬透性不足,强韧性、抗疲劳性能需提升,且热轧板的抗氧化性也需改进。这些性能的改善需要通过进一步的合金化来完成。

7.1.1 高淬透性、高抗氧化性的热成形用钢

为提高热冲压成形零件的强韧性和扩大材料的工艺窗口，中国汽车工程研究院（简称中国汽研）和莱芜钢厂（简称莱钢）研发了成分为 0.22wt%～0.25wt%C、0.8wt%～1.2wt%Mn、0.10wt%～0.14wt%Mo、≥0.005wt% B 的热冲压成形用钢[6,7]，该钢的连续冷却转变曲线如图 7-3 所示。可以看出，该钢与 22MnB5 相比，其临界冷却速度下降为 15℃/s，扩宽了工艺窗口，提升了热冲压件的成品率。并且，与 22MnB5 材料的抗氧化性能对比试验也显示该钢具有良好的抗氧化性（试验结果见表 7-1），可看出氧化物的重量仅为 22MnB5 的 1/3。在钢中添加 Mo 会提高钢的成本，如果该钢加热时抗氧化性足够，则可去掉保护气氛，其节省的费用可抵消 Mo 带来的成本提升。

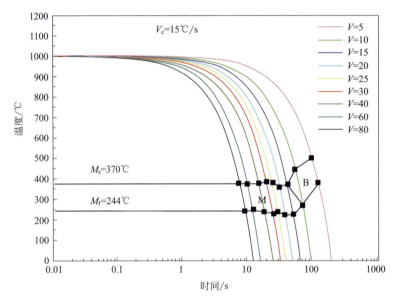

图 7-3 含 Mo 的 22MnB5 钢连续冷却转变曲线

表 7-1 含 Mo 的 22MnB5 与传统 22MnB5 钢氧化试验结果

钢种	热冲压工艺	零件尺寸/mm	零件设计重量/kg	氧化皮重量/(g/件)
22MnMoB 钢	930℃保温 3min，快速移到水冷模中保压 15s，冷却至 150℃出模	1100×200×100	4.5～5.0	38
22MnB5 钢				129

为进一步改善淬透性又不增加材料的成本，研究人员做了大量探索。有研究表明，22CrMnB 热成形钢，可使钢获得更好的淬透性；考虑到硼元素的冶金工艺稳定性问题，也有研究提出开发不含 B 的 Cr-Mn 系的热成形钢。钼元素对淬透性的增强优于铬元素，钼和硼在钢中复合加入，可更有效地提高淬透性。

7.1.2 铌微合金化高强韧性细晶粒热成形钢

含铌细晶粒热成形钢的典型成分设计见表 7-2[8,9]。含铌量对奥氏体晶粒大小的影响研究结果表明[9]，达到热成形钢最佳晶粒细化的铌含量为 0.05wt%。在奥氏体化温度下，保持 5min，观察其晶粒大小，铌对奥氏体晶粒大小的影响如图 7-4 所示。该图表明，加入 0.05wt%

的Nb，在不同奥氏体化温度下均比不含铌钢的晶粒要细，且在1010℃温度下，含铌钢晶粒度细化效果更加明显。

表 7-2　含铌的细晶粒热成形钢的成分　　　　　　　　　　　　　单位：wt%

钢种	C	Si	Mn	Ti	Cr	B	Nb
22MnB5Nb	0.23	0.33	1.18	0.033	0.17	0.0025	0.053

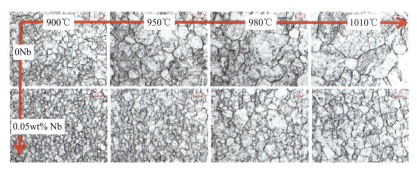

图 7-4　Nb 对不同温度下奥氏体晶粒大小的影响

按照文献[8]和[9]的结果，晶粒细化可有效降低延性/脆性转变温度和提高断裂应力，22MnB5和22MnB5Nb临界断裂强度对比如图7-5所示。图中数据表明，含铌钢在各种充氢条件下，其强度下降值均远低于22MnB5，即前者具有更好的延迟断裂抗力。对于淬火回火钢来说，细化的奥氏体晶粒可以降低淬火板条束的大小。在22MnB5中，加入Nb，可以使初始奥氏体晶粒从ASTM的5～6级细化到7～9级，即晶粒从44～62μm细化到16～30μm，从而改善22MnB5热冲压成形后的冷弯性能，即在抗拉强度1500MPa的条件下，可使冷弯角度大于60°。22MnB5和22MnB5Nb抗拉强度与弯曲角度的关系如图7-6所示。由图可以看出，在各种强度级别下，含铌钢的冷弯角均高于22MnB5近10°。

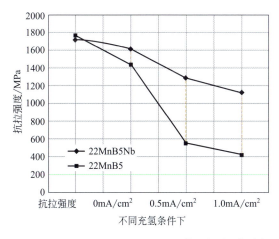

图 7-5　22MnB5 和 22MnB5Nb 临界断裂强度对比

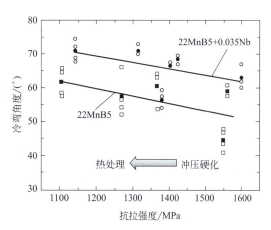

图 7-6　抗拉强度与弯曲角度的关系

7.1.3　铌-钒复合高氢脆抗力热成形钢

为进一步提高22MnB5热成形钢的强韧性，可采用铌元素和钒元素复合微合金化。微量的铌和钒既可细化晶粒，又可析出强化，同时析出的碳化铌及碳化钒粒子又是很好的氢陷阱，从而提高超高强度钢延迟断裂的抗力。马鸣图等[10]在细晶粒高强韧性弹簧钢55SiMnMoVNb中已成功应用铌-钒复合微合金化。在铌-钒复合微合金化的钢中，微量的钒固溶后可提升材料的淬透性，特别是Mn存在时，碳化钒的溶解温度下降，溶解量增大，淬透性提升，改善热冲压成形件的工艺性能，提高成品率。

最近，中国汽研和中信金属等联合开展铌-钒复合热成形钢的研究，取得了进展，对比研究用钢的成分见表7-3，淬火后的钢板应力应变曲线如图7-7所示。从曲线中可看出，1#钢（22MnB5）和2#钢（22MnB5NbV）的抗拉强度均大于1500MPa，屈服强度大于1050MPa，总延伸率为8%左右；2#钢的强度与塑性水平相对于1#钢略有提升，展现了复合微合金化通过细化组织对钢材力学性能的改善效果[11]。因铌、钒碳化物占用一部分碳，降低了淬火的马氏体中的碳含量，从而导致强度下降，抵消了一部分铌-钒复合微合金化钢的强化效果，但有利于改善钢的韧性。两种钢的组织对比如图7-8所示，可以看出，1#钢和2#钢组织中均存在明显的马氏体板条束：1#钢的微观组织相对粗大，板条束平均长度在20～25μm；2#钢微观组织相对细小、均匀，马氏体板条束在12～16μm。

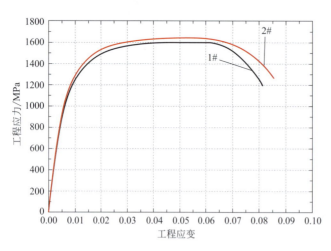

图7-7 铌-钒复合微合金化热成形实验钢工程应力-应变曲线

表7-3 铌-钒复合微合金化热成形钢的化学成分　　　　单位：wt%

编号	C	Mn	Cr	B	Ti	Nb	V
1#钢	0.22	1.30	0.13	0.0021	0.027	—	—
2#钢	0.23	1.40	0.19	0.0023	0.011	0.041	0.043

(a) 1#钢显微组织(500×)

(b) 2#钢显微组织(500×)

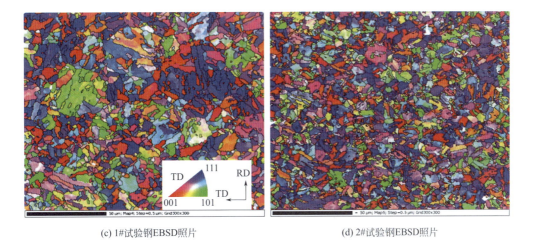

(c) 1#试验钢EBSD照片　　　　　　　　(d) 2#试验钢EBSD照片

图 7-8　1# 和 2# 钢的微观组织对比

当前，行业内普遍采用VDA238-100或者T/CSAE 154—2020标准中的最大冷弯角计算值来评价材料冷弯性能。冷弯曲线为弯曲力-位移曲线，当载荷达到最大值时，冷弯试样处于失效临界区，此时对应位移所计算出的冷弯角为材料的最大冷弯角[12]，当位移进一步增大，材料出现裂纹并发生失效断裂[8]。1#钢和2#钢的极限尖角冷弯的冷弯曲线和最大冷弯角如图7-9所示[11]。从1#试验钢和2#试验钢的冷弯曲线中可看出，曲线前段部分的变形抗力几乎保持一致，曲线后半部分有明显差异，2#钢的协调变形能力明显优于1#钢，表现出更大的变形抗力和位移。1#钢最大冷弯角为55°～61°，2#钢的最大冷弯角为64°～71°，表明2#钢的冷弯性能明显优于1#钢。通常，用冷弯曲线包络的面积来表征变形过程中吸收能量的能力，根据微积分基本原理，2#钢冷弯曲线下包围的面积明显高于1#钢，即表明2#钢在承受弯曲变形时吸收能量的能力也高于1#钢。

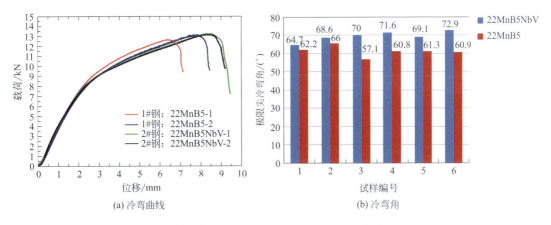

(a) 冷弯曲线　　　　　　　　(b) 冷弯角

图 7-9　1# 和 2# 钢的冷弯曲线及冷弯角对比

工业化大生产的22MnB5和22MnB5NbV热成形钢板在恒载荷下充氢临界断裂应力对比如图7-10所示。可以看出，在各种充氢电流密度下，22MnB5NbV的临界断裂应力都高于传统的22MnB5钢板。为了表征Nb、V的碳化物作为氢陷阱的可能性，用三维原子探针对22MnB5NbV热成形钢板试样中碳梯度区域内的铌钒原子浓度分布的变化和氢原子含量变化的对应关系进行了观察，其结果如图7-11所示。可以看出，氢原子浓度的变化和铌钒原子浓度的变化较为一致，表明这些微合金化的碳化物确实可作为氢陷阱；微合金元素的碳化物作为氢陷阱的作用可能来自于碳化物晶体中的碳原子缺位，也可能由于碳化物和基体界面处于半共格状态，由此产生的晶格畸变，使其界面处于能量较高状态，有利于氢原子的进入，形成氢陷阱，捕捉可扩散氢。

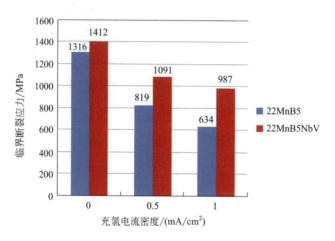

图7-10 22MnB5 和 22MnB5NbV 热成形钢板恒载荷动态充氢临界断裂应力对比

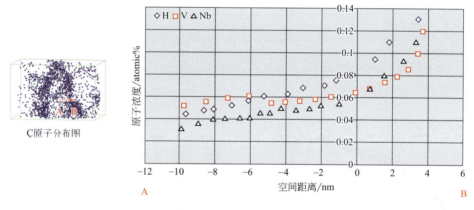

图7-11 22MnB5NbV 碳梯度区域的 Nb、V、H 含量变化

7.1.4 超高强微合金化热成形钢

文献[13]研究了抗拉强度1800MPa级的热冲压成形用钢及其在汽车保险杠中的应用。该钢的合金成分以22MnB5为基础，增加碳含量，使淬火马氏体强度达到1800MPa的要求，为提高韧性，添加了细化晶粒的元素，并适当增加提高淬透性的元素，补偿晶粒细化对淬透性的不良影响。该钢的力学性能见表7-4，表中还列出了1500MPa级的热成形用钢（22MnB5）的性能以对比。该钢晶粒度明显细化，其晶粒直径由1500MPa级的25～30μm细化到14～17μm，相应的拉伸断口形貌也明显细化和均匀。该钢还具有良好的淬透性，其CCT曲线如图7-12所示，且其点焊性能与1500MPa级别的钢类似。采用该钢制成了1.4mm厚的汽车

前保险杠加强梁,与1.6mm厚的22MnB5热冲压成形的保险杠加强梁相比,其三点弯曲性能相当(图7-13),但零件重量可减少20%。

表7-4　1800MPa级和1500MPa级的热成形钢淬火态力学性能(JIS No.5,标距长50mm)

钢种	屈服强度/MPa	抗拉强度/MPa	延伸率/%
1800MPa	1267	1882	7.6
1500MPa	1162	1545	8.0

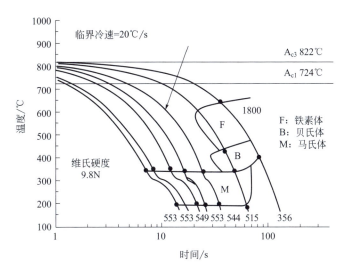

图7-12　1800MPa级的热成形钢的CCT曲线

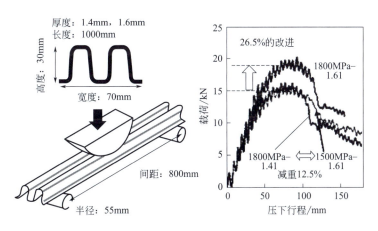

图7-13　保险杠加强梁的三点弯曲试验

文献[14]研究了采用Usibor®2000铝硅涂层板制造白车身零件的抗氢脆能力,成分为0.34wt%C、0.6wt%Mn、0.6wt%Si、1.0wt%(Ni+Cr+Mo)、0.065wt%Nb以及适量的Ti+B。应用Usibor®2000的热冲压成形件,一般可比采用1500MPa级的22MnB5制造的热冲压成形件减重10%。在合金设计中,为提高其氢脆抗力,加入了有利于提升原始奥氏体晶界脱聚抗力的元素,以避免因脱聚力低而发生晶界固有的低能失效模式;同时,通过NbC等纳米级第二相对扩散氢的深度捕捉，减少氢的表面扩散性，降低可扩散氢的含量。通过铝硅涂层增加了使用中的腐蚀抗力，限制和降低了使用中对氢的吸收。奥氏体晶界的强化方式有：细化初始奥氏体晶粒，从而增加晶界的面积，降低有害元素（特别是磷元素P）在晶界的浓度；通过引入热稳定性良好的纳米型Nb、V、Mo碳化物，限制在奥氏体化时的晶粒长大；通过限制可强化P聚集的Mn含量，以降低P在晶界的偏聚；加入B也可减少P在晶界析聚；Mo对基体中的P有净化效应，加入Mo可降低P的析聚并降低P在晶界析聚的潜力。25μm厚度的铝硅涂层的热成形板在奥氏体化时，其合金镀层有良好的抗氧化性能，镀层赋予钢板良好的防腐保护作用。

从该钢上取300mm×300mm的板材，厚度为1.6mm，热处理工艺为900℃加热360～720s，炉内气氛露点为5～15℃，50吨压力机硬模淬火，样品接触压力3MPa。从淬火板上切取拉伸试样，标距长为15mm，测量的力学性能见表7-5。用四点弯曲试样浸在5%的盐水中，pH值为7，测量抗氢致延迟断裂性能，结果表明Usibor®2000和1500MPa级的22MnB5的抗氢致延迟断裂性能相当。

表7-5 热成形钢Usibor® 2000的力学性能

状态	屈服强度/MPa	抗拉强度/MPa	平均延伸率/%	总延伸率/%
淬火态	1300	1920	3.8	5.9
170℃/20min烘烤	1460	1850	3.5	6.1

文献[15]提出了采用ESP产线生产抗拉强度大于1800MPa的热成形钢及方法，合金成分采用Cr、Mo、Nb、Ti。文献[11]～[13]提出了用引入残留奥氏体的方法来改善不同强度级别热成形钢的氢致延迟断裂抗力。

东北大学开发了2000MPa（2GPa）的热成形钢，其强化方式包括：细晶强化、马氏体强化、纳米析出强化，合理设计了微合金化的合金成分，使强度达到2000MPa，延伸率与1500MPa级的22MnB5相当，其应力应变曲线如图7-14所示。该图表明：烘烤硬化可有效改善两种钢的力学特性，2000MPa热成形钢烘烤硬化后的延伸率高于22MnB5。不同钢种冷弯性能对比如图7-15所示。从图可看出，2000MPa热成形钢的冷弯角度最大。

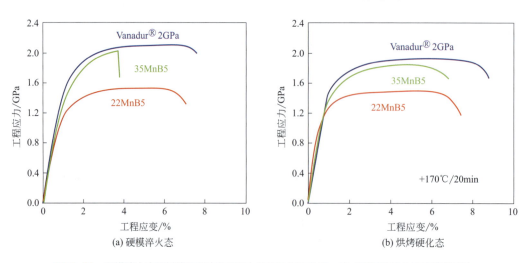

图7-14 硬模淬火态和烘烤硬化态的22MnB5和2000MPa热成形钢的应力应变曲线对比

文献[16]报道了BRT2000（35MnB5+Nb）的热成形钢，并给出了不同状态下22MnB5和BRT2000的性能对比，见表7-6。表中包括模压淬火态、模压淬火+阳极电泳涂层态（Cataphoretic dip coated），后者包含淬火后进行180℃×30min的热处理。表中数据表明，抗拉强度2000MPa下的BRT2000和22MnB5的延伸率相当，冷弯角度也相近，这与2000MPa的钢中含有铌有关，使得该钢的屈服强度大于1300MPa，抗拉强度大于2000MPa，延伸率大于8%；按照VDA238标准测量的弯曲角度α和测

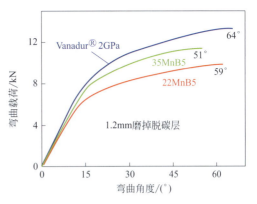

图7-15 不同钢种冷弯性能对比

算的弯曲角度α_{1mm}见表7-6，可见BRT2000弯曲角度值可达到22MnB5的同等水平。拉伸试样标距部分尺寸为5mm×36mm×1.8mm[17]，取样标准按DIN EN ISO 6892-1。Liang等[18]对比研究了2000MPa热成形钢（35MnB5+Nb，抗拉强度2000MPa）和22MnB5热成形钢的性能，发现二者的断后伸长率接近，文献[16]发现两上级别冷弯角也相近，这应与2000MPa热成形钢中添加的铌元素有关。

表7-6 不同状态下22MnB5和BRT2000的性能对比

参数	22MnB5 $t = 1.8$mm 模压淬火	22MnB5 $t = 1.8$mm 模压淬火+CDC	BTR2000 $t = 1.8$mm 模压淬火	BTR2000 $t = 1.8$mm 模压淬火+CDC
屈服强度/MPa	1020	1140	1360	1540
抗拉强度/MPa	1600	1520	2040	1850
延伸率A30/%	8.7	9.0	8.6	8.8
实测弯曲角度α/(°)	51	52	49	51
测算的弯曲角度α_{1mm}/(°)	68	70	66	68

文献[17]利用分离的Q&P（淬火+）工艺来取得超高强度和高韧性，即通过淬火和烘烤硬化过程来实现这一目标；同时，增加铝含量，降低钢材的密度，以实现更好的轻量化。设定钢种的成分为Fe-0.3C-8Mn-3Al-0.2V，用感应炉熔炼，加工成1020mm×140mm×1.6mm的板坯，进行硬模淬火，硬模淬火前的加热工艺是930℃×360s。拉伸试样标距长度为50mm，宽度为12.7mm。烘烤采取两种工艺：一种170℃×20min，标记为B170；一种150℃×20min，标记为B150。两种工艺的力学性能列于表7-7。相比于22MnB5钢，该钢的抗拉强度和断后延伸率得到了同步提高[19]。

表7-7 Fe-0.3C-8Mn-3Al-0.2V钢的B150、B170状态以及22MnB5力学性能

编号	屈服强度/MPa	抗拉强度/MPa	延伸率/%
B150	1212	1805	11.5
B170	1159	1646	11.1
22MnB5	1140	1541	7.5

7.1.5 微合金高强韧性中锰热成形钢

北京钢铁研究总院用中锰钢和奥氏体逆转变试制了热冲压成形件，零件的强韧性取得良好结果。文献[19]也做了中锰钢的研究，其钢的合金成分见表7-8，工艺过程如图7-16所示，不同材料、不同工艺的力学性能如图7-17所示。可以看出，合适的处理工艺后，中锰钢具有很高的强度和延性匹配。

表7-8 中锰钢的化学成分　　　　　　　　　　　　　　　　　单位：wt%

C	Mn	Al	Mo	Nb	N
0.17	6.57	1.1	0.22	0.05	0.03

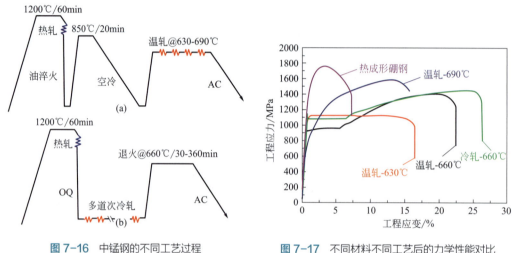

图7-16 中锰钢的不同工艺过程　　　　图7-17 不同材料不同工艺后的力学性能对比

7.1.6 1500MPa级热轧态热成形车轮钢

为适应热冲压成形车轮等较厚零件的需要，国内一些钢厂相继开发了1500MPa级的热轧态热成形钢，其典型成分列于表7-9。

表7-9 国内外不同钢铁企业生产的1500MPa级热轧态热成形钢的成分　　单位：wt%

钢种	钢厂	C	Si	Mn	P	S	Cr	Nb	Ti	B
WHF1300R	鞍钢	0.21	0.24	1.19	0.012	0.002	0.17	0.027	0.041	0.0028
CSP1500HS	宝武钢铁	0.22	0.25	1.26	0.01	0.0018	0.2884	0.028	0.029	0.0026
22MnB5D	日照钢铁	0.22	0.20	1.19	0.016	0.010	0.35	0.03	0.04	0.016（Mo）
22MnB5-P	马钢	0.24	0.26	1.26	0.010	0.003	0.18	0.004	—	0.0（Cu）

日照钢铁和中信金属联合开发的22MnB5D，其基本成分仍为25MnB5，为改善淬透性加入少量的钼，为提高韧性和抗氢脆性能加入微量铌。此外还有宝武青山基地开发的铌微合金化CSP1500HS以及马钢开发的含铜的22MnB5-P。鞍钢开发的适用于热冲压成形车轮的WHF1300R热成形钢，其性能要求列于表7-10，其端淬曲线如图7-18所示，CCT曲线如图7-19所示，热轧状态的微观组织如图7-20所示。

表 7-10　热轧态热成形车轮钢 WHF1300R 性能指标要求

钢种	厚度 /mm	状态	R_{el}/MPa	R_m/MPa	A/%	碳当量 C.E	脱碳层 /mm
WHF1300R	2.0～12.0	热冲压成形前	320～400	420～550	≥ 22	< 0.6	≤ 0.05
		热冲压成形后	950～1250	1300～1700	≥ 6		

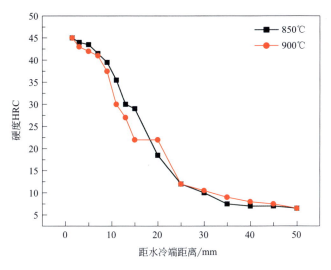

图 7-18　WHF1300R 热成形钢端淬曲线

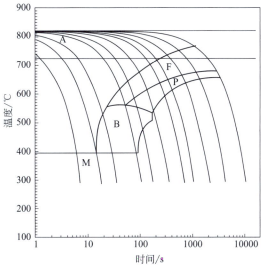

图 7-19　热冲压成形用钢 WHF1300R 静态 CCT 曲线（Ac3 为 822℃；临界冷速为 29℃/s）

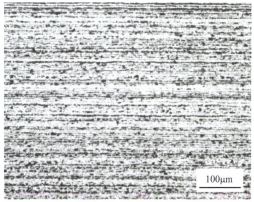

图 7-20　热轧态热成形钢板 WHF1300R 带状组织

考虑到该钢的淬火状态均为板条马氏体，因此板条马氏体中的各种界面对冲击过程中的断裂有明显影响[20]。铌微合金化的热轧态热成形钢板 WHF1300R 和 22MnB5 冲击试验结果见表 7-11。由结果可知，WHF1300R 具有更好的冲击性能，与不含铌的 22MnB5 热轧态热成形钢相比，其冲击功提高 35.8%。

表7-11 铌微合金化的热轧态热成形钢板WHF1300R和22MnB5冲击试验结果

样品规格/mm	温度/℃	冲击功1/J	冲击功2/J	冲击功3/J	冲击功4/J	冲击功5/J	平均值/J
22MnB5（不含铌）	2.0×10×55	−20	10	10	13	9	11	10.6
WHF1300R			15	14	15	15	13	14.4

表征韧性的另一参量是极限冷弯角度。实验板材的厚度为4mm，按汽车行业团体标准T/CSAE 154—2020以及VDA238-100进行实验，在热冲压成形零件上截取样品，并进行170℃×30min的烘烤，铌微合金化的热轧态热成形钢板WHF1300R和22MnB5极限尖冷弯测试对比结果见表7-12。

表7-12 铌微合金化的热轧态热成形钢板WHF1300R和22MnB5极限尖冷弯测试结果

样品	弯曲方向	编号	最大载荷/kN	最大载荷对应位移/mm	最大冷弯角/(°) 试验值	均值
WHF1300R	平行轧制方向	1#	23.21	7.8	63.3	67.6
		2#	24.06	8.6	71.3	
		3#	24.22	8.3	68.3	
	垂直轧制方向	4#	21.57	7.2	57.5	56.6
		5#	21.55	7.4	59.5	
		6#	22.07	6.7	52.8	
22MnB5（不含铌）	平行轧制方向	7#	39.61	7.9	61.4	62.3
		8#	41.04	8.3	65.2	
		9#	38.87	7.8	60.4	
	垂直轧制方向	10#	38.04	6.6	49.6	48.7
		11#	37.10	6.4	47.8	
		12#	36.86	6.5	48.7	

由表7-12可知，WHF1300R平行轧制方向的极限尖冷弯角可达到65°以上，垂直轧制方向极限尖冷弯角可达到55°以上，明显大于传统的22MnB5钢板。

极限尖冷弯的开裂过程是微孔聚合的过程。Meya等[21]测量和比较了高强度钢板在冷弯前和冷弯后的材料内部微孔数量，以阐明冷弯过程中的开裂机制，该实验如图7-21所示。

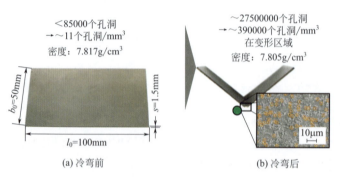

图7-21 高强度钢板在冷弯前和冷弯后材料内部微孔

由图7-21可见,高强度双相钢钢板在冷弯前的微孔数量约为85000个,微孔密度为11个/mm³,而冷弯尖角的外表面变形开裂区域的微孔数量达到27500000个,微孔密度达到390000个/mm³。即高强度双相钢钢板弯曲变形产生了大量的微孔,这些微孔是高强度钢板变形开裂的原因,即高强度钢板变形开裂属于上述的微孔聚合断裂机制。

热成形钢中的微米级夹杂物和第二相粒子主要是TiN以及一些氧化物夹杂。根据微孔聚合断裂机制,在钢板变形时,由于微米级夹杂物和第二相粒子的硬度、变形能力与基体不同,造成两者的变形难以协同,故在热成形钢变形时,TiN微米级夹杂物和第二相粒子与基体的界面处产生大量的微孔。同时,不同碳含量的位错马氏体板条界面也可能产生微孔。这些微孔长大、增殖、微孔连接,最后微裂纹扩展,造成了热成形钢和热冲压成形零部件的断裂。由于铌微合金化可以显著细化原始奥氏体晶粒进而细化马氏体板条,改善钢的强韧性,有效阻止裂纹拓展和连接,抑制微孔连接和微裂纹的扩展,进而抑制热成形钢和热冲压成形零部件的断裂。另外,铌微合金化可有效降低热成形钢中的带状组织,降低偏析,进而降低不同位置的碳偏析,抑制高碳组织裂纹的萌生及扩展。因此,WHF1300R表现出较好的韧性和抗断裂能力。

7.2 热成形钢的组织细化与强韧性匹配

在考虑强度提升时,还需要考虑强度和韧性的匹配。研究表明[22],铌钒复合微合金化可有效细化原始奥氏体晶粒,从而细化马氏体的板条束,有效提高钢的强韧性。晶粒细化及其对强度与韧性的影响,还涉及各种不同理论和因素。Hall-Petch方程基于晶界对位错塞积的作用和位错源的作用,给出了材料的屈服强度与晶粒直径或马氏体束直径的关系[23],即

$$\sigma_y = \sigma_0 + k_y d_{\text{eff}}^{-1/2} \quad (7\text{-}1)$$

式中,σ_y是屈服强度;σ_0是移动单个位错时产生的晶格摩擦阻力;k_y是常数,与材料的种类性质以及晶粒尺寸有关;d_{eff}为有效晶粒直径或马氏体束直径。

晶粒细化可有效提高材料的屈服强度应力。在含铌等微合金化元素的钢中,晶粒细化是由于这些元素以碳化物或氮化物的形式存在,处于晶界,阻止晶粒长大,这部分元素形成的碳化物将占有钢中的碳,从而降低钢中的固溶碳含量,由此降低马氏体的屈服强度应力。淬火马氏体钢的性能和钢中碳含量的经验方程可表示为[24]

$$\sigma_y = 2280 C_x + 710 \quad (7\text{-}2)$$

$$\sigma_s = 2940 C_x + 820 \quad (7\text{-}3)$$

式中,σ_y为屈服强度;σ_s为抗拉强度;C_x为碳含量。

微合金元素形成的碳氮化物,可形成沉淀强化,而沉淀强化可以提高钢的屈服强度应力,并可以表示为

$$\tau_y = \tau_0 + cG\left(\frac{4b\gamma}{d}\right)^{1/2} \quad (7\text{-}4)$$

式中,τ_y为剪切屈服强度;τ_0为基体的初始剪切屈服应力;c为常数;G为剪切模量;b为布

氏矢量；γ 为剪应变；d 为第二相粒子的平均直径。

热成形钢碳含量较低，发生马氏体转变时主要为板条马氏体，具有较高的位错密度，在强化时应考虑位错强化。位错密度与剪应力的关系可表示为

$$\tau = \alpha G b \sqrt{\rho} \tag{7-5}$$

式中，τ 为剪切流变应力；G 为剪切模量；b 为布氏矢量；α 为常数；ρ 为位错密度。

应用 Von Mises 准则，可方便地换算为拉伸应力。因此，微合金化热成形钢强度是上述诸多因素的复合。

文献[25]研究了微观组织影响热成形钢断裂抗力的机理，分析了晶粒大小与解理断裂之间的关系，Cottrell-Petch 已经得出

$$\sigma_{\text{fracture}} = K_{\text{frecture}} \frac{1}{\sqrt{d_{\text{eff}}}} \tag{7-6}$$

式中，σ_{fracture} 为解理断裂应力；K_{frecture} 为常数；d_{eff} 为有效晶粒直径或马氏体束直径。可见晶粒越小，解理断裂应力越高，即微合金化钢的马氏体束直径小，该钢的抗解理断裂能力强。

当脆性断裂时，应用 Griffith 公式，则解理断裂应力可表示为[26]

$$\sigma_{\text{f}} = \sqrt{\frac{2E\gamma}{\pi(1-v^2)a}} \tag{7-7}$$

式中，E 为弹性模量；γ 为表面能；v 为泊松比；$2a$ 为临界裂纹长度。

另一种韧性特性的表征方程是韧脆转变温度，其通用方程为

$$T_{\text{DBT}} = T_0 - K_{\text{DBT}} \frac{1}{\sqrt{d_{\text{eff}}}} \tag{7-8}$$

式中，T_{DBT} 为韧脆转变温度；T_0 为初始温度；K_{DBT} 为常数；d_{eff} 为有效晶粒直径或马氏体束直径。即微合金化钢的马氏体束直径小，该钢的韧脆转变温度低。

以上方程都表明，晶粒细化可以明显改善钢的强韧性，提升钢的断裂抗力，降低韧脆转变温度。

Cottrell[27]提出，用可动位错反应生成定位错，即形成"解理刀"来解释晶粒大小或马氏体束大小对韧性的影响。现考虑两种类型的位错 {110}＜111＞运动在交割的 {110} 平面上，如图 7-22 所示，这两个位错相交，在 {110} 平面上形成定位错，按照式（7-9）反应模式所产生的位错是一个定位错，处在（010）平面上，进而形成了一个 Cottrell 命名的，在（001）平面上的"解理刀"。

$$\frac{a}{2}[\overline{1}11] + \frac{a}{2}[111] \rightarrow a[001] \tag{7-9}$$

按图 7-22，各方向的位错进行反应产生定位错，或者当位错所受应力大于晶格摩擦力（位错运动阻力）时，位错发生运动形成并产生定位错[28]。解理裂纹的初始长大就是通过这种位错反应，重复产生其他的定位错。而这种重复的位错反应，也受位错移动的应力控制；在位错交割时，能够进行位错反应的位错数量正比于交割的滑移带的长度，交割的滑移带的

长度正比于晶粒大小。裂纹要实现扩展,就必须克服开裂面的表面能、形成新的开裂体积所做的功以及裂纹的弹性能。考虑到相关影响因素,Cottrell 和 Petch 已经推导出了晶粒大小和断裂应力之间的关系。用同样的方法,考虑屈服强度和裂纹开裂的表面能,也推出了针对给定晶粒大小的延性到脆性的转变温度,见式(7-8)。

显然,该模型中假定滑移带的长度是在晶粒大小的数量级,且为平面滑移行为。然而对具有高堆垛层错能的钢,交滑移会导致更多方式的滑移,如果位错不是钉扎在定位错上(图7-22),螺位错可通过交滑移

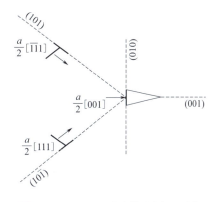

图 7-22 Cottrell 建议的形成解理裂纹的位错反应的图解

运动到其他滑移平面上,以降低整个系统的弹性应变能。虽然该模型应用于马氏体显微组织的钢,还有一些问题需进一步探讨。然而,该模型认为解理断裂的基础损伤起始于位错的假定,与解理断裂断口中所观察到的塑性区的存在是一致的,也就是与在准解理中有撕裂棱,在准解理裂纹的周围有塑性区等断口特征是一致的。

淬火态热成形钢组织为板条马氏体,平行的板条之间为小角度晶界,板条束之间为大角度晶界,板条束的大小和原始奥氏体晶粒大小有密切关系。随着奥氏体晶粒度的细化,板条束也同时细化[29,30]。在以位错和反应滑移为基础的解理裂纹萌生的条件下,板条束的大小可作为有效的晶粒大小,因为相邻板条束之间为大角度晶界;某些板条束之间的界面也近似平行于{110}滑移面,在这种情况下,会降低板条束之间的界面作为晶界阻止滑移从一个板条束进入相邻板条束时的强化效应。板条马氏体有非常高的位错密度,淬火条件下大于 $10^{15}/m^2$,在较高温度回火后,也大于 $10^{14}/m^2$。位错之间的平均自由程非常小,位错的平面滑移长度只要在一个很短的范围内,位错之间就会产生反应,导致位错钉扎和交滑移,因而高的位错密度能增加形成固定位错的概率,这种固定位错正是解理裂纹形核的位置。显然,位错密度也与晶粒的大小有关[31]。以这种变形和开裂的模式,就可以解释晶粒大小对板条马氏体、准解理断裂形貌的影响。图7-23表征了板条马氏体组织的各种界面。

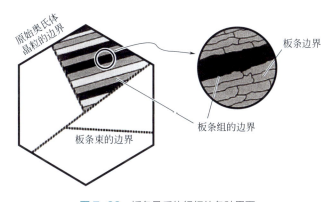

图 7-23 板条马氏体组织的各种界面

了解热成形低碳马氏体的板条结构及不同界面对低碳马氏体组织断裂的影响,将有助于深入理解微合金化对晶粒大小、对热成形钢板条马氏体组织以及热成形钢断裂组织的影响。

总而言之，热成形钢的组织细化可以有效提高淬火态热成形钢的韧性，即有效提高热冲压车轮的抗冲击断裂失效能力。

7.3 热成形钢的疲劳

对中重型商用车，特别是一些底盘零件，要实现这类零件的轻量化，采用高强度钢和超高强度钢仍然是较好的选择，可以保证在合理的成本和工况环境影响下具有较高的抗疲劳性能和耐久性。商用车底盘件的抗疲劳性能是一个关键设计参量，长期以来针对热成形钢的抗冲击、抗碰撞性能的研究较多，但对其疲劳性能重视研究不足，对于较厚的零件，热成形钢的抗疲劳数据更少。由于热冲压成形零件的强度很高，因此对工艺过程中已经存在的缺陷非常敏感，特别是一些剪切边缘缺陷对其疲劳性能有较高的影响。Lara等[32]指出，热成形钢的疲劳对缺陷的敏感性高于其他先进高强度钢，另外，中重型商用车的底盘零件通常经过喷丸或喷砂工艺，这种工艺会引入零件的残留压应力，使500MPa强度级别的钢的疲劳极限提高10%，而使热成形钢的疲劳极限提高46%。商用车车轮是重要的动荷承载件，并承受周期性的交变应力，需综合考虑刚度和疲劳的影响因素，在热成形钢选择时应重视其疲劳性能，在工艺选择时应重视降低加工缺陷的工艺。

7.3.1 不同状态下22MnB5热成形钢的疲劳特性

文献[33]研究了不同厚度、不同表面状态、不同显微组织的22MnB5的疲劳特性。为便于叙述，根据材料的显微组织、厚度、表面状态和边部状态等进行状态编序，见表7-13。

表7-13 22MnB5不同状态下试样的疲劳实验状态细节

状态	显微组织	厚度/mm	表面状态	边部状态
A	马氏体	1.8	铝硅涂层	抛光
B	马氏体	1.8	未涂层	抛光
C	马氏体	7	未涂层	较差的边部状态
D	马氏体	7	未涂层+喷丸	喷丸
E	马氏体+油漆热处理	7	未涂层	较差的边部状态
F	马氏体	1.8	铝硅涂层	修边为6%，G1
G	马氏体	1.8	铝硅涂层	修边为10%，G2
H	精细的上贝氏体	1.8	铝硅涂层	抛光
I	精细的上贝氏体	1.8	铝硅涂层	修边为6%，G1
J	精细的上贝氏体	1.8	铝硅涂层	修边为10%，G2
K	下贝氏体	1.8	未涂层	抛光

力学性能和疲劳实验结果见表7-14，表中所列的疲劳极限定义为2×10^6循环下的疲劳应力，疲劳抗力定义为10^5循环下的疲劳应力，这两个值是中重型商用车底盘件进行设计时所用值。薄板疲劳实验时载荷比为0.1，而厚板的疲劳试验载荷比为–1，为进行实验结果的比较，可将不同载荷比的疲劳实验数据采用古德曼关系[34]进行转换，即将$R=0.1$转换为$R=-1$

的等效疲劳极限。对厚板进行弯曲疲劳实验时，可根据弯曲等效应力等于拉伸应力的1.3倍来转换数据，将弯曲实验数据转换为拉伸数据，这一转换方式也在中重型商用车设计中广泛运用。两种不同的修边间隙G1＝6%、G2＝10%，C、E状态下的边部条件较差，接近于修剪后的G1条件，D为喷丸状态。

表7-14 力学性能和疲劳性能

状态	拉伸实验			维氏硬度/HV	疲劳抗力/MPa	疲劳极限/MPa
	屈服强度 YS/MPa	抗拉强度 UTS/MPa	断后伸长率 TE/%			
A	1330±11	1560±10	6.6±0.2	494±3	—	312±25[①]
B	1395±13	1603±10	7.0±0.4	494±3	—	368±18[①]
C	1098±33	1632±12	10	488	482±10[②]	270±14[②]
D	—	—	—	—	630±20[②]	520±26[②]
E	—	—	—	—	490±11[②]	275±15[②]
F	1330±11	1560±10	6.6±0.2	494±3	296±22	202±17
G	1330±11	1560±10	6.6±0.2	494±3	292±21	180±9[①]
H	700±14	908	4.5±0.3	330±4	350±16	289±12[①]
I	700±14	908	4.5±0.3	330	194±19	131±17[①]
J	700±14	908	4.5±0.3	330	194±19	129±9[①]
K	750±15	965±22	8.1±0.2	329±3	437±28[①]	400±20[①]

① 利用古德曼关系将 $R=0.1$ 下的实验数据转换为 $R=-1$ 下的等效疲劳极限。
② 根据弯曲实验时的应力等于拉伸实验时应力的1.3倍所进行的转换值。

表7-14中的数据表明，材料的疲劳性能对预先存在的表面缺陷非常敏感，这种表面缺陷包括完整性、表面的不规则性、表面的粗糙度甚至裂纹。当表面存在裂纹时，就失去了疲劳裂纹的萌生阶段。在分析热成形超高强度钢时首先要考虑表面的完整性，铝硅涂层板在硬膜淬火时，较脆的样板会产生多处开裂，这些裂纹就可作为疲劳源，降低疲劳裂纹的萌生抗力；而未涂层板则不存在这种表面裂纹。裂纹萌生是来自于样品内部的夹杂物的成核和生长，需要更多的循环才能产生裂纹核心。剪切修边产生的缺陷和裂纹也会明显影响疲劳寿命，导致疲劳强度下降（见表7-13中的F和G状态）；对上贝氏体而言，这种影响更为明显（见表7-13中的I、J状态），抛光的上贝氏体具有较高的疲劳抗力（见表7-13中的H状态）；下贝氏体抛光的表面也明显提升其疲劳抗力（见表7-13中K状态）。表面的影响远超出组织影响，喷丸强化是有效提高疲劳极限和疲劳抗力的方法，且其效果远超其他方法或手段（见表7-13中的D状态）。

7.3.2 损伤容限和显微组织对疲劳抗力的影响

损伤容限顾名思义是允许损伤的限定值，其本质是在假定裂纹或缺陷已存在的材料和结构中，可满足材料或构件剩余强度，或者是在所要求的载荷作用下安全使用，所允许的最大损伤值。以此为依据，对可检测结构给出检修周期，对不可检测结构给出最大允许的损伤值。利用这一概念，结合S-N曲线、线弹性断裂力学、疲劳累积损伤理论，已发展出损伤容限的设计方法。

一般认为韧性材料具有较高的裂纹扩展抗力,其疲劳寿命主要由裂纹扩展所控制,因此这类材料裂纹萌生阶段的疲劳寿命比较低。从这个意义上说,韧性材料可称为高损伤容限材料。热成形钢韧性较低,强度高,具有较低的抗裂纹扩展性能,通常称为低损伤容限材料。在金属材料的样品中,通常存在有不同类型的缺陷,如外部缺陷和内部缺陷。外部缺陷是指样品和构件加工过程中产生的缺陷,如剪切、开裂、表面的不规则性;内部缺陷和材料的微观结构有关,如非金属夹杂物和其他微观结构的不规则性。外部缺陷比内部缺陷更大、更加直接,因此对疲劳抗力的影响大于内部缺陷。

喷丸强化是可将压应力引入构件表面的一种强化方法,同时喷丸还可改善表面缺陷造成的不良影响,因此喷丸有助于热成形钢疲劳寿命的提升,特别是有助于启裂阶段疲劳寿命的提升,并有助于提高热成形钢的损伤容限。

与乘用车相比,商用车底盘零件实现轻量化就必须承受更高的应力和载荷,同时确保有足够的疲劳寿命,因此需要更优的强韧性匹配,或者疲劳寿命和损伤容限关系合理匹配的新钢种。细小均匀的微观组织,如细小的板条组织或下贝氏体,有利于满足这些要求。对于硬度高、缺陷敏感性较高的热冲压成形用钢而言,喷丸可改进表面粗糙度,引入高的残余应力,增加疲劳抗力。在商用车的使用寿命期间,如进一步提升喷丸引入残余应力的稳定性,优化表面处理,将有利于零件疲劳寿命的提升。热成形钢的强度高,在100K循环下的疲劳耐久性高于一般先进高强度钢,因此基于疲劳设计的轻量化潜力更大。喷丸可显著提高热成形钢的疲劳寿命,在2×10^6循环下其热冲压钢的疲劳抗力增加约8%,通过喷丸处理,可降低热成形钢的缺口敏感性,提高其损伤容限。

热成形钢用于商用车车轮必须满足循环载荷下零件的疲劳寿命和疲劳抗力要求。当寿命受缺陷控制时,断裂力学是非常有用的预测疲劳寿命的工具。为对热成形钢三种不同表面涂层的效果进行对比,测量了相关力学性能和断裂韧性(KIC),见表7-15。

表7-15 材料表面条件、奥氏体化条件和力学性能

厚度/mm	涂层	奥氏体化	维氏硬度/HV	抗拉强度/MPa	延伸率/%	KIC/(MPa·m$^{1/2}$)
1.7	Al-Si	900℃×390s	494±3	1560±10	606±0.2(A80)	183
1.5	Zn GI90/90	900℃×255s	473±9	1452±52	5.3±0.6(A50)	183
1.7	无	900℃×390s	444±9	1603±10	7.0±0.4(A80)	183
3	无	930℃×330s	483±12	1500±10	6.0±0.6(A80)	—

按照ASTM 1-399测量疲劳裂纹扩展速率,并用Paris-Erdogan公式进行拟合如下:

$$\frac{da}{dN} = A\Delta K^m \tag{7-10}$$

式中,a为裂纹长度;N为循环次数;A和m为Paris指数;ΔK为应力强度因子幅。按照线弹性断裂力学,ΔK的定义如下:

$$\Delta K = Y\Delta\sigma\sqrt{\pi a} \tag{7-11}$$

式中,Y为与裂纹几何相关的尺寸因子;$\Delta\sigma$为裂纹处应力幅。当试样的形状类似于单边缺口拉伸时,Y值等于1.13,相关的疲劳实验结果列于表7-16。

表7-16为根据疲劳极限（σ_{FAT}）和裂纹扩展阈值（ΔK_{th}）计算的抗疲劳能力，并给出了Paris-Erdogan方程参数（A、m）。通过两个间隙（Cl）值设定修剪后边缘状态。

表7-16 根据疲劳极限（σ_{FAT}）和裂纹扩展阈值（ΔK_{th}）计算的抗疲劳能力

边缘状态及板材厚度	涂层	σ_{FAT}/MPa，最大应力	ΔK_{th}/(MPa·m$^{1/2}$)	A/[m/(cyc·MPa)]	m
抛光，1.7mm	Al-Si	652±53			
剪切下料，Cl=6%，1.7mm	Al-Si	437±27			
剪切下料，Cl=6%，1.7mm	Al-Si	391±33	5.8	1.19 10-11	2.66
抛光，1.7mm	Zn GI90/90	660±56			
抛光，1.7mm	无	761±38			
抛光，3.0mm	无	528±53	3.8	1.88 10-11	2.59

在裂纹扩展率为10^{-11}m/cyc的裂纹速率下计算疲劳阈值（ΔK_{th}），并绘制的断裂韧性曲线如图7-24所示。

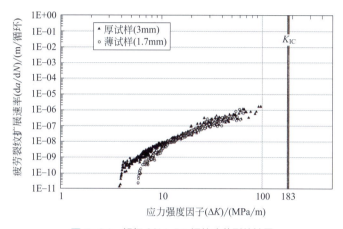

图7-24 粗细22MnB5钢的疲劳裂纹扩展

厚的和薄的22MnB5的裂纹扩展速率是非常类似的，但扩展的门槛值不同，薄试样要比厚试样高得多。这可能与应力状态有关，应力状态的差异起因于厚度，而非显微组织。二者的显微组织均为马氏体，根据断裂力学，从ΔK_{th}和初始疲劳裂纹的大小，利用式（7-11），可估算疲劳极限，这时式（7-11）转换为

$$\Delta K_{th} = Y \Delta \sigma_{FAT} \sqrt{\pi a_0} \tag{7-12}$$

a_0可根据不同表面的轮廓测量值来估算，由此计算的σ_{FAT}与实验结果有很好的一致性，抛光的表面和未涂层表面估算效果都很好，加工的表面估算效果要差些，可能和边部的不均匀性有关，与残留应力和应力集中有影响。对于热成形钢22MnB5，可运用断裂力学的概念很好地估算疲劳极限，但做这种估算时应该考虑局部的特点和位置。

车轮是典型的承受循环载荷的结构件，材料的高强度可以提高其使用应力，但强度提升会导致缺口敏感性提升，强韧性的匹配变差，从而使车轮的疲劳寿命下降。因此，开发车轮用钢时，应在保持高强度下使其具有合理的强韧性匹配，同时应通过表面强化提高其表面的残留应力，进而提升裂纹萌生的门槛值，提高材料的断裂韧性和裂纹允许的临界长度，改善车轮的疲劳寿命和使用周期。

7.4 抗氢脆热成形车轮专用钢的开发

氢脆（也称氢致延迟断裂）是指零件由于内部存在氢，并在外部载荷作用下，在较低的应力下发生的断裂现象。近年来，汽车轻量化的需求推动了汽车结构件所用材料强度的迅速增长，各类先进高强度钢，特别是热成形钢，在结构件上得到大量应用。这类高强度钢的应用，使得氢脆研究成为人们感兴趣的课题。在工程实际中，热成形钢制成门防撞杆、Al-Si涂层的热冲压成形的底部纵梁以及14.9级的高强度螺栓等零件，都曾出现因氢脆引起的断裂现象。

到2016年，关于氢致延迟断裂的论文已有近4万篇，尤其是近年，每年在该领域发表的论文都有数百篇。大量论文表证了氢致延迟断裂研究的复杂性，氢原子溶解于金属材料中，造成材料性能的脆化和弱化，同时氢还会加速金属内部的裂纹扩展，断口的组织特征也会由延性转变为脆性，但在金属内的氢通过一定的处理，使之逸出或逸散，金属材料的性能也可基本恢复为原始充氢前的初始值；金属材料的初始强度不同，对氢脆的敏感程度也不相同，中低强度的铁素体钢对氢脆基本不明显，但高强度的淬火马氏体钢其氢脆敏感性则非常高，尤其是孪晶马氏体。内应力的存在会增加材料的氢脆敏感性，高强韧性的材料可以降低氢脆敏感性；超高强度钢会增加氢脆敏感性，而热成形钢虽是板条马氏体为主体，但强度属于超高强度范畴，因此氢脆敏感性明显。在钢中若存在有大量的氢陷阱，使已存在钢中的氢分散存在，则可降低产生氢脆的敏感性。近年来，对氢脆机理的研究取得了诸多进展，同时也逐步认识到改善氢脆抗力的方法。这些提高氢脆抗力的方法，为扩大热成形钢的应用提供了重要的方法和路径。

7.4.1 钢中氢的来源、扩散和氢引起的断裂

热冲压成形零件中氢的来源包括钢材制造过程中引入的氢以及零件制造过程引入的氢，目前已可将冶炼、轧制及热处理过程中带入钢中的氢降到较低的值，基本可以降低到避免氢脆发生的临界值，对于超高强度钢，这一临界值大致为0.05ppm；在热成形的工艺过程中，如奥氏体化加热，炉内的气氛有水蒸气就可发生还原反应，将氢原子深入到金属中，热冲压成形零件在进行点焊或其他方式焊接时，也会有氢气进入金属部件。有、无镀层的热成形钢的还原生氢反应方程如下。

无镀层热成形钢的生氢反应：

$$3Fe+4H_2O \longrightarrow Fe_3O_4+8H$$

$$Fe+4H_2O \longrightarrow FeO+8H$$

$$2Fe+3H_2O \longrightarrow Al_2O_3+6H$$

Al-Si镀层热成形钢的生氢反应：

$$Al+H_2O \longrightarrow Al(OH)+H$$

$$2Al+4H_2O \longrightarrow 2Al(OH)+6H$$

$$2Al+3H_2O \longrightarrow Al_2O_3+6H$$

$$Si+2H_2O \longrightarrow SiO_2+4H$$

氢在大多数金属中扩散很快,在体心立方金属中扩散极快,在实际金属材料中氢随位错运动而运动,出现更快的扩散。氢可在晶界、夹杂物、空洞、位错、溶质原子等部位处聚集。氢致断裂是脆性的,普遍的模式是晶界断裂,有时氢导致脆性降低,仍然显示有韧性断裂。在有些情况下,也会发生解理断裂。显微组织对断裂方式的影响如图7-25所示,其相关断裂模式的断口表面形貌如图7-26所示。

(a) 微孔聚合断裂(高应力强度因子K下的典型断裂)

(b) 穿晶实例(在中等K之下发生的断裂)

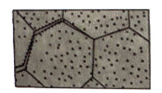
(c) 晶界断裂(低K值下发生的断裂,该K值接近于裂纹降到的门槛值)

图 7-25　显微组织对断裂方式的影响

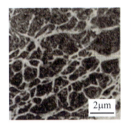
(a) 微孔聚合断裂

(b) 准解理断裂(穿过晶粒的局部缩形断裂)

(c) 晶界断裂

(d) 解理断裂(一种脆性断裂,端口有典型的河流状化花样)

图 7-26　不同断裂模式的断口表面形貌

上述表明氢脆与材料中的微观结构密切相关,降低氢脆材料的敏感性可通过降低材料制备过程的可扩展氢含量,或者引入纳米级第二相高能氢陷阱降低可扩散氢,或者采用细化晶粒等手段使晶界可扩散氢分布弥散化,通过微合金化就可以增加高能的氢陷阱,细化晶粒就可以增加晶界面积,从而降低材料的敏感性。氢含量和抗拉强度的关系如图7-27[35]所示。

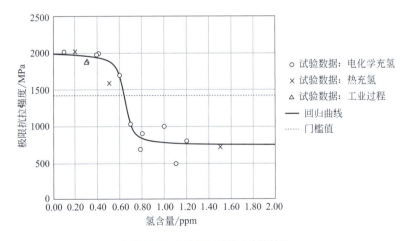

图 7-27　氢含量和抗拉强度的关系

图7-27表明,抗拉强度增高,氢脆敏感性提高,当抗拉强度小于700MPa时,随着氢含量的增加,氢脆的表现不明显。但对于1500MPa级热成形钢零件,其临界可扩散氢含量需低于0.5ppm;对于1800MPa级及以上热成形钢零件,其临界可扩散氢含量需低于0.4ppm。采用U形恒载荷弯曲试验测定的不同热成形钢的氢致延迟断裂时间见表7-17。

表7-17 不同强度级别的热成形钢氢致延迟断裂实验结果

牌号	跨距/mm	弯曲应力/MPa	开裂(是/否)	开裂时间
22MnB5	120	1422	是	12h开裂
	105	1244	是	20h开裂
22MnB5NbV	120	1458	否	300h(不开裂)
	105	1276	否	300h(不开裂)
33MnCrB	120	1650	是	7h开裂
	105	1444	是	10h开裂
33MnCrBNbV	120	1689	否	300h(不开裂)
	105	1478	否	300h(不开裂)
35MnCrB	120	1797	是	7h开裂
	105	1572	是	9h开裂
35MnBV	120	1825	是	8h开裂
	105	1519	是	12h开裂

表7-17中数据表明,铌钒复合微合金化的热成形钢,其氢脆抗力明显提升。

7.4.2 氢脆机理及提高超高强度钢延迟抗力的方法

氢脆机理主要包括[36]:

① 氢压理论。早期氢脆抗力的机理是氢原子在一定条件下扩散到缺陷处(点线面缺陷或晶界),由氢原子聚集成分子的时候,体积膨胀将近26倍,使缺陷扩大形成孔洞、裂纹,或者使原有的缺陷扩大造成材料的断裂。利用该氢压理论可解释钢中白点的形成。

② 脆性氢化物的形成(Brittle Hydride Formation,BHF)。氢进入过渡金属(如Ti、Zr以及V)后形成脆性的氢化物。尤其是氢较易偏聚在如裂纹尖端处等应力集中的地方,导致在裂纹尖端处形成脆性金属氢化物,更易促使裂纹扩展[37-39]。但在热成形钢中,这类微合金元素多以碳氮化合物的形式存在,因此该机制尚难以解释热成形钢中的氢脆现象。

③ 氢强化脱聚效应(Hydrogen-Enhanced Decohesion,HEDE)[40]。在较完整的晶体中,氢原子的进入会降低金属原子之间的结合力,即降低金属键的结合力,这有利于金属的流变,降低强度,改善韧性,如果氢的进入是不均匀的,就可能引起变形的局部化,从而产生变形的不均,引起损伤和流变应力的分布不均,造成材料的早期失效。金属中结合键的力量下降,也有利于位错运动,从而使晶体内的缺陷在晶界受阻,氢原子在晶界附近聚集,造成沿晶断裂。

④ 氢增强局部塑性变形(Hydrogen-Enhanced Local Plasticity,HELP)。充氢后的金属断裂面上可观察到如鱼眼或韧窝(fish eye, or dimple)等穿晶断裂(transgranular fracture)。

Beachem[41]依此推论其可能的原因如下：材料内部在第二相夹杂、裂纹尖端等局部应力集中处造成氢在这些区域的浓集。这会降低位错的滑移所需能量并加剧位错在这些部位的活动，大量携带氢原子的位错移动到裂纹的尖端，即应力集中处，会增加孔洞（void）缺陷的形成，最终造成微孔聚合（Micro-Void Coalescence，MVC）而产生鱼眼状裂纹凹坑[42]。（碳在位错线上形成的柯氏气团增加位错运动阻力，氢原子形成的柯氏气团，降低位错的运动激活能，促进位错运动；氢降低了位错与邻近位错溶质钉扎点之间的弹性相互作用；氢原子还可以降低位错堆积排列中位错之间的平衡分离距离）。

⑤ 氢增加局部塑性变形和氢强化脱聚效应的融合（HELP+HEDE）[43,44]。2019年，Zhang等[45]观察了含铌钢的氢脆断口，并深入研究了断口表面的组织和裂纹扩展过程，提出了氢增加局部塑性变形和氢强化脱聚效应相融合（HELP+HEDE）的氢脆机理，并用高分辨EBSD和高分辨透射电镜对断口组织进行了细致的研究，证实了断裂断口表面的断口形貌、精细结构与上述机理完全一致。2020年，路洪洲等[46]对含铌热冲压成形钢氢脆的研究也提出了类似的理论，以解释这类钢发生氢脆后的断口特征，按照这一机理，氢进入热成形钢中的过程包括熔炼和奥氏体化加热。由于热成形钢淬火后形成大量的位错马氏体，组织中有大量的位错，根据HELP机制，在材料的微裂纹尖端会有应力集中，从而造成氢在裂纹尖端的富集，并强化应力集中，这一现象会促进位错向应力集中点运动，氢原子在位错线上可形成Coottell气团，携带Coottell气团的位错向裂纹尖端高应力处的移动。裂纹通常在晶界发生，这一位错的运动，将氢原子聚集在晶界，造成晶界处的氢浓度增加，降低了晶界原子之间的聚合能，增强了脱聚力，产生晶界脱聚，即氢增强脱聚的机制。在外部环境条件下，微裂纹通过萌生、扩展、钝化、微裂纹重启等，造成热成形钢在晶界处发生断裂，断口形貌出现沿晶断口和内微坑混合断口。

⑥ 氢吸附诱导位错发射（Adsorption-Induced Dislocation Emission，AIDE）。Lynch等通过观察低强度钢表面的凹坑而提出氢吸附诱导位错发射理论[47,48]，但该理论对其裂纹尖端的氢致开裂有着不同的解释。HELP已假设氢原子的进入加速位错运动的活动，而Lynch则认为外部的氢原子进入会造成裂纹尖端表面位错运动的加速，在裂纹尖端处聚集的氢还会激发位错的发射，并在该处留下空洞，而之后空洞连接造成裂纹尖端扩张的过程则与HELP理论类似。因此，该理论被视为修正后的氢增强局部塑性变形理论，然而目前仍没有适合的试验证明在晶格中的氢原子没有参与尖端裂纹的位错活动。

⑦ 氢增强应变诱发空位（Hydrogen Enhanced Strain Induced Vacancy，HESIV）。基于氢与空位有很强的交互作用，Nagumo等提出了氢增强应变诱发空位理论[49]。Nagumo等认为由于氢能够稳定空位进而增加孔洞的数量和大小，这些孔洞的大小和数量增加到一定程度将会互相联结，形成在试验中观察到的凹坑。然而，现阶段的试验证据仍不足以解释空位是如何成长成孔洞，使此理论仍有争议。

近期，一些研究报道了纳米级碳化物可作为氢原子的陷阱，从而提升氢脆抗力，如2010年Takahashi等[50]对于碳化钛作为氢陷阱对捕捉氢原子的直接观察，Chen等[51]对铌、钒、钼碳化物作为氢陷阱的直接观察。氢与不同氢陷阱的结合能见表7-18[52-60]，结合能越高，氢在氢陷阱中越稳定，越不容易变成可扩散氢。

表 7-18 氢与不同氢陷阱的结合能

氢陷阱类型	Eb/（kJ/mol）	材料
单个空位	46.0～79.0	纯铁
C 原子	3.0	纯铁
Mn 原子	11.0	纯铁
V 和 Cr 原子	26.0～27.0	纯铁
位错	27.0	纯铁
晶界	17.2	纯铁
微孔洞	35.2	纯铁
Fe_3C	84.0	中碳钢
TiC（共格）	46.0～59.0	低碳钢
TiC（非共格）	86.0	中碳钢
MnS	72.3	低碳合金钢
V_4C_3	33.0～35.0	低碳合金钢
NbC	63.0～68.0	低碳钢
残余奥氏体	59.9	双相钢

提高氢脆抗力，了解氢脆开裂的触发条件甚为重要。触发条件有：存在高密度的位错、存在大量的可扩散氢、低滑移激活能的位错、弱的晶界存在。基于上述氢脆机理和氢脆触发条件，超高强度钢氢脆的解决方案可总结如下。

（1）降低位错密度抑制氢脆的第一个触发条件

降低热成形钢中的碳含量、对热冲压成形零部件进行高温回火处理、将合金元素与碳结合等方式，可降低马氏体相变过程的过饱和碳含量，进而降低位错密度，抑制氢脆的第一个触发条件。

（2）控制可扩散氢含量和设置高能氢陷阱抑制氢脆的第二触发条件

严格要求和控制热成形钢及零部件中的可扩散含量，如严格限制供货态可扩散含量在 0.5ppmw❶ 以内、对奥氏体化加热炉的露点进行控制以及避免热冲压成形过程中零件与水（水汽）等接触，在满足要求的前提下尽量缩短奥氏体化时间，如低于 300s 减少水汽与镀层的还原生氢反应，最终实现热冲压成形零件的可扩散氢含量在较低的范围内（如 1500MPa 热成形钢烘烤后 0.5ppmw，1800MPa 及以上热成形钢烘烤后 0.4ppmw）。

通过 NbC 等形成高能氢陷阱抑制氢脆的第二触发条件是更为有效的手段，即降低钢中或零部件中的可扩散氢。共格/半共格 NbC 纳米级沉淀是氢的高能氢陷阱。文献[51]通过原子探针层析成像（APT）的高空间和质量分辨率，发现氢（氘）在较大的非共格的 NbC（10-30nm）与基体的界面处被捕获，证明非共格的 NbC 沉淀也是有效的强氢陷阱，如图 7-28 所示，共格和半共格的 NbC 颗粒（<30nm）都是高能氢陷阱。热成形钢中铌的碳氮化物尺度主要集中在 20nm 以内，少部分大于 30nm，因此铌的碳氮化物是提高热成形钢抗氢脆能力的主要原因之一。

---

❶ ppmw，parts per million（weight），按质量计的百万分之一。

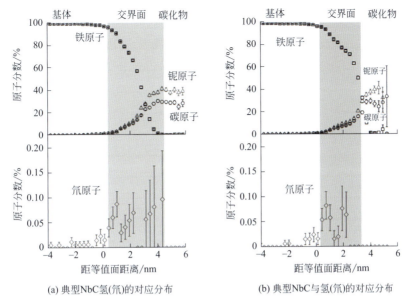

(a) 典型NbC氢(氘)的对应分布　　　(b) 典型NbC与氢(氘)的对应分布

图 7-28　采用冷冻 APT 观察到的氢（同位素氘）与热成形钢中 NbC 的分布关系

（3）设置纳米级碳化物、限制热成形钢加工下料方式抑制氢脆的第三个触发条件

如热成形钢剪切下料工艺优化，以及采用激光切割冲孔等，避免机械损伤造成的预微裂纹。纳米级 NbC 等小尺度第二相颗粒可提高热成形钢的位错滑移激活能，抑制位错滑移，抑制氢脆的第三个触发条件。

（4）通过晶粒细化抑制氢脆的第四个触发条件

Nb 和 V 等微合金元素可实现晶粒细化，大幅度增加晶界密度，在工况氢浓度一定的前提下，降低单位晶界上的氢浓度，抑制氢脆的第四个触发条件。

基于上述研究，鞍钢与中信金属联合开发了含铌热冲压成形车轮专用热轧钢 WHF1300R，和传统的不含铌 22MnB5 进行 U 形恒弯曲载荷对比试验，获得如表 7-19 所示的试验结果。可以看出，含铌热成形钢在试验条件下均未开裂，铌元素的加入提高了钢板的抗氢致延迟断裂性能（试验后的试样如图 7-29 所示）。

表 7-19　U 形恒弯曲载荷试验结果

样品	编号	弯曲跨距 /mm	试验结果（300h 浸泡开裂：是 / 否）	开裂时间 /h
22MnB5（不含铌）	1-1	145	是	144
	1-2		是	144
	2-1	135	是	40
	2-2		否	—
	3-1	120	是	16
	3-2		否	—
	4-1	105	是	10
	4-2		是	10
	5-1	90	是	6
	5-2		否	—

续表

样品	编号	弯曲跨距 /mm	试验结果（300h 浸泡开裂：是 / 否）	开裂时间 /h
WHF1300R（含铌）	1-1	145	否	—
	1-2		否	—
	2-1	135	否	—
	2-2		否	—
	3-1	120	否	—
	3-2		否	—
	4-1	105	否	—
	4-2		否	—
	5-1	90	否	—
	5-2		否	—

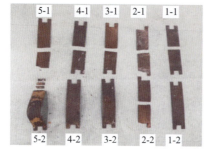

(a) 22MnB5(不含铌)

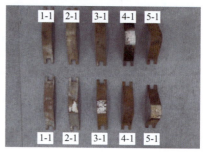

(b) WHF1300R(含铌)

图 7-29　含铌和不含铌热轧热成形钢 U 形恒弯曲载荷试验后的样品

7.5　超高强度钢热成形轻量化车轮优化设计案例

商用车车轮用量大，又是旋转构件，其轻量化对商用车节能减排意义重大，车轮轻量化这一发展趋势已得到商用车科技工作者的广泛重视[61-65]。采用高强度的、性能良好的材料，以减薄轮辋和轮辐的厚度，再应用先进的成型技术，使高强度材料可以制成高强度零件，从而实现轻量化的高强度材料在车轮中的应用。

7.5.1　超高强钢热成形车轮的受力分析和优化设计

本小节以某款 22.5×9.0in 的热成形轻量化车轮为例，遵照 GB/T 31961—2015[66]和 GB/T 5909—2009[67]，对其在不同载荷工况下的受力状态进行仿真分析，考虑到车轮的失效模式——主要在通风孔和螺栓孔的边缘产生疲劳裂纹，故基于工程经验对相关结构进行优化。

该热成形轻量化车轮采用屈服强度为 1200MPa、抗拉强度为 1500MPa 的热成形钢，风孔采用椭圆形形状，设计方案和 3D 数模如图 7-30 所示。该车轮的轻量化设计目标为 28kg，初始设计方案所对应的车轮重量为 27.8kg。通过有限元仿真获得初始设计车轮的受力状态，并通过结构优化改善车轮受力。

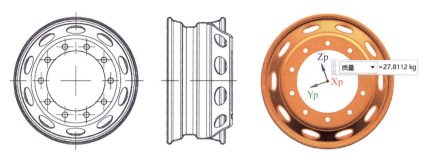

图 7-30 热成形轻量化车轮的初始设计方案

该热成形车轮在弯曲疲劳载荷作用下的加载方法与约束边界条件如图7-31所示。

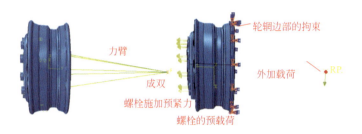

图 7-31 弯曲疲劳试验时的约束与载荷示意图

车轮所受额定载荷为3750kg，螺栓扭力为600N·m，仿真分析时约束轮辋底部一圈的自由度[68]，在加载轴末端施加集中力载荷。试验时车轮所受弯矩的计算如下：

$$M = (\mu R + d) F_v S \tag{7-13}$$

式中，μ为轮胎和路面间设定的摩擦系数，取0.7；R为该车轮配用的最大轮胎静态负载半径，取504mm；d为车轮偏距，取175mm；F_v为车轮额定负载值，取37500N；S为强化实验系数，取1.1。

根据式（7-13）计算得弯矩$M=21771$N·m，弯曲载荷$F=21771$N。

车轮径向疲劳试验的有限元模型如图7-32所示。此处忽略了车轮螺栓预紧力、车轮旋转时的离心力以及自身重力等因素的影响[69]，主要考虑径向载荷与轮胎气压的作用。

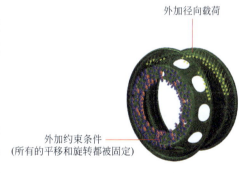

图 7-32 车轮动态径向疲劳试验载荷示意图

按照国标GB/T 5909—2021计算该车轮进行动态径向疲劳试验时所承受的径向载荷为

$$F_r = F_v K \tag{7-14}$$

式中，F_r为径向载荷；F_v为车轮额定负载值，取37500N；K为实验强化系数，取1.6。

根据式（7-14）计算得径向载荷$F_r=60000$N。

基于上述条件建立车轮有限元模型，仿真获得其在弯曲载荷工况、径向载荷工况下的应力分布，如图7-33所示。

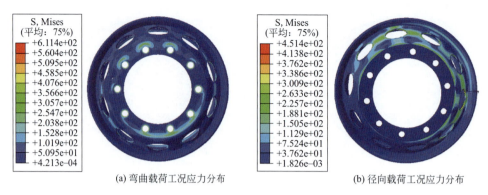

(a) 弯曲载荷工况应力分布　　(b) 径向载荷工况应力分布

图 7-33　车轮在不同载荷工况下的应力状况

由图 7-33 可以看出，弯曲载荷工况下轮辐最大应力在螺栓孔处，最大应力值为 611.4MPa，径向载荷工况的应力最大值位于风孔处，其值为 451.4MPa。按文献[38]的数据，最优工艺下，当交变应力为 632MPa±20MPa 时，对应的疲劳寿命为 $2×10^5$ 循环；交变应力为 520MPa±26MPa 时，对应的疲劳寿命为 $2×10^6$ 循环。故弯曲载荷工况下，轮辐螺孔处的受力偏高，需通过结构优化来改善轮辐的受力状况，提高车轮的使用寿命。

零件的受力与所选用材料的强度相关，也与零件承力的截面相关。在优化设计时，可采取以下措施：

① 提高轮辐厚度，由原厚度 8mm 增加至 8.5mm，按前述条件对车轮进行仿真分析，获得车轮在弯曲载荷工况和径向载荷工况下的应力分布，如图 7-34 所示。

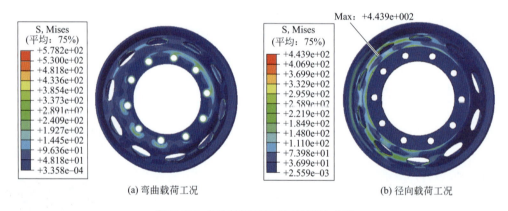

(a) 弯曲载荷工况　　(b) 径向载荷工况

图 7-34　提高轮辐厚度后车轮的应力分布

对比图 7-33 和图 7-34 可以看出：轮辐厚度增加后，弯曲载荷工况下，轮辐螺孔处最大应力值由 611.4MPa 减为 578.2MPa，比原设计方案下降 33.2MPa；径向载荷工况下，通风孔处的最大应力值由 451.4MPa 减为 443.9MPa，比原设计方案下降 7.5MPa。但轮辐厚度的增加会使车轮整体增重 0.2kg，为此进一步对轮辐通风孔的形状进行优化。

② 通风孔的形状、大小既会影响车轮的重量和轻量化，又会影响车轮的应力分布。为了进一步减重，将椭圆形通风孔更改为面积更大的腰形形状，如图 7-35 所示。采用腰形孔与椭圆孔设计方案相比，车轮重量可减轻 0.1kg，通风孔面积增加 3000mm²，该设计既能加大通风孔面积，提高通风效果，又可减重实现轻量化。风孔改为腰形孔后，车轮的应力分析结果如

图7-36所示。弯曲载荷工况下，螺孔处最大应力为541.2MPa，较优化前下降37MPa；径向载荷工况下，风孔处最大应力396.3MPa，较优化前下降47.6MPa。

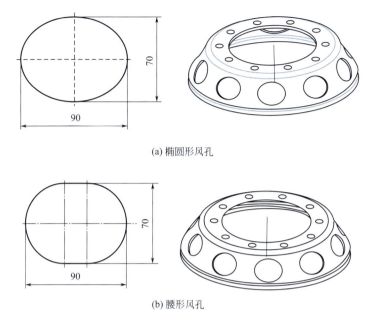

图7-35 通风孔形状优化设计对比

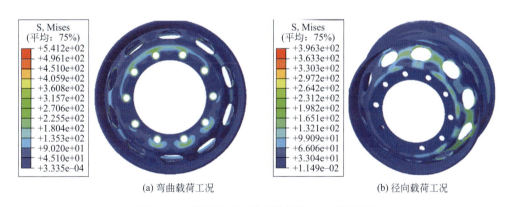

图7-36 优化通风孔形状后的车轮CAE分析结果

③ 通风孔型面结构的优化设计，为了进一步提升轮辐风孔的变形抗力，降低工作状态的疲劳应力，在热成形轻量化车轮通风孔面设计深度为3mm的沉台结构。通风孔型面优化方案如图7-37所示。优化后，弯曲载荷工况下，螺孔处最大应力为511.2MPa，较优化前下降30MPa，如图7-38（a）所示；径向载荷工况下，风孔处最大应力为340.2MPa，较优化前下降56.1MPa，见图7-38（b）。并且，优化后弯曲载荷工况下的风孔处应力194.4MPa，比优化前风孔应力（233MPa）下降38.6MPa，如图7-39所示。

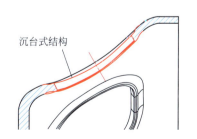

图7-37 通风孔型面结构的优化方案

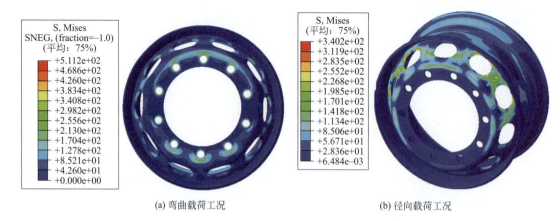

(a) 弯曲载荷工况　　　　　　　　　　(b) 径向载荷工况

图 7-38　优化通风孔型面后的 CAE 分析结果

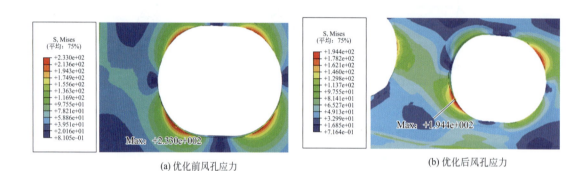

(a) 优化前风孔应力　　　　　　　　　(b) 优化后风孔应力

图 7-39　通风孔型面结构优化前后弯曲载荷工况下风孔的 CAE 分析结果

④ 为进一步降低车轮螺栓孔和通风孔的应力，充分利用前述的优化措施，同时保持车轮的单件重量为 28kg 左右。将车轮的通风孔长轴进行缩短，从 90mm 缩短到 85mm，该方案下车轮重量为 28.5kg，满足轻量化设计的要求。综合优化后车轮的仿真结果如图 7-40 所示，在弯曲载荷工况下，螺孔的最大应力为 496MPa，比初始设计方案的应力下降 115.4MPa；在径向载荷工况下，通风孔处的最大应力为 330MPa，比初始设计方案的应力下降 121.4MPa。

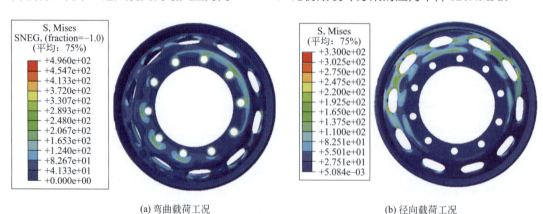

(a) 弯曲载荷工况　　　　　　　　　　(b) 径向载荷工况

图 7-40　综合优化后车轮应力分析结果

车轮应力分析结果受所用网格划分软件、CAE分析软件、分析人员的技能和水平等诸多因素影响，因此仿真结果不能代替实验，车轮性能仍需通过试验进行验证，但通过仿真分析可获得不同结构形状、尺寸对车轮受力状态的影响趋势。

7.5.2 热成形轻量化车轮的刚度分析和优化设计

车轮承受整车负荷，传递整车的牵引力及制动力矩，同时还具有缓冲路面振动的作用[70]，对于这样一个受力复杂的构件，特别是热成形轻量化车轮，刚度是其重要的性能。车轮刚度直接影响其振动的固有频率，即直接影响车轮的减振性能，从而影响车轮的疲劳性能和使用寿命。文献[71]讨论了车轮横向刚性的重要性并将其作为车轮CAE分析的目标参量。文献[72]对商用车钢制车轮进行了屈曲分析，从另外的角度论述了车轮刚度的重要性。该文献认为，商用车钢制车轮在使用过程中，由于承受载荷较大，若刚度不足可导致结构失稳，而车轮临界屈曲载荷与车轮材料的性能以及材料的厚度有关。

基于这些情况，对22.5×9.0in的热成形轻量化车轮进行刚度分析。弯曲载荷工况下，该车轮初始结构的刚度仿真结果如图7-41所示，其最大变形量为0.4773mm。

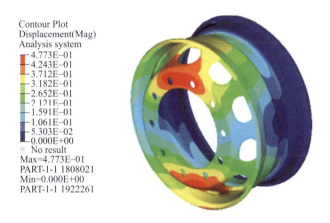

图7-41 弯曲载荷工况下车轮变形的仿真结果

风孔的大小和数量，直接影响车轮的重量、应力分布、刚度以及车轮构件在使用中的冷却效果，因此风孔的设计对于热成形轻量化车轮相关功能的优化较为重要。在满足目标重量的情况下，为了提升车轮的弯曲刚度，将腰形风孔的尺寸由90mm×70mm更改为85mm×70mm，如图7-42所示。

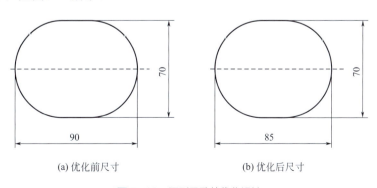

(a) 优化前尺寸　　　　　　　　　(b) 优化后尺寸

图7-42 腰形风孔的优化设计

风孔尺寸优化后,车轮在弯曲载荷工况下的刚度仿真结果如图7-43所示,车轮最大变形量为0.463mm,比初始结构的最大变形量减少了0.0143mm,性能提升约3%。

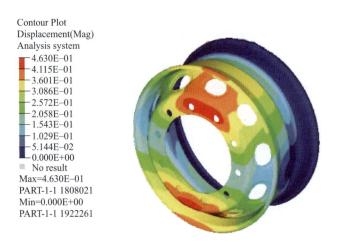

图7-43　通风孔优化后弯曲载荷工况下车轮变形仿真结果

径向载荷工况下,该车轮初始结构的刚度仿真结果如图7-44,最大变形量为1.794mm,位于轮辋外侧轮缘处。

增加轮辋厚度,可以提高车轮径向刚度,但会造成车轮重量的明显增加,不符合车轮轻量化的设计初衷,故可通过更改轮辐结构以提升车轮径向刚度。例如,将风孔尺寸由90mm×70mm更改为85mm×70mm,这一尺寸变化对车轮整体重量影响甚微,风孔尺寸更改后径向载荷工况下轮辋变形的CAE分析结果如图7-45所示。轮辋最大变形量为1.074mm,比初始结构降低了0.72mm,性能提升约40%,故该措施对于提升车轮在径向载荷下的刚度效果比较明显。

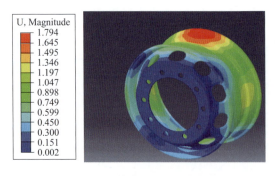

图7-44　径向载荷工况下车轮变形的仿真结果

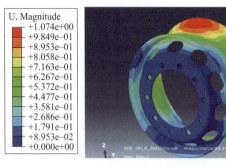

图7-45　风孔优化后径向载荷工况下车轮变形的仿真结果

本节所给实例中对车轮应力及刚度进行优化时采用的是拇指法则,属于工程经验性质,仅供参考。详细的有限元建模方法以及相关优化设计理论请读者参考本书第3章。

7.6 热成形轻量化车轮的制造工艺

7.6.1 车轮的热成形工艺

近年来，汽车零部件的热冲压成形技术得到了迅速发展[73]。目前，国内已有200余条热冲压成形生产线，但主要用于生产乘用车的车身结构件。热冲压成形工艺有四种：直接热冲压成形、间接热冲压成形、温冲压成形、部分冲压淬火，相关工艺流程图如图7-46所示。

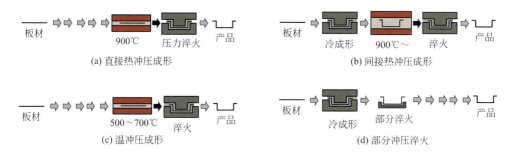

图7-46 不同的热成形工艺原理图

目前应用最多的是直接热冲压成形和间接热冲压成形工艺。间接热冲压比直接热冲压易得到高精度的零件，但工艺较为麻烦。间接热冲压通常用镀锌板，而直接热冲压应用较多的是裸板和铝硅涂层板。两种工艺的流程如图7-47[74]所示。

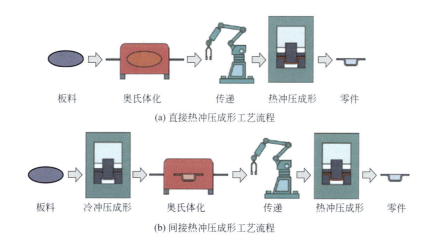

图7-47 直接和间接热冲压成形工艺流程

应用更高强度的材料以进一步推进车轮轻量化，热成形工艺是关键，但是关于车轮热成形工艺技术的报道还很少。考虑到车轮形状的复杂性，整体直接热成形难度很大，而采用间接热成形工艺具有可行性。间接热成形工艺又称预成形工艺，根据车轮的形状和结构特点设计的商用车轮预成形工艺如图7-48（a）所示。

对于乘用车车轮，其热冲压成形工艺流程如图7-48（b）所示。轮辐采用一次性直接热冲压成形工艺，轮辋同样采用预成形后进行后续的加热及热冲压成形工艺；之后将轮辐和轮辋焊接合成为车轮，再进行后续的涂装等工艺。

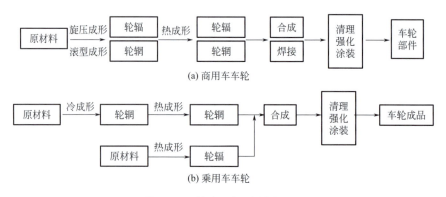

图 7-48 热冲压成形车轮流程图

7.6.2 热冲压成形车轮的连接工艺

热冲压成形零件的另一个问题是焊接软化，特别是采用填充焊的热轧厚板热冲压成形零部件，该问题更明显。Führ等[75]针对22MnB5钢采用三种焊丝进行了焊接研究，三种焊丝分别为Böhler X 70-IG实芯焊丝（其AWS标准A5.28分类为ER110S-G）、实芯无药皮的低碳Esab OK Aristorod 12.50焊丝（AWSA5.18标准分类为ER70S-6）以及Böhler HL85 MC-B的金属芯焊丝（其AWSA5.28标准分类为E110C-G M H4）。经冲压过程后，测试件表面被一层薄氧化皮所覆盖，焊接之前，使用刷子清除该氧化层，以避免造成电弧不稳定，防止焊缝出现咬口和气孔等问题。焊接机器人为Yaskawa Motoman牌EA14000N型。焊接方法采用MIG（Metal Inert-Gas Welding）、MAG（Metal Active Gas Arc Welding）、GMAW（Gas Metal Arc Welding）、FCAW（Fluxed-Cored Arc Welding）部分焊接工艺的参量进行优化，焊接电流是200A-230A、电压为20-23V，焊接机体金属为22MnB5，部分试样用Nb、Mo等微合金化。焊接后，按DIN EN ISO 9015-1-2011取样并测量相关性能，强度结果如表7-20所示。由表7-20可见，热冲压成形件焊后强度显著降低。

表 7-20 三种焊丝在不同条件下的焊接强度值

条件	焊丝及焊接工艺	强度平均值 /MPa
1	Böhler X70IG（不预热）	968.25
2	Esab ER70S-6（不预热）	827.25
3	Böhler HL85 MC-B（不预热）	1060
4	Böhler X70 IG（预热 350°C）	880.25
5	Esab ER70S-6（预热 350°C）	771.75
6	Böhler HL85 MC-B（预热 350°C）	903

不同焊丝及焊接条件的焊缝冲击韧性的结果如图7-49所示，了解详细信息可参考文献[75]。本节仅将结果列述如下：对于表7-20中不进行预热的研究条件1、2、3，Esab ER70S-6焊丝呈现出最佳的冲击韧性结果，在所有测试温度下均具有较高的能量吸收量；Böhler牌金属芯焊丝的冲击韧性结果最低，在所有测试温度下能量吸收量均较低，在条件3中的结果最差，在更严酷的温度条件下，吸收的冲击能量低于20J，这表明焊接材料的韧性低，并且在低于0°C的低温下变得非常脆弱；从拉伸及冲击结果来看，应该优选焊丝以及焊接工艺，以避免降低焊缝强度及低温冲击韧性，这对热冲压成形车轮而言尤其重要。

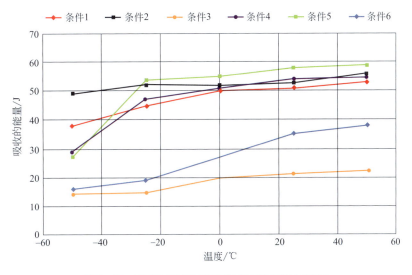

图 7-49　不同焊丝及焊接工艺条件下的焊缝冲击韧性

汽车车轮承受载荷大且复杂，同时工作环境恶劣，因此保证焊接质量尤为重要。轮辐和轮辋焊接后，其强度和冲击韧性不应明显下降。上述研究结果显示，所述焊接方法难以保证车轮的疲劳性能和使用性能。而激光焊接工艺，其焊缝热影响区小，熔融深度、强度及组织易满足热成形车轮的性能要求。因此，建议采用激光焊接进行热冲压成形车轮的轮辐与轮辋合成。

7.7　热冲压成形轻量化钢制车轮典型案例

7.7.1　热冲压成形轻量化钢制车轮

近年来，我国重型商用汽车销量一直保持增长态势，2020年销量达162.3万辆。重型汽车使用的车轮型号主要为22.5×9.0，2020年中国市场用量达1800万只。目前，常用钢制车轮（22.5×9.0）的重量一般约为44～46kg，可实现量产的同型号车轮最轻约为34～36kg。而采用热冲压成形技术制造的该型号钢制车轮，其重量可降至26～28kg，接近同型号锻造铝合金车轮的重量（23～25kg）。对22.5×8.25型的车轮而言，同规格的轻质钢制车轮主流产品重量是34.5kg，最轻的钢制车轮重量为31kg。采用热冲压成形技术制造的该型号车轮，其重量可减轻到23kg。鉴于以上情况，浙江金固股份有限公司和中新超高强材料研究院相继开展了热成形钢制车轮的研发，并取得进展。

图7-50（a）是开发的22.5×8.25型热成形钢制车轮。采用鞍钢的WHF1300R热成形钢，轮辋厚度为3.3mm、轮辐厚度为9mm，应用预成形热成形工艺制造轮辋和轮辐，二者之间采用激光焊接，制成的车轮重量为23kg。该车轮的实验评价结果见表7-21，产品性能及涂装效果均能满足相关标准和汽车行业要求。图7-50（b）是开发的22.5×9.0型热成形钢制车轮，其轮辋厚度为3.9～4mm，轮辐厚度为8～8.5mm，轮辐、轮辋的制造及两者合成均采用与图7-50（a）所示车轮类似的工艺，该车轮还通过表面强化工艺提高了焊缝的疲劳强度，其强度和疲劳寿命满足相关要求。

(a) 22.5×8.25型车轮

(b) 22.5×9.00型车轮

图 7-50 热冲压成形轻量化车轮

表 7-21 热冲压成形车轮试验评价结果

序号	试验项目	试验方法	试验要求	试验结果
1	弯曲疲劳试验	SAE J267 NOV 2014《Wheels／Rims—Truck and Bus—Performance Requirements and Test Procedures for Radial and Cornering Fatigue》	系数 S = 1.3，转数要求≥ 7.5 万	29.23 万
2	径向疲劳寿命		系数 S = 1.6，转数要求≥ 18.75 万	200 万
3	静不平衡量测试	QC/T 242—2014《汽车车轮不平衡量要求及检测方法》	静不平衡量质量≤ 67g	52g、46g、58g
4	气密性试验	QC/T 241—2011《汽车无内胎车轮密封性试验方法》	气压≥ 1241kPa，时间≥ 30s，无气泡	无气泡
5	干膜厚度检测	标准 ASTM D7091	40 ~ 90μm	76、72、84
6	划痕硬度试验	标准 STM D3363	HB ~ 4H	B、B、B
7	干燥附着力测试	标准 ASTM D3359 方法 B	至少达到 4B（及被移除的面积小于 5%）	5B、5B、5B
8	潮湿附着力测试			5B、5B、5B
9	柔韧性	标准 ASTM D522-13 方法 A	能够抵挡一个 3.2mm（0.125in）锥形心轴弯曲，且没有裂纹，剥落或者附着力缺失	没裂纹及剥落
10	抗冲击性	标准 ASTM D2794	最低的 0.29kg-m（25lb-in）直接冲击，用 12.7mm（0.5in）的压头测量，且没有裂纹，剥落或者附着力缺失	没裂纹及剥落
11	耐粉尘化	标准 ASTM D4587	336hUVA：至少 4B 的干燥附合力；无水泡；光泽率不低于 15	336h，合格
12	防潮性能测试	标准 ASTM D4585	750h 以内干燥附着力大于等于 4B，无气泡，腐蚀程度 9 级或更好	750h，合格
13	耐溶剂性能测试	标准 ASTM D5402	至少完成 15 次甲乙酮来回摩擦后，无显著的褪色，无软化，无脱膜，或漆膜无退化在擦拭路径中间的 152mm 处	无褪色，无软化，无脱膜

续表

序号	试验项目	试验方法	试验要求	试验结果
14	中性盐雾试验	标准 ASTM B117	336h 以内，干燥附着力至少 4B，没有气泡，最大侧向腐蚀 2mm，腐蚀程度 9 级或更好	500h，合格
15	碎石冲击试验	标准 ASTM D522-13 方法 A	能够抵挡一个 3.2mm（0.125in）锥形心轴弯曲，且没有裂纹，剥落或者附着力缺失	没裂纹及剥落

7.7.2 热冲压成形轻量化钢制车轮道路验证

浙江金固股份有限公司采用鞍钢 WHF1300R 热成形钢研发的 22.5×9.0 型热冲压成形车轮，通过了主机厂的路试验证和用户试验验证，性能满足要求，分别见表 7-22 及表 7-23，搭载的车型如图 7-51 所示。

表 7-22　热冲压成形车轮路试验证

客户	路试时间	车型	数量	试验地点	试验里程	路试结果
北京某主机厂	2020 年 5 月—2020 年 10 月	H5	1 台车	重庆大足试验场	16000 公里	合格
安徽某主机厂	2021 年 2 月—2021 年 7 月	K7	2 台车	合肥新港汽车试验场	高环 5000 公里 + 强化路 5000 公里	合格
广西柳州某主机厂	2021 年 2 月—2021 年 7 月	乘龙	1 台车	湖北襄阳试验场	10000 公里	合格
北京某主机厂	2021 年 11 月—2022 年 11 月	—	3 台车	定远试验场	① 13680 公里，合格 ② 13680 公里，合格 ③ 12000 公里，合格	
长春某主机厂	2021 年 8 月—2021 年 12 月	J6	1 台车	长春一汽试验场	8000 公里	合格
武汉某主机厂	2021 年 10 月—2022 年 03 月	—	1 台车	湖北襄阳试验场	强化路 7500 公里 + 山路 10000 公里	合格

表 7-23　热冲压成形车轮用户体验验证

客户	开始时间	车型	数量	试验类型	装载	试验里程	状态
山西某企业	2019 年 10 月至今	N9	1 台车	实际道路试验	钢材	20 万公里以上	车轮未出现故障
济南某企业	2019 年 11 月至今	豪沃 豪瀚	5 台车	实际道路试验	煤罐体	30 万公里以上	车轮未出现故障
北京某企业	2021 年 6 月至今	—	2 台车	实际道路试验	—	15 万公里以上	车轮未出现故障
武汉某企业	2021 年 9 月至今	天龙 KX	2 台车	实际道路试验		8 万公里以上	车轮未出现故障
某物流用户	2021 年 7 月至今	—	2 台车	实际道路试验		8 万公里以上	车轮未出现故障
某物流用户	2021 年 8 月至今	—	2 台车	实际道路试验		10 万公里以上	车轮未出现故障

(a) 北京某主机厂的整车　　(b) 安徽某主机厂的整车

图 7-51　热冲压成形车轮路试搭载的车型

本章小结

针对商用车车轮轻量化和高性价比的迫切需求以及现有高强钢车轮制造工艺轻量化挖潜空间有限的现状，我国有关企业和科技人员研发了热冲压成形车轮专用钢及其成形工艺和模具设计技术，并开发了热冲压成形超高强钢轻量化车轮。

本章首先介绍了商用车轻量化车轮用热成形钢的开发途径及技术要求，重点讨论了热成形钢的冲击韧性要求、抗氢脆与强韧性的原理和要求；然后分析了直接热冲压成形和间接热冲压成形两种工艺的流程和特点，并在此基础上介绍了轮辐、轮辋各自的热冲压成形工艺选择，以及轮辋和轮辐合成时所用焊接工艺及性能的影响因素；最后以浙江金固的热冲压成形超轻量化钢制车轮为案例，进行了成形工艺和各类性能检测方法结果的介绍。

总之，热冲压成形工艺赋予商用车钢制车轮极高的结构强度和巨大的轻量化潜力，同时通过优化设计可使车轮具有更为美观、多样的造型，这一技术已引起车轮企业和整车企业的关注。尽管目前用于热成形钢制车轮的材料成本相对较高、制造工艺也较复杂，但随着技术的进步，这些问题将逐步解决，可以预期热冲压成形轻量化的商用车钢制车轮制造技术和工艺将很快趋于成熟，并得到广泛应用。

参考文献

[1] Norrbottens Jaernverk A B. Manufacturing a hardenedstelarticle. GB1490535A[P]. 1977-11-02.

[2] Berglung G. The history of hardening of boron steel in northern Sweden[C]//1st International Conference：Hot Sheet Metal Forming of High-Performance Steel，Luleå，Sweden，2008：175-177.

[3] Aspacher J. Forming hardening concepts[C]//1st International Conference：Hot Sheet Metal Forming of High-Performance Steel，Luleå，Sweden，2008：77-81.

[4] Lee D Y，Barrera E V，Stark J P，et al. The influence of alloying elements on impurity induced grain boundary embrittlement[J]. Materials Transactions A，1984，15（7）：1415-1430.

[5] 中国汽车工程学会. 汽车先进制造技术跟踪研究（2016）[M]. 北京：北京理工大学出版社，2016.

[6] Song L F，Ma M T，Guo Y H，et al. Research status and progress of hot stamping[J]. Engineering Sciences，2012，10（6）：51-61.

[7] 宋磊峰，马鸣图，张宜生，等. 热冲压成形新型B钢的开发与工艺研究[J]. 中国工程科学，2014，16（1）：71-75.

[8] Lu H Z, Zhang S Q, Jian B, et al. Solution for hydrogen-induced delayed fracture in hot stamping[C]//2014 International Conference on Hot Stamping of UHSS, 2014: 89-93.

[9] Jian B, Wang L, Hardy M, et al. Development of niobium alloyed press hardening steel with improved properties for crash performance[C]//2014 International Conference for Hot Stamping of UHSS, 2014: 60-73.

[10] 马鸣图, 李志刚. V对弹簧钢35SiMnB淬透性和等温转变曲线的影响[J]. 特殊钢, 2001（10）: 11-14.

[11] 刘安民, 赵岩, 马鸣图, 等. 铌、钒复合微合金化对22MnB5热成形钢组织与性能的影响[J]. 机械工程材料, 2019, 43（5）: 34-37.

[12] VDA 238-100. Plate bending test for metallic materials[S]. Berlin: Verband Der Automobilindustrie E. V.（VDA）, 2017.

[13] Hikida K, Noshibata T, Kikuchi H, et al. Properties of new TS1800MPa grade hot stamping steel and application for bumper beam[C]//4th International Conferencefor Hot Sheet Metal Forming of High-Performance Steel CHS2, Luleå, Sweden, 2013: 127-136.

[14] Cobo S, Sture T, Aouafi A, et al. Hydrogen Embrittlement resistance of Al-Si coated 1.8GPa press hardened steel solutions for body-in-white（BIW）application[C]//7th International Conference for Hot Sheet Metal Forming of High-Performance Steel CHS2, Luleå, Sweden, 2019: 179-189.

[15] 葛锐, 毛新平, 胡宽回, 等. 采用ESP产线生产的抗拉强度≥1800MPa的热成形钢及方法. CN 108754319 A[P]. 2018-11-05.

[16] Holzweissig M J, Frost G, Bake K, et al. BRT2000-A new uncoated ultra high strength hot forming steel[C]// 7th International Conference for Hot Sheet Metal Forming of High-Performance Steel CHS2, Luleå, Sweden, 2019: 749-756.

[17] Pang J C, Liu Q, Wang J F, et al. A new low density press hardening steel with superior performance[C]// 7th International Conference for Hot Sheet Metal Forming of High-Performance Steel CHS2, Luleå, Sweden, 2019: 123-130.

[18] Liang J T, Xiao B L, Liu K, et al. Factors affecting intrusion resistance of hot stamping steel[C]. The proceedings of the 6th international conference（ICHSU 2022）, Wuhan, China, 2022: 38-42.

[19] Yi H L, Chen P, Hou Z Y, et al. A novel design: Partitioning achieved by quenching and tempering（Q-T&P）in an aluminum-added low-density steel[J]. Scripta Materialia, 2013, 68（6）: 370-374.

[20] Golem L, Cho L, Speer J G, et al. Influence of austenitizing parameters on microstructure and mechanical properties of Al-Si coated press hardened steel[J]. Materials & Design, 2019（172）: 107707.

[21] Meya R, Kusche C F, Löbbe C, et al. Global and high-resolution damage quantification in dual-phase steel bending samples with varying stress states[J]. Metals - Open Access Metallurgy Journal, 2019, 9（3）: 319.

[22] 路洪洲, 赵岩, 冯毅, 等. 铌微合金化热成形钢的最新进展[J]. 汽车工艺与材料, 2021（4）: 23-32.

[23] Williams J C, Thompson A W. 物理冶金进展评论[M]. 中国金属学会译. 北京: 冶金工业出版社, 1985.

[24] 徐祖耀. 马氏体相变与马氏体[M]. 北京: 科学出版社, 1980.

[25] Findley K O, Kennett S C, Cho L, et al. Microstructural mechanisms affecting fracture resistance of martensitic press hardened steel alloys[C]// 7th International Conference for Hot Sheet Metal Forming of High-Performance Steel CHS2, Luleå, Sweden, 2019: 283-292.

[26] 马鸣图，汪德根，吴宝榕. 双相钢断裂特性研究[J]. 金属学报，1983，19（4）：332-339.

[27] Cottrell A H. Theory of brittle fracture in steel and similar metals[J]. Trans. of the Metallurgical Society of AIME，1958（212）：192-203.

[28] Antolovich S D，Findley K O. A new look at attractive/repulsive junctions and cleavage crack formation in BCC materials[J]. Engineering Fracture Mechanics，2010，77（2）：201-216.

[29] Morito S，Yoshida H，Maki T，et al. Effect of block size on the strength of lath martensite in low carbon steels[J]. Materials Science and Engineering：A，2006，438- 440：237-240.

[30] Maki T，Tsuzark K，Tamura I. The morphology of microstructure composed of lath martensites in steels[J]. Transaction of the Iron and Steel Institute of Japan，1980（20）：207-214.

[31] Kennett S C，Krauss G，Findley K O. Prior austenite grain size and tempering effects on dislocation density of low-C Nb Ti microalloyed lath martensite[J]. Scripta Materialia，2015，107：123-126.

[32] Lara A，Picas I，Casellas D. Effect of the cutting process on the fatigue behaviour of press hardened and high strength dual phase steels[J]. Journal of Materials Processing Technology，2013，213（11）：1908-1919.

[33] Casellas D，Sieurin H，Sunderkoetter C，et al. Fatigue of press hardened steels：Drawbacks and challenges to unlock the lightweight potential of press hardening technology for heavy duty vehicles[C]// 7th International Conference for Hot Sheet Metal Forming of High-Performance Steel CHS2，Luleå，Sweden，2019：201-209.

[34] Johnson W. On some remarkable changes produced in iron and steel by the action of hydrogen and acids[J]. Proceedings of the Royal Society of London，1874，23（156-163）：168-179.

[35] Valentini R，Tedesco M，Bacchi L，et al. Hydrogen induced delayed fracture in hot stamped Al-Si coated boron steels[C]// 7th International Conference for Hot Sheet Metal Forming of High-performance Steel CHS2，Luleå，Sweden，2019：191-200.

[36] 马鸣图，路洪洲，陈翊昇，等. 热成形钢及热冲压零件的氢致延迟断裂[J]. 汽车工艺与材料，2021（4）：1-11.

[37] Kirchheim R. Reducing grain boundary，dislocation line and vacancy formation energies by solute segregation：II. Experimental evidence and consequences[J]. Acta Materialia，2007，55（15）：5139-5148.

[38] Kirchheim R. Reducing grain boundary，dislocation line and vacancy formation energies by solute segregation. I. Theoretical background[J]. Acta Materialia，2007，55（15）：5129-5138.

[39] Weatlaked G. Generalized Model for Hydrogen Embrittlement[R]. Argonne National Lab.，Ill.，1969.

[40] Orianir A. A mechanistic theory of hydrogen embrittlement of steels[J]. Brecht der Bunsengesellschaft für physikalische Chemie，1972，76（8）：848-857.

[41] Beachem C D. A new model for hydrogen-assisted cracking（hydrogen "embrittlement"）[J]. Metallurgical and Materials Transactions B，1972，3（2）：441-455.

[42] Birnbaum H K，Sofronis P. Hydrogen-enhanced localized plasticity—a mechanism for hydrogen-related fracture[J]. Materials Science and Engineering：A，1994，176（1-2）：191-202.

[43] Du Y A，Ismer L，Rogal J，et al. First-principles study on the interaction of H interstitials with grain boundaries in α-and γ-Fe[J]. Physical Review B，2011，84（14）：144121.

[44] Takahashi Y，Kondo H，Asano R，et al. Direct evaluation of grain boundary hydrogen embrittlement：A micro-mechanical approach[J]. Materials Science and Engineering：A，2016，661：211-216.

[45] Zhang S Q，Wan J F，Zhao Q Y，et al. Dual role of nanosized NbC precipitates in hydrogen embrittlement susceptibility of lath martensitic steel[J]. Corrosion Science，2020，164：108345.

[46] Lu H Z, Bain J, Guo A M, et al. The effect and mechanism of niobium for decreasing hydrogen embrittlement in hot-stamping components[C]// Proceedings of The 5th international conference (ICHSU2020), Shanghai, 2020: 19-30.

[47] Pundt A, Kirchheim R. Hydrogen in metals: Microstructural aspects[J]. Annu. Rev. Mater. Res., 2006, 36: 555-608.

[48] Lynch S P. Hydrogen embrittlement phenomena and mechanisms[J]. Corrosion Reviews, 2012, 30 (3-4): 105-123.

[49] Nagumo M. Fundamentals of Hydrogen Embrittlement[M]. Singapore: Springer, 2016.

[50] Takahashi J, Kawakami K, Kobayashi Y, et al. The first direct observation of hydrogen trapping sites in TiC precipitation-hardening steel through atom probe tomography[J]. Scripta Materialia, 2010, 63 (3): 261-264.

[51] Chen Y S, Lu H Z, Liang J T, et al. Observation of hydrogen trapping at dislocations, grain boundaries, and precipitates[J]. Science, 2020, 367 (6474): 171-175.

[52] Pundt A, Kirchheim R. Hydrogen in metals: Microstructural aspects[J]. Annual Review of Materials Research, 2006, 36: 555-608.

[53] 刘清华, 唐慧文, 斯庭智. 氢陷阱对钢氢脆敏感性的影响[J]. 材料保护, 2018, 51 (11): 134-139, 150.

[54] Myers S M, Picraux S T, Stoltz R E. Defect trap-ping of ion-implanted deuterium in Fe[J]. Journal of Applied Physics, 1979, 50 (9): 5710-5719.

[55] Shirley A I, Hall C K. Trapping of hydrogen by substitutional and interstitial impurities in α-iron[J]. Scripta Metallurgica, 1983, 17 (8): 1003-1008.

[56] Choo W Y, Lee J Y. Thermal analysis of trapped hydrogen in pure iron[J]. Metallurgical Transactions A, 1982, 13 (1): 135-140.

[57] Maroef I, Olson D L, Eberhart M, et al. Hydrogen trapping in ferritic steel weld metal[J]. Metallurgical Reviews, 2002, 47 (4): 191-223.

[58] Wei F G, Hara T, Tsuzaki K. Precise determination of the activation energy for desorption of hydrogen in two Ti added steels by a single thermal-desorption spectrum[J]. Metallurgical & Materials Transactions B, 2004, 35 (3): 587-597.

[59] Lee S M, Lee J Y. The trapping and transport phenomena of hydrogen in nickel[J]. Metallurgical Transactions A, 1986, 17 (2): 181-187.

[60] Park Y D, Maroef I, Olson D L. Retained Austenite as a hydrogen trap in steel welds[J]. Welding Journal, 2002, 81 (2): 27-35.

[61] 施玉东. 车轮结构轻量化设计与分析验证[J]. 农业装备与车辆工程, 2021, 59 (12): 146-149.

[62] 张鸿刚, 王莎莎. 关于CAE技术在自卸车车轮轻量化设计中的应用[J]. 汽车实用技术, 2020, 15: 55-57.

[63] 杨情操, 张开, 陆明, 等. 基于Hyperworks车轮辐板轻量化设计[J]. 汽车科技, 2018 (3): 16-19.

[64] 倪小飞, 孙锋峰, 陈晓弟. 一种轻量化钢制车轮的设计方法. CN 106326592 A[P]. 2017-01-11.

[65] 孙跃. 无内胎钢制车轮高强度钢等代设计[J]. 盐城工学院学报（自然科学版）, 2022, 33 (3): 29-34.

[66] GB/T 31961—2015. 载货汽车和客车轮辋规格系列[S]. 北京: 中国标准出版社, 2016.

[67] GB/T 5909—2009. 商用车辆车轮性能要求和试验方法[S]. 北京: 中国标准出版社, 2010.

[68] 朱晓. 轻型商用车车轮的轻量化设计分析[J]. 上海汽车, 2015 (10): 29-32.

[69] 韩世秀. 钢制车轮产品性能的仿真与研究[J]. 时代汽车, 2018 (07): 110-111.

[70] 罗礼培. 汽车车轮总成的结构特点及应用发展概述[J]. 模具工程，2015（10）：75-82.

[71] 程鹏. 车轮横向刚性研究及优化设计[J]. 北京汽车，2021（2）：28-31.

[72] 毕征，单颖春，刘献栋，等. 商用汽车钢制车轮屈曲的仿真方法研究[J]. 汽车工程学报，2014，4（6）：438-446.

[73] 马鸣图，王国栋，王登峰，等. 汽车轻量化导论[M]. 北京：化学工业出版社，2020.

[74] Yang D Y，Kim J B，Lee D W. Investigation into manufacturing of very long cups by hydromechanical deep drawing and ironing with controlled radial pressure[J]. Annals of the CIRP，1995，44：255-258.

[75] Führ T A. Avaliação do desempenho mecânicas de juntas soldadas do aço 22MNB5 pelo processo GMAW e FCAW[D]. Passo Fundo：Universidade de Passo Fundo，2018.

CHAPTER 8

第8章
轻量化镁合金车轮

在乘用车领域,目前铝合金车轮占主导地位。但是由于环保压力的加剧、政府对汽车排放和燃油效率要求的提高以及整车企业的迫切需求,促使车轮领域的技术人员寻找更轻的材料、更先进的设计方法和制造工艺,以制造出更轻的车轮。

镁具有密度小、阻尼系数高、比强度和比刚度高等特性,使其成为一种有吸引力的车轮材料。镁的密度为 $1.738g/cm^3$,是铝的2/3,因此镁合金车轮的重量明显轻于铝合金车轮,同时具备相当的强度。作为制造车轮的新材料,镁合金应用于车轮,构成了设计、材料、制造技术、安全评价方法、产品生命周期评价(LCA)等全方位的挑战。

8.1 轻量化镁合金车轮概述

砂型铸造镁合金车轮在20世纪60年代被保时捷汽车公司用于其赛车907、908、910和917款车型，并在1970年进一步被用于914与916款车型[1]。保时捷的第一代镁合金车轮虽然使用寿命超过15万公里，但因当时对压铸技术认识不足，腐蚀性能较差，以及受到20世纪70年代经济衰退的影响，退出了市场。自1983年以来，保时捷的大多数镁合金车轮采用锻造工艺，目的是获得更好的强度和疲劳性能。福特汽车公司在1998年推出的概念车P2000采用了3.1kg的压铸镁合金车轮。随着技术问题的解决，Brembo（Marchesini）、BBS、Taneisya和SMW等许多公司，也开始制造锻造镁合金车轮。

若按照车轮的终端使用来区分市场，可分成零售市场（AM）和整车配套市场（OEM）。目前，在零售市场上，镁合金车轮主要应用于赛车及少数概念车，另外，消费者也会对现有车轮进行维修和更换，并根据自己的需求选择专门设计和定制的镁合金车轮，但总体销售数量并不多。目前，镁合金车轮几乎没有应用在批量生产的车型中。但随着政府对排放和燃油效率要求的提高，镁合金车轮有望在OEM市场中占有相当的份额。

与其他类型的车轮相比，镁合金车轮有以下优势：

① 具有更好的轻量化效果，有助于车辆加速更快、制动距离更短、操控性能更好，有助于进一步强化其他由轻量化带来的优势。

② 镁的高阻尼特性使镁合金车轮具有高的吸振率。车内源自路面与轮胎作用的结构声，明显影响了乘坐舒适性，而该结构声是通过车轮、悬架等结构传至车内的。具有高阻尼特性的镁合金车轮可提供更好的减振降噪性能，使车内噪声减小、乘坐舒适性得到改善。

③ 镁的高导热性使得镁合金车轮散热更快。在汽车高速行驶或快速刹车过程中，镁合金车轮可快速向周边大气环境传递热量，从而有效抑制制动系统和轮胎的过热，提高行车安全性。

然而，镁合金车轮也存在明显劣势：

① 室温塑性较低，变形加工能力较差。目前，制造车轮用的镁合金为密排六方结构，在室温下只有1个滑移面和3个滑移系[2]，其塑性变形主要依赖滑移与孪生的协调作用，塑性比面心立方和体心立方晶体要低。只有温度超过250℃后，镁晶体中的附加滑移面开始起作用，塑性变形能力变强。因此，锻造镁合金车轮一般在350～430℃温度范围内进行锻造成形。

② 耐蚀性差。镁的化学性质比较活泼，且平衡电位低，与不同类金属接触时易发生电偶腐蚀，并充当阳极[3]。在室温下，镁表面与空气中的氧发生反应形成氧化镁薄膜，但是薄膜比较疏松、耐蚀性差。目前，人们多采用表面防护技术和合金改性技术来提高其抗氧化和防腐性能，镁合金车轮常采用微弧氧化复合技术进行防护，但增加了成本。

8.2 轻量化镁合金车轮用材料的开发

目前，用于车轮的镁合金种类主要有：Mg-Al-Zn系列、Mg-Al-Mn系列和Mg-Zn-Zr系列等。Mg-Al-Zn系列和Mg-Al-Mn系列都属于以Al作为主合金元素的镁合金Mg-Al系，属于无Zr镁合金系列[4,5]。图8-1所示为Mg-Al二元合金相图，可见Al在Mg中的最大溶解度为437℃时的12.7%，降至室温时Al的溶解度只有2%左右。根据相图，成分在2%～12.7%范围的镁合金平衡结晶的室温组织是α固溶体与β-Mg₁₇Al₁₂沉淀相的混合物，没有共晶组织。但在实际凝固条件下，大多数Mg-Al合金，特别是含Al较多的镁合金（AZ91，AM100），尽管合金中的Al含量小于极限溶解度（12.7%），其铸态组织中仍存在一些分布在α-Mg晶界上的β-Mg₁₇Al₁₂共晶组织。这也意味着Mg-Al二元合金实际结晶过程大多是在非平衡条件下进行的。Al含量（wt%）超过6%的合金为热处理可强化合金。

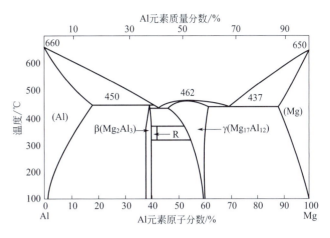

图 8-1　Mg-Al 二元合金相图

在商用镁合金中，Al含量一般不超过10%。Al的加入可有效提高合金的强度和硬度，改善合金的铸造性能。Cáceres等[6]在2001年对Mg-Al合金的固溶强化行为进行了研究，得出硬度和Al含量的关系为$HV_{10} = 29+3Al$（wt%），以及基面强度决定了Mg-Al合金固溶强化的效果。Mg-Al系合金的主要特点是成本低、易于加工、具有良好的强度、延展性和抗大气腐蚀性等。当未控制重金属杂质含量时，通常加入Zn提高强度和增强对盐水的耐腐蚀性。但在Al含量为7%～10%的镁合金中添加大于1%的Zn，将增加合金的热收缩率。同样，也可以加入Mn以提高抗腐蚀性，加入的Mn可能与Al化合生成针状或短棒状的Mn-Al化合物。

Mg-Al Zn系列中最典型的铸造镁合金为AZ91合金，变形镁合金为AZ31和AZ80合金。目前，锻造镁合金车轮大多采用AZ80合金。另外，F1赛车要求车轮采用AZ80或AZ70合金制造。AZ80合金的铸态组织形貌和变形态组织形貌如图8-2所示。从图中可以观察到，铸态组织主要由α-Mg基体和网状的离异共晶β-Mg₁₇Al₁₂相组成；变形态组织则由α-Mg基体和不同形态的β-Mg₁₇Al₁₂相组成。其中，离异共晶β-Mg₁₇Al₁₂相在变形过程中发生破碎，在热处理过程中溶入基体，并在随后的时效析出连续和不连续形态的β-Mg₁₇Al₁₂相，不同形态的β-Mg₁₇Al₁₂相对合金的强度和韧性的影响有所不同。蔡赟等[7]在研究AZ80镁合金动态再结晶软化行为过程中发现，AZ80镁合金的流变应力在热变形过程中呈现出典型的动态再结晶软化特征，其软化临界应变随应变速率的降低和变形温度的升高而变小，并表现出明显的应变速率敏感性倾向。

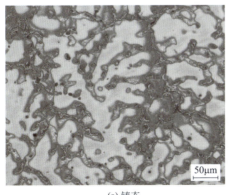
(a) 铸态

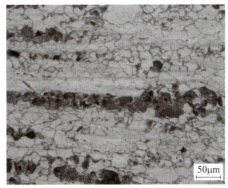
(b) 变形态

图 8-2　AZ80 合金的金相显微光学照片

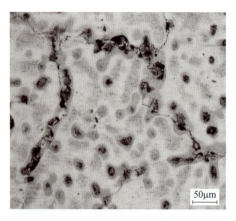

Mg-Al-Mn系列中采用中等Al含量和少量Mn元素所形成的AM系合金是一类具有中等强度、良好塑性的压铸镁合金,其典型合金为AM50[8,9]和AM60。菲亚特(FIAT)汽车公司和道屋(DOW)公司合作,生产出了可满足使用要求的AM60A镁合金压铸车轮。图8-3为AM60镁合金铸态组织形貌,该组织是由α-Mg基体、网状的离异共晶β-$Mg_{17}Al_{12}$相和少量颗粒状的AlMn相组成。与AZ91合金和铸态AZ80合金相比,AM60合金的含Al量较低,使合金中$Mg_{17}Al_{12}$相的析出量有所减少,故该合金具有优良的塑性和韧性。

图8-3 AM60合金的金相显微光学照片

Mg-Zn-Zr系列是属于以Zn作为主合金元素的镁合金Mg-Zn系。图8-4为Mg-Zn二元合金相图。Mg-Zn二元系中的MgZn化合物具有六方结构,合金具有明显的时效强化特性。然而,该合金的组织粗大,对显微缩孔非常敏感,因此,纯粹的Mg-Zn二元合金在实际中几乎无应用。

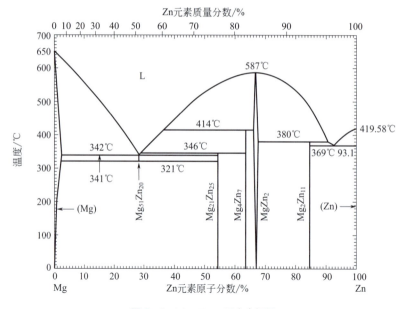

图8-4 Mg-Zn二元合金相图

但Mg-Zn合金可以通过时效强化显著改善合金的强度,通常加入第三种元素以抑制晶粒的长大[10]。在Mg-Zn-Zr系列中添加Zr可以细化Mg-Zn晶粒[11],因此就产生了三元铸造合金(如ZK51和ZK61A)和加工合金(如ZK21A、ZK40A、ZK60A等)。由于Zn会增大热脆性和显微缩孔,因此在这个系中的铸造合金若含Zn量超过约4%就不能焊接,故它们的实际用途很少。但这些缺陷对加工合金影响不大,因此ZK30和ZK60两种合金通常以挤压材形式提供产品。中信戴卡股份有限公司为通用汽车公司生产的CT4/CT5系列车型选配镁合金车轮的材料就是ZK30合金。图8-5为ZK30合金的铸态组织形貌和变形态组织形貌。图8-5显示,ZK30显微组织包括α-Mg基体和沿晶界分布的MgZn相。该合金在铸造时容易出现晶内偏析,Zr主要集中在晶粒内部,偏析区中心浓度很高,由中心向外浓度逐渐降低,浸蚀后偏析区呈年轮状或花纹状。Zn大多富集在晶粒周围，晶界处Zn浓度很高，由晶界向晶内浓度逐渐降低。合金在塑性变形过程中，含Zr浓度较少的晶粒易先发生再结晶，而Zr浓度高的晶粒则沿着变形方向发生拉长并且被细小的动态再结晶晶粒包围。

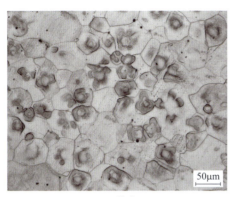 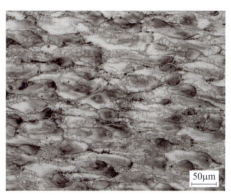

(a) 铸态　　　　　　　　　　　　　　(b) 变形态

图 8-5　ZK30合金的金相显微光学照片

8.3　轻量化镁合金车轮的制造工艺

镁合金车轮的成形工艺有多种，包括铸造、锻造、挤压铸造、挤压胀形等。目前，镁合金车轮主要通过铸造工艺和锻造工艺生产。

镁合金车轮的铸造工艺又分为重力铸造、压力铸造和低压铸造等。其方法与生产铸造铝合金车轮的方法类似，并且铸造铝合金车轮从熔炼、铸造、热处理、机加工到表面处理等各工序都有成熟工艺，通过铝合金与镁合金之间的特性差异进行针对性调整，可为铸造镁合金车轮的生产提供技术支撑。与铝合金相比，镁合金的密度、比热容和凝固潜热较小、熔点低，熔化和压铸时不与Fe反应，因此其熔化耗能小，凝固速度快，压铸周期可缩短20%～30%，压铸模具使用寿命延长，但是镁合金液易氧化燃烧，且铸造时热裂倾向比铝合金大。因此，相比铝合金车轮，镁合金车轮在熔化、浇注及压铸型温控制等方面都比铝合金压铸要复杂，镁合金车轮的低压铸造工艺仍不成熟，铸件存在各种铸造缺陷，而且由于镁合金与铝合金的性能差异，生产铝合金车轮的铸型不适于镁合金车轮。因此，需要结合模具结构、工艺参数、仿真模拟以及镁合金材料本身的性能等多方面进行综合协同优化。

镁合金车轮的低压铸造流程，通常分为以下步骤：

① 熔化。取AZ91镁合金锭放入热处理炉中预热烘干，烘干的温度范围为120～180℃，烘干时间不小于30min。预热后的镁合金锭放入坩埚中，升温熔化，镁液温度控制在720～760℃。

② 精炼除气。将氩气或氮气气体通入熔化镁液中，除气时间为5～10min。镁液温度为700～740℃。

③ 低压铸造。干燥的压缩惰性气体进入保温炉中，作用于保温炉内镁液表面，使镁液通过浇注系统注入型腔，充型速度一般控制在0.6～0.8m/s，直到整个型腔充满，随即增加压力，并逐渐开启模具上的各路冷却，并完成凝固，然后卸压、取件。

④ 检测与预处理。检测镁合金车轮坯料的缺陷，常见的缺陷主要有缩松/缩孔、针孔、裂纹等。通过X光检测后，合格的镁合金车轮坯料进入下一工序：人工检测并刮掉毛刺，以防止热处理工序发生着火。

⑤ 热处理。车轮坯料先进行固溶处理，固溶温度为390～420℃，固溶保温时间为8～16h；淬火为风冷处理，淬火后将坯料送入时效炉，时效炉加热温度为160～220℃，并保温12～18h。

⑥ 机加工。根据车轮图样及工艺要求等，编制车轮数控加工程序，并输入数控机床的数控系统，完成镁合金车轮的加工。值得注意的是，机加工应采用镁合金专用切削液，切削后要及时将车轮清洗干净并烘干，防止出现腐蚀。

⑦ 防护处理。镁合金车轮的防护处理需要经过的工序有：表面预处理→水洗→表面防腐处理→水洗→涂装→干燥。

⑧ 成品。

镁合金车轮的铸造工艺具有工序简单、成本低廉、生产周期短等优点。然而，为了满足车轮的强度要求，铸造镁合金车轮通常采用厚壁设计，这导致了重量增加，同时存在车轮内部组织不致密、缩孔、疏松缺陷较多（特别是轮辋和轮辐的连接处）等问题，并且后续机加工也较繁琐。

相比于铸造镁合金车轮，锻造镁合金车轮尽管生产成本相对较高，但其强度和韧性均高于铸造车轮，特别是轮辐和轮辋部位的力学性能好，内部缺陷少；并且，锻造镁合金车轮除组织更加致密、尺寸精度更高、重量更轻、表面光洁之外，还具有一致性好的优点。表8-1为锻造镁合金车轮与其他类型车轮的对比。

表8-1 锻造镁合金车轮（ZK30/ZK60）与其他类型车轮的对比

锻造镁合金车轮与铸造镁合金车轮相比	锻造镁合金车轮与锻造铝合金车轮相比
减重5%～10%（相同设计假定）； 强度高，韧性好，耐损伤性能较好； 微观组织无孔洞，耐压力密封性高； 成本较高	减重10%～15%（相同设计假定）； 强度和韧性低，耐损伤性能差； 接触损伤性能差； 低表面压力和不同的摩擦系数； 更高的成本

锻造镁合金车轮通过强力锻压机制造，包括锻铣、锻旋、一次正反挤压等几种不同的锻造技术[12]。通过锻造毛坯去除多余的金属，最终的锻件被加工（铣削）成车轮。锻造镁合金车轮生产的基本工艺流程如图8-6所示。

① 棒料制备。根据需求制备的圆形棒料直径D为200～250mm，并基于车轮类型切取合适的长度尺寸L（L/D=1.5～2.5）。棒料分成铸棒和挤压棒两种，通常挤压棒的性能比铸棒好，但成本也会有所增加。

② 锻造成形。镁合金车轮的力学性能除了与化学成分有关外，还与锻造变形过程中所产生的应变硬化程度有关。锻造温度越低，其应变硬化效果越显著；锻造温度越高，变形抗力越小。但锻造温度过低，坯料容易开裂；而锻造温度过高，坯料的晶粒容易长大，力学性能会急剧下降。因此，镁合金车轮锻造温度范围较窄，通常在350～430℃。锻造下压速度一般为1～15mm/s。

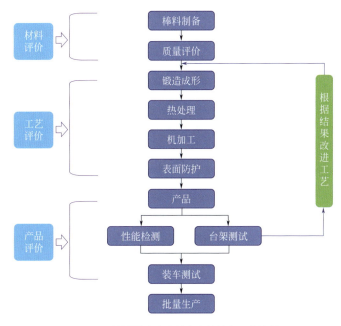

图 8-6 锻造镁合金车轮生产的基本工艺流程

③ 热处理。毛坯在480℃以下加热时，不需要使用惰性或还原保护气体保护。锻坯通常在390～430℃下进行固溶处理，保温时间为8～12h；随后，采用风冷淬火，淬火后进行时效处理，时效温度为170～220℃，保温时间为12～16h。

④ 机加工。与铸造镁合金车轮类似。

⑤ 防护处理。与铸造镁合金车轮类似。

⑥ 成品。

在产品投放市场前，车轮需要通过一系列测试。乘用车车轮的性能，主要包括动态弯曲疲劳、动态径向疲劳、13°冲击、90°冲击、不平衡性、砾石冲击、跳动等服役性能，镁合金车轮的性能主要通过台架试验进行验证，并采用铝合金车轮的试验方法，进行检测分析。

8.4 轻量化镁合金车轮的防护处理及评价

相比于钢制车轮和铝合金车轮，镁合金车轮的轻量化效果和减振降噪特性更好，但制造成本较高、耐腐蚀性较差等因素制约了其推广应用，目前镁合金车轮仅用于部分高档轿车和赛车。因此，要推广镁合金车轮的应用，就需要先解决这些问题，尤其是耐腐蚀性较差的问题。

8.4.1 镁及镁合金腐蚀原理

镁作为一种化学性质较活泼的金属材料，其标准电极电势是-2.37V，而常用的金属材料，如铁的电极电势为-0.44V、铝的电极电势为-1.66V、钛的电极电势为-1.63V。镁及其合金在空气中易与氧反应生成一层氧化膜，但氧化膜的结构较疏松，无法保护镁基体免受持续腐蚀[13]。这就导致当镁及其合金接触水和其他盐溶液时，易发生腐蚀溶解，且腐蚀速率较快。腐蚀反应方程式如下：

$$Mg+2H_2O \longrightarrow Mg(OH)_2+H_2 \uparrow \quad (8-1)$$

镁作为阳极溶解的反应方程式为

$$Mg \longrightarrow Mg^{2+}+2e^- \quad (8-2)$$

在阳极发生的反应析出氢气，反应方程式为

$$2H_2O+2e^- \longrightarrow H_2 \uparrow +2OH^- \quad (8-3)$$

镁表面生成腐蚀产物层的反应方程式为

$$Mg^{2+}+2OH^- \longrightarrow Mg(OH)_2 \downarrow \quad (8-4)$$

然而，以上述化学反应方程式无法解释镁的"负差异效应"（NDE），即镁在腐蚀过程中不同于其他合金，当外加电压或者电流密度增大时，合金的阴极反应速度不但不降低反而升高，析氢更严重，造成镁合金腐蚀加剧。这是由于镁合金表面膜层被破坏时，电流流过交界面，Mg^{2+}溶于溶液中造成pH值下降，腐蚀速率增加；电位或电流密度增大，无膜区增多，镁基体发生腐蚀产生一价镁离子，与水发生反应，最终造成总的氢析出速率增高。因此，Song和Atrens[14]假设了镁单价原子Mg^+的生成，此时镁阳极反应方程式为

$$Mg \longrightarrow Mg^++e^- \quad (8-5)$$

Badawy等[15]的研究表明，Mg^+是亚稳态离子，具有很低的活化能，很容易氧化成Mg^{2+}离子，同时释放出氢气。化学反应方程式为

$$2Mg^++2H_2O \longrightarrow Mg^{2+}+2OH^-+H_2 \uparrow \quad (8-6)$$

若溶液中pH值偏大，为碱性溶液时，镁在水解反应下生成OH^-，此时阳极溶解反应为

$$Mg+H^++H_2O \longrightarrow Mg^{2+}+OH^-+H_2 \quad (8-7)$$

阴极析氢反应为

$$2Mg^++2H_2O \longrightarrow 2Mg^{2+}+2OH^-+H_2 \uparrow \quad (8-8)$$

镁合金表面腐蚀形成的氢氧化物$Mg(OH)_2$疏松多孔，致密系数为0.79（<1），水或者盐溶液很容易穿透膜层，深入镁基体内部。$Mg(OH)_2$微溶于水，不能起到长期的保护镁基体的作用，特别是在含盐量大的溶液和海洋环境中，由于Cl^-和CO_2的存在，使表面$Mg(OH)_2$膜层很容易发生反应而开裂，加快合金腐蚀速率。其次，在海洋环境中，镁合金的点蚀电位比合金本身的自腐蚀电位低，因此合金产生大量点蚀使耐腐蚀性能降低。除此之外，镁合金中还含有大量的合金相和无法避免的杂质，各合金相之间，杂质与杂质之间，以及第二相与杂质之间的腐蚀电位各不相同，其电位差导致相与杂质间形成电偶对，产生电偶腐蚀，也可加速镁合金的腐蚀速度。

8.4.2 镁合金车轮的防护措施

解决镁合金腐蚀问题，主要有提高镁合金的耐蚀性和表面腐蚀防护两个途径。表面防护是提高镁合金车轮耐腐蚀能力的重要手段。锻造镁合金车轮表面处理技术的改进，很大程度

上解决了腐蚀问题，理想的表面防护层不但能够在车轮表面形成致密稳定的膜层，抵抗外界酸碱物质和水的侵蚀，同时还具有较好的抗划伤能力、与基体有较高的结合力和一定的装饰作用。表面防护技术多种多样，而镁合金常用的技术主要有化学转化膜、阳极氧化、微弧氧化、硅烷化处理、气相沉积、含氟协合涂层、激光处理、离子注入等[16]。

① 化学转化膜，又称化学氧化，是以磷酸盐、铬酸盐和锡酸盐等水溶剂经过化学处理在合金表面生成一层氧化膜的技术。镁合金化学转化膜防腐效果优于自然氧化膜，但这层化学转化膜只能减缓腐蚀速度，并不能有效地防止腐蚀。

② 阳极氧化，利用电化学方法在金属及其合金表面产生一层厚且相对稳定的氧化物膜层，生成的氧化膜可进一步进行涂漆、染色、封孔或钝化处理。

③ 微弧氧化，又称微弧等离子体氧化或阳极火花沉积，利用等离子微弧放电产生的高温烧结和熔覆作用，在合金表面原位生长出一层具有较高结合力和耐磨性的陶瓷层。微弧氧化过程通常经过4个阶段：表层氧化膜生成；氧化膜被击穿，并发生等离子微弧放电；氧化进一步向深层渗透；氧化、熔融、凝固平稳阶段。与阳极氧化膜相比，微弧氧化形成的膜一样具有致密层和疏松层两层结构，但微弧氧化膜的空隙更小，空隙率低，生成的膜与基体结合更好，耐蚀性更高。

④ 硅烷化处理，基于硅烷分子水解后的硅羟基能，与金属氧化物反应以及硅烷分子自身缩合，形成无机/有机膜层。

⑤ 气相沉积，是指气态物质沉积到合金基体表面，形成具有装饰和功能效果的金属、非金属或化合物覆盖层的表面处理技术，分为化学气相沉积和物理气相沉积两种。化学气相沉积是将反应气体吸附于合金基体表面，生成的化合物沉积下来形成膜层，其中发生了化学反应。物理气相沉积是利用物理方法使镀膜材料气化，进而沉积到合金基体表面的表面处理技术。

⑥ 含氟协合涂层，在合金表面的多孔硬质基底层中，通过物理或化学（电化学）方法引入所需的功能物质，再通过精密处理对其进行改性，最终得到一种精密整体涂层，其综合性能远远超过一般意义上的复合涂层。

⑦ 激光表面处理，是使合金表面改性形成亚稳结构固溶体的表面处理技术。

⑧ 离子注入，是高能离子（Al、Cr、Cu等）在高真空和数百千伏的电压下加速冲击合金表面进而注入到合金内部，以达到对合金表层进行改性的技术。

镁合金车轮的防护处理工艺流程为：除油（表面预处理）、清洗1、表面防护处理、清洗2、涂装、干燥。

在进行镁合金车轮表面处理之前，需进行表面预处理，即进行表面清洗，去除其表面的油污、锈蚀产物和氧化物及表面异物，除去毛刺、毛边，调整精整程度不当等情况。目的是要活化表面，使其处于清洁状态，增加涂层与基体的结合力，提高表层质量。值得注意的是，镁合金在水溶液中容易氧化，需迅速进行下一道工序的表面防护处理，否则残留的水溶液极易使镁合金表面腐蚀。

电解液工艺参数因车轮形状及车轮数量、膜厚、成膜速度、设备功率等条件不同而有所不同，通常需要根据设备及电解液配方进行工艺试验，以确定最佳工艺参数。

8.5　轻量化镁合金车轮的安全生产与防护

镁的化学性质较活泼，镁粉、镁屑易燃、易爆，并且历史上曾发生过多起与镁相关的灾难，造成重大损失，这导致了人们对镁及镁合金产生认识误区。实际上，镁的块状固体非常安全，不会发生燃烧和爆炸，而镁合金生产中发生的燃烧和爆炸事故通常都与镁粉、镁屑处理不当有密切关系。

8.5.1　镁及镁合金发生燃烧的化学反应机理

镁合金发生燃烧的几种化学反应形式如下。

镁与水的氧原子发生作用，产生氢气并放热，积聚的热量和释放出来的易燃氢气作用，引起燃烧和爆炸。化学反应方程式同式（8-1）。

镁与空气中的氧发生作用，产生剧烈的燃烧，释放出高热，发出耀眼的白光。化学反应方程式为

$$2Mg+O_2 \longrightarrow 2MgO \tag{8-9}$$

在潮湿状态下，镁与Fe_2O_3中的O发生作用，发生剧烈燃烧，释放出高热，发出耀眼的白光。化学反应方程式为

$$3Mg+Fe_2O_3 \longrightarrow 3MgO+2Fe \tag{8-10}$$

8.5.2　镁合金车轮安全生产要求

保证镁合金车轮生产安全的核心任务是：防止镁尘、镁粉、镁屑及镁的轻薄料发生燃烧和爆炸。具体的安全生产要求如下。

① 对管理工作的要求。首先要正确树立安全责任观念，并建立具体组织机构，落实安全生产责任制。

② 对生产场地的要求。生产场地要求空间高、自然通风好、场地宽敞、有充足的避险逃生通道。生产现场及周边不允许存放易燃易爆物品，并设置明显的安全警示标志和安装有遇险报警装置。作业区和管理区需要配置消防器材，配置地点应标志明显，取用方便，消防器材必须采用镁合金专用的D级金属灭火器，配置的其他消防器材只能是干沙、覆盖剂，其他消防器材不得用于镁合金火灾。

③ 对操作人员的要求。作业者的个人防护是从事镁合金制备的基本条件。一般情况下，从事镁合金熔炼、压铸的人员基本保护用品是：防火工作服衣裤、安全帽、防护面罩、隔热石棉手套、安全鞋。未穿戴防护用品的人员不得靠近作业区域，不允许进行操作，操作人员需要进行相应的安全培训并考试合格后方可上岗。

④ 对各生产工序的安全生产要求。镁合金从熔炼到产品，根据成形工艺不同，生产工序也有所不同，尤其是铸造车轮还会涉及铸造工序。

镁合金的熔炼工序是生产中的重要环节，也是镁合金生产安全的关键环节。镁合金熔炼时的保护措施要比其他熔融金属更为严格，生产人员需要使用防护面罩和防火衣裤。对镁而言，水汽不论其来源如何，都会增加熔体发生爆炸和着火危险，尤其是水汽与镁熔体接触

时，会产生潜在的爆炸源H_2。因此，在投入熔炉的金属，如镁锭、金属块以及中间合金，均需要预热到120℃以上。操作人员需防止溶液溅到身上，同时也应防止汗液滴入镁液。

铸造镁合金车轮制备过程还会涉及压铸工序。镁合金压铸比铝合金压铸潜在的危险性更大。镁合金的压力铸造分为冷室铸造和热室铸造。与冷室铸造相比，热室铸造更需要防范模具结合处可能会喷射的火焰，在这种情况下，配置的防护用品可避免对人体的直接伤害。因此，更需要严格按照正确的操作规程作业，同时注意保持现场的干燥、干净。

热处理工序。可热处理强化的镁合金车轮，通常需经过热处理进一步提升其力学性能。热处理炉的温度控制要严格，车轮毛坯在入炉前需要清理表面的毛刺、碎屑、油污或其他污染物及水汽等物质，避免发生由这些物质引起局部熔化或着火。

机加工工序。对镁合金车轮进行机加工会产生大量切屑，切屑局部受热、着火的危险性较大，因此机加工时，需保证加工件表面的清洁，避免有异物在加工时打出火花引燃镁屑，导致着火事故。

本章小结

相对于钢材和铝合金而言，镁合金具有密度小、阻尼系数高、比强度和比刚度高等优势，是一种极具发展潜力的轻量化材料。本章首先介绍了镁合金车轮的发展历史，并总结了其性能及应用的优势和劣势，试图给读者一个较全面的展示；然后，讨论了车轮用镁合金的成分、组织以及性能需求、实现方法等；接着，介绍了镁合金车轮的各种制造工艺，并分析了各工艺特点及需重点关注的事项；进一步地，针对镁合金车轮较难解决的耐腐蚀性较差的问题，介绍了腐蚀机理和防护措施；最后，针对镁合金车轮生产中可能发生的燃烧事故进行了化学反应机理分析，并在此基础上讨论了镁合金车轮安全生产要求。

参考文献

[1] Blawert C，Hort N，Kainer K. Automotive applications of magnesium and its alloys[J]. Trans. Indian Inst. Met.，2004，57（4）：397-408.
[2] 巫瑞智，张景怀，尹冬松. 先进镁合金制备与加工技术[M]. 北京：科学出版社，2012.
[3] 薛俊峰. 镁合金防腐蚀技术[M]. 北京：化学工业出版社，2010.
[4] 刘静安，谢水生，马志新. 简明镁合金材料手册[M]. 北京：冶金工业出版社，2016.
[5] 徐河，刘静安，谢水生. 镁合金制备与加工技术[M]. 北京：冶金工业出版社，2007.
[6] Cáceres C H，Rovera D M. Solid solution strengthening in concentrated Mg–Al alloys[J]. Journal of Light Metals，2001，1（3）：151-156.
[7] 蔡赟，孙朝阳，万李，等. AZ80镁合金动态再结晶软化行为研究[J]. Acta Metallurgica Sinica，2016，52（9）：1123-1132.
[8] Kiełbus A，Rzychoń T，Cibis R. Microstructure of AM50 die casting magnesium alloy[J]. Journal of Achievements in Materials and Manufacturing Engineering，2006，18（1-2）：135-138.
[9] Wang R M，Eliezer A，Gutman E M. An investigation on the microstructure of an AM50 magnesium alloy[J]. Materials Science and Engineering：A，2003，355（1-2）：201-207.
[10] 毛萍莉，王峰，刘正. 镁合金热力学及相图[M]. 北京：机械工业出版社，2015.
[11] Bhattacharjee T，Mendis C L，Sasaki T T，et al. Effect of Zr addition on the precipitation in Mg–Zn-based alloy[J]. Scripta Materialia，2012，67（12）：967-70.
[12] 李建. 镁合金车轮锻造成形工艺及设备研究[D]. 秦皇岛：燕山大学，2015.
[13] 杨江. 汽车轮毂用镁合金腐蚀防护研究[D]. 重庆：重庆大学，2017.

[14] Song G L, Atrens A. Corrosion mechanisms of magnesium alloys[J]. Advanced engineering materials, 1999, 1（1）: 11-33.

[15] Badawy W A, Hilal N H, El-Rabiee M, et al. Electrochemical behavior of Mg and some Mg alloys in aqueous solutions of different pH[J]. Electrochimica Acta, 2010, 55（6）: 1880-1887.

[16] 张津, 等. 镁合金选用与设计[M]. 北京: 化学工业出版社, 2017.

CHAPTER 9

第9章
新兴轻量化车轮

除了已广泛应用的钢制车轮、铝合金车轮以及少量应用的镁合金车轮,目前新兴的轻量化车轮主要包括连续碳纤维增强热固性复合材料车轮、长纤维增强热塑性复合材料车轮以及采用机械连接镁/铝合金组装式轻量化车轮等。这些车轮由于具有优良的轻量化效果,引起了学术界和工业界的广泛关注。

连续碳纤维增强热固性复合材料车轮已成功应用于赛车、超跑车、高端新能源车辆上。相比于传统铝合金车轮，在保证车轮各项力学性能的情况下，该车轮可获得更好的轻量化效果。但是，此类复合材料车轮的加工成型工艺复杂、成本昂贵，现阶段只能满足小批量生产。例如，澳洲某公司开发的一体化成型连续碳纤维热固性复合材料车轮，其产能仅2万只/年。

将长纤维增强热塑性复合材料用于车轮结构，目前仍处于研发阶段。该类复合材料具有密度低、比刚度和比强度高等优点，并且还具有良好的可循环再利用性。因此，采用高性能的长纤维增强热塑性复合材料通过注塑成型工艺生产汽车车轮，为推进车轮的轻量化并实现批量生产提供了一条新思路。但是，相比于金属材料，长纤维增强热塑性复合材料的冲击韧性偏低，使得该类复合材料车轮在进行台架冲击试验时容易开裂，抗冲击性能有待提高。后续可通过综合考虑材料-工艺-结构之间的耦合影响，通过一体化的优化设计、改进材料组分、优化注塑参数、引入新工艺等措施，提升此类复合材料车轮的抗冲击性能。

除了将复合材料应用于车轮实现其轻量化，新兴的轻量化车轮还包括采用机械连接的组装式车轮。这类车轮可通过充分发挥不同材料的优良特性以获得车轮的更大减重，还可根据轮辋为回转件、轮辐为扁平件的结构形状和特点，采用更加高效的成型方法制造，从而提高车轮的制造效率。目前，这类车轮主要包括镁合金轮辋/铝合金轮辐的组装式车轮，以及碳纤维增强聚合物轮辋/铝合金轮辐的组装式车轮。镁/铝合金组装式车轮，可充分发挥镁合金轮辋质轻、阻尼减振性能优良和铝合金轮辐承载和抗冲击能力强、耐腐蚀性能优良的特性；而碳纤维增强复合材料轮辋/铝合金轮辐组装式车轮，则可充分利用碳纤维增强复合材料轮辋的质轻且易于成型的特点。

本章将对上述各种新兴车轮的特点、设计方法、已取得的研究成果、尚存在的问题、后续可进行的研究等进行介绍。

9.1 连续碳纤维增强热固性复合材料车轮

连续碳纤维增强热固性复合材料（Continuous Carbon Fiber Reinforced Thermosetting Plastics，简称CCFRTP或CFRP）是以热固性树脂为基体，以连续碳纤维为增强材料的复合材料。碳纤维是一种力学性能优异的新材料，它的密度不到钢的1/4，抗拉强度一般都在3.5GPa以上，是钢的7～9倍，抗拉弹性模量为216～290GPa，亦高于钢。碳纤维比强度（材料的强度与其密度之比）可达到2GPa/（g/cm^3）以上，而Q235钢的比强度仅为59MPa/（g/cm^3）左右。碳纤维的比强度约是钢材的7～12倍，比模量约是钢材的3～5倍，用其制成与高强钢具有同等强度和刚度的构件时，重量可减轻70%左右[1]，因此在汽车中得到了广泛的应用，并被称为21世纪的汽车材料。CFRP在汽车中的应用，包括车身覆盖件、车门内板、内饰板、车架、传动轴、保险杠等[2]。

CFRP的性能主要取决于基体的性能与含量，增强体的性能、含量和分布，以及两者之间的界面结合情况。典型的CFRP具有以下特性：

① 性能可设计性。根据使用过程中的承载情况进行CFRP结构设计，通过选择合适的原材料，并且使用合理的比例、分布、取向、铺层形式等，可使零部件或结构满足使用要求。

② 整体成型性。通过整体成型，可减少产品设计的计算工作量，提高设计过程计算的准确性，简化复杂零件的装配过程并提高组装效率，减少零件之间的机械连接数量，降低零部件在连接处发生损坏的概率。

③ 优异的抗疲劳性能。复合材料中基体和增强体之间的界面可有效阻止疲劳裂纹扩展，而外加载荷主要由增强纤维承担，因而复合材料疲劳强度极限通常优于金属材料和其他非金属材料。

相比于同类型铝合金车轮，CFRP 车轮可减重 30%～50%，并且碳纤维材料具有较好的表面视觉效果。但是，对于 CFRP 车轮而言，无论是混合纤维材料还是全碳纤维复合材料，成本均比较高。随着批量化生产，CFRP 车轮的价格在降低，但仍处于较高水平，使得此类车轮只用于对成本不太敏感的概念车、赛车、跑车、限量版车型以及部分新能源车，如表 9-1 所示。

表 9-1 碳纤维复合材料在汽车车轮中的应用实例

品牌	车型	应用及效果
福特	Shelby GT350R	碳纤维车轮，其质量仅为 8.6kg，相比铝合金车轮减重 40%
柯尼塞格	AGera	除气门嘴，车轮其余均为碳纤维，四只车轮减重约 20kg
保时捷	911	采用碳纤维车轮，相比铝合金车轮减重 20%，强度提高 20%
宝马	M4 GTS	碳纤维车轮
	HP4 RACE	车架、车轮均为碳纤维材质，质量仅为 169kg

影响 CFRP 车轮力学性能的关键因素是碳纤维。碳纤维诞生于美国，始于白炽灯的发明。人造丝、聚丙烯腈（PAN）和沥青是碳纤维的三大前驱体。1959 年，帕尔马技术中心发明了高性能人造丝基碳纤维的制备技术，生产出当时强度最高的商业化碳纤维，并获得专利。日本、英国最先研发出纯丙烯腈聚合物，取代了人造丝基碳纤维，使得碳纤维性能大大提升。1961 年，日本研制出模量为 140GPa 的 PAN 基碳纤维，高出人造丝碳纤维模量的 3 倍。日本东丽开发了性能极优异的丙烯腈原丝，占据了 PAN 基碳纤维技术的领导地位。

我国在碳纤维研究上起步较早，但产业发展较慢，直至近年，碳纤维产业才开始迅速发展。据统计，2020 年，国内碳纤维需求达 4.88 万 t，同比增加 29%，其中，进口碳纤维为 3.04 万 t，占需求的 62%；国产碳纤维为 1.84 万 t，占需求量的 38%，国产替代空间巨大。

CFRP 车轮结构类型主要包括一体式和分体式两种[3]。前者的轮辐、轮辋全部由连续碳纤维增强复合材料一体制成，而后者通常由连续碳纤维增强复合材料的轮辋加轻质合金的轮辐（铝合金或镁合金），再由金属紧固件连接在一起构成，如图 9-1 所示。相比铝合金车轮，一体式 CFRP 车轮可减重 40%～50%，而分体式 CFRP 车轮可减重 30%～40%。

(a) 一体式车轮　　　　　　　　(b) 分体式车轮

图 9-1　CFRP 车轮

9.1.1 连续碳纤维增强热固性复合材料车轮的结构优化

碳纤维可根据原丝数量分为小丝束碳纤维和大丝束碳纤维。前者抗拉强度较为稳定，但生产成本较高，后者则与之相反。由于车轮工况的苛刻要求，一般选择小丝束碳纤维。相比于钢制车轮、铝合金车轮，CFRP车轮在性能上有诸多优点，但也存在成本昂贵、抗冲击性能欠佳等不足。为兼顾性能、质量、成本、工艺、设备等多方面因素，在设计初期需对车轮进行充分的结构优化。

结构优化方法有多种，如尺寸优化、形状几何优化和拓扑优化等。与传统材料的结构优化相比，由于碳纤维铺层的角度、顺序及厚度都会明显改变碳纤维车轮的结构性能，因此其优化要远比传统材料结构的优化复杂。此外，复合材料可剪裁设计的特点使得复合材料的结构设计有更大设计空间，纤维铺层不同组合所产生的耦合作用，能够充分发挥纤维材料的性能[4]。因此，对于碳纤维结构的设计优化是"材料-结构-性能"的一体化过程，需要根据不同的结构需求进行不同的设计。

基于OptiStruct仿真优化软件，碳纤维车轮的结构优化设计一般包括三个阶段：第一阶段是自由尺寸优化（概念设计），在该阶段考虑全局的响应和制造约束，将碳纤维车轮中的铺层分成4个超级层，每层的层厚作为变量，最终通过自由尺寸优化可得到弥散（SMEAR）超级层的最佳厚度分布；第二阶段是铺层数的尺寸优化（系统设计），在该阶段考虑设计响应和制造约束，确定超级层中具体的铺层数以及大致的铺层结构；第三阶段是铺层次序优化（详细设计），在该阶段需考虑所有约束和制造约束，以优化出最终的铺层次序，从而在满足各种性能要求的情况下获得最轻的车轮重量。

9.1.2 连续碳纤维增强热固性复合材料车轮的制造工艺

（1）CFRP车轮的选材

CFRP车轮所用材料包括增强材料和树脂基体。两种材料的种类丰富多样，并且不同的增强材料与基体构成的复合材料性能存在较大差别。工程上，选材不仅和产品质量有密切关系，还决定了成本高低。选材中需考虑的因素较多，常包括性价比、力学性能、耐环境性能、工艺性以及某些特殊功能要求等。

① 增强材料的选择。

在材料体系中，增强材料主要起承载作用，担当分散相的角色。复合材料的强度及其弹性模量与增强材料直接相关，同时增强材料对于降低复合材料的收缩率和提高复合材料的耐热性有很大帮助。选择增强材料时，需首先考虑纤维类别，其次是纤维种类规格。

汽车车轮对结构的强度、刚度均有较高要求，同时对尺寸稳定性、热稳定性、冲击性能等也有明确要求。常用的碳纤维强度级别有T300和T700。其中，T300级碳纤维因其性能稳定、价格适中、国产量大等特点，广泛应用于现代工程中；T700是民用工业级碳纤维，因其强度高、工艺成熟稳定，且具有稳定供应渠道，是目前CFRP车轮生产商优先的选择类型。

② 树脂基体的选择。

树脂基复合材料也叫作增强塑料，树脂是其中的重要部分。在转化成复合材料的过程中，树脂和增强材料经过物理与化学等变化后，形成了新的整体。因此，树脂对复合材料的性能也同样有着重要影响。在确定增强材料之后，需要根据增强材料的类型和制品的使用性能要求，对树脂基体组分进行选择[5]。

复合材料的耐腐蚀性主要由树脂决定。合理选材的关键在于必须清楚车轮的工作条件。选用CFRP车轮的基体时需要考虑以下因素：①应使车轮具有较高的刚度，保证车轮在外部载荷作用下变形不超标；②应使车轮具有较高的强度，保证车轮在各种工况中不发生破坏；③应使车轮具有较高的耐热性能，满足车轮行驶过程中对温度的要求；④满足工艺性要求，配合所选增强材料一体化成型。各种热固性树脂基体的性能比较如表9-2所示。

表9-2 各种热固性树脂基体的性能比较

树脂性能	聚酯	环氧	酚醛	有机硅
抗拉强度/MPa	42～71	23～130	42～64	21～49
拉伸弹性模量/MPa	2.1～4.5	2.75～4.1	3.2	1
密度/（g/cm³）	1.11～1.20	1.11～1.23	1.30～1.32	1.70～1.90
断后伸长率/%	1.0～3.0	1.0～5.0	1.5～2.0	1

（2）CFRP车轮铺层设计

对车轮进行铺层设计时，需根据车轮的结构和受载特点，并遵循铺层定向原则、均衡对称铺设原则、铺层最小比例原则和铺层顺序原则等设计原则。通常，轮辐中心以及轮辐与轮辋的连接位置属高应力区，因此进行铺层设计时需充分考虑此特点，并且需将轮辐的铺层和轮辋的铺层进行区分，以充分利用材料、减少不必要的材料浪费。

为减少设计工作量，可选择常用的±45°、0°和90°等4种铺层角度；为使结构受力较合理，可将铺层设计成对称形式。

（3）CFRP车轮成型工艺

CFRP车轮成型工艺主要有两种：模压成型工艺和RTM（树脂传递模塑）工艺。两者主要工艺流程分别如图9-2和图9-3所示。

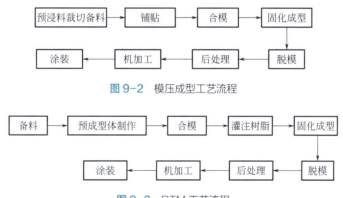

图9-2 模压成型工艺流程

图9-3 RTM工艺流程

（4）CFRP车轮产品检测技术

CFRP车轮的制造工艺独特，工艺稳定性不够高，且包含多种组分，结构具有各向异性，因此制造缺陷难以避免。制造缺陷的存在可导致车轮性能显著下降，如分层缺陷会使车轮的撕裂迅速增大，脱黏缺陷会明显影响车轮的整体完整性，夹杂缺陷使车轮的力学性能下降等[6]。因此，为满足CFRP车轮的性能要求及运行安全，制造过程中必须及时对其进行检测，以及时发现缺陷和隐患。CFRP车轮的生产成本较高，因此无损检测为制造过程中首选的检测手段。

复合材料无损检测技术贯穿于复合材料结构成型、装配、试验、维修和使用的全过程，其重要性越来越受到人们的关注。常用的复合材料无损检测方法有液体渗透法、射线检测法、声发射法、涡流法、微波检测法及超声检测法[7-9]。其中，超声检测法能可靠地检测出复合材料结构中的疏松、分层、夹杂、孔隙、裂纹、脱黏等许多危害性缺陷，且灵敏度高，穿透力强，使用面广，无污染，不受材料性质和外界环境限制，并可用于新型复合材料力学性能的表征，因此已成为复合材料结构无损检测的主要技术手段。

9.1.3 连续碳纤维增强热固性复合材料车轮的发展趋势

相比现有的钢制车轮、铝合金车轮，CFRP车轮面临抗刺穿性差、成本高昂、损坏后难以修复以及再生性差等诸多问题，甚至一度被归为性能驱动的赛车专用车轮。随着工艺技术的成熟与创新、未来突破轻量化瓶颈的需要、传统主机厂的推广、新能源汽车的青睐，CFRP车轮的性能优势使其成为不同于传统车轮的发展新赛道。连续碳纤维增强热固性复合材料车轮的发展趋势如下：

① 结构优化设计是CFRP车轮目前及未来重要的研究热点。通过仿生设计、仿真计算，并结合合理的检测试验，降低设计冗余度，充分发挥CFRP的性能优势，获得性能适中、结构最优、工艺最简的CFRP车轮。

② 由于成本问题，一体式CFRP车轮得到大批量应用可能还需要较长时间，目前分体式CFRP车轮在价格上具有竞争力，如CFRP与铝合金、镁合金、高强钢的组合，这也正符合现阶段多材料混合车用材料的发展趋势。不过分体式CFRP车轮在多材料模式下，存在混合材料仿真、异种材料连接、工序繁琐、设备投入较大、管理成本增加等诸多挑战，而一体式CFRP车轮在这些方面更易实现，未来在成本可接受的前提下会有更广阔的市场空间。

③ CFRP车轮以其显著的优点会逐步使主机厂、消费者接受其偏高的价格。目前，CFRP车轮还存在巨大的改进制造工艺、降低成本的空间，产品的验证及其对整车性能的提升，均要面对一系列长久的设计和测试过程。设计一款车轮并将其投入生产通常是两到三年的过程，多家主机厂的尝试也恰恰从另一个角度反映了其较好的应用前景。

9.2 长纤维增强热塑性复合材料车轮

长纤维增强热塑性复合材料（Long Fiber Reinforced Thermoplastic，简称LFT）是以热塑性树脂为基体，以长纤维（主要为玻纤维或碳纤维）为增强材料的复合材料，其制品中纤维长度可达3～10mm，远超短纤维增强复合材料制备产品中的纤维长度（约0.5mm），显著提升了材料的力学性能。LFT具有密度小、比强度高、耐腐蚀、成型加工性能优良、可设计性好、可重复回收利用、绿色环保等优势。在加工方面，LFT具有较好的流动性，适合制作复杂结构的汽车零部件；在密度方面，LFT的密度为1.1～1.6g/cm^3，仅为钢密度的1/7～1/5，为铝合金密度的2/5～3/5，且略低于镁合金的密度（1.8g/cm^3）；在比强度方面，不仅远超过碳钢，而且还超过某些合金钢；此外，LFT的成型收缩率小，仅为0.2%，可保证制品的尺寸精度。与热固性复合材料相比，可循环回收重复使用，是环保性能好的高性能轻质材料[10]。

采用高性能长纤维增强热塑性复合材料并通过注塑工艺制造车轮，易实现复杂加强筋结构的成型，并且可将生产节拍控制在每件5分钟以内，其成本可与铝合金车轮成本相当。因此，采用长纤维增强热塑性复合材料车轮可为推进车轮的轻量化并实现批量生产提供一条崭新的途径。但是，长纤维增强热塑性复合材料的强度偏低、抗冲击性能较弱，这些问题成为LFT车轮研发和应用的瓶颈。

2011年，戴姆勒公司展出的Smart Forvision汽车上采用了巴斯夫公司研发的概念性热塑性复合材料车轮（图9-4）[11]。2014年，Sabic、Kringlan Composites[12]也合作研究了热塑性复合材料车轮（图9-5）。虽然这两款车轮仍处于实验室阶段，未得到工程应用，但表明将LFT用于汽车车轮以实现其轻量化是一种新的发展趋势。近年来，北京航空航天大学与兴民智通合作对热塑性复合材料车轮开展了相关技术探索，设计了长纤增强热塑性复合材料车轮，并对其进行了性能分析、样品试制以及试验[13-15]（图9-6）。

本节将介绍长纤维增强复合材料车轮的研发工作以及相关研究进展。

图9-4 巴斯夫的热塑性复合材料车轮

图9-5 Sabic的热塑性复合材料车轮

图9-6 北航与兴民智通的热塑性复合材料车轮

9.2.1 长纤维增强热塑性复合材料的相本构模型反演

注塑成型的LFT结构，其内部纤维取向分布不均匀会导致材料属性具有各向异性，同时注塑过程中基体的材料属性也会发生变化。因此，为准确仿真预测LFT车轮的力学性能，需获取复合材料各向异性的本构模型。可通过样件拉伸试验获得不同纤维取向分布下复合材料的应力应变数据，以此反推注塑后复合材料中基体相和增强相的本构模型，进而为建立LFT的本构模型提供准确的相本构模型。

（1）热塑性复合材料样件测试

参考Robbins等[16,17]提出的注塑板模型获得符合要求的哑铃型样件，北京航空航天大学研究团队[18]加工了如图9-7所示的注塑板件（320mm×320mm×4mm），从图9-7所示位置注塑，使纤维在样件内尽可能沿其纵向（0°）和横向（90°）排布。对该板件模型进行注塑成形的模拟仿真（简称"模流仿真"），可以发现在样件中心位置处纤维取向较为一致，如图9-8所示。

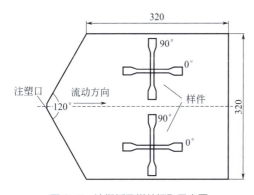
图9-7 注塑板及样件切取示意图

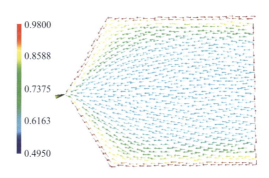
图9-8 注塑板件纤维取向仿真结果

按照 ISO 527-2 标准[19]截取哑铃型样件，对其进行拉伸试验，如图 9-9 所示，分别对内部纤维排列方向不同的各个样件进行拉伸实验，当样件中心处的纤维方向沿 0° 和 90° 排布时，样件的应力-应变曲线如图 9-10 所示。

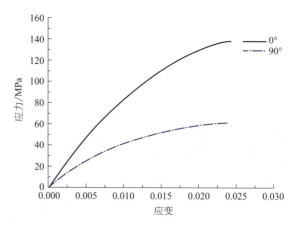

图 9-9　样件拉伸试验　　　　　图 9-10　拉伸试验采集的不同样件应力－应变曲线

（2）建立代表性体积单元模型

在注塑平板的表层和芯层中，纤维取向存在明显差异。其中，表层区域多沿熔体流动方向取向，而芯层会出现垂直于流动方向的取向。为了模拟纤维在板件厚度的取向分布以更准确地重构材料模型，建立材料的代表性体积单元（简称 RVE）模型模拟该分层现象。将板件的 CAD 模型以中性面形式导入模流分析软件 Moldflow 中并划分网格，经模流仿真获得样件中心点位置处每层的纤维取向张量。图 9-11 为板件沿厚度方向的分层示意图，将所得样件各层的纤维分布张量导入材料建模平台 Digimat 中，结合玻纤及基体材料的相材料属性，即可获得包含分层信息的初始材料模型。

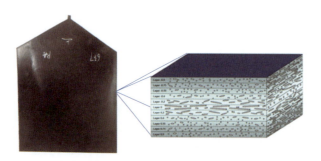

图 9-11　板件沿厚度方向的分层示意图

（3）逆向工程获取基体属性

采用非线性多尺度的复合材料建模平台 Digimat，通过逆向工程可获取复合材料基体相的材料属性。基于文献[18]（复合材料的基体为 PA66），下面对通过逆向工程反推基体性能的方法进行简介。

PA66 材料通常被假设为弹塑性材料，其本构模型采用 Digimat 软件的弹塑性模型：

$$\sigma = \sigma_y + R(p) \tag{9-1}$$

式中，σ_y为屈服应力；$R(p)$为硬化应力，与塑性应变p相关，采用指数与线性硬化函数的和来描述，即

$$R(p) = kp + R_{\inf}(1-e^{-mp}) \qquad (9\text{-}2)$$

式中，m为硬化指数；$R_{\inf}$为硬化模量；k为线性硬化模量。

采用逆向工程的方法反推基体相和增强相的材料属性参数，反推过程中需用到样件中心纤维按0°、90°两种方向排列时的实验数据，假设两组数据在材料参数反推的多目标优化过程中权重相同。将采用Digimat模拟计算出的样件在拉伸载荷下的应力-应变曲线记为待拟合曲线A；将样件在拉伸试验中实际测得的应力-应变曲线记为曲线T，曲线T上任一点的坐标均可表示为(X_T, Y_T)。若在曲线T上取n个点进行逆向计算，则两条曲线间的相对误差为

$$e = \frac{\sum_{i=1}^{n}\left[Y_A(i)/Y_T(i)-1\right]^2}{n} \qquad (9\text{-}3)$$

式中，$Y_A(i)$是拟合曲线A上当横坐标等于$X_T(i)$时的纵坐标对应值。

优化目标为使拟合曲线尽可能接近试验曲线，如图9-12所示。采用此方法对基体相和增强相的材料参数进行反复迭代，最终获得材料模型中各项参数，即建立基体相和增强相的相本构模型，进而为考虑纤维分布获得复合材料各向异性材料属性奠定基础。

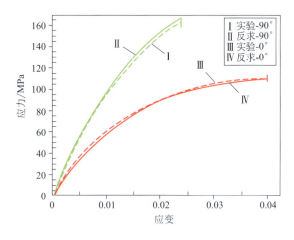

图9-12 逆向迭代拟合曲线与样件实测曲线对比

9.2.2 长纤维增强热塑性复合材料车轮性能联合仿真方法

采用注塑工艺成型的LFT车轮，其结构不同位置处纤维取向分布的差异性导致在宏观上表现为材料各向异性。基于非线性多尺度复合材料建模平台Digimat，采用均匀化方法，通过代表性体积单元（RVE）建立微观结构与宏观结构的联系，可获得材料的各向异性属性。其中，均匀化方法的具体原理及方法可参见文献[19]。

文献[20]以某款型号为15×5.5J的复合材料车轮为例，介绍了考虑纤维分布的复合材料车轮力学性能仿真分析的流程，如图9-13所示。首先，应用注塑成型仿真软件Moldflow获得车轮纤维取向分布信息；然后，应用复合材料特性分析软件Digimat实现纤维取向数据的映射，

并建立复合材料各向异性材料模型;最后,联合ABAQUS和Digimat求解获得典型工况下复合材料车轮的力学性能。

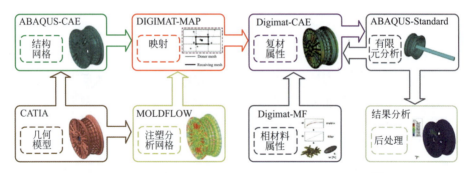

图9-13 长纤维增强热塑性复合材料车轮性能仿真分析流程[20]

(1) 复合材料车轮的模流仿真分析

Moldflow软件可有效模拟注塑成型的工艺过程,预测制品最终可能的缺陷并找出导致缺陷的原因,指导工艺工程师在模具加工前了解制品的成型性,进而指导制品设计、模具设计和成型工艺参数的选择。通过模流仿真可进行多方面的仿真分析,如纤维取向分析、最佳浇口分析、结构应力分析、翘曲分析、填充时间分析、保压分析和冷却分析等,显著提高一次试模的成功率。

采用Moldflow模拟复合材料车轮的注塑成型过程,可以得到成型过程中车轮各个位置处的纤维分布和纤维方向信息。在Moldflow中进行调用材料库中的材料或输入材料信息、设置分析类型、选取注射位置、设置工艺参数等操作之后,进行注塑过程的模拟。文献[21]中的复合材料车轮采用图9-14的注塑方案,图9-15是注塑成型后复合材料车轮内部的纤维取向分布。其中,红色区域代表纤维一致性好,蓝色区域代表纤维方向紊乱。由图9-15可以看出,加强筋结构的纤维一致性较好,合理设计车轮的加强筋结构不仅对结构刚度有影响,同时还影响注塑后纤维的取向分布。从注塑成型后的结果来看,复合材料车轮各部位纤维取向分布的差异较大,故对复合材料车轮的性能进行仿真分析时,有必要引入纤维的取向分布。

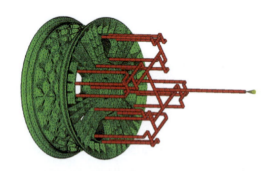

图9-14 热塑性复合材料车轮注塑方案

图9-15 热塑性复合材料车轮纤维取向分布

(2) 基于Digimat的材料模型建立与网格映射

一般情况下,用于注塑成型仿真的模流网格和用于结构分析的结构网格不匹配,网格尺寸和划分方法上均有较大的差异。因此,需要在两类网格之间进行映射,将模流网格中的纤维取向信息映射到结构网格。Digimat-MAP是高效的网格映射工具,分别导入模流网格和结构网格，定义在同一坐标系下，执行网格映射，即可得到带有纤维取向信息的有限元模型。图 9-16 为采用 Digimat-MAP 将模流网格中的纤维分布映射到结构网格中。

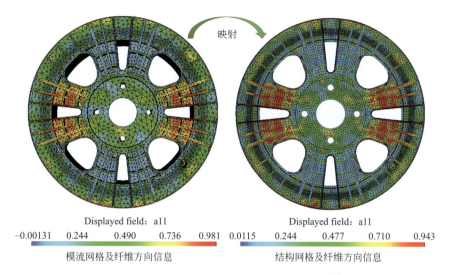

图 9-16 纤维分布由模流网格映射到结构网格[21]

（3）ABAQUS 与 Digimat 联合求解

通过结构有限元仿真软件 ABAQUS 与非线性多尺度材料建模软件 Digimat 的联合，实现 LFT 车轮在各载荷工况下的性能仿真。将由模流分析获得的纤维取向分布通过 Digimat-MAP 映射到结构模型中，将基于注塑样件拉伸试验并由逆向工程获得的复合材料相本构模型输入 Digimat-MF 中，定义复合材料的微结构信息（纤维含量和纤维长径比等），即可获得考虑纤维取向分布影响的复合材料车轮各部位的材料本构模型。由于考虑纤维取向分布的影响，需分别确定复合材料车轮有限元模型中每个单元的材料属性，故其计算量相比假设车轮材料为各向同性时显著增加。

（4）联合仿真结果和分析

文献[21]针对型号为 15×5.5J 的 LFT 车轮，联合模流分析软件 Moldflow、非线性多尺度材料建模软件 Digimat 以及结构有限元仿真软件 ABAQUS，引入注塑纤维取向分布的影响，对复合材料车轮的性能进行了仿真。

若假定车轮中的纤维是随机分布，即将车轮材料简化为各向同性材料，会简化计算过程，提高分析效率。在 Digimat-MF 模块中输入基于逆向工程所得的基体相和增强相的本构模型，再根据实际情况给出纤维含量和纤维长径比，即可获得纤维随机分布下复合材料的各向同性本构模型，将其施加给复合材料车轮进行性能仿真，则可获得不考虑纤维取向分布影响的车轮受力状态。

文献[21]分析了是否考虑材料各向异性对车轮在弯曲载荷工况下性能仿真结果的影响。图 9-17 给出了长纤维注塑复合材料车轮上布置的两个测点，在弯曲载荷作用下对两测点应变进行实测，经数据处理获得两测点处最大主应变与载荷作用方向之间的关系。分别采用各向异性材料属性、各向同性材料属性对复合材料车轮在弯曲载荷工况下的受力状态进行仿真，获得两测点处应变随载荷作用一周时的变化情况，试验结果与两种仿真结果的对比如图 9-18 所示。

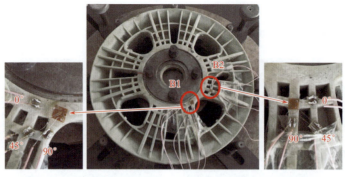

图 9-17 长纤增强复合材料车轮在弯曲疲劳试验时的测点布置[21]

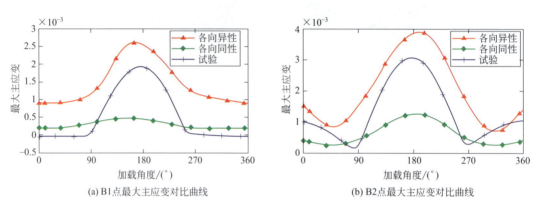

图 9-18 车轮弯曲载荷试验的仿真结果与试验结果对比[21]

由仿真结果与试验结果的对比可知：考虑材料各向异性时所得两测点处应变仿真结果的准确性远高于采用各向同性材料属性的结果。此外，考虑各向异性的仿真结果高于试验值，因此基于该仿真结果进行车轮结构的优化设计可保证车轮有更大的安全裕量。上述结果表明，有必要在车轮弯曲疲劳试验的仿真中考虑复合材料的各向异性特性。

文献[18]仿真分析了是否考虑复合材料各向异性对冲击载荷下车轮仿真结果的影响。图 9-19 为针对该复合材料车轮进行的 13°台架冲击试验，图 9-20 为冲击试验中在车轮上贴应变片的两个测点位置，通过台架试验测试了两测点处应变在车轮 13°冲击过程中的变化历程。分别采用各向异性材料属性、各向同性材料属性，对复合材料车轮在 13°冲击载荷下的受力进行仿真，获得了两个测点处的应变变化规律。试验结果与两种仿真结果的对比如图 9-21 所示。

图 9-19 复合材料车轮 13°台架冲击试验[18]

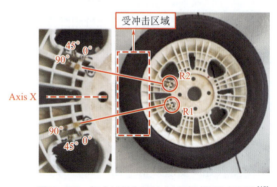

图 9-20 复合材料车轮冲击试验时的测点布置[18]

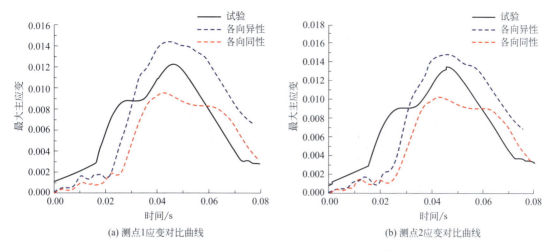

图 9-21　试验结果与仿真结果测点处应变对比[18]

对比试验结果与仿真结果可知：两测点最大主应变峰值的试验结果位于两种仿真结果之间，试验值与基于各向异性材料所获车轮最大主应变峰值仿真结果的偏差分别为 17.62% 和 9.17%，而与基于各向同性材料所获车轮最大主应变峰值仿真结果的偏差分别为 22.88% 和 24.11%，即试验值更接近于基于各向异性材料所得的仿真结果。因此，对长纤维增强热塑性复合材料车轮进行 13°冲击仿真时，考虑材料的各向异性可获得更为准确的仿真结果。同时，由于该仿真结果略大于试验结果，以仿真结果为依据对车轮进行设计，所得设计方案将偏于安全。

9.2.3　长纤维增强热塑性复合材料车轮的试制及测试结果

采用注塑工艺加工长纤维增强复合材料结构时，首先将粒料送入注射腔内，加热熔化，混合均匀，然后以一定压力挤出，注射到温度较低的密闭模具中，经过冷却定型后，开模便得到复合材料制品。该工艺的成型效率高、材料利用率高，适用于复杂结构产品。目前，已采用多种材料体系的粒料进行复合材料车轮的试制[20]，基体包括 PA6、PA66，纤维包括玻纤、碳纤，纤维含量包括 30%、40%、50%、60% 等。根据材料成型性，结合采用不同材料体系的复合材料车轮性能的试验情况及仿真结果，可进行复合材料车轮材料体系的优选。

采用 Moldflow 软件分析成型条件，包括各浇口填充区域、温度分布、熔接线、纤维取向、翘曲变形及厚度分布等，对注塑方案进行优化，尽可能减小熔接痕，并使其不位于螺栓孔。如图 9-22 所示，采用 8 个注塑通道，其中 4 个注塑通道各自有 1 个注塑口位于模具中轮辐的中心位置，4 个注塑通道各自有 3 个注塑口位于模具中轮辐边缘位置。模具中包括 6 块滑块机构，用于脱模。模具实物如图 9-23 所示。

图 9-22　模具设计及制造

图 9-23 注塑系统与样件制备

通过注塑工艺参数的调试，成功制备出 LFT 车轮。应注意，必须采用长纤维粒料专用注塑机，以提高纤维保留长度。车轮注塑成型的周期控制在 3～5min/件，通过 200 余件车轮样件的制备，表明所采用的成型体系可实现量产，车轮纤维含量与粒料纤维含量一致，车轮重量比较稳定，玻纤增强复合材料车轮重量波动为 1%，碳纤增强车轮重量波动为 0.8%。

该规格为 15×5.5J 的注塑成型复合材料车轮，其对标车轮为一款铝合金车轮（额定载荷为 456kg）。根据该额定载荷及相应国家标准规定，确定该复合材料车轮进行各台架试验时的载荷工况。对该款车轮进行了径向疲劳试验、弯曲疲劳试验以及 13°台架冲击试验，如图 9-24 所示，部分试验结果如下：在径向疲劳试验时的车轮寿命可到达 200 万转，到达该寿命时内外轮缘基本无变形，车轮无裂纹产生，超过国家标准的要求；在弯曲疲劳试验时的车轮寿命超过 10 万转，最高达 38.8 万转。但该复合材料车轮在 13°台架冲击载荷（冲锤质量为 465kg，高度为 230mm）作用下，多次试验中轮辋或轮辐根部均出现断裂，未能通过冲击试验。即该款 LFT 车轮可满足径向疲劳和弯曲疲劳试验的要求，但尚未达到冲击试验的要求。目前，相关的抗冲击性能提升研究还在进行中。

(a) 径向疲劳试验　　　　(b) 弯曲疲劳试验　　　　(c) 13°台架冲击试验

图 9-24 长纤维增强复合材料车轮的试验测试

9.2.4 长纤维增强热塑性复合材料车轮的研发展望

长纤维增强热塑性复合材料车轮的前期研究工作表明，LFT 车轮的抗冲击性能不足是制约其工程应用的技术瓶颈。因此，需努力探索提高其抗冲击性能的设计理论与方法。后续可从以下方面展开研究工作：

（1）进一步优选 LFT 车轮的材料体系

前期研究表明，单纯采用一种纤维作为增强相的复合材料难以满足车轮的抗冲击要求。

可将两种或两种以上纤维通过混杂对基体进行增强，如在玻璃纤维或碳纤维中加入少量的芳纶纤维、玄武岩纤维等。因纤维的性能不同且各自与基体间的结合强度不同，设计得当的混杂纤维增强复合材料可综合利用不同纤维的性能优点，达到扬长避短的目的，获得更佳的增韧效果。

（2）改进LFT车轮的优化设计方法

通过车轮结构优化进一步提高其抗冲击性能。目前，对该复合材料车轮进行径向疲劳载荷、弯曲疲劳载荷、13°冲击载荷3种载荷工况下的结构优化时，3种载荷工况的加权值相同，且将冲击载荷简化等效为静态载荷。后续对复合材料车轮进行拓扑优化或者参数优化时，可进一步考虑车轮在冲击试验中的载荷施加历程，更准确地模拟车轮所受冲击载荷作用。此外，因LFT车轮目前所需要提升的主要是其抗冲击性能，在车轮结构的优化过程中，可采用灰色关联和主成分分析相结合的方法，更为合理地确定各载荷工况的加权值，加大对冲击工况的考虑，进一步提升车轮的抗冲击性能。

（3）采用新型混合工艺制造复合材料车轮

注塑成型LFT结构，加工方便、成本低、便于实现批量生产，且容易成型复杂结构，但其力学性能较连续纤维增强的结构弱。连续纤维增强结构的力学性能优异，但工艺较复杂、生产周期长、成本高、不易加工形状复杂的结构。因此，后续可综合两种复合材料成型工艺的特点，设计、加工混合工艺成型的复合材料车轮。采用模压工艺成型形状相对简单的预制件，增大注塑车轮中轮辐部分的强度，提高其抗冲击性能；其余部分采用长纤维注塑成型，保证其成型性并通过复杂加强筋结构的成型保证车轮刚度。同时，实现车轮结构设计的灵活性，降低车轮成本，为实现其批量化生产提供条件。采用这种混合工艺成型方式也能够降低模具以及装备的复杂程度[22]。

关于复合工艺成型，符亮等[23]运用模内制备连续玻纤增强聚丙烯（PP）预制件与短玻纤增强尼龙66（PA66）平板实验件，采用单因素实验法研究了熔体温度、预制件加热温度、模具温度和保压压力对实验件弯曲强度的影响规律。卢一等[24]通过Moldflow软件仿真和成型实验，研究了混合成型中连续纤维热塑性复合材料（CFRT）热压成型预制件与注塑成型聚丙烯界面间的黏结强度，仿真研究预制件温度、熔体温度及保压压力对黏结界面温度场及压力场的影响规律，并分析了模内混合成型界面黏结过程。刘军霞等[25]研究了注塑工艺对混合成型中注塑层力学性能的影响，从微观角度阐述预制件与注塑层黏结界面情况。Tanaka等[26,27]研究了预制件温度与模具温度对连续玻纤增强预制件与注塑部分界面强度的影响，结果表明，预制件温度较高时，界面拉伸强度较高；模具温度较高时，界面黏结强度较高。Fiorotto等[28]将热压成型的热塑性复合材料U形槽置于模具中，利用注塑成型在U形槽内形成格栅加强肋结构，研究了工艺参数对制件力学性能的影响。上述研究主要集中于分析工艺参数（如熔体温度、预制件温度、保压压力等）对混合成型复合材料结构的界面及整体力学性能的影响。

后续对混合工艺成型的复合材料车轮进行优化设计时，应充分考虑不同材料之间的载荷分配机理与载荷传递特性，研究连续纤维增强结构与长纤维增强结构间的界面特性，并通过优化连续纤维复合材料部分和长纤维增强复合材料部分的几何参数组合，获得最佳的载荷分配与界面受力状态，以提升复合材料车轮的抗冲击能力。

9.3 机械连接镁/铝合金组装式轻量化车轮

目前,国内外广泛应用的车轮主要采用由均一材料制成的整体式结构,该结构虽制造工艺较为简单,但存在不足,如未充分考虑具有不同功能的轮辐、轮辋宜应用不同材料,轮辋或轮辐损坏后只能更换整个车轮,维修经济性差等。针对这些问题,吉林大学汽车轻量化研究团队设计出一种由镁合金轮辋和铝合金轮辐组装式新型的轻量化车轮结构,该结构可充分发挥镁合金轮辋的质轻、阻尼减振性能好,以及铝合金轮辐承载和抗冲击能力强、耐腐蚀能力优良的特性,提高轮辋和轮辐的可制造性和生产效率,改善车轮的维修经济性。该结构可在满足车轮各种性能要求的前提下,实现车轮进一步减重,因此具有良好的工程应用前景。

9.3.1 轮辐结构拓扑优化设计

拓扑优化在汽车结构概念设计阶段能很好地给出其拓扑结构,为建立初始模型和进一步的详细设计提供参考。故在车轮结构设计时,首先开展车轮的拓扑优化,确定车轮的初始结构形式。组装式车轮为轮辋和轮辐两件式结构,轮辋的结构设计可依据GB/T 3487—2015《乘用车轮辋规格系列》的要求,在车轮详细设计阶段通过多目标优化设计完成。因此,本小节主要介绍轮辐结构拓扑优化设计的方法和过程。

文献[29]针对16×6.5J型镁/铝合金组装式车轮开展了联合多疲劳工况的拓扑优化设计,轮辋材料为ZK61M镁合金,轮辐材料为6061铝合金,两种材料的力学性能如表9-3所示。

表9-3 组装式车轮轮辋和轮辐材料力学性能

材料型号	密度 ρ/(t/mm^3)	弹性模量 E/MPa	泊松比 μ	抗拉强度 /MPa	屈服强度 /MPa
ZK61M	1.79×10^{-9}	4.5×10^4	0.35	258	170
6061	2.7×10^{-9}	6.9×10^4	0.33	282	190

拓扑优化前,将轮辐设计为整个拓扑空间,用实体填充[30],如图9-25所示。

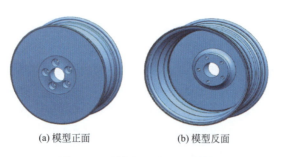

(a) 模型正面　　　　(b) 模型反面

图9-25 轮辐拓扑优化几何模型

通常可根据国家标准GB/T 5334—2021《乘用车 车轮 弯曲和径向疲劳性能要求及试验方法》,分别对模型施加弯曲和径向载荷,对轮辐进行拓扑优化设计,但这种方法只能得到单一工况下的轮辐拓扑结构分布云图,很难提取到轮辐在多工况载荷作用下的拓扑结构。基于此文献[29]提出一种组装式车轮轮辐多工况联合拓扑优化设计方法,对轮辐进行拓扑优化设计。建立轮辐在弯曲和径向疲劳载荷联合作用下的拓扑优化数学模型如下:

$$\min m(\rho)$$

$$\text{s.t.} \begin{cases} \sigma_{bd}(\rho) \leq \sigma_d \\ \sigma_{br}(\rho) \leq \sigma_r \\ D_b(\rho) \leq D_{b0} \\ \sigma_{rd}(\rho) \leq \sigma_d \\ \sigma_{rr}(\rho) \leq \sigma_r \\ |C_r(\rho) - C_{r0}| \leq 0.15 C_{r0} \\ \rho \in (0,1) \end{cases} \quad (9\text{-}4)$$

式中，ρ 为车轮单元密度，t/mm^3；$m(\rho)$ 为拓扑优化中车轮质量，t；$\sigma_{bd}(\rho)$ 和 $\sigma_{rd}(\rho)$ 分别为弯曲和径向疲劳试验工况轮辐的最大 Von Mises 应力，MPa；σ_d 为轮辐材料的许用屈服应力，MPa；$\sigma_{br}(\rho)$ 和 $\sigma_{rr}(\rho)$ 为弯曲和径向疲劳试验工况轮辋的最大 Von Mises 应力，MPa；σ_r 为轮辋许用屈服应力，MPa；$D_b(\rho)$ 为弯曲疲劳试验工况车轮节点的最大偏移量，mm；D_{b0} 为车轮节点的许用偏移量，mm；$C_r(\rho)$ 为径向疲劳试验工况车轮的加权柔度，N·mm；C_{r0} 为车轮加权柔度许用值，N·mm。

采用变密度法对车轮进行拓扑优化迭代计算，取相对密度阈值为 0.3 时，得到车轮的联合拓扑优化结果如图 9-26 所示。

联合拓扑优化时，车轮的材料分布和密度大小兼顾了车轮弯曲和径向工况下的应力分布路径和大小；轮辐根部的拓扑结构受动态弯曲疲劳试验工况的弯矩影响较大，轮辋和轮辐连接处的拓扑结构受动态径向疲劳试验工况的余弦分布径向载荷影响较大。联合拓扑优化工况下，5 辐车轮拓扑优化结果最优，故选取该拓扑结构对组装式车轮进行结构设计。

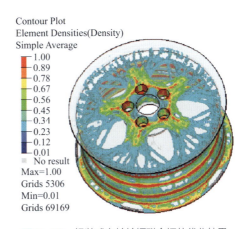

图 9-26 组装式车轮轮辋联合拓扑优化结果

根据联合拓扑优化得到的 5 辐车轮拓扑结构，提取出联合拓扑优化后的车轮三维模型。依据该几何模型的尺寸，使用三维结构设计软件建立联合拓扑优化后的组装式车轮三维模型，如图 9-27 所示。可以根据该模型对组装式车轮进行有限元建模、疲劳寿命分析和结构轻量化优化设计。

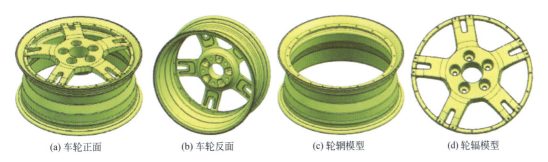

(a) 车轮正面　　(b) 车轮反面　　(c) 轮辋模型　　(d) 轮辐模型

图 9-27 联合拓扑优化后的组装式车轮三维模型

第 9 章　新兴轻量化车轮

9.3.2 组装式车轮多目标优化设计

多目标优化是解决多学科背景下的复杂结构集成优化问题的先进方法，属于详细设计。组装式车轮结构在进行轻量化设计时，会改变车轮的结构及其强度、刚度和模态等基本性能，进而影响其动态弯曲疲劳寿命、动态径向疲劳寿命、13°冲击性能和90°冲击性能。因此，需要对组装式车轮进行考虑质量、强度和刚度、模态频率、疲劳寿命、13°冲击和90°冲击性能指标的多目标优化设计，进而确定出车轮最优的结构设计参数。

文献[31]给出了镁/铝合金组装式车轮疲劳-冲击-气动性能多学科轻量化优化设计方法，设计流程如图9-28所示。该文献利用网格变形技术建立组装式车轮在8种分析工况下的有限元参数化模型，并定义了21个设计变量；然后使用Isight多学科优化软件集成车轮各工况模型，进行最优拉丁超立方和中心复合设计，分别用来拟合克里格（Kriging）近似模型，并检验模型的预测精度；又利用所建立的近似模型，采用第二代非劣排序遗传算法（NSGA-Ⅱ）对组装式车轮进行轻量化多目标优化设计；得到Pareto最优解集，在满足车轮各项性能要求条件下，选取一个车轮质量最小的妥协解作为优化设计方案。

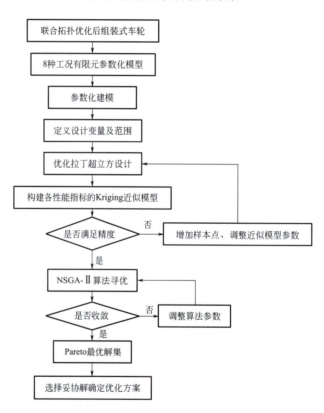

图9-28 组装式车轮轻量化多学科多目标优化设计流程

（1）参数化建模

基于高级网格变形技术，通过对组装式车轮的轮辋和轮辐有限元模型控制节点平移、缩放等操作，再对整个组装式车轮设置中心对称约束，实现车轮结构特征的参数化，从而构建车轮模型的参数化设计变量。采用DEP-MeshWorks软件分别对模态分析、弯曲疲劳、径向疲劳、冲锤正对辐条13°冲击和正对窗口13°冲击、冲锤正对窗口90°冲击和正对气门嘴窗口

90°冲击等8种工况下的有限元模型进行参数化，建立组装式车轮的参数化模型，提取出组装式车轮结构21个参数化设计变量，如图9-29所示。

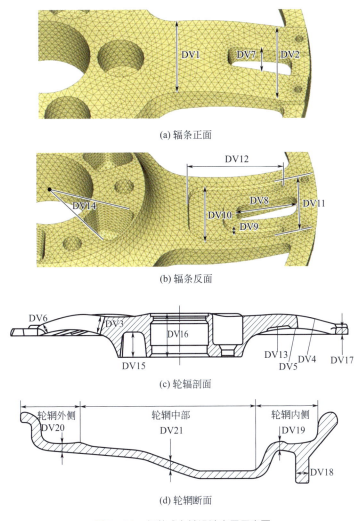

图 9-29　组装式车轮设计变量示意图

针对8种工况下的组装式车轮，完成21个设计变量的参数化设计后，包含各设计变量的组装式车轮参数化模型如图9-30所示。

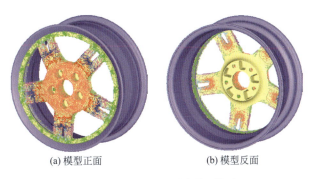

图 9-30　组装式车轮参数化模型

（2）优化数学模型

将组装式车轮的质量、13°冲击下轮辐的最大有效塑性应变和组装式车轮的整车空气阻力系数定义为目标函数，为确保车轮的综合性能满足要求，将其余各项性能指标参数设置为约束条件。于是，建立组装式车轮轻量化多学科多目标优化设计的数学模型为

$$\text{find } \boldsymbol{x} = \boldsymbol{DV} = (DV1, DV2, \cdots, DV21)^{\text{T}}$$
$$\min(m(\boldsymbol{x}), \varepsilon_{\text{sd}}(\boldsymbol{x}), C_{\text{d}}(\boldsymbol{x}))$$
$$\text{s.t.} \begin{cases} \sigma_{\text{bd}}(\boldsymbol{x}) & \sigma_{\text{d0}}, \sigma_{\text{rd}}(\boldsymbol{x}) & \sigma_{\text{d0}} \\ \sigma_{\text{br}}(\boldsymbol{x}) & \sigma_{\text{r0}}, \sigma_{\text{rr}}(\boldsymbol{x}) & \sigma_{\text{r0}} \\ |f_1(\boldsymbol{x}) - f_{10}| & 0.15 f_{10} \\ D_{\text{b}}(\boldsymbol{x}) & D_{\text{b0}} \\ |C_{\text{r}}(\boldsymbol{x}) - C_{\text{r0}}| & 0.15 C_{\text{r0}} \\ N_{\text{b}}(\boldsymbol{x}) & N_{\text{b0}} \\ N_{\text{r}}(\boldsymbol{x}) & N_{\text{r0}} \\ s_{\text{N}}(\boldsymbol{x}) & s_{\text{N0}} \\ \varepsilon_{\text{sr}}(\boldsymbol{x}) & \varepsilon_{\text{r0}} \\ \varepsilon_{\text{wd}}(\boldsymbol{x}) & \varepsilon_{\text{d0}} \\ \varepsilon_{\text{wr}}(\boldsymbol{x}) & \varepsilon_{\text{r0}} \\ \Delta h(\boldsymbol{x}) & \Delta h_0 \\ \varepsilon_{\text{fd}}(\boldsymbol{x}) & \varepsilon_{\text{d0}} \\ \varepsilon_{\text{fr}}(\boldsymbol{x}) & \varepsilon_{\text{r0}} \\ \varepsilon_{\text{vd}}(\boldsymbol{x}) & \varepsilon_{\text{d0}} \\ \varepsilon_{\text{vr}}(\boldsymbol{x}) & \varepsilon_{\text{r0}} \\ h(\boldsymbol{x}) & h_0 \\ \boldsymbol{x} \subset [\boldsymbol{DV}_{\text{L}}, \boldsymbol{DV}_{\text{U}}] \end{cases} \quad (9\text{-}5)$$

式中，$m(\boldsymbol{x})$为车轮质量，kg；$\varepsilon_{\text{sd}}(\boldsymbol{x})$为冲锤正对辐条13°冲击时轮辐最大塑性应变；$C_{\text{d}}(\boldsymbol{x})$为整车空气阻力系数；$\sigma_{\text{bd}}(\boldsymbol{x})$和$\sigma_{\text{rd}}(\boldsymbol{x})$分别为弯曲和径向疲劳工况下轮辐最大Von Mises应力，MPa；$\sigma_{\text{br}}(\boldsymbol{x})$和$\sigma_{\text{rr}}(\boldsymbol{x})$分别为弯曲和径向疲劳工况下轮辋最大Von Mises应力，MPa；σ_{d0}和σ_{r0}分别为轮辐和轮辋材料的屈服应力；$f_1(\boldsymbol{x})$和f_{10}分别为车轮一阶模态频率和初始一阶模态频率，Hz；$D_{\text{b}}(\boldsymbol{x})$和$D_{\text{b0}}$分别为弯曲疲劳工况下车轮节点的最大位移和许用值，mm；$C_{\text{r}}(\boldsymbol{x})$和$C_{\text{r0}}$分别为径向疲劳工况下车轮的柔度和许用值，N·mm；$N_{\text{b}}(\boldsymbol{x})$和$N_{\text{b0}}$分别为车轮动态弯曲疲劳寿命和许用值，万次；$N_{\text{r}}(\boldsymbol{x})$和$N_{\text{r0}}$分别为车轮动态径向疲劳寿命和许用值，万次；$s_{\text{N}}(\boldsymbol{x})$和$s_{\text{N0}}$分别为车轮动态径向疲劳寿命的安全系数和许用值；$\varepsilon_{\text{sr}}(\boldsymbol{x})$为冲锤正对辐条13°冲击时轮辋的最大塑性应变；$\varepsilon_{\text{wd}}(\boldsymbol{x})$和$\varepsilon_{\text{wr}}(\boldsymbol{x})$分别为冲锤正对窗口13°冲击时轮辐和轮辋的最大塑性应变；ε_{d0}和ε_{r0}分别为轮辐和轮辋材料的许用应变；$\Delta h(\boldsymbol{x})$和Δh_0分别为冲锤正对窗口90°冲击时内轮缘变形量和许用值，mm；$\varepsilon_{\text{fd}}(\boldsymbol{x})$和$\varepsilon_{\text{fr}}(\boldsymbol{x})$分别为冲锤正对窗口90°冲击时轮辐和轮辋的最大塑性应变；$\varepsilon_{\text{vd}}(\boldsymbol{x})$和$\varepsilon_{\text{vr}}(\boldsymbol{x})$分别为冲锤正对气门嘴窗口90°冲击时超出冲击部位圆周25%范围的轮辐

和轮辋的最大塑性应变；$h(x)$ 和 h_0 分别为制动盘平均表面对流传热系数和许用值，$W/(m^2 \cdot K)$；x 为设计变量；DV_L 和 DV_U 分别为设计变量取值的下限和上限。

（3）Kriging 近似模型构建

将各工况性能指标的计算软件以及参数化软件 DEP-MeshWorks 和 Sculptor 集成到多学科优化设计平台 Isight 软件中，建立 DOE 采样和近似模型拟合平台，分别调取各工况的有限元参数化模型并计算 DOE 采样空间内各性能指标的响应值。所集成的计算和分析工况共 8 个，分别为：模态分析、弯曲疲劳分析、径向疲劳分析、冲锤正对辐条 13°冲击、冲锤正对窗口 13°冲击、冲锤正对窗口 90°冲击、冲锤正对气门嘴窗口 90°冲击和车轮空气动力学性能分析。DOE 采样和近似模型拟合平台如图 9-31 所示。

采用最优拉丁超立方设计在设计空间内均匀随机采样，共选取 200 个样本点拟合各性能指标的 Kriging 近似模型，代替有限元计算来获取各设计变量和性能指标之间的关系[32]。在设计变量取值范围内，采用中心复合设计另选取 20 个随机样本对拟合的 Kriging 近似模型精度进行检验，利用决定系数（R^2）进行误差分析[33]。选取了组装式车轮的 22 个性能指标，各性能指标的决定系数 R^2 值均大于 90%，满足近似模型拟合精度要求，如表 9-4 所示。部分性能指标的 Kriging 近似模型预测精度图如图 9-32 所示。

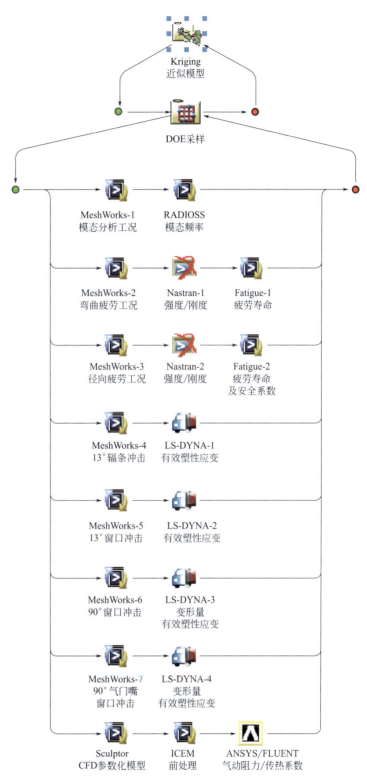

图 9-31　DOE 采样及近似模型拟合平台

表 9-4 各性能指标的 Kriging 近似模型预测精度

响应	$m(x)$	$\varepsilon_{sd}(x)$	$C_d(x)$	$\sigma_{bd}(x)$	$\sigma_{rd}(x)$	$\sigma_{br}(x)$	$\sigma_{rr}(x)$	$f_1(x)$
精度 /%	94.83	94.65	96.03	95.55	94.76	95.26	95.01	96.19
响应	$\varepsilon_{sr}(x)$	$\varepsilon_{wd}(x)$	$\varepsilon_{wr}(x)$	$D_b(x)$	$C_r(x)$	$N_b(x)$	$N_r(x)$	$s_N(x)$
精度 /%	93.90	94.15	91.82	95.76	96.24	94.35	—	93.04
响应	$\Delta h(x)$	$\varepsilon_{fd}(x)$	$\varepsilon_{fr}(x)$	$\varepsilon_{vd}(x)$	$\varepsilon_{vr}(x)$	$h(x)$		
精度 /%	95.70	94.57	93.35	94.48	92.64	95.72		

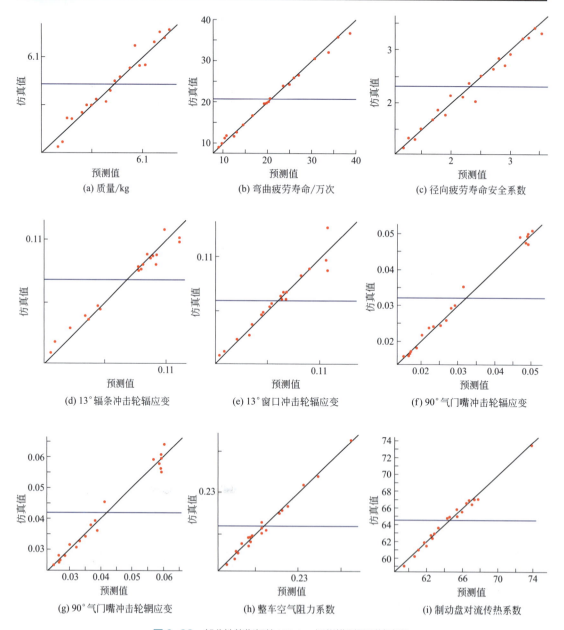

图 9-32 部分性能指标的 Kriging 近似模型预测精度图

（4）多目标优化设计

在多学科优化软件Isight中，基于已构建的Kriging近似模型，采用NSGA-Ⅱ优化算法[34]对组装式车轮进行轻量化多学科多目标优化设计，优化平台如图9-33所示。

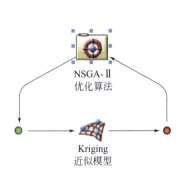

图9-33　轻量化多学科多目标优化设计平台

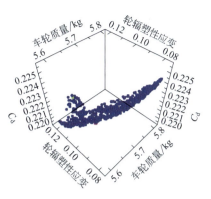

图9-34　Pareto前沿

设置NSGA-Ⅱ优化算法的群规模为40，进化代数为200，交叉概率为0.90，经过8000次迭代计算，得到Pareto解集，如图9-34所示。车轮质量、冲锤正对辐条13°冲击时轮辐的最大有效塑性应变和整车空气阻力系数这3个目标函数同时最优是冲突的，其中一个最优要以其他性能变差为代价。因此，在充分考虑并满足车轮综合性能要求的条件下，在Pareto前沿中选取一个车轮质量较小的妥协解作为优化结果。根据妥协解确定多目标优化设计方案，得到各设计变量的最优取值结果，进而建立优化后组装式车轮的三维模型如图9-35所示。优化后的组装式车轮质量为5.402kg，加上轮辐和轮辋的连接螺栓的质量0.512kg，共计质量为5.914kg。市场上某16×6.5J型整体式铸造铝合金车轮质量为8.213kg，多目标优化后的组装式车轮实现减重28.0%。

(a) 车轮模型正面

(b) 车轮模型反面

图9-35　多目标优化设计后组装式车轮

将优化后的设计变量代入组装式车轮的参数化模型中，并进行各工况的仿真分析，提取得到各性能指标的结果，将其与优化前的结果进行对比，如表9-5所示。

表9-5　各性能指标优化前后对比

响应	$f_1(x)$/Hz	$N_b(x)$/万次	$s_N(x)$	$\varepsilon_{sd}(x)$/%	$\varepsilon_{sr}(x)$/%	$\varepsilon_{wd}(x)$/%	$\varepsilon_{wr}(x)$/%
优化前	345.3	23.6	1.91	5.58	3.64	4.65	3.49
优化后	309.5	17.7	1.72	8.91	5.15	8.01	4.87
变化量/%	−10.37	−25	-9.95	+59.68	+41.48	+72.26	+39.54

响应	$\varepsilon_{fd}(x)$/%	$\varepsilon_{ff}(x)$/%	$\varepsilon_{vd}(x)$/%	$\varepsilon_{vr}(x)$/%	$C_d(x)$	$h(x)$/[W/(m²·K)]
优化前	4.62	6.91	3.03	5.19	0.2332	69.58
优化后	5.35	7.41	4.41	6.60	0.2226	62.31
变化量/%	+15.80	+7.24	+45.54	+27.17	−4.55	−10.45

可以得出,优化后车轮一阶模态频率为309.5Hz,较优化前降低10.37%,但仍远大于发动机和路面的激励频率,满足要求。优化后车轮弯曲疲劳寿命为17.7万次,较优化前降低25%,但仍大于国家标准要求的10万次。优化后车轮径向疲劳寿命安全系数为1.72,较优化前降低9.95%,但仍大于许用值1.2。在13°辐条和13°窗口冲击工况下,轮辐的最大塑性应变分别为8.91%和8.01%,较优化前分别增加59.68%和72.26%,轮辋的最大塑性应变分别为5.15%和4.87%,较优化前分别增加41.48%和39.54%,但均小于对应的许用值。在90°窗口和90°气门嘴窗口冲击工况下,轮辐的最大塑性应变分别为5.35%和4.41%,较优化前分别增加15.80%和45.54%,轮辋的最大塑性应变分别为7.41%和6.60%,较优化前分别增加7.24%和27.17%,但均小于对应的许用值。优化后车轮的整车空气阻力系数为0.2226,较优化前降低了4.55%。优化后制动盘平均表面对流传热系数为62.31,较优化前降低10.45%,但仍大于许用值60。

因此,多目标优化后,组装式车轮的各项性能指标均满足要求,且性能指标的富裕度有效降低,使得车轮结构更加紧凑合理,进而也证明了多目标优化设计的有效性。

9.3.3 胶栓复合连接镁/铝合金组装式车轮疲劳性能分析

采用锻造工艺分别加工出组装式车轮的镁合金轮辋和铝合金轮辐样件,并通过20个不锈钢M6螺栓进行连接。依照国家标准和行业标准的要求,对组装式车轮进行弯曲疲劳、径向疲劳、13°冲击、90°冲击和模态试验,结果表明,组装式车轮在动态弯曲疲劳寿命试验中,连接轮辐和轮辋的螺栓在循环加载6.5万次后断裂[35]。除了弯曲疲劳外,组装式车轮的其余各项性能均满足标准要求。考虑到真实环境下车轮的服役工况会更加复杂多变,因此提出胶栓复合连接方案。

本小节主要介绍胶栓复合连接组装式车轮的疲劳性能仿真分析方法。

(1) S-N 曲线测试

车轮材料的S-N曲线描述了恒幅循环应力与对应的疲劳寿命(应力循环周次)之间的关系如下[36]:

$$\sigma_a = \sigma_f' \left(2N_f\right)^b \tag{9-6}$$

式中,σ_a为应力幅;σ_f'为疲劳强度系数;b为疲劳强度指数;N_f为载荷循环次数。

参照GB/T 15248—2008,从车轮部件上切割材料,制作多根ZK61M镁合金和6061铝合金材料的标准金属试样,在疲劳试验机上测试不同应力水平下试样的寿命,拟合出外加应力水平与试样疲劳寿命间的关系,得到轮辐和轮辋材料的S-N曲线,如图9-36所示。不锈钢螺栓材料的S-N曲线根据其抗拉强度在疲劳分析软件MSC.Fatigue中估算得到。

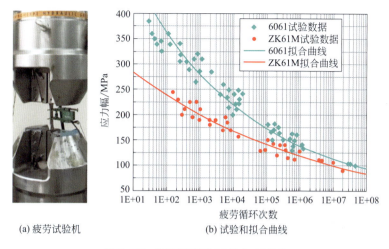

(a) 疲劳试验机　　　　　(b) 试验和拟合曲线

图 9-36　轮辐和轮辋材料的 S-N 曲线

(2) 结构胶本构和失效模型测定

双线性弹塑性材料[37]能够较准确地模拟胶层在某一应变速率下的力学行为，且模型参数的获取相对简单，如式（9-7）所示，故将弹塑性模型作为胶层材料的本构模型。

$$\sigma_y(\varepsilon_{\text{eff}}^p, \dot{\varepsilon}_{\text{eff}}^p) = \sigma_y^s(\varepsilon_{\text{eff}}^p) + SIGY \times (\frac{\dot{\varepsilon}_{\text{eff}}^p}{C})^{1/p} \tag{9-7}$$

式中，$\varepsilon_{\text{eff}}^p$ 为等效塑性应变；$\dot{\varepsilon}_{\text{eff}}^p$ 为应变速率；$\sigma_y(\varepsilon_{\text{eff}}^p, \dot{\varepsilon}_{\text{eff}}^p)$ 为动态屈服应力；$\sigma_y^s(\varepsilon_{\text{eff}}^p)$ 为静态应力；$SIGY$ 为初始屈服应力；C、p 为 Cowper-Symonds 乘子。

采用经典的二次应力准则[38]来判别胶层的失效，如式（9-8）所示。将胶层的拉伸失效指数 λ_t 和剪切失效指数 λ_s 定义为胶层失效的评价指标，分别如式（9-9）和式（9-10）所示。当 λ_t 和 λ_s 之和大于1时，胶层失效；否则，胶层是安全的。在不考虑湿热环境等因素引起的胶层界面失效的前提下，胶层无失效的有效使用时间可以近似为胶层的疲劳寿命[39]。因此，λ_t 和 λ_s 可以近似地作为评价胶层疲劳失效的指标。

$$\left(\frac{\max(\sigma_X, \sigma_Y, \sigma_Z)}{T_{\max}}\right)^2 + \left(\frac{\max(|\tau_{XY}|, |\tau_{YZ}|, |\tau_{ZX}|)}{S_{\max}}\right)^2 = 1 \tag{9-8}$$

$$\lambda_t = \left(\frac{\max(\sigma_X, \sigma_Y, \sigma_Z)}{T_{\max}}\right)^2 \tag{9-9}$$

$$\lambda_s = \left(\frac{\max(\tau_{XY}, \tau_{YZ}, \tau_{ZX})}{S_{\max}}\right)^2 \tag{9-10}$$

式中，σ_X、σ_Y、σ_Z 分别表示胶层在空间坐标系 X、Y、Z 方向的拉伸应力；$T_{\max}$ 表示胶层的拉伸强度；$|\tau_{XY}|$、$|\tau_{YZ}|$、$|\tau_{ZX}|$ 分别表示胶层在 X、Y、Z 方向的剪切应力；$S_{\max}$ 表示胶层的剪切强度。

拟选用4种型号结构胶对铝合金轮辐和镁合金轮辋进行胶粘，分别为韧性较大的环氧树脂胶A、丙烯酸酯胶B和C、韧性小但抗拉强度大的环氧树脂胶D。依据塑料拉伸性能测定的国家标准（GB/T 1040.1—2018），将胶水制样成均匀厚度的胶层，再加工成标准的哑铃型试样，在拉伸试验机上进行准静态拉伸，得到4种结构胶的真实应力-应变曲线，如图9-37所示。

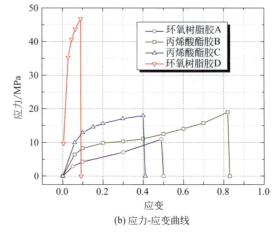

(a) 拉伸试验机　　　　(b) 应力-应变曲线

图9-37　结构胶应力-应变测试

依据胶粘接头拉伸试验标准（GB 7124—2008），设计和制作ZK61M镁合金和6061铝合金单搭接接头，在万能材料拉伸试验机上进行准静态剪切试验，得到4种结构胶的剪切强度，如图9-38所示。

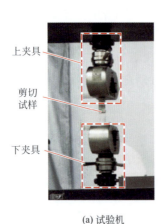

(a) 试验机　　　　(b) 剪切强度

图9-38　结构胶剪切强度测试

（3）胶栓复合连接镁/铝合金组装式车轮疲劳性能仿真分析

建立组装式车轮胶栓复合连接弯曲静力仿真模型，如图9-39所示。轮辐采用四面体单元划分，轮辋和螺栓采用六面体单元划分。依据QC/T 518—2013《汽车用螺纹紧固件紧固扭矩》，车轮上20个连接螺栓的预紧力值均设为7900N·m。螺母与轮辋间建立摩擦系数为0.2的面-面接触、螺帽与轮辐间建立摩擦系数为0.2的面-面接触、轮辐与轮辋间建立摩擦系数为

0.05的面-面接触。胶层采用实体单元模拟，厚度为0.2mm，使用六面体单元进行网格划分，胶层本构模型为双线性弹塑性材料模型，胶层与轮辐、轮辋的接触面分别建立绑定接触。

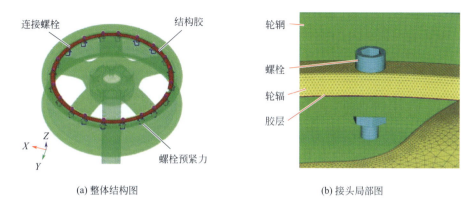

图9-39　胶栓复合连接镁/铝合金组装式车轮仿真模型

将弯曲静力仿真结果导入MSC.Fatigue疲劳分析软件中，并载入车轮材料的试验S-N曲线和弯曲疲劳试验载荷，螺栓材料的S-N曲线根据其抗拉强度在疲劳软件中估算得到，基于Palmgren-Miner线性疲劳损伤累计理论，描述如式（9-11）所示，使用名义应力法（S-N法）对车轮进行疲劳寿命预测，求解时选择Von Mises应力，存活率选取50%。

$$D = \sum_{i=1}^{m} \frac{n_i}{N_i} = 1 \qquad (9-11)$$

式中，m为载荷幅值的应力水平级数；n_i为第i级载荷循环次数；N_i为第i级载荷下的疲劳寿命；D为结构的总损伤，Miner法则认为损伤之和达到1时，结构发生疲劳破坏。

仿真得到的轮辐和连接螺栓的疲劳寿命云图如图9-40所示。从图中可以看出，轮辐和连接螺栓的疲劳寿命分别达到了52.9万次和20.8万次，远远超过了国家标准要求的10万次。轮辋的疲劳寿命为10^{20}万次，趋向于无限寿命，远大于国家标准要求。仿真得到的胶层的拉伸（Z方向）和剪切（YZ方向）应力云图如图9-41所示。通过计算可以得出，λ_t和λ_s值分别为0.52和0.40，总和仅为0.92，小于1.0，这表明胶剂层没有发生剪切和拉伸失效。

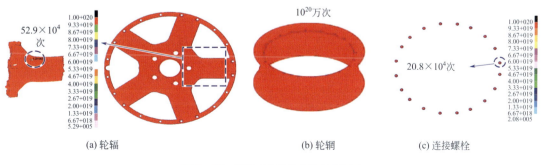

图9-40　组装式车轮的疲劳寿命云图

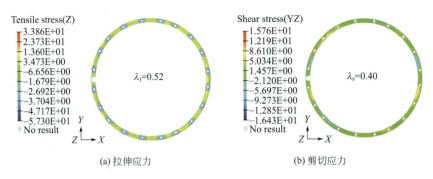

图 9-41 胶层应力云图

上述分析结果表明,胶栓复合连接镁/铝合金组装式车轮的弯曲疲劳性能满足国家标准的要求,进而说明胶栓复合连接的可靠性较高。

9.3.4 压铆连接镁/铝合金组装式车轮疲劳和冲击性能分析

钢制螺栓的疲劳强度高,但重量大,铝合金铆钉的疲劳强度低于钢制螺栓,但比强度高、重量轻、连接紧凑性好,更适合用在轻质合金组装式车轮上。目前,国内外所涉及的组装式车轮主要是通过钢制螺栓连接,其铝合金材料铆钉连接仍是技术难点。因此,本小节主要探讨在镁/铝合金组装式车轮上使用铝合金铆钉连接的可行性。

现有的关于铆接接头疲劳和冲击性能的分析,多是根据铆接成型后铆钉形成头的形状进行建模分析,未考虑压铆成型以及回弹过程产生的残余应力对结构件疲劳和冲击性能的影响。因此,本小节将介绍考虑压铆-回弹过程的镁/铝合金组装式车轮疲劳和冲击性能仿真分析与评价方法。

(1)压铆-回弹-疲劳/冲击序列耦合仿真分析方法

组装式车轮接头在压铆和回弹过程中产生的残余应力,对组装式车轮的疲劳和冲击性能影响显著[40,41],因此,在进行组装式车轮的疲劳和冲击分析时,需考虑压铆和回弹过程。文献[42]提出了镁/铝合金组装式车轮的压铆-回弹-疲劳/冲击序列耦合仿真分析方法,其流程如图 9-42 所示。

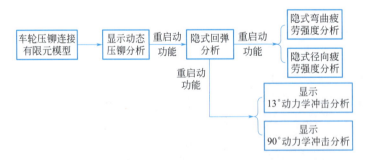

图 9-42 镁/铝合金组装式车轮序列耦合仿真分析方法流程图

(2)动态压铆仿真分析

建立的压铆连接镁/铝合金组装式车轮的有限元模型如图 9-43(a)所示,压铆成型后,铆钉形成头的形状如图 9-43(b)和(c)所示。压铆后,轮辐、轮辋和铆钉的应力云图如图

9-44所示。使用Signed Von Mises等效应力区分残余拉应力与残余压应力，正值表示为拉应力，负值表示压应力[43]。

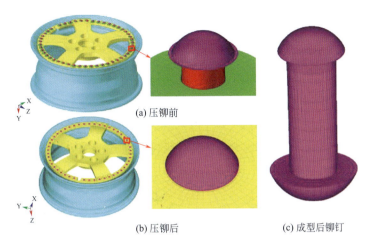

图 9-43　镁/铝合金组装式车轮压铆成型

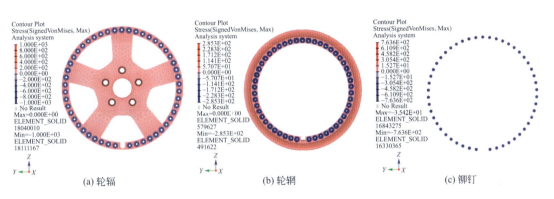

图 9-44　压铆后组装式车轮应力云图

压铆后轮辐、轮辋和铆钉的残余应力全部呈现为沿压铆方向的压应力，轮辐铆接孔处的压应力最大，达到了1000MPa，铆钉上的压应力其次，为763.6MPa，轮辋铆接孔处的压应力最小，为285.3MPa。

（3）隐式回弹分析

将动态压铆仿真所获得应力、应变结果，通过重启动的方式在LS-DYNA中打开，删除上模，保持动态压铆仿真时的约束条件不变，采用LS-DYNA的隐式计算功能对车轮和铆钉进行隐式回弹分析。隐式回弹分析后，轮辐、轮辋和铆钉的Signed Von Mises应力云图如图9-45所示。单个铆钉在回弹前后的剖面Signed Von Mises应力云图如图9-46所示。

隐式回弹分析后，轮辐和轮辋的铆接孔及铆钉，沿压铆相反方向出现了小幅度的上移，这与相关的研究结果一致[44]，铆钉和铆接孔周围的残余应力状况发生了变化，由原来的全部为压应力，变成了拉应力和压应力共存的状态。轮辐铆接孔处的最大拉应力为366.8MPa，最大压应力为912.6MPa，和回弹前相比，最大压应力略微降低，降低了87.4MPa。铆钉处的最大拉应力为586.1MPa，最大压应力为574.6MPa，和回弹前相比，最大压应力降低了

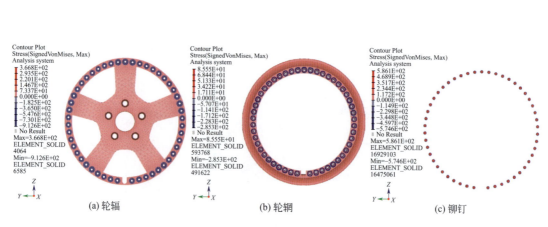

图 9-45 隐式回弹后组装式车轮应力云图

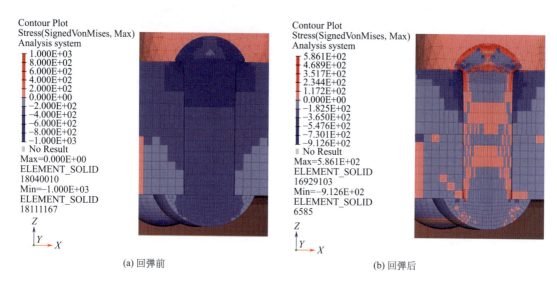

图 9-46 隐式回弹前后单个铆钉接头的变化

189MPa。轮辋铆接孔处的最大拉应力为85.55MPa，压应力为285.3MPa，和回弹前相比，压应力维持不变。

（4）组装式车轮隐式弯曲和径向疲劳强度分析

将隐式回弹仿真分析得到的应力和应变结果，通过重启动的方式在LS-DYNA中打开，并赋予弯曲和径向疲劳工况的约束和载荷，采用LS-DYNA的隐式计算功能对组装式车轮进行隐式弯曲和径向疲劳强度分析，现仅以弯曲疲劳分析结果为例进行介绍。轮辐、轮辋和铆钉的弯曲Signed Von Mises应力云图如图9-47所示。轮辐和铆钉最大应力处的局部图如图9-48所示。

弯曲疲劳强度分析后，轮辐的最大拉应力位置位于铆钉孔附近，最大拉应力为425.9MPa，较弯曲疲劳强度分析前仅增加59.1MPa，这是因为压铆-回弹后铆接孔周围存在着压应力，压应力能够抵消一部分孔周因承受弯曲载荷而产生的弯曲拉应力。同样地，轮辋铆接孔位置处的最大拉应力为141.3MPa，较弯曲疲劳强度分析前仅增加55.75MPa。铆钉的最大拉应力位置位于铆接形成头与轮辐铆接孔相接触的位置，最大拉应力为508.8MPa，较

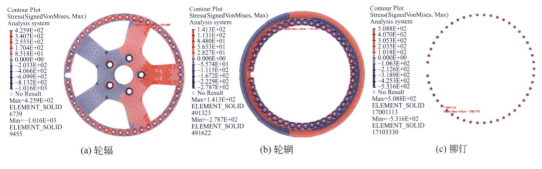

图 9-47　隐式弯曲疲劳强度分析后组装式车轮应力云图

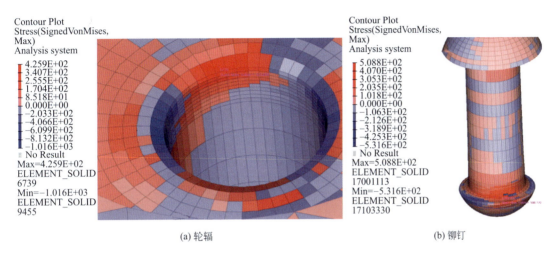

图 9-48　最大应力处的局部图

弯曲疲劳强度分析前，反而降低 77.3MPa，这也是因为弯曲载荷产生的拉应力与回弹后的残余压应力，进行了抵消和合成。这也与现有的研究结果相吻合[45]：压铆成型后接头中的压应力，有助于抵抗接头变形，且能抵消孔周一部分拉应力，减缓应力集中现象，避免产生疲劳裂纹。

根据金属疲劳损伤理论[46]，最大拉应力是诱使疲劳裂纹萌生的主要因素，故使用弯曲和径向疲劳强度分析后压铆接头的最大拉应力来评估组装式车轮接头的疲劳寿命。而接头中的压应力反映了压铆时接头的干涉量程度，又反映了组装式车轮在承载弯曲/径向载荷时，额外承载其他载荷时的抗疲劳性能，故也将其作为车轮疲劳性能评价指标。

(5) 13°冲击仿真分析

将隐式回弹分析得到的应力应变结果，通过重启动的方式在 LS-DYNA 中打开。按照 GB 36581—2018，在 13°冲击台架上，安装组装式车轮，并安装上轮胎，建立起压铆连接镁/铝合金组装式车轮的 13°冲击有限元仿真模型，如图 9-49 所示。按照标准要求，对铆钉连接组装式车轮进行 13°冲击仿真分析，冲锤下落到最低位置时，组装式车轮连接部位处的变形放大图如图 9-50 所示。从图中可以看出，在冲锤下落到最低位置时，轮辐和轮辋未发生分离，铆钉未发生断裂，且轮辋与冲锤相接触的位置未发生断裂失效。

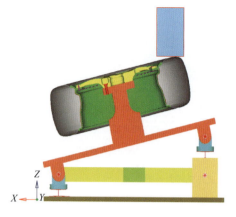
图 9-49 组装式车轮 13°冲击有限元模型

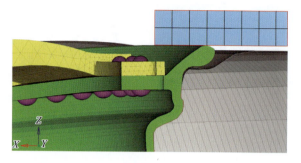
图 9-50 13°冲击仿真，组装式车轮连接部位处的变形放大图

采用等效应变来评价车轮的冲击失效和损伤，提取组装式车轮的等效应变云图如图9-51所示。从图中可以看出，轮辐的最大应变为0.1368，位于辐条与连接环的圆弧过渡处，超过了材料的失效应变，说明该位置发生了损伤，但损伤范围小，未造成轮辐发生穿透截面的断裂；轮辋的最大等效应变为0.01995，远小于材料的失效应变；铆钉的最大应变为0.07328，远小于材料的失效应变。因此，轮辋和铆钉未发生损伤。上述结果说明，组装式车轮的13°冲击性能满足国家标准的要求，并将轮辐的最大等效应变作为车轮13°冲击性能的评价指标。

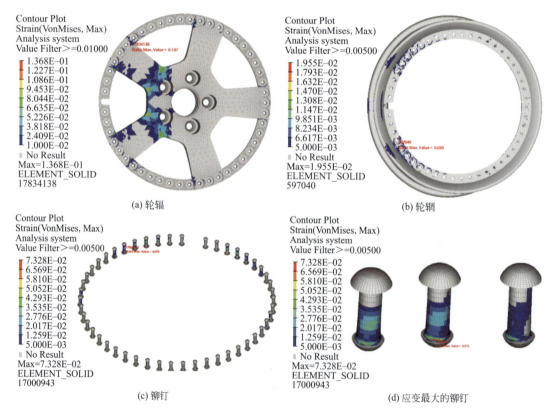

(a) 轮辐　　(b) 轮辋　　(c) 铆钉　　(d) 应变最大的铆钉

图 9-51 13°冲击后组装式车轮等效应变云图

（6）90°冲击仿真分析

将隐式回弹分析得到的应力应变结果，通过重启动的方式在 LS-DYNA 中打开。按照 QC/T 991—2015，在 90°冲击台架上，安装组装式车轮，并安装上轮胎，建立起压铆连接镁/铝合金组装式车轮的 90°冲击有限元仿真模型，如图 9-52 所示。冲锤下落到最低位置时，组装式车轮连接部位处的变形放大图如图 9-53 所示。从图中可看出，轮辐和轮辋未发生分离，轮辐和铆钉未观察到明显的断裂变形现象，轮辋在胎圈座附近发生了断裂失效。

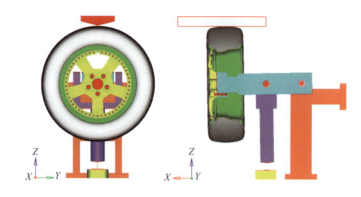

图 9-52　组装式车轮 90°冲击有限元模型

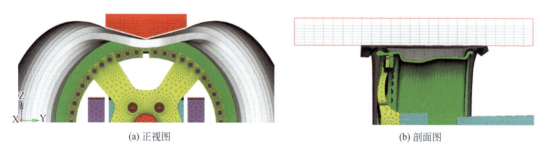

(a) 正视图　　　　　　　　　　　(b) 剖面图

图 9-53　90°冲击仿真，组装式车轮连接部位处的变形放大图

轮辐、轮辋和铆钉的等效应变云图如图 9-54 所示。从图中可以得出，轮辐上辐条与连接环圆弧过渡处为最危险部位，最大应变值为 0.2001，超过了材料的失效应变，说明该位置

(a) 轮辐　　　　　　　　　　　(b) 轮辋

图 9-54

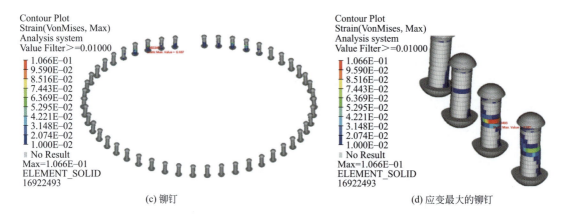

(c) 铆钉　　　　　　　　　　　　　(d) 应变最大的铆钉

图 9-54　90°冲击后组装式车轮等效应变云图

发生了断裂失效，但损伤范围小，未穿透截面且未贯穿连接环的宽度。轮辋的最大应变值为0.2354，位于轮辋胎圈座上与冲锤相接触的部位，超过材料的失效应变，说明也发生了断裂失效，断裂的范围约为圆周的18°，远小于行业标准要求的90°范围。铆钉最大应变位置在冲锤冲击轮辋位置左边第3个铆钉的钉杆中部，最大应变值为0.1066，小于铆钉材料的失效应变，说明铆钉未发生断裂。上述结果说明，组装式车轮的90°冲击性能满足行业标准的要求。

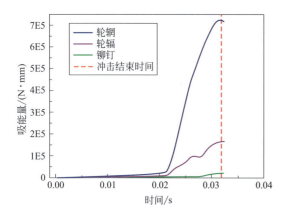

图 9-55　镁/铝车轮各部件的吸能量随时间变化曲线

提取轮辐、轮辋和铆钉的吸能量随时间变化的曲线如图9-55所示。从图中可以看出，轮辋的吸能量最大，数值为725.06 J；轮辐的吸能量次之，数值为165.28 J；铆钉的吸能量最小，数值为23.17 J。轮辋的吸能量代表了轮辋的损伤程度，故将轮辋的吸能量作为评价压铆连接镁/铝合金车轮的90°冲击性能的指标。

本章小结

　　本章介绍了连续碳纤维增强复合材料车轮、长纤维增强热塑性复合材料车轮、采用机械连接的镁/铝合金组装式车轮等3种新兴的轻量化车轮。针对连续碳纤维增强复合材料车轮，主要介绍了其发展状况、结构优化方法、加工工艺、检测技术及其发展趋势。针对长纤维增强热塑性复合材料车轮，主要介绍了其所用复合材料的材料属性反演方法、考虑纤维方向及分布影响的车轮力学性能联合仿真方法，以及车轮目前的试制及试验情况、后续待解决的问题及研发思路。针对机械连接的镁/铝合金组装式车轮，主要介绍了轮辐结构拓扑优化设计、组装式车轮的多目标优化设计、胶铆复合连接组装式车轮的疲劳分析以及铆钉连接组装式车轮的疲劳和冲击性能分析等。

　　虽然各种新兴轻量化车轮目前尚存在不同的待解决问题，距推广应用还有一段距离，但其性能特点、研发思路为车轮轻量化提供了新的发展方向。随着材料、工艺以及结构设计等技术的进步，各类问题将会逐步得到解决，届时新兴轻量化车轮将有望为汽车整车轻量化提供更有力的技术支撑。

[1] Kan Y, Shida R, Jun T, et al. Energy saving effect of LIGHT-WEIGHT electric vehicle using CFRP on transportation sector[C]//10th Japan International Sampe Symposium & Exhibition (JISSE-10), Tokyo, Japan, 2007.

[2] 王宏雁, 陈君毅. 汽车车身轻量化结构与轻质材料[M]. 北京: 北京大学出版社, 2009.

[3] Scott Francis. 一次灌注固化成型的一体式碳纤维车轮毂[J]. 汽车制造, 2020(16): 36-38.

[4] 中国航空研究院. 复合材料结构设计手册[M]. 北京: 航空工业出版社, 2001.

[5] 王耀先. 复合材料力学与结构设计[M]. 上海: 华东理工大学出版社, 2012.

[6] 杜善义. 先进复合材料与航空航天[J]. 复合材料学报, 2007(1): 1-12.

[7] 刘霞, 单宁. 碳纤维复合材料轮毂分层超声检测系统研究[J]. 压电与声光, 2018, 40(2): 288-291.

[8] 杨玉娥, 闫天婷, 任保胜. 复合材料中碳纤维方向和弯曲缺陷的微波检测[J]. 航空材料学报, 2015, 35(6): 91-96.

[9] Schmidt K, Little J, Ellingson W A. A portable microwave scanning technique for nondestructive testing of multilayered dielectric materials[C]//Ceramic Engineering and Science Proceedings, Daytona Beach, Florida, 2009, 29(6): 179-189.

[10] Senthil K, Naresh G. Development of long glass fiber reinforced polypropylene composites, mechanical and morphological characteristics[J]. Journal of Reinforced Plastics and Composites, 2007(3): 239-249.

[11] 孙磊. 来自巴斯夫的汽车轻量化解决方案[C]//中国汽车轻量化技术研讨会, 北京, 2012.

[12] 张璐. SABIC和Kringlan携手开发世界首款热塑性碳复合材料车轮[J]. 现代化工, 2014, 34(7): 123.

[13] 潘越, 刘献栋, 单颖春, 等. 长玻纤增强热塑性复合材料车轮径向载荷下的强度仿真[J]. 计算机辅助工程, 2015, 24(5): 22-27.

[14] Wan X F, Pan Y, Liu X D, et al. Influence of material anisotropy on long glass fiber reinforced thermoplastics composite wheel: Dynamic impact simulation[C]//Proceedings of the ASME 2015 International Mechanical Engineering Congress & Exposition, Houston, Texas, 2015.

[15] Wang X Y, Liu X D, Shan Y C, et al. Lightweight design of automotive wheel made of long glass fiber reinforced thermoplastic[J]. Proceedings of the Institution of Mechanical Engineers-Part C: Journal of Mechanical Engineering Science, 2016, 230(10): 1634-1643.

[16] Robbins D, Morrison A, Dalgarno R. Enhanced concepts for characterizing the multiscale Elastic/Plastic/Rupture response of short fiber filled plastics[C]//Proceedings of the American Society for Composites: Thirty-Second Technical Conference, Lancaster, PA, USA, 2017.

[17] Robbins D, Nelson E, Morrison A, et al. Nonlinear analysis of short fiber composite structures[C]//CAMX 2014, Orlando, FL, 2014.

[18] 胡代钧. 长纤维增强热塑性复合材料车轮冲击性能仿真及优化[D]. 北京: 北京航空航天大学, 2019.

[19] ISO 527-2. Plastics-Determination of tensile properties-Part 2: Test conditions for moulding and extrusion plastics[S]. 2012.

[20] 汪小银. 长纤维增强热塑性复合材料车轮的轻量化设计[D]. 北京: 北京航空航天大学, 2015.

[21] 柴伟浩. 基于材料细观模型的热塑性复合材料车轮多工况性能仿真[D]. 北京: 北京航空航天大学, 2018.

[22] 方程, 王昌斌, 石海磊. 汽车用复合材料"混合"工艺技术进展[J]. 汽车文摘, 2019(6): 1-7.

[23] 符亮，蒋炳炎，吴旺青，等. 玻纤增强聚丙烯与尼龙66模内混合加工成型实验研究[J]. 中南自然学报（自然科学版），2019，50（5）：1075-1081.

[24] 卢一，蒋炳炎，符亮，等. 模内混合注塑成型聚丙烯与预制件间界面黏结强度研究[J]. 中南大学学报（自然科学版），2018，49（7）：1626-1633.

[25] 刘军霞，周洲，王明星. 全塑混合成型注塑层力学及粘结界面性能研究[J]. 上海塑料，2018（3）：25-31.

[26] Tanaka K，Noguchi R，Katayama T. Effects of preheating temperature on the interfacial tensile strength for glass fiber reinforced polypropylene composites made by press and injection hybrid molding[J]. WIT Transactions on The Built Environment，2017（166）：287-296.

[27] Tanaka K，Kondo Y，Katayama T. Effect of mold temperature on interfacial welded strength and outer shell laminate strength of CF/PA6 composites manufactured by press and injection hybrid molding[J]. WIT Transactions on The Built Environment，2017（166）：317-327.

[28] Fiorotto M，Lucchetta G. Experimental investigation of a new hybrid molding process to manufacture high-performance composites[J]. International Journal of Material Forming，2013（6）：179-185.

[29] 王登峰，张帅，陈辉，等. 基于疲劳试验的车轮拓扑优化和多目标优化[J]. 汽车工程，2017，39（12）：1351-1361.

[30] Ballo F，Mastinu G，Gobbi M. Lightweight design of a racing motorcycle wheel[C]//SAE Paper，2016-01-1576.

[31] 张帅. 车轮疲劳—冲击—气动性能多学科轻量化优化设计方法研究[D]. 长春：吉林大学，2018.

[32] Golzari A，Sefat M H，Jamshidi S. Development of an adaptive surrogate model for production optimization[J]. Journal of Petroleum Science and Engineering，2015，133：677-688.

[33] Mehmani A，Chowdhury S，Messac A. Predictive quantification of surrogate model fidelity based on modal variations with sample density[J]. Structural and Multidisciplinary Optimization，2015，52（2）：353-373.

[34] Deb K，Pratap A，Agarwal S，et al. A fast and elitist multiobjective genetic algorithm：NSGA-Ⅱ[J]. IEEE Transactions on Evolutionary Computation，2002，6（2）：182-97.

[35] Wang D，Xu W. Fatigue failure analysis and multi-objective optimisation for the hybrid（bolted/bonded）connection of magnesium-aluminium alloy assembled wheel[J]. Engineering Failure Analysis，2020，112：104530.

[36] Petracconi C L，Ferreira S E，Palma E S. Fatigue life simulation of a rear tow hook assembly of a passenger car[J]. Engineering Failure Analysis，2010，17（2）：455-463.

[37] Stein N，Rosendahl P L，Becker W. Modelling load transfer and mixed-mode fracture of ductile adhesive composite joints[J]. Int. J. Adhes. Adhes，2018（82）：299-310.

[38] Lee M，Yeo E，Blacklock M，et al. Predicting the strength of adhesively bonded joints of variable thickness using a cohesive element approach[J]. Int. J. Adhes，2015（58）：44-52.

[39] Mu W，Qin G，Na J，et al. Effect of alternating load on the residual strength of environmentally aged adhesively bonded CFRP-aluminum alloy joints[J]. Compos. Part B-Engineering，2019（168）：87-97.

[40] Rans C D，Alderliesten R C，Straznicky P V. Assessing the effects of riveting induced residual stresses on fatigue crack behaviour in lap joints by means of fractography[J]. International Journal of Fatigue，2009，31（2）：300-308.

[41] Zheng B，Yu H，Lai X，et al. Analysis of residual stresses induced by riveting process and fatigue life prediction[J]. Journal of Aircraft，2016，53（5）：1431-1438.

[42] 许文超. 多材料组装车轮结构-连接-性能一体化多目标优化设计方法研究[D]. 长春：吉林大学，2021.

[43] 李宁. 超高压泵头体自增强后的残余应力与疲劳寿命研究[D]. 武汉：武汉科技大学，2015.

[44] Zhang K F，Cheng H，Li Y. Riveting process modeling and simulating for deformation analysis of aircraft's thin-walled sheet-metal parts[J]. Chinese Journal of Aeronautics，2011，24（03）：369-377.

[45] 郭莺莺. 电磁铆接铆钉变形及铆模结构优化的研究[D]. 哈尔滨：哈尔滨工业大学，2013.

[46] Lee Y L，Pan J，Hathaway R，et al. Fatigue Testing and Analysis：Theory and Practice[M]. Burlington：Butterworth-Heinemann，2005.

CHAPTER 10

第 10 章
车轮及其行业展望

汽车电动化、智能化、低碳化等新趋势对车轮产品提出了更高的要求，车轮技术的不断创新也为汽车应用提供了更多选择，两者共同推动了当前和未来轻量化车轮、低碳排放车轮等新型车轮技术的开发和应用。

本章将探讨汽车新趋势及国际化等环境对车轮产业的影响，并初步提出了汽车车轮未来发展及应用路线图。

10.1 国家战略及汽车行业发展趋势对车轮及其产业的影响

10.1.1 "双碳"目标对车轮及其行业的影响

2020年，我国提出"2030年前实现碳达峰、2060年前实现碳中和"的重大战略目标。根据中汽数据有限公司的测算，2019年，我国道路交通碳排放占碳排放总量的11.76%，排放12亿吨左右（不含摩托车、两轮和三轮车）。相比之下，2018年欧盟道路交通碳排放占欧盟总碳排放的20.5%（数据来源：IEA, Transport & Environment），排放6.4亿吨左右；2019年美国道路交通碳排放占其总碳排放量的24%(数据来源：EPA Draft Inventory of U.S.Greenhouse Gas Emissions and Sinks 1990-2019)，排放12亿吨左右。从世界主要汽车产销量大国或地区的道路交通碳排放总量来说，我国汽车产业的碳排放总量占社会碳排放总量的比例虽相比发达国家并不高，但碳排放总量依然较大，因此汽车行业低碳化是实现国家战略目标的重要一环[1]。《中国汽车工业发展报告》[2]提出中国汽车产业"2028年实现碳达峰，2050年实现近零排放，2060年实现碳中和"的三步走发展战略。

麦肯锡预测，2025年，新能源汽车材料生产阶段排碳将占汽车全寿命周期排碳的45%，2040年将占85%左右。宝马、戴姆勒、大众、沃尔沃等汽车企业均提出2040年或2050年前实现产品生命周期碳中和的目标，博世已率先实现全球400家工厂碳中和。2021年，蔚来发布"蓝点计划"，成为了全球第一家帮助用户完成碳减排认证交易的汽车公司。

汽车行业的"双碳"要求以及整车企业的"碳达峰、碳中和"目标，直接要求零部件和原材料企业开展"降碳"。对于车轮企业而言，车轮本身是原材料密集型产品。钢制车轮的原材料是钢材，钢材冶炼是耗能和排放大户；而铝合金车轮的原材料是电解铝，电解铝也是耗能和排放大户。

氢能炼铁技术是钢铁行业实现碳中和的关键路径，但技术尚不成熟，且其成本也较高。这意味着随着吨钢的碳排放量降低，吨钢的价格会升高。而钢制车轮的原材料成本占总成本的大部分，因此车轮原材料的"双碳"技术升级必然给车轮企业带来很大的成本压力。

铝合金车轮的原材料也面临类似问题，铝合金降碳，主要有三种路径：一是在电解铝环节及后续环节采用绿电，二是采用再生铝合金制备车轮，三是通过轻量化进一步减少原材料使用和降低服役过程的碳排放。

采用水电来电解铝的碳排放量较火电电解铝的碳排放量减少86%。据安泰科数据，用火电生产1t电解铝的碳排放总量约为13t，其中发电环节碳排放11.2t，电解环节碳排放1.8t；而用水电生产电解铝时，单吨的碳排放量仅为1.8t，其中发电环节无碳排放，仅有电解环节产生1.8t的CO_2。同样，采用风电和光电生产铝合金车轮的电解铝原料也显著降低该环节的碳排放。再生铝合金车轮将是一条重要技术路径，但对回收体系、杂质元素的控制及有害性的降低技术、新合金的开发、新细化剂的开发应用等带来了新挑战。以铸造铝合金车轮的A356为例，一般标准要求铁含量不高于0.2wt%，在实际生产中不高于0.15wt%，在应用再生铝时，再生铝中铁元素等含量会提高，铁是铝合金中的主要有害杂质，生产的β-AlFeSi相将显著降低铸造铝合金车轮的疲劳性能及抗冲击性能等，需要优化Mn等合金元素并进一步采用细化剂等提升性能，当再生A356的性能达到标准要求时，采用再生A356的铝合金车轮的碳排放可以降低70%以上。车轮轻量化可减少原材料的使用，自然可降低车轮的碳排放。例如，车轮减重10%，相当于降低10%的原材料使用量，加之在汽车使用环节节能减排的减碳，全生命周期碳排放降低应显著高于10%。

但值得欣慰的是，在报废汽车中，车轮是最便于拆解和分类的部件之一，这对于车轮材料的原级回收再利用创造了良好的条件，尤其对于铸造铝合金车轮，报废汽车拆解分类出来的铸造铝合金车轮可以熔化为再生A356。我国2009—2010年前后，汽车销量开始大幅度增长，按照乘用车产品12～15年的生命周期，在2025年后，我国报废汽车的量有望达到1000万辆以上，报废的车轮也将达到4000万～5000万只，报废汽车高峰期的到来，给再生低碳排放车轮的制造奠定了基础。

"双碳"要求也需要各车轮企业进行碳资产核算以及权益碳资产布局。这些将进一步促进轻量化车轮技术的发展。可以预见，锻造铝合金车轮、镁合金车轮、超级高强钢车轮等将会逐步得到推广与普及，并且新的材料、设计以及工艺技术也会不断涌现。

总之，汽车行业和原材料行业的"双碳"管控，给车轮企业既带来了挑战也带来了机遇。建议车轮企业与整车企业、原材料企业以及科研院所加强EVI（Early Vender Involvement，供应商早期介入）合作和产学研用协作，加强科技创新，化挑战为机遇，在轻量化、节能减排的基础上，进一步从原材料和工艺降碳，落实国家和行业的"双碳"目标、促进自身高质量发展。

10.1.2 新能源汽车的需求对车轮及其行业的影响

2021年是中国汽车行业极不平凡的一年，在汽车芯片缺乏的前提下，新能源汽车产销达到352万辆，销量增长166.8%，渗透率12.7%，全球占比51%。根据中国汽车工业协会的预测，2022年，中国新能源汽车产销预计达到500万辆，2035年，新能源汽车产销将达全部汽车的60%～70%，新能源乘用车有望占总乘用车的66%，新能源商用车占总商用车的28%。

新能源汽车的发展对车轮也提出了一系列新要求。例如，新能源汽车企业自身品牌建设对供应商提出了新的要求，一些新的车轮设计、创新的技术可更快速地装车；新能源汽车要求车轮进一步轻量化，以实现整车耗能最低、续航里程最大化，更高强度的钢制车轮和单宽胎钢制车轮，更轻的铝合金和镁合金车轮等有了更大的应用空间，也要求原材料企业和车轮制造企业不断开发新产品；省去内燃机后，轮胎噪声成为了新能源汽车噪声的重要来源，抑制轮胎与路面作用产生的胎噪、轮胎与车轮所构成胎腔产生的声腔共振噪声等向车内传播，成为了新要求，这就需车轮企业通过技术创新研发出满足需求的低噪声车轮。

电动汽车的驱动方式可分为：集中驱动方式和分布驱动方式。集中驱动是由传统内燃机汽车演变而来的，即用电机取代发动机，包括单个集中电机驱动和双电机驱动。分布驱动方式包括轮边电机驱动[3]和轮毂电机[4]驱动。轮边电机驱动是指电机与固定速比的减速器制成一体安装在车架上，减速器的输出轴通过万向节与车轮半轴相连，从而驱动车轮；轮毂电机驱动，是集轮毂电机、传动机构、制动器等于轮辋内，动力在车轮内由驱动电机直接传递至车轮并驱动车辆的一种独立的驱动单元。轮毂电机驱动系统取消了传统汽车的变速器、差速器、传动轴等机械部件，具有结构简单紧凑、传动效率高、转向灵活、容易实现底盘智能化等优点，因此被视为电动汽车的最终驱动形式，是国内外电动车先进技术研究的重点与热点之一。图10-1给出了集中驱动和轮毂电机驱动的电动汽车原理图。

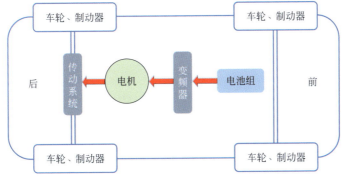

(a) 集中驱动的电动汽车原理图

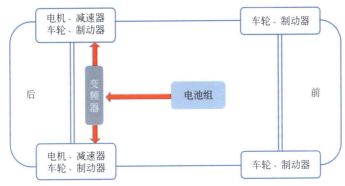

(b) 轮毂电机驱动的电动汽车原理图

图 10-1　不同驱动方式的电动汽车原理比较

目前，轮毂电机驱动系统的额定功率密度还不够高，通常为 1～2kW/kg，很少能够达到 3 kW/kg。对于两轮驱动的电动汽车而言，一般每个驱动车轮所附加的轮毂电机驱动系统重量常在 30kg 左右，而乘用车的车轮与轮胎的重量之和一般不超过 30kg。显然，轮毂电机驱动系统使得汽车的非簧载质量大幅增加。

尽管轮毂电机驱动电动汽车具有明显优势，但其缺点也较明确。轮毂电机的非簧载质量效应、路面激励与电机不平衡电磁力的相互耦合产生的垂向振动负效应，使车轮所承受载荷发生巨大变化，对车轮的结构安全性带来了新的挑战。为使车轮性能测试评价结果准确反映轮毂电机驱动方式下车轮的实际性能，就需要在现有性能试验标准（如弯曲疲劳试验、径向疲劳试验、双轴疲劳试验和 90°冲击试验等）中，对车轮施加的试验载荷进行修订。

受制于安装空间的约束和减小非簧载质量的需求，轮毂电机常采用紧凑结构并具有大的功率密度，因此电机的温升与散热也成为制约轮毂电机运用的关键问题。通过改变轮边流场，增大电机表面流速以及车轮外侧进气量，是改善电机散热性能相对经济、有效的解决方案之一。基于内置轮毂电机车轮的流场特性，对车轮进行结构优化设计，改善风冷散热效果，有助于提高电机的运行效率和使用寿命。

为研发出可与轮毂电机驱动系统进行良好匹配且安全可靠的车轮，需要解决以下几个问题：适应于轮毂电机驱动电动汽车的车轮结构双轴疲劳试验载荷谱构建；轮毂电机驱动电动汽车的车轮抗冲击性能试验载荷确定；可满足轮毂电机风冷散热需求的车轮结构设计方法。只有这样，才能使车轮满足轮毂电机驱动电动汽车运行条件下的强度与散热性能要求，保证汽车行驶安全，提高电机运行效率与使用寿命。

10.1.3 安全及智能化对车轮及其行业的影响

（1）碰撞安全

汽车行驶的主动安全与被动安全无疑是汽车设计中最为关注的主题。随着对被动安全（即碰撞安全）认识的不断深入，设计的汽车碰撞测试项目也越来越能反映真实场景，如近年来推出的小偏置碰撞测试可较好评价汽车正面小角度碰撞事故中车身对乘员的保护能力。在小偏置碰撞中，车身宽度和壁障重叠量小，导致传统设计的用于溃缩吸能的前纵梁难以发挥作用，进而对车身和乘员造成的伤害更高。

为改进汽车的小偏置碰撞安全性，除了优化车身前部的结构和材料外，对车轮也提出了新要求。传统的碰撞测试希望车轮不出现碰撞断裂失效；而小偏置碰撞中，完整的车轮易侵入乘员舱，导致对乘员更大的伤害，因此要求在碰撞中车轮失效并实现吸能。这就需要在设计车轮时充分考虑小偏置碰撞的要求[5]，但精准的碰撞CAE模拟需要测量断裂失效卡片，以及开发材料本构模型和失效准则，进而才能准确预测在碰撞中车轮的状态。

（2）失效预警

智能网联汽车和智能交通技术的进步，对汽车行驶系统失效预警的要求也在提高，如需要胎压监测及预警、车轮过热预警、爆胎预警及补偿、制动失效预警等。但同时，未来汽车碰撞的概率会大幅度降低，车轮所承担的碰撞安全功能需求也将降低。车轮的安全和轻量化是基本需求，但随着智能化技术的发展，车轮还会被赋予新的功能，如感知载荷、感知路面情况、感知相关系统或零部件的状态等。

（3）无备胎配置

汽车备用轮胎车轮总成（简称备胎）曾一直作为汽车的标准配置，但随着汽车技术的发展，如防爆轮胎、轮胎快速修补液等新型轮胎技术的出现，有效解决了爆胎问题，于是备胎的类型逐渐从全尺寸向非全尺寸转变，且无备胎配置也将逐渐成为趋势之一。自动充气补胎液是汽车轮胎专用型自动充气、修补一体化产品，具有轻量化、低成本、方便快捷等优势。目前，部分运动型乘用车，如沃尔沃S60与V60，保时捷911、宝马M3、奥迪R8等以及北汽EC系列等新能源汽车，都已开始使用补胎液工具组代替备胎。各汽车厂商配备补胎液工具组质量通常为2.2～2.7kg，而备用轮胎车轮总成质量则约13kg，全尺寸备胎及其工具箱重约23kg或更多。可见，采用新型的自动充气补胎液可有效降低汽车的整备质量，但这对车轮企业是一个不小的挑战，意味着车轮销量的降低。

（4）商用车制动安全

在商用物流车车轮存在的安全问题中，由制动片与制动鼓摩擦生热致轮胎起火是其中之一，尤其是在下坡路段，载货车需要长时间制动，会使摩擦产生的热量迅速上升，在冷却水用完的情况下，会因散热不及时而导致起火。这与超载运输以及道路设计有密切关系，但究其根本，与商用车本身采用鼓式制动有很大关系，另外钢制车轮的散热性能比铝合金车轮散热性能低也是因素之一，因而采用盘式制动和大尺寸铝合金车轮或者单宽胎钢制车轮是未来的趋势。

（5）智能制造

车轮行业属于劳动密集型产业，随着人工成本的不断增加，智能制造将是未来车轮生产线升级改造的首选，进而实现柔性化、定制化、实时化、智能物流运输等先进制造服务能力。另外，新一代汽车消费者对汽车个性化追求越来越高，对车轮的造型、涂装配色等也提出了更多的需求，对车轮制造的柔性化生产，特别是柔性涂装工艺提出了更高的要求，需要通过车轮的智能化制造来解决。中信戴卡股份有限公司2021年入选世界经济论坛"灯塔工厂"，采用了柔性自动化、人工智能和5G等技术，打造了数字化制造系统，不仅提升了生产灵活性，降低了资源消耗、浪费和碳排放，还将制造成本大幅降低，满足了汽车主机厂对于小批量、高质量、绿色低碳产品的要求。可以预见，未来车轮企业会出现更多智能制造的"灯塔工厂"。

10.1.4　国际化对车轮及其行业的影响

中国已经是车轮制造大国和强国，铝合金车轮和钢制车轮产量均远超其他国家。"走出去"已成为车轮企业发展的关键路径，国际化过程会遇到诸如"反倾销"、国外投资、关税、进出口限制、知识产权、技术标准等一系列问题。近年来，国外相关机构多次对中国出口车轮提起反倾销诉讼，严重影响了正常的国际贸易实务，给我国车轮企业提出了诸多挑战。值得欣慰的是，我国车轮企业的新技术不断涌现，为新车轮产品的差异化和出口定价奠定了基础。

另外，近年来，国内外整车企业对车轮性能也提出了新要求，如出口的商用车整车配套车轮要求满足双轴疲劳性能等，会对轻量化车轮产品的开发形成一定挑战。

相比于当前商用车采用双车轮双胎配置，单宽胎车轮（也称宽基轮辋车轮）的轻量化效果更为显著，除去自重轻的优势外，单宽胎着地面积比双胎小，行驶中滚动阻力也小。目前，欧洲商用车已经批量使用锻造铝合金单宽胎车轮和钢制单宽胎车轮；自2010年，国内的兴民智通已经完成了22.5×11.75以及22.5×14.00等系列单宽胎钢制车轮产品的开发，并出口欧洲。在国内，钢制单宽胎车轮也已经在某商用车企业以及挂车企业搭载测试，我国开发的钢制单宽胎车轮的重量和性能均满足汽车使用和国内外标准要求，但目前宽尺寸轮胎资源的配套以及维修企业的拆装设备还需要升级。当然，单宽胎车轮也存在缺点：着地面积比双轮双胎面积小，导致制动距离增大；被扎或爆胎后，双轮双胎还有一个轮胎可支撑继续行驶到维修点，而装载单宽胎车轮的车辆则须立即停车、维修，否则可能会损坏车轮或者造成车体侧翻，产生额外经济损失。但对于运输路况良好的物流运输，单宽胎车轮具有巨大的经济性优势，可以预见在2025年后，我国商用车将小批量装车应用单宽胎钢制车轮。

从国际贸易政策和市场竞争环境发展远景来看，到2050年未实现产品碳中和的产品，将无法进入已实现碳中和的国家/地区，并且也无法在消费市场与已实现碳中和的产品竞争。优势企业将占据道义的制高点，进而形成对落后对手的竞争优势。车轮产品的碳标签将是国际化供货及出口的必备内容。

10.2　汽车车轮未来发展及应用路线图

根据车轮行业发展趋势及汽车行业需求，在本书前述各章内容的基础上，初步提出2022—2035年的汽车车轮发展及应用路线图，如表10-1所示，供业界同仁参考，表中的轻量化减重比例以当前所应用车轮的重量作为基数。

表 10-1 未来汽车车轮发展及应用路线图

车轮类型及装载车型		2022—2025 年	2025—2030 年	2030—2035 年
乘用车车轮	一般乘用车	1. 铝合金车轮； 2. 少量镁合金车轮试装； 3. 少量钢制车轮	1. 铝合金轻量化车轮； 2. 低碳排放铝合金车轮； 3. 少量钢制车轮； 4. 少量镁合金车轮； 5. 少量复合材料车轮试装。 * 轻量化：减重 1%～5%	1. 低碳排放轻量化铝合金车轮； 2. 铝合金轻量化车轮； 3. 镁合金车轮； 4. 少量复合材料车轮； 5. 少量大通风孔钢制车轮； 6. 少量机械组装式轻合金车轮试装。 * 轻量化：减重 5%～15%
	出租车及交叉型乘用车	1. 高强度钢制车轮； 2. 铝合金车轮； 3. 少量大通风孔钢制车轮试装	1. 铝合金轻量化车轮； 2. 高强度钢制车轮； 3. 少量大通风孔钢制车轮。 * 轻量化：减重 1%～5%	1. 铝合金轻量化车轮； 2. 低碳排放铝合金车轮； 3. 高强度钢制车轮； 4. 大通风孔钢制车轮； 5. 少量低碳排放高强度钢制车轮。 * 轻量化：减重 5%～10%
商用车车轮	微卡及轻卡	1. 高强度钢制车轮； 2. 传统钢制车轮； 3. 铝合金车轮	1. 高强度钢制车轮； 2. 铝合金车轮； 3. 传统钢制车轮； 4. 少量复合材料车轮试装。 * 轻量化：减重 1%～5%	1. 铝合金车轮； 2. 高强度钢制车轮； 3. 热成形钢制车轮； 4. 少量复合材料车轮。 * 轻量化：减重 5%～10%
	中、重卡	1. 高强度钢制车轮； 2. 传统钢制车轮； 3. 锻造铝合金车轮； 4. 少量型钢车轮； 5. 热成形钢制车轮道路验证及少量试装； 6. 单宽胎钢制车轮试装	1. 高强度钢制车轮； 2. 锻造铝合金车轮； 3. 部分热成形钢制车轮； 4. 少量单宽胎钢制车轮； 5. 低碳排放高强度钢制车轮试装。 * 轻量化：减重 5%～15%	1. 低碳排放锻造铝合金车轮； 2. 锻造铝合金车轮； 3. 热成形钢制车轮； 4. 单宽胎钢制车轮； 5. 高强度钢制车轮； 6. 低碳排放高强度钢制车轮。 * 轻量化：减重 5%～15%
	矿用自卸车	1. 型钢车轮； 2. 传统钢制车轮； 3. 少量高强度钢制车轮	1. 高强度钢制车轮； 2. 传统钢制车轮； 3. 型钢车轮。 * 轻量化：减重 5%～10%	1. 高强度钢制车轮； 2. 传统钢制车轮； 3. 少量型钢车轮。 * 轻量化：减重 5%～10%
	公交车及客车	1. 高强度钢制车轮； 2. 锻造铝合金车轮； 3. 少量热成形钢制车轮试装	1. 锻造铝合金车轮； 2. 高强度钢制车轮； 3. 少量热成形钢制车轮； 4. 单宽胎钢制车轮试装。 * 轻量化：减重 5%～10%	1. 低碳排放锻造铝合金车轮； 2. 锻造铝合金车轮； 3. 高强度钢制车轮； 4. 热成形钢制车轮； 5. 少量单宽胎钢制车轮； 6. 少量复合材料车轮。 * 轻量化：减重 5%～10%

未来高（大）通风孔钢制车轮、高强度钢制商用车车轮、单宽胎钢制车轮、热成形钢制车轮、矿用车高强度钢制车轮、镁合金车轮等轻量化车轮，其设计和制造技术将日趋成熟；采用绿电电解铝或再生铝作为原材料的低碳排放铝合金车轮、采用短流程和氢冶金等低碳排放高强度钢的车轮，也会逐渐完成开发和投入市场。具体分析如下：

① 高（大）通风孔钢制车轮和单宽胎钢制车轮已完成开发，并在国外车型上批量应用，但由于国内市场需求差异或者配套技术、标准等原因，在国内应用较少，未来有望大批量配套应用。单宽胎钢制车轮有望在"十四五"期间完成试装评价，在"十五五"期间小批量应用；大通风孔钢制车轮的批量应用主要取决于汽车行业"双碳"的迫切情况，大通风孔钢制

车轮有可能在"十五五"期间优先在出租车及交叉型乘用车上小批量应用,在"十六五"期间在出租车及交叉型乘用车上批量应用以及在一般乘用车上小批量应用。其驱动力是单车大通风孔钢制车轮的碳排放要远低于传统的铝合金车轮,尽管大通风孔钢制车轮的造型仍很难与铝合金车轮媲美,但其成本低,且相比于传统钢制车轮,造型改善较大。

② 高强度钢制商用车车轮已得到大批量应用,推动了车轮轻量化和商用车节能减排,新技术和新需求将进一步推动更轻量车轮的应用。随着优化设计技术、材料技术、成形及焊接工艺技术的发展,车轮重量将不断降低,未来等强度变截面优化设计、更高强度车轮专用钢等会逐渐应用到这类车轮中,高强度钢制车轮将一直贯穿中重卡的轻量化应用中,但"十六五"期间或后期,将可能受到来自锻造铝合金车轮、单宽胎钢制车轮或者热成形商用车车轮的竞争。大尺寸锻造铝合金车轮已在我国长途客车和公交车上批量应用,在欧洲的物流运输货车上也已批量应用,技术和产品非常成熟。在中重卡上应用的主要瓶颈是价格和超载,目前大尺寸锻造铝合金车轮的成本和价格不断下降,2016年后我国的高速公路等超载管控日益严格。可以预见,大尺寸锻造铝合金车轮将在"十五五"期间成为长途客车和公交车应用的主流车轮,并在"十六五"期间成为中重卡应用的主流。当然,绿电电解铝原材料和再生铝合金原材料在锻造铝合金车轮的应用可能是前提条件。

③ 低碳排放车轮主要是指采用绿色电解铝或再生铝等作为原材料制造的铝合金车轮,或者采用短流程或氢冶金等制备的高强度钢制造的钢制车轮,预计在"十六五"期间或后期,除对成本特别敏感的汽车外,低碳排放车轮将在乘用车、商用车上得到批量应用,并逐步成为主流。

④ 镁合金车轮已经在方程式赛车或者少量运动型乘用车上试装应用,但如本书第8章所述,由于镁合金车轮存在耐腐蚀性差、成本高、电化学腐蚀问题和行业评价标准缺失等,在主机厂进行批量配套还需要积累和时间,有望在"十五五"后期开始小批量装车应用。

⑤ 热成形钢制车轮分为两种:乘用车用、商用车用。乘用车对车轮外观造型要求较高,并以铝合金车轮为主,目前即使是已开发成功且造型较为美观的大通风孔钢制车轮,其应用量都很少,而相比于大通风孔钢制车轮,乘用车热成形钢制车轮的成本和碳排放更高,因此乘用车热成形钢制车轮的优势不明显。但是商用车用大尺寸热成形钢制车轮减重十分明显、节能减排效果很显著,因此应用前景很好。然而,全热成形大尺寸钢制车轮(轮辐和轮辋都采用热成形)尚存在控制成品率、焊接性能、刚度与冲击韧性等方面的难度。虽然如本书第7章所述,相关车轮企业已经完成了6个商用车企业相关车型的8万～30万公里不等的搭载道路验证,但主机厂的正式规模应用可能在"十五五"期间开始,"十六五"期间有望大批量应用。

⑥ 矿用载重车辆的工况与公路车辆差异较大,主要体现在运输工况恶劣,多为山区或者矿区;没有超载限制,装载量可能达到80t或者100t及以上;货物为矿石、矿砂等矿物,不需要考虑货物的损坏。早年矿用载重车多采用有内胎的型钢车轮,近年来开始采用无内胎的钢制滚型车轮,但车轮自重仍多在60kg以上。尽管如本书第6章所述,针对矿用载重车辆已完成了高强度钢制滚型车轮开发和第一轮路试,但批量应用可能将延至"十五五"期间。

⑦ 大尺寸旋铸铝合金车轮能否满足中重型商用车使用,尤其是在轴荷较大的驱动环境下的应用尚存在争议,由于大尺寸旋铸铝合金车轮外轮缘强度低且结构方面存在脱胎的风险,因而未列入路线图中。但目前中重型商用车的牵引车转向轮承载轴荷相对低,且容易

出现跑偏等问题,多数商用车企业已经批量采用了大尺寸铝合金车轮,包括锻造铝合金车轮和旋铸铝合金车轮,来代替钢制车轮,即前铝后钢,特别是高端牵引车的前轮多采用铝合金车轮,甚至全车采用铝合金车轮。相比于钢制商用车车轮,大尺寸锻造和旋铸铝合金车轮有良好的散热性能,得到了物流企业的青睐。当然,也有主机厂出于成本压力,又将铝合金车轮替换为钢制车轮。另外,根据国家法规规定,目前危险品罐车的挂车车轮均需使用单宽胎车轮和盘式制动,可以有效避免事故的发生。由于危险品罐车不允许超载,驱动桥轴荷相对低,对车轮承载能力要求低一些,锻造铝合金车轮是主要的应用产品,大尺寸旋铸铝合金车轮也在应用,当然单宽胎钢制车轮也是较好的选择之一。

⑧ 如本书第9章所述,连续碳纤维增强热固性复合材料及长纤维增强热塑性复合材料等非金属车轮、机械组装式车轮等新兴轻量化车轮技术将日趋完善,其性能特点、研发思路为车轮轻量化提供了新发展方向,新兴车轮的轻量化效果更为显著,但成本控制、性能一致性、台架试验和搭载试验等尚未完全完成,距推广应用还有一段距离。随着材料、工艺以及结构设计等技术的进步,各类问题将会逐步得到解决,届时新兴轻量化车轮将有望为汽车整车轻量化提供更有力的技术支撑。预计新兴轻量化车轮有望在"十五五"末期或"十六五"期间开始试装或者小批量应用。

由于轮毂电机驱动的未来应用尚不明朗,很难对其应用趋势进行判断,对相关的车轮产品的开发和应用也无法预判,故没有列入表10-1。

随着汽车上下游行业的发展和下游需求的提升,钢制车轮的用钢强度级别将逐渐提升,590MPa级别及以上的车轮钢应用比例将进一步提高;而铸造铝合金车轮有望在A356的基础上开展成分和工艺优化,新的成形工艺、焊接工艺、涂装工艺等有望更新。值得关注的是,当前有相关企业和专家在探讨高压铸造的免热处理车轮的开发,如果开发成功,将有效减少铝合金的机械切削量,大幅度提高铝合金车轮的材料利用率,并降低成本。

从表10-1中可见,在"十六五"期间,每种车型的车轮选择貌似越来越多,这里有从低碳排放的角度考虑,有从技术进步的角度考虑,也有从成本接受程度的考虑,还有整车产品使用环境和自身变革的角度考虑,等等。正是对上述多维度可能性的考虑,产生了很多车轮开发和应用的不确定性。但事实上,未来的真实发展及应用趋势可能与表10-1不同,也许某些新的车轮技术和产品在经过试装和路试,以及在市场验证和技术经济的评估过程中,被否定和抛弃,如前些年的半固态铝合金车轮和挤压铝合金车轮等。对未来的预测和评估总是仁者见仁、智者见智,但市场也总是残酷的,短期的市场可以由政策和龙头企业左右或引领,但长期的市场变化总有其客观的规律,这些规律也只有在摸索中、在实践中不断掌握。

另外,随着轮胎技术的发展,部分乘用车将取消备用轮胎车轮总成,这会对车轮企业的全尺寸和非全尺寸备胎车轮销量产生一定影响,值得车轮企业关注。

本章小结 随着"双碳"目标的实施、新能源汽车的快速发展,以及安全法规要求日益提升和智能网联及智能交通的逐步完善,在国内外双循环的大背景下,车轮行业面临新的机遇和挑战,低碳排放、轻量化、安全的车轮产品开发仍是重要的转型升级契机。本章在总结本书前序章节以及广泛征求上下游业内专家意见建议的基础上,初步提出了未来的汽车车轮发展及应用路线图,仅供业界参考。

[1] 郑新业. 中国能源革命的缘起、目标与实现路径[R]. 国发院能源与资源战略研究中心,2015.

[2] 中国汽车工业协会,中国汽车技术研究中心有限公司,重庆长安汽车股份有限公司. 中国汽车工业发展报告(2021)[M]. 北京:社会科学文献出版社,2021.

[3] 梁志伟. 电动汽车轮边四驱系统设计研究[D]. 杭州:浙江大学,2018.

[4] 褚文强,辜承林. 电动车用轮毂电机研究现状与发展趋势[J]. 电机与控制应用,2007,31(4):1-5.

[5] 郑颢,欧阳俊,王玉超,等. 面向小偏置碰的轮毂断裂模拟研究[J]. 中国机械工程,2021,32(13):1571-1576.

支持单位简介

中国汽车工业协会车轮分会

车轮分会成立于1992年，是中国汽车工业协会下属分支机构。分会在中国汽车工业协会领导下，开展汽车车轮及相关行业活动，包括协助政府部门制定行业政策，参与行业相关标准法规制定宣贯，行业数据收集和报送，反映会员需求建议，组织行业交流，与国际相关行业组织沟通联系等，促进产业产品优化升级，推动技术进步等主要业务。分会最高权力机构是会员代表大会，理事会是领导机构，秘书处是日常办事机构。

中信戴卡股份有限公司、中信微合金化技术中心

中信戴卡股份有限公司（下称"中信戴卡"）和中信微合金化技术中心（下称"中心"）均为中国中信集团有限公司下属单位。中信戴卡为中国大陆第一家铝车轮制造企业，经过30多年的创新发展，已成为全球最大的汽车铝车轮和铝制转向节供应商、中国最大的汽车零部件出口商。中信戴卡位列2021年全球汽车零部件百强榜第58位，已建成全球车轮行业首个"灯塔工厂"。"中心"由中信集团批准，2001年在京城大厦成立，机构设在中信金属股份有限公司。"中心"率先将汽车轻量化理念引入我国，坚持"产学研用"模式，在车轮轻量化等领域推动了行业发展。